EUROPA LEHRMITTEL

EUROPA-FACHBUCHREIHE
für holzverarbeitende Berufe

Kostenrechnen für Schreiner

von Wolfgang Werning

7. neubearbeitete und aktualisierte Auflage

VERLAG EUROPA-LEHRMITTEL · Nourney, Vollmer GmbH & Co.
Düsselberger Straße 23 · 42781 Haan-Gruiten

Europa-Nr.: 40818

Bearbeiter des „Kostenrechnen für Schreiner"

Wolfgang Werning
Schreinermeister, Fachlehrer für Kostenrechnen und EDV an der Fachschule für Schreiner und Holzbildhauer in Garmisch-Partenkirchen

Für wertvolle Hinweise danken wir Herrn Gotthilf Grünmüller, Fachschule für Holztechnik, Stuttgart

Bildbearbeitung
Zeichenbüro des Verlages Europa-Lehrmittel, Leinfelden-Echterdingen

Das vorliegende Buch wurde auf der **Grundlage der neuen amtlichen Rechtschreibregeln** erstellt.

7. Auflage 2002

Druck 5 4 3 2 1

Alle Drucke derselben Auflage sind parallel einsetzbar, da sie bis auf die Behebung von Druckfehlern untereinander unverändert sind.

ISBN 3-8085-4087-7

Umschlaggestaltung unter Verwendung eines Fotos der Fa. Friedr. Aug. Arnz „FLOTT", Remscheid.
Weitere Fotos: Commodore, IBM, Philips und Siemens.

http://www.europa-lehrmittel.de

Satz: Druckhaus Arns GmbH & Co. KG, 42853 Remscheid

Druck: Tutte Druckerei GmbH, 94121 Salzweg

Vorwort

Industrie und Handel verfügen über eine ganze Reihe von guten Fachbüchern zum Thema Kostenrechnen; für das Handwerk und hier besonders für Schreiner wird auf diesem Gebiet wenig Literatur angeboten.

Der Verfasser hat es sich zur Aufgabe gemacht, die Grundlagen von Kostenrechnung und Kalkulation für das Schreinerhandwerk praxisnah, leicht verständlich und überschaubar darzustellen.

Kernthema ist die Zuschlagskalkulation, wie sie heute in den meisten Klein- und Mittelbetrieben des Schreinerhandwerks Anwendung findet. Auch die anderen betrieblichen Einflüsse auf das Kostenrechnen werden weitgehend mitbehandelt, um die enge Verbindung der Kostenrechnung mit anderen Fachbereichen deutlich zu machen.

Das Buch soll neben der Vermittlung des notwendigen Fachwissens auch dazu beitragen, Kostendenken zu schulen und Kostenbewusstsein zu wecken.

Der Inhalt ist an den Erfordernissen zur Vorbereitung auf die Meisterprüfung orientiert. Das Buch eignet sich ebenfalls für Gesellen und Lehrlinge, die sich einige Kenntnisse über das Kostenrechnen im Handwerksbetrieb aneignen möchten und es auch tun sollten. Auch der selbstständige Schreinermeister dürfte noch die eine oder andere Anregung für seine Kostenrechnung erhalten.

Preise und Werte, die sich heute bekanntlich rasch ändern, sowie Kalkulationsbeispiele, die ebenso schnell an Aktualität verlieren, wurden nur dort verwendet, wo es für die Darstellungen unumgänglich war.

Dem Kostenrechnen wird in vielen Schreinereien noch immer zu wenig Bedeutung beigemessen. Hoffentlich kann dieses Buch dazu beitragen diesen Zustand zu ändern.

Garmisch-Partenkirchen, im Winter 1984/85 — Der Verfasser

Vorwort zur 7. Auflage

„Kostenrechnen für Schreiner“ hat sich mittlerweile, besonders als Fachbuch für die Meisterausbildung, einen guten Platz gesichert.

Für die 7. Auflage wurden die praxisbezogenen Kalkulationswerte auf Euro umgestellt und der aktuellen Entwicklung angepasst.

In manchen Kapiteln wurden Ergänzungen und Verbesserungen eingefügt, die sich größtenteils aus den Unterrichtserfahrungen des Verfassers ergaben.

Im Übrigen gelten nach wie vor die Aussagen des Vorworts zur 1. Auflage.

Garmisch-Partenkirchen, im Sommer 2002 — Der Verfasser

Der Kreislauf der Kalkulation

1. Kundenanfrage

2. Vorkalkulation

3. Angebot

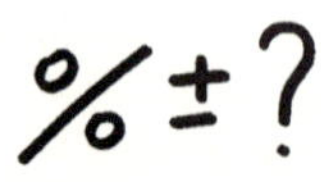

4. Verhandlungen,
evtl. „Marktanpassung"

5. Auftragserteilung

6. Fertigung

7. Nachkalkulation

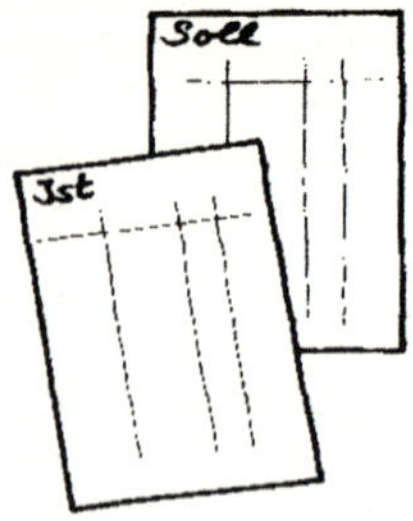

8. Auswertung

Die Ergebnisse jeder sorgfältig durchgeführten Nachkalkulation ermöglichen es, zukünftige Vorkalkulationen schneller und genauer zu erstellen.

Inhaltsverzeichnis

0 Zur Arbeit mit diesem Buch

0.1 Arbeitsmaterial

Gute rechnerische Begabung ist für das Fach Kostenrechnen von Vorteil, aber keineswegs unbedingte Voraussetzung. Unerlässlich dagegen sind Übersichtlichkeit und Sauberkeit bei den Berechnungen sowie eine pedantische Ordnung bei der Sammlung von Preisen, Richtsätzen, Erfahrungswerten und Kalkulationsbeispielen.

Für Unterricht und Selbststudium wird folgende Ausrüstung benötigt:

- Elektronischer Taschenrechner; vorteilhaft sind programmierbare Rechner für häufig wiederkehrende Formeln und Rechenoperationen. Die Tastatur sollte nicht zu klein sein. Zu empfehlen ist die Anschaffung eines PC mit einem Tabellenkalkulationsprogramm.
- Ringmappe DIN A4, kariertes Papier DIN A4 als Block, gelocht.
- Schreibzeug einschließlich farbiger Markierungsstifte zum Hervorheben wichtiger Wörter oder Sätze.
- Dreikant-Reduktionsmaßstab.

Zum grundsätzlichen Begreifen der Kostenrechnung benötigt man keinen Computer und keine EDV-Kenntnisse. Die praktische Ausführung im Betrieb wird jedoch mittels der EDV und geeigneter Software entscheidend erleichtert.

0.2 Formale Hinweise

- An jedem Blatt einen ausreichenden Rand lassen,
- Rückseiten der Blätter nicht beschreiben,
- Blätter durchgehend nummerieren,
- Zwischensummen und Endwerte ausrücken oder markieren,
- Wenn möglich, vorgedruckte Formblätter verwenden,
- Kopfspalten der Formblätter komplett ausfüllen,
- Alle Kalkulationen mit Datum und Unterschrift versehen,
- Kalkulationsbeispiele nach folgender Reihenfolge ordnen und zusammenheften: Zeichnung – Werkstoffberechnung – Zeiterfassung – Kalkulationsblatt,
- Kalkulationsunterlagen nach einem einmal festgelegten System führen,
- Aktuelle Preislisten und Richtwerte, übersichtlich aufgestellt, griffbereit halten.

0.3 Anmerkungen zum Aufbau dieses Buches

Dieses Buch verlässt in seinem Aufbau die in der Fachliteratur übliche Reihenfolge der Kostenarten-, Kostenstellen- und Kostenträgerrechnung. Nach einigen einführenden Kapiteln wird sofort mit der Kostenträgerrechnung, die besser unter dem Namen Kalkulation bekannt ist, begonnen. Langjährige Unterrichtsbeobachtungen haben gezeigt, dass die Kalkulation den Fachschüler wegen des engen Bezugs zur selbst erlebten Praxis besonders interessiert und anspricht. Die schwierigen Bereiche, besonders die Kostenstellenrechnung, werden danach schneller aufgenommen und besser verarbeitet.

Im Übrigen muss ganz deutlich darauf hingewiesen werden, dass alle Werte in diesem Buch Unterrichtszwecken dienen und auf keinen Fall unbedenklich für betriebliche Kalkulationen übernommen werden dürfen.

Jeder Betrieb hat andere Verhältnisse und muss aus diesem Grund alle Kalkulationswerte selbst errechnen.

1 Stellung der Kostenrechnung im Betriebsgeschehen

1.1 Bedeutung der Kostenrechnung für den Betrieb

Die Kosten stehen heute mehr denn je im Mittelpunkt des betrieblichen Geschehens. Nahezu alle Betriebsbereiche werden von ihnen maßgeblich beeinflusst.

Wichtige betriebliche Kosten sind:

– Beschaffungskosten	– Instandhaltungskosten
– Lagerkosten	– Personalkosten
– Werkstoffkosten	– Kapitalkosten
– Fertigungskosten	– Verwaltungskosten
– Maschinenkosten	– Vertriebskosten

Mit Hilfe der Kostenrechnung können die Kosten eines Betriebes **erkannt, kontrolliert** und schließlich **beeinflusst** werden.

Kostenkenntnis → Kostenkontrolle → Kostenbeeinflussung

Damit wird die Kostenrechnung zu einem wichtigen Führungs- und Kontrollinstrument des Unternehmens.

Industrie und Handel haben die Bedeutung der Kostenrechnung längst erkannt. Moderne Kostenrechnungssysteme wurden entwickelt. Im Handwerk, wo der Betriebsinhaber oftmals Betriebsleiter, Meister, Geselle, Ausbilder, Buchhalter und Kalkulator in einer Person ist, wird dem sog. „Schreibkram" häufig keine große Bedeutung zugemessen oder er kommt ganz einfach in der Hektik des Arbeitstages zu kurz. Mancher „Vollblut-Schreinermeister" hat dazu noch eine ganz besondere Abneigung gegen das Kostenrechnen; dafür mag es folgende Gründe geben:

- Fehlende Ausbildung im Kostenrechnen, dadurch Unsicherheit, aber auch Unkenntnis der Bedeutung des Kostenrechnens.
- Kalkulation wird als Gefühlssache angesehen und gilt als nicht erlernbar.
- Konkurrenz und Marktpreis scheinen jede eigene Kalkulation überflüssig zu machen, „da man den errechneten Preis ja doch nicht verlangen kann".
- Schreibarbeit gilt als „unproduktiv", es herrscht die Meinung, dass Geld nur in der Werkstatt zu verdienen sei.

Umfangreiche Betriebsuntersuchungen haben ergeben, dass Mängel und Versäumnisse gerade auf dem Gebiet der Kostenrechnung ehemals gute und wirtschaftlich gesunde Betriebe in den Konkurs geführt haben.

Es ist eine Tatsache, dass Versäumnisse am Schreibtisch entweder überhaupt nicht oder nur durch vielfach höhere Arbeitsleistung an der Hobelbank ausgeglichen werden können.

Wenn ein Betrieb seine Existenz nicht gefährden, wenn er Arbeitsplätze sichern will, muss er richtig kalkulieren und wirtschaftlich arbeiten. Wichtige Aufgabe der Kostenrechnung ist es, die Wirtschaftlichkeit des Arbeitens laufend zu überprüfen.

Was versteht man unter Wirtschaftlichkeit?

Wirtschaftlich arbeiten heißt mit den eingesetzten Mitteln größtmöglichen Erfolg (Maximalprinzip) oder einen Erfolg mit den geringsten Mitteln zu erzielen (Minimalprinzip).

Man spricht in diesem Zusammenhang vom **Wirtschaftlichkeitsprinzip.**

1.2 Stellung der Kostenrechnung im Betrieb

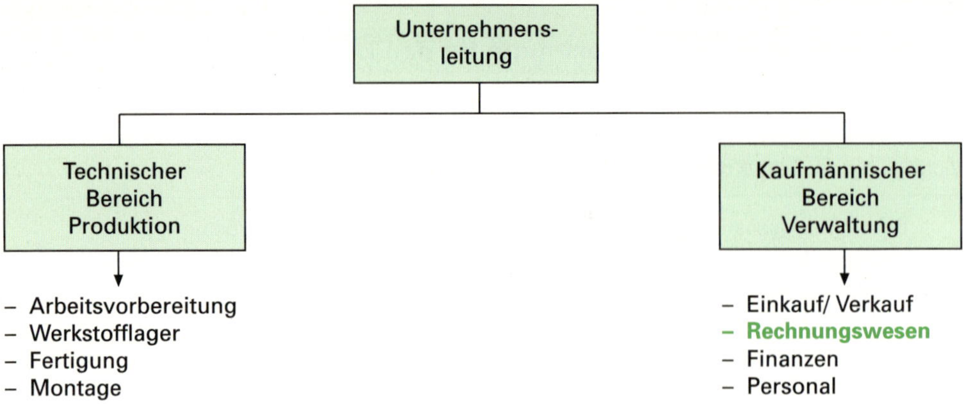

Die Kostenrechnung zählt zum kaufmännischen Bereich und ist dort Teil des Rechnungswesens.

2 Betriebliches Rechnungswesen

2.1 Gliederung des betrieblichen Rechnungswesens

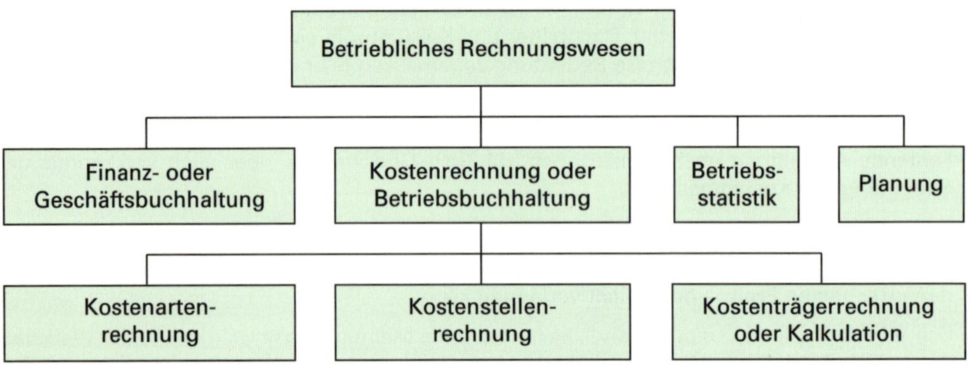

Das betriebliche Rechnungswesen gliedert sich in die Bereiche:
- Finanz- oder Geschäftsbuchhaltung
- Kostenrechnung oder Betriebsbuchhaltung
- Betriebsstatistik
- Planung

2.2 Finanzbuchhaltung

In der Finanz- oder Geschäftsbuchhaltung werden die wirtschaftlichen Vorgänge des Betriebes mit der **Außenwelt** erfasst (Kunden, Lieferanten, Banken usw.). Die Kostenrechnung übernimmt viele Werte aus der Finanzbuchhaltung.

Die Zahlen der Finanzbuchhaltung geben Auskunft über die finanzielle Lage des Betriebes.

Die Finanzbuchhaltung unterliegt im Gegensatz zur Kostenrechnung genauen handels- und steuerrechtlichen Vorschriften.

2.3 Kostenrechnung

Die Kostenrechnung erfasst Kosten und Leistungen, die mit der Fertigung zusammenhängen. Man spricht von einer internen Rechnung, weil sie sich auf wirtschaftliche Vorgänge **innerhalb des Betriebes** beschränkt. Die Zahlen der Kostenrechnung geben Auskunft über die Kostenstruktur des Betriebes.

2.4 Betriebsstatistik

Die Betriebsstatistik wertet sowohl Zahlen der Finanzbuchhaltung als auch der Kostenrechnung aus. Sie liefert Werte für Kontrolle, Vergleich und Planung.

2.5 Planung

Zur Planung zählen neben Liquiditäts-, Finanz- und Investitionsplanung vor allem die Kostenplanung.

Die Betriebsleitung legt über Kostenvorgaben fest, welche Ziele erreicht werden sollen und stützt sich nicht alleine auf Vergangenheitswerte.

2.6 Aufgabe und Gliederung der Kostenrechnung

Aufgabe der Kostenrechnung ist es, die in einer Rechnungsperiode angefallenen Kosten zu **erfassen**, zu **verteilen** und den Erzeugnissen **zuzurechnen**.

Die Kostenrechnung gliedert sich in:
- Kostenartenrechnung
- Kostenstellenrechnung
- Kostenträgerrechnung oder Kalkulation

Kosten-arten-rechnung	**Erfassung** der Kosten Frage: Welche Kosten sind entstanden?
Kosten-stellen-rechnung	**Verteilung** der Kosten Frage: Wo sind Kosten entstanden?
Kosten-träger-rechnung	**Zurechnung** der Kosten Frage: Wofür sind Kosten entstanden?

3 Kosten und Aufwand, Leistungen und Ertrag

3.1 Was sind Kosten?

> Kosten sind in Geld bewerteter Verbrauch von Gütern und Dienstleistungen zur Erstellung betrieblicher Leistungen innerhalb einer Rechnungsperiode.

So lautet die genaue Definition für Kosten, die uns in der Kostenrechnung auf Schritt und Tritt begegnen.

Schauen wir uns diesen befremdlich klingenden Satz einmal genauer an:

- **In Geld bewerteter Verbrauch**
  Um mit Kosten rechnen zu können, benötigt man eine einheitliche Größe; das ist in der Kostenrechnung die DM.
- **Güter und Dienstleistungen**
  Dazu zählt alles, was zur Fertigung von Erzeugnissen benötigt wird, z. B. Werkstoffe, Löhne, Maschinen, aber auch Zinsen, Versicherungen und Steuern.
- **Erstellung betrieblicher Leistungen**
  Betriebliche Leistungen sind gefertigte Möbel und Innenausbauarbeiten, aber auch Montagestunden oder Reparaturarbeiten.
- **Rechnungsperiode**
  Als Rechnungsperiode oder Abrechnungsperiode verwendet man in der Kostenrechnung meist den Zeitraum eines Jahres. In dieser Zeit muss der Verbrauch an Gütern und Dienstleistungen verursacht worden sein.

3.2 Was ist Aufwand?

In der Finanzbuchhaltung spricht man nicht von Kosten, sondern von Aufwand.

Aufwand ist jeder Verbrauch von Gütern und Dienstleistungen in einer Rechnungsperiode.

Der Aufwand muss also nicht der Leistungserstellung dienen und unterscheidet sich dadurch von den Kosten.

3.3 Zusammenhang zwischen Kosten und Aufwand

Nachfolgendes Schaubild zeigt die Überschneidung und Abgrenzung von Kosten und Aufwand:

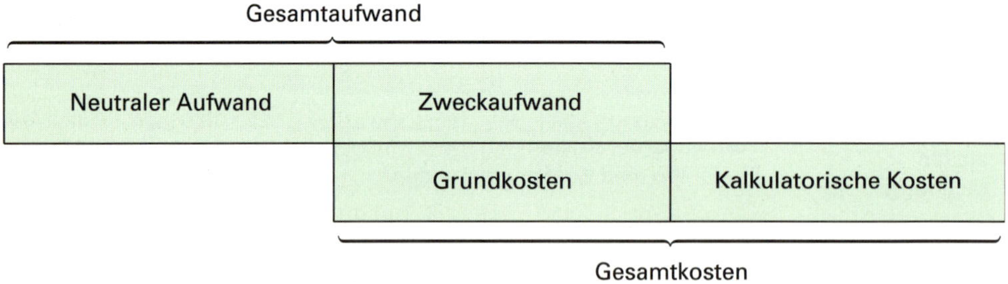

- Der neutrale Aufwand ist nicht Kostenbestandteil,
- Der Zweckaufwand deckt sich in voller Höhe mit den Grundkosten,
- Neutraler Aufwand und Zweckaufwand ergeben den Gesamtaufwand,
- Die kalkulatorischen Kosten stellen keinen Aufwand dar, sie bilden mit den Grundkosten die Gesamtkosten.

Zu klären wären jetzt noch die Begriffe **neutraler Aufwand** und **kalkulatorische Kosten.**

3.3.1 Neutraler Aufwand

Der Kauf von Wertpapieren für den Betrieb oder ein Schaden am Betriebsgebäude durch Blitzschlag z. B. gehören zum neutralen Aufwand. Beide Ereignisse haben mit der betrieblichen Leistungserstellung nichts zu tun und sind deshalb keine Kosten im Sinne der Kostenrechnung.

3.3.2 Kalkulatorische Kosten (Zusatzkosten)

Kalkulatorische Kosten stellen keinen Aufwand im Sinne der Finanzbuchhaltung dar; **sie bilden jedoch einen wesentlichen Anteil der Kosten in der Kostenrechnung.**

Man unterscheidet folgende kalkulatorische Kosten:

Kalkulatorisches Unternehmerentgelt

Der Betriebsinhaber erhält für seine Arbeit keinen Lohn; er setzt jedoch für produktive Arbeit sowie für Leitung, Überwachung und Verwaltung des Betriebes einen kalkulatorischen Unternehmerlohn in Höhe eines vergleichbaren Angestelltengehalts an.

Kalkulatorische Abschreibungen

Wertverluste an Maschinen, Ausstattung und Gebäuden werden in der Kostenrechnung nach der **tatsächlichen** Wertminderung erfasst und den Erzeugnissen zugerechnet.

In der Finanzbuchhaltung gibt es daneben noch die steuerliche oder bilanzielle Abschreibung, die jedoch andere Ziele verfolgt.

Kalkulatorische Zinsen

Für aufgenommenes Fremdkapital fallen Bankzinsen an.

Die angemessene Verzinsung des eingesetzten Eigenkapitals des Betriebsinhabers muss ebenfalls gewährleistet sein; sie zählt zu den kalkulatorischen Zinsen.

Häufig werden in die Kostenrechnung kalkulatorische Zinsen für das gesamte betriebsnotwendige Kapital, also für Eigen- und Fremdkapital, eingesetzt.

Kalkulatorische Miete

Für Werkstätten in eigenen Räumen sind kalkulatorische Kosten in Höhe einer ortsüblichen Vergleichsmiete anzusetzen.

Diese kalkulatorische Miete soll den Kosten für die Anmietung fremder Räume entsprechen.

Kalkulatorische Wagnisse

Einzelrisiken wie Fehlkalkulationen, Forderungsausfälle, Ausschuss, Garantieverpflichtungen usw. zählen zu den kalkulatorischen Wagnissen. Die Höhe orientiert sich an den Erfahrungswerten der vergangenen Jahre.

Im Schreinerhandwerk werden diese Risiken häufig bei den Einzelkalkulationen über den **Wagnis-** und Gewinnzuschlag berücksichtigt.

Im Gegensatz zu den Grundkosten, deren Höhe meist festliegt, werden die kalkulatorischen Kosten vom Unternehmer bestimmt. In der Kostenartenrechnung werden wir uns noch ausführlich mit den bedeutsamen kalkulatorischen Kosten befassen.

3.4 Was sind Leistungen?

Den Kosten stehen die Leistungen gegenüber.

Leistungen sind in Geld bewertete Güter und Dienstleistungen, die innerhalb einer Rechnungsperiode im Betrieb erzeugt wurden.

Den Zusammenhang zwischen Kosten, Fertigung und Leistungen zeigt die nachfolgende Übersicht:

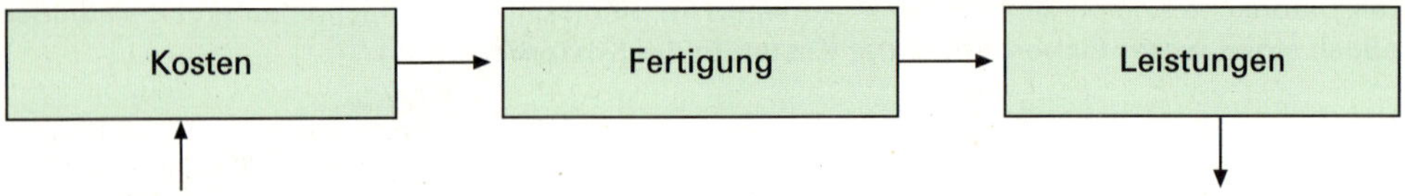

Güter und Dienstleistungen
- Werkstoffe
- Löhne
- Maschineneinsatz
- Zinsen
- Versicherungen usw.

Güter und Dienstleistungen
- Möbel
- Innenausbauarbeiten
- Fenster, Türen
- Montagearbeiten
- Reparaturarbeiten usw.

3.5 Was ist Ertrag?

Dem Aufwand steht der Ertrag gegenüber.

Ertrag ist der in Geld bewertete Wertzugang innerhalb einer Rechnungsperiode.

Erträge müssen also nicht aus der betrieblichen Leistungserstellung kommen und unterscheiden sich dadurch von den Leistungen.

Die unterschiedlichen Definitionen der zuvor behandelten Begriffe sind anfangs nicht immer leicht zu behalten.

Nachfolgende Betrachtung des Gewinns könnte eine kleine Hilfe sein:

FINANZBUCHHALTUNG

KOSTENRECHNUNG

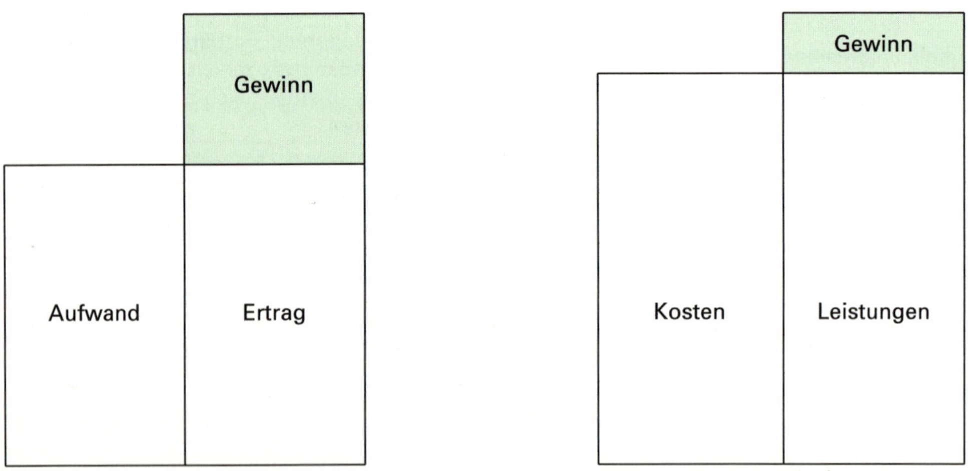

Der **Erfolg** eines Unternehmens lässt sich aus dem **Unternehmensgewinn** ablesen, der sich aus AUFWAND (negativ) und ERTRAG (positiv) errechnet.

Die **Wirtschaftlichkeit** eines Betriebs zeigt der **Betriebsgewinn**, der sich aus KOSTEN und LEISTUNGEN errechnet.

3.6 Fixe und variable Kosten

Kosten können **fest (fix)** oder **veränderlich (variabel)** sein. Fixe Kosten fallen immer an, unabhängig, ob im Betrieb viel, wenig oder überhaupt nicht gearbeitet wird (Miete, Pacht, Abschreibungen, Versicherungen usw.). Variable Kosten dagegen sind abhängig von der Auslastung des Betriebes; wenn viel gearbeitet wird, sind die variablen Kosten hoch, wenn wenig gearbeitet wird, sind sie gering, bei Betriebsstillstand fallen keine variablen Kosten an (Werkstoffe, Energie, Fertigungslöhne usw.).

Die Kenntnis und richtige Verwendung der fixen und variablen Kosten ist in der Kostenrechnung von großer Wichtigkeit. Im Kapitel 39 werden diese Kosten noch genauer behandelt.

Hinweis

In diesem Buch wird aus methodischen Gründen zunächst mit der Kostenträgerrechnung (Kalkulation), die dem praktischen Betriebsgeschehen eng verbunden ist, begonnen. Kostenartenrechnung und die sehr umfassende Kostenstellenrechnung werden in den späteren Kapiteln 35, 36 und 37 behandelt.

4 Die Kalkulation (Kostenträgerrechnung)

4.1 Aufgabe der Kalkulation

Die Kalkulation ist, wie wir bereits feststellen konnten, nur ein Teilbereich der Kostenrechnung.

Das Wort Kalkulation kommt aus der lateinischen Sprache[1] und bedeutet soviel wie Preisberechnung. Der Begriff Kalkulation kann folgendermaßen definiert werden:

> Aufgabe der Kalkulation ist es, alle vom Erzeugnis direkt und indirekt verursachten Kosten zu erfassen und daraus einen Preis zu ermitteln.

Wichtigste Aufgabe der Kalkulation ist die Errechnung des **Selbstkostenpreises.** Erst wenn die Selbstkosten bekannt sind, kann über Annahme oder Ablehnung eines Auftrages entschieden werden.

Die Selbstkosten bilden mit dem Wagnis- und Gewinnzuschlag den kalkulierten Angebotspreis.

Der erreichbare Preis (Marktpreis) hängt von Angebot und Nachfrage oder genauer von Konkurrenzsituation und Auftragslage ab.

Die Preisberechnung kann zu verschiedenen Zeiten durchgeführt werden. Man spricht dann von Vorkalkulation, Zwischenkalkulation und Nachkalkulation.

Vorkalkulation → Zwischenkalkulation → Nachkalkulation

5 Kalkulationsarten

5.1 Die Vorkalkulation

Durch die Vorkalkulation, auch Angebotskalkulation genannt, wird ein Angebots- bzw. Verkaufspreis **vor der Herstellung** ermittelt. Voraussetzung für die Durchführung einer Vorkalkulation sind eine genaue Zeichnung und eine ausführliche Leistungsbeschreibung.

[1] Das Wort Kalkulation ist vom lateinischen Wort calculus (Rechensteinchen) abgeleitet. Das lateinische calculare bedeutet mit Rechensteinen rechnen oder berechnen. Calculus ist die Verkleinerungsform von calx (Spielstein, Kalkstein, Kalk).

Die Schwierigkeit der Vorkalkulation liegt in der Ermittlung der Arbeitszeiten (Soll-Zeiten). Man verwendet bevorzugt Erfahrungswerte aus früheren Nachkalkulationen. Handelt es sich um Erstanfertigungen, für die keine Erfahrungswerte vorliegen, zerlegt man die Arbeit in einzelne Arbeitsabschnitte (Arbeitsfolgen) und bestimmt für diese die entsprechenden Zeiten. Einfacher ist die Berechnung der Werkstoffe. Die Gemeinkostenzuschläge liefert die Betriebsabrechnung des vergangenen Jahres.

Die Ausarbeitung von Angeboten gehört mit Sicherheit nicht zu den beliebten Tätigkeiten eines Handwerksmeisters. Jede Angebotskalkulation muss jedoch sorgfältig und genau ausgeführt werden. Schätzungen „über den Daumen" sind gefährlich und können dem Betrieb schweren Schaden zufügen. Neben reiner Rechenarbeit gehören vor allem Marktkenntnis und ein „kalkulatorisches" Fingerspitzengefühl zur Erstellung eines erfolgreichen Angebotes.

5.2 Die Zwischenkalkulation

Durch die Zwischenkalkulation wird **während des Fertigungsablaufes** überprüft, ob die angefallenen Kosten mit den Material- und Zeitwerten der Vorkalkulation übereinstimmen. Bei Abweichungen können noch entsprechende Maßnahmen (in begrenztem Umfang) ergriffen werden. Mit Hilfe der Zwischenkalkulation kann aber vor allem festgestellt werden, ob die Einhaltung des Liefertermins möglich ist. Wichtig ist das vor allem bei Aufträgen, für die Konventionalstrafen vereinbart wurden.

Konventionalstrafe oder Vertragsstrafe kann vereinbart werden, wenn einem Auftraggeber bei Überschreitung der Ausführungsfrist finanzieller Schaden entsteht (z.B. Gaststätteneinrichtung, Ladenbau usw.).

5.3 Die Nachkalkulation

Die Nachkalkulation wird **nach Fertigstellung** eines Auftrages durchgeführt. Grundlage dafür sind Material- und Stundenzettel (Ist-Werte). Die Nachkalkulation dient einmal der Kontrolle der Vorkalkulation, zum anderen dient sie der Erfolgsrechnung.

Als wichtigste Funktion der Nachkalkulation muss aber angesehen werden, dass sie die genauesten Werte für spätere Preisberechnungen liefert.

Deshalb sollte für jeden Auftrag eine Nachkalkulation durchgeführt werden. Auf die Bedeutung der Nachkalkulation kann nicht oft genug hingewiesen werden.

5.4 Zusammenfassung Kalkulationsarten

Art der Kalkulation	Merkmale
Vorkalkulation	– Erstellung vor der Fertigung – Angebotskalkulation – Genaue Unterlagen erforderlich – Schwierige Zeitermittlung – Sollwerte
Zwischenkalkulation	– Erstellung während der Fertigung – Überprüfung der angefallenen Werte – Wichtig für Terminarbeiten
Nachkalkulation	– Erstellung nach der Fertigung – Kontrolle der Vorkalkulation – Erfolgsrechnung – Erfahrungswerte für spätere Preisberechnungen – Ist-Werte

6 Preisrecht und Angebot

6.1 Einschränkung der freien Preisgestaltung

Bevor wir uns ernsthaft mit der Preisberechnung befassen, ein kurzer Blick auf das Preisrecht.

Die soziale Marktwirtschaft lässt dem Unternehmer weitgehend freie Hand bei der Bildung seiner Preise. Nach Abschaffung des Rabattgesetzes und der Zugabeverordnung im Jahre 2001 sind bei der Preisgestaltung noch **Kartellverbot** und **Baupreisverordnung** zu beachten.

6.2 Kartellverbot

Das Kartellverbot will verhindern, dass Unternehmen durch Absprachen den Wettbewerb untereinander ausschließen. Preisabsprachen sind daher verboten. Verstöße gegen das Kartellverbot werden mit Bußgeldern geahndet. Zulässig ist der Zusammenschluss mehrerer Schreinereien in einer Arbeitsgemeinschaft um einen größeren Auftrag auszuführen (sog. Bagatell-Kartell).

6.3 Baupreisverordnung

Für Arbeiten, die mit öffentlichen Mitteln finanziert werden, gilt eine vom Bundesminister für Wirtschaft erlassene Baupreisverordnung.

Grundlage sind die „Leitsätze für die Preisermittlung aufgrund von Selbstkosten (LSP)" aus dem Jahre 1953. **Darin wird der Auftragnehmer zur Führung eines geordneten Rechnungswesens verpflichtet.** Nach der überarbeiteten Baupreisverordnung von 1972 (VO PR Nr. 1/72) gilt der Grundsatz, dass für öffentliche Arbeiten **Marktpreise** vereinbart werden sollen.

Sind keine Marktpreise feststellbar, können **Selbstkostenpreise** herangezogen werden. Es dürfen dabei nur Kosten verwendet werden, die bei wirtschaftlicher Betriebsführung entstehen. Der Selbstkostenpreis unterliegt einer Mindestgliederungsvorschrift nach folgendem Schema:

	Fertigungsstoffkosten
+	Fertigungskosten
+	Entwicklungs- und Entwurfskosten
+	Verwaltungskosten
+	Vertriebskosten
=	Selbstkosten
+	Kalkulatorischer Gewinn
=	Selbstkostenpreis

Stundenlohnarbeiten sind nach der Baupreisverordnung mit einem Gemeinkostenzuschlag von 91 % abzurechnen. Bei Überschreitung dieses Satzes (was in Schreinereibetrieben die Regel sein dürfte) müssen die höheren Kosten zur Glaubhaftmachung entsprechend der Mindestgliederungsvorschrift nachgewiesen werden.

Nach der Baupreisverordnung (VO PR Nr. 1/72) darf der Selbstkostenpreis folgende Kosten nicht enthalten:

- Zinsen für Fremdkapital und Verzinsung des Eigenkapitals; dafür können Zinsen auf das betriebsnotwendige Kapital in Höhe von 6,5 % eingesetzt werden.
- Kalkulatorische Miete; es dürfen nur die tatsächlichen Grundstücks- und Gebäudekosten eingesetzt werden.

Die Vergabe von öffentlichen Aufträgen erfolgt in der Regel nach der Verdingungsordnung für Bauleistungen (VOB); sie legt Vertragsbedingungen und Qualitätsnormen fest.

6.4 Verbindlichkeit von Kostenvoranschlägen

Die Abgabe eines Kostenvoranschlages bedeutet nach dem Bürgerlichen Gesetzbuch nicht auch zugleich die Einhaltung des veranschlagten Preises.

Nach der Rechtsprechung darf der Rechnungsbetrag „unwesentlich", d. h. etwa 10 % – 20 %, darüberliegen. Bei wesentlichen Kostenüberschreitungen muss der Handwerker den Kunden unverzüglich informieren. Der Kunde kann dann den Vertrag kündigen und hat nur die bis zu diesem Zeitpunkt erbrachten Leistungen zu bezahlen.

Anders verhält es sich bei einem **verbindlichen Kostenvoranschlag:** Es wird dabei ein sog. **garantierter Festpreis** schriftlich vereinbart, der dann einzuhalten ist.

Es trägt in jedem Fall zum guten Ruf eines Betriebes bei, den zuvor sorgfältig kalkulierten Angebotspreis auch einzuhalten.

6.5 Kosten der Angebotsausarbeitung

Angebotskalkulationen (Kostenvoranschläge) sind häufig mit hohem Arbeitsaufwand verbunden und verursachen ihrerseits wiederum Kosten. Es stellt sich die Frage, ob bei Nichterteilung des Auftrages eine Vergütung für den Arbeitsaufwand verlangt werden kann.

Nach der Rechtsprechung fällt die Anfertigung von Kostenvoranschlägen in den Risikobereich des Anbieters und es besteht kein Anspruch auf Kostenersatz.

Eine besondere Vergütung für den Arbeitsaufwand bei Angeboten ist jedoch bei **vorheriger Vereinbarung** möglich.

6.6 Urheberrechtschutz von Zeichnungen

Für Angebote erstellt der Schreiner häufig auch eine Entwurfszeichnung. Der Missbrauch oder die Weitergabe solcher Entwurfszeichnungen durch den Kunden an andere Anbieter ist leider kaum zu unterbinden. Um diese Unsitte mindestens zu erschweren, gibt es einige Möglichkeiten:

- Wählen Sie einen Maßstab, bei dem die Maße nicht ohne weiteres entnommen werden können.
- Geben Sie keine Konstruktionsdetails an, die ein Mitbewerber einfach übernehmen kann.
- Setzen Sie Ihren Namen auch in die Zeichnung, da der Zeichenkopf abgeschnitten werden kann.

Bei einer eventuellen gerichtlichen Auseinandersetzung sind folgende Hinweise auf der Zeichnung unbedingt erforderlich:

Diese Zeichnung ist urheberrechtlich geschützt und unser alleiniges geistiges Eigentum. Eine Weitergabe an Dritte bedarf unserer ausdrücklichen Genehmigung.

6.7 Aufbewahrungsfristen von Kalkulationsunterlagen

Nach dem Handelsgesetzbuch (HGB) müssen Angebote, Kalkulationsunterlagen und Stundenzettel 6 Jahre aufbewahrt werden.

7 Kalkulationsverfahren

7.1 Einleitung

Das Kalkulationsverfahren wird von der Art der Fertigung bestimmt. Danach sind zwei Verfahren zu unterscheiden:

- **Divisionskalkulation**
- **Zuschlagskalkulation**

7.2 Divisionskalkulation

Dieses Verfahren findet in der Serien- und Massenfertigung Anwendung. Wie der Name bereits aussagt, handelt es sich hier um ein Verfahren der Kostenteilung. Die Gesamtkosten einer Periode werden durch die in diesem Zeitraum produzierten Einheiten (lfm, m^2, Stück usw.) geteilt. Voraussetzung ist, dass nur gleichartige Produkte hergestellt werden.

7.2.1 Beispiel: Einfache Divisionskalkulation

Eine ehemalige Schreinerei stellt im Jahr 18 500 Holzpaletten her; die Gesamtkosten/Jahr betragen 165 530,00 €.

Errechnung:

$$\frac{\text{Gesamtkosten/Jahr}}{\text{Einheiten/Jahr}} = \text{Kosten/Einheit}$$

$$\frac{165\,530{,}00\ €}{18\,500\ \text{Stück}} = \underline{\underline{8{,}95\ €/\text{Stück}}}$$

Es errechnet sich ein Stückpreis von 8,95 €.

Diese Art der Divisionskalkulation stellt das einfachste Kalkulationsverfahren überhaupt dar. Im holzverarbeitenden Handwerk ist es jedoch recht selten, dass nur ein gleichartiges Erzeugnis hergestellt wird.

Häufiger kommt es vor, dass ein Erzeugnis in verschiedenen Ausführungen (Modellen, Typen) angefertigt wird.

Das zwischen den einzelnen Typen bestehende Kostenverhältnis wird ermittelt und mit sog. **Äquivalenzziffern** bezeichnet.

7.2.2 Beispiel: Divisionskalkulation mit Äquivalenzziffern

In einer Kistenschreinerei werden drei Typen von Verpackungskisten hergestellt.

Gesamtkosten/Jahr 93 686,00 €

Gesamtmenge/Jahr 7 500 Stück

1	2	3	4	5	6
Modell-Typ	Äquivalenzzahl	Menge Stück	Recheneinheiten	Stückkosten je Modell/€	Gesamtkosten je Modell/€
A	0,6	3500	2100	13,90 x 0,6 = **8,34**	29 190,00
B	1,0	2400	2400	13,90 x 1,0 = **13,90**	33 360,00
C	1,4	1600	2240	13,90 x 1,4 = **19,46**	31 136,00
Summe/Recheneinheiten			6740	Gesamtkosten →	93 686,00

Die Menge (3) jedes Modells wird mit der Äquivalenzziffer (2) multipliziert; das Ergebnis sind Recheneinheiten (4). Die Gesamtkosten werden durch die Summe der Recheneinheiten dividiert.

$$\frac{\text{Gesamtkosten}}{\text{Summe/Recheneinheiten}} \qquad \frac{93\,686{,}00\ €}{6740} = 13{,}90\ €/\text{je Recheneinheit}$$

Durch Multiplizieren des Betrages einer Recheneinheit mit der Äquivalenzzahl des jeweiligen Modells erhält man die Stückkosten je Modell (5). Daraus lassen sich die Gesamtkosten je Modell und schließlich zur Überprüfung der Kalkulation die Gesamtkosten errechnen.

Die Anwendungsmöglichkeiten der Divisionskalkulation im Schreinerhandwerk sind beschränkt.

7.3 Zuschlagskalkulation

Die Zuschlagskalkulation eignet sich für Einzelfertigung, d. h. für **Produkte mit unterschiedlicher Kostenverursachung.**

Dies trifft für die Arbeiten des Schreinerhandwerks zu: es werden überwiegend Einzelaufträge in verschiedensten Ausführungen angefertigt.

Die Zuschlagskalkulation wird heute meist als **Vollkostenrechnung** durchgeführt, d. h. alle durch die Fertigung verursachten Kosten werden dem Erzeugnis (Kostenträger) zugerechnet. Ein weiteres Kalkulationsverfahren ist die **Teilkostenrechnung.** Sie wird zu einem späteren Zeitpunkt vorgestellt.

Ein wesentliches Merkmal der Zuschlagskalkulation ist die Aufteilung der Kosten in **Einzelkosten** und **Gemeinkosten.**

Die Zuschlagskalkulation wird so genannt, weil den Einzelkosten die Gemeinkosten prozentual zugeschlagen werden.

Zunächst aber untersuchen wir die beiden neuen Begriffe – Einzelkosten und Gemeinkosten –, die uns in der Kostenrechnung noch häufig begegnen werden.

7.3.1 Einzelkosten

Einzelkosten können einem Auftrag direkt zugerechnet werden.

Einzelkosten können für jeden Auftrag genau festgestellt werden; man spricht deshalb auch von **direkt verrechenbaren Kosten.** Zu den Einzelkosten zählen Werkstoffe, Fertigungslöhne, Verpackung, Fracht usw.

Der Preis für ein Erzeugnis wird umso genauer (kostengerechter), je höher der Anteil der Einzelkosten ist. Deshalb muss es das Bestreben in der Kostenrechnung sein, möglichst viele Kosten als Einzelkosten zu erfassen und zu verrechnen.

7.3.2 Gemeinkosten

Gemeinkosten können einem Auftrag nicht direkt zugerechnet werden.

Gemeinkosten sind in ihrer Höhe für den einzelnen Auftrag nicht genau feststellbar; man spricht deshalb von **nicht direkt verrechenbaren Kosten.** Gemeinkosten werden dem Auftrag über einen Zuschlag auf die Einzelkosten zugerechnet (Gemeinkostenzuschlag). Zu den Gemeinkosten zählen Personalnebenkosten (Arbeitgeberanteil zur Sozialversicherung, Urlaub, Feiertage usw.), Zinsen, Abschreibungen, Versicherungen usw. (Mehr über die Gemeinkosten ist in Kapitel 22 zu finden.)

In der Zuschlagskalkulation werden immer zuerst die Einzelkosten bestimmt und danach die Gemeinkosten prozentual aufgeschlagen.

7.4 Verbindung Einzelkosten – Gemeinkosten

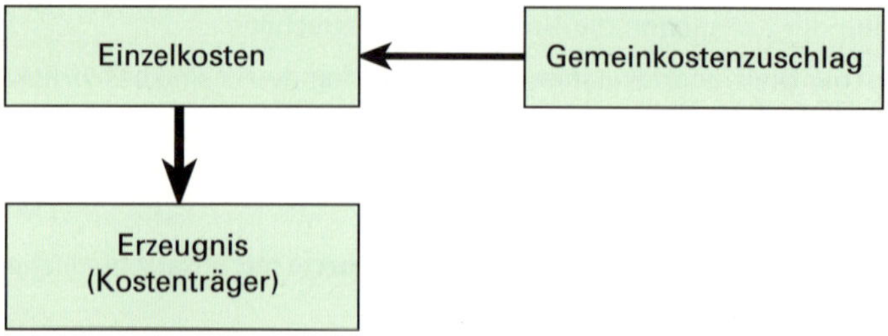

Zur Klärung der wichtigen Begriffe Einzelkosten und Gemeinkosten greifen wir dem Stoff mit einem kleinen Beispiel vor:

Der Fertigungslohn für einen Tisch beträgt 260,00 € (20 Stunden zu 13,00 €), der Gemeinkostenzuschlag auf die Fertigungslöhne beträgt 240 %.

Einzelkosten – Fertigungslohn	260,00 €
Gemeinkosten – 240 % vom Fertigungslohn	624,00 €
	884,00 €

Dem Auftrag werden die genau feststellbaren Fertigungslöhne (Einzelkosten) direkt zugerechnet. Die Zurechnung der Gemeinkosten erfolgt über den Umweg eines Gemeinkostenzuschlags (240 %) auf die Einzelkosten. Die 884,00 € sind natürlich nicht der Verkaufspreis, denn es fehlen noch einige Kostenelemente.

Wie der Gemeinkostenzuschlag von 240 % errechnet wird, erfahren Sie im Kapitel 36.

8 Aufbau der Zuschlagskalkulation

8.1 Einleitung

Für das Verfahren der Zuschlagskalkulation gibt es ein Grundmuster, bei dem die einzelnen Kostenelemente in einer festgelegten Reihenfolge aufeinander aufbauen.

8.2 Kostenelemente der Zuschlagskalkulation

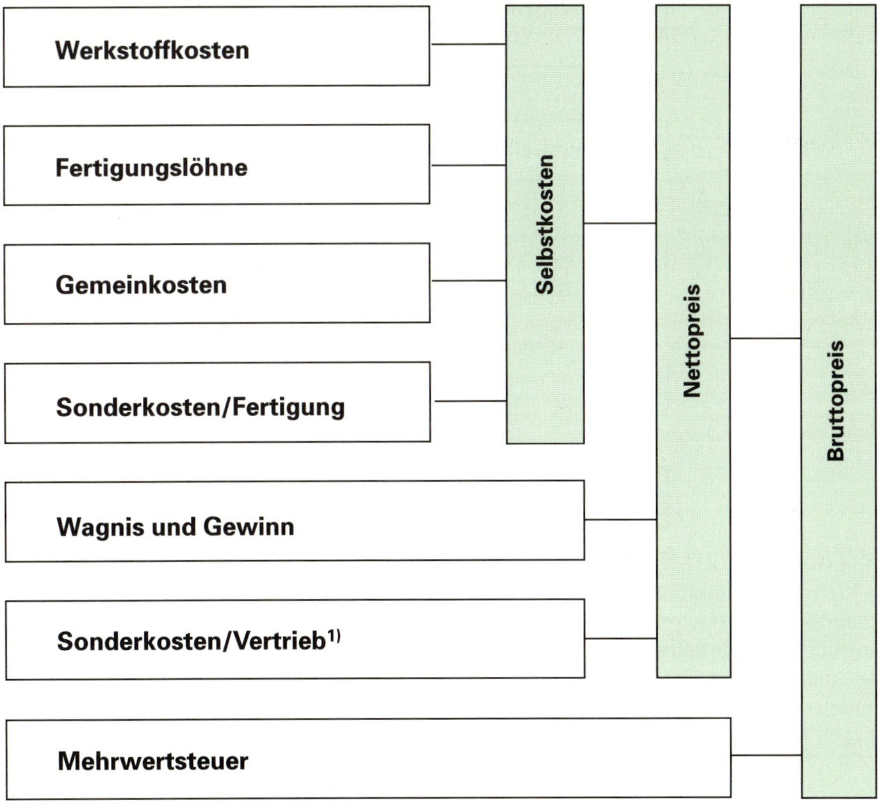

[1] Die Sonderkosten des Vertriebs können auch in den Selbstkosten enthalten sein.

Bei der Zuschlagskalkulation unterscheidet man zwei Arten:

1. Summarische (einfache) Zuschlagskalkulation

2. Differenzierte (erweiterte) Zuschlagskalkulation

In der summarischen Zuschlagskalkulation wird mit **einem Gemeinkostenzuschlag** gerechnet. Basis für die Zurechnung der Gemeinkosten sind im Schreinerhandwerk die Fertigungslöhne.

In der differenzierten Zuschlagskalkulation wird nach Kostenstellen unterschieden und mit **mehreren Gemeinkostenzuschlägen** gerechnet. Bekannt sind Gemeinkostenzuschläge auf Werkstoffe, Maschinenarbeit und Handarbeit.

8.3 Kalkulationsschema – Summarische Zuschlagskalkulation

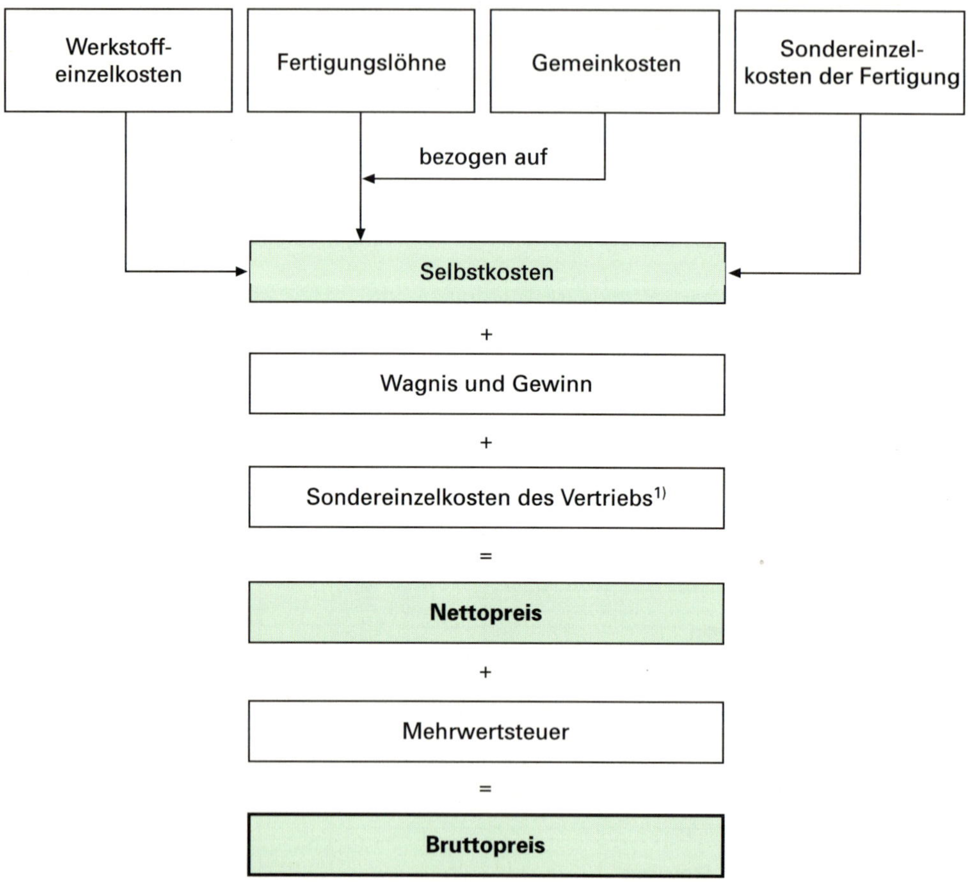

Viele Klein- und Mittelbetriebe des Schreinerhandwerks wenden die summarische Zuschlagskalkulation an. Dabei wird, ohne Trennung in Maschinen- und Handarbeit, nur mit einem Gemeinkostenzuschlag gearbeitet, der den Fertigungslöhnen zugerechnet wird. Die leichte Anwendbarkeit darf nicht darüber hinwegtäuschen, dass es sich hierbei um eine ungenaue Form der Zuschlagskalkulation handelt, bei der es leicht zu „Preisverzerrungen" kommen kann. Mit gutem Gewissen kann dieses Verfahren nur dann angewendet werden, wenn bei den einzelnen Auf-

1) Die Sondereinzelkosten des Vertriebs können auch vor Wagnis und Gewinn gestellt werden und somit Teil der Selbstkosten sein.

trägen das Verhältnis von Maschinenarbeit zu Handarbeit annähernd gleich ist und auch der Werkstoffanteil nicht zu sehr schwankt.

Ganz gefährlich wird es, wenn der Gemeinkostenzuschlag von Konkurrenzbetrieben unbedenklich übernommen wird.

8.4 Kalkulationsschema – Differenzierte Zuschlagskalkulation

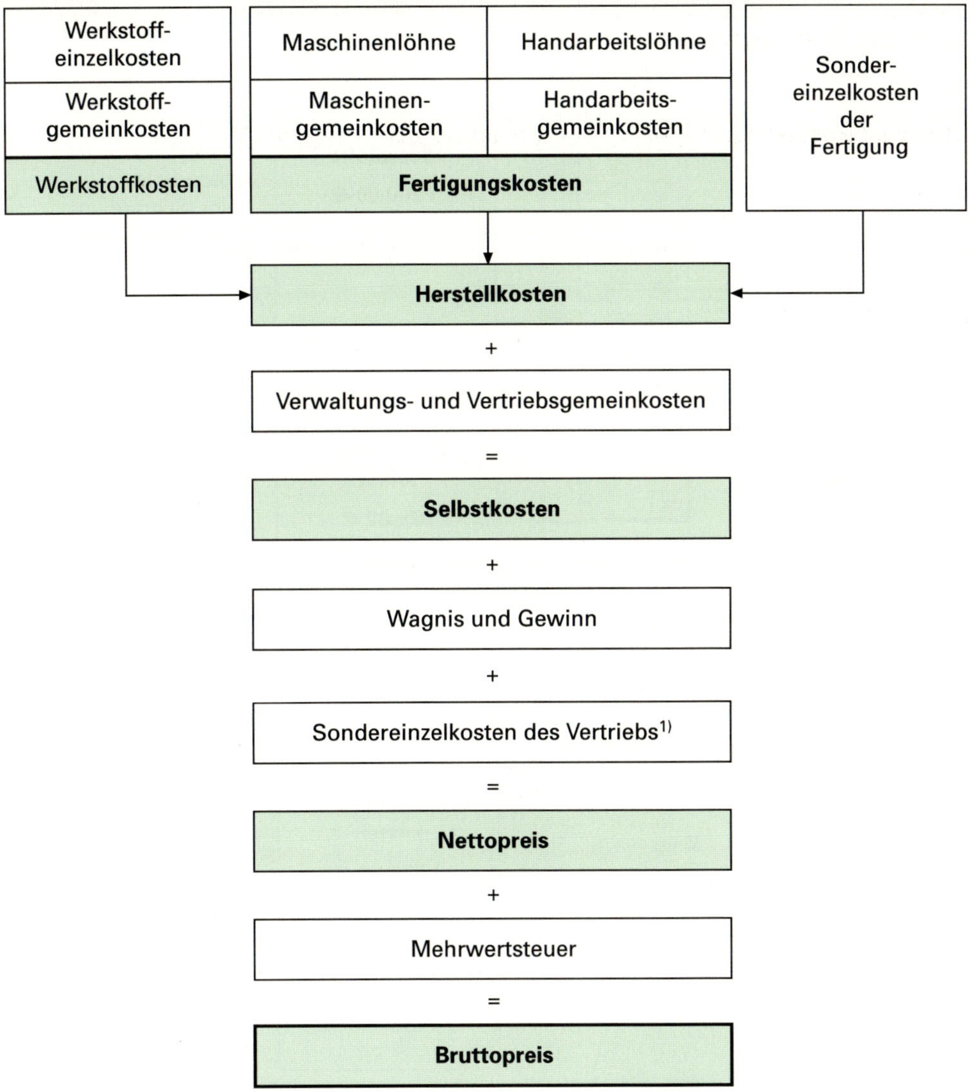

Das hier vorgestellte Schema der differenzierten Zuschlagskalkulation enthält vier Gemeinkostenzuschläge: für die Kostenstellen Werkstoffe, Maschinenarbeit, Handarbeit sowie für Verwaltung und Vertrieb (siehe Kapitel 37.3, Seite 153).

Im Schreinerhandwerk verzichtet man häufig auf einen Verwaltungs- (und Vertriebs-)gemeinkostenzuschlag, d. h. die Verwaltungsgemeinkosten sind anteilig in den Werkstoff- und Fertigungsgemeinkosten enthalten. Statt der Herstellkosten erhält man dann sofort die Selbstkosten.

1) Die Sondereinzelkosten des Vertriebs können auch vor Wagnis und Gewinn gestellt werden und somit Teil der Selbstkosten sein.

Je nach Bedarf können weitere Kostenstellen eingerichtet werden, z. B. Arbeitsvorbereitung, Montagearbeit, Oberflächenbehandlung usw.

8.5 Zusammensetzung eines Preises

Am Beispiel eines Vitrinenschrankes soll gezeigt werden, aus welchen Kostenelementen sich der kalkulierte Preis zusammensetzt.

Holzart : Mahagoni
Oberfläche : DD-Antikmatt
Verglasung : Antikglas
Verkaufspreis: **4 785,00 €**

Selbstkostenpreis 100 % (3 750,00 €)

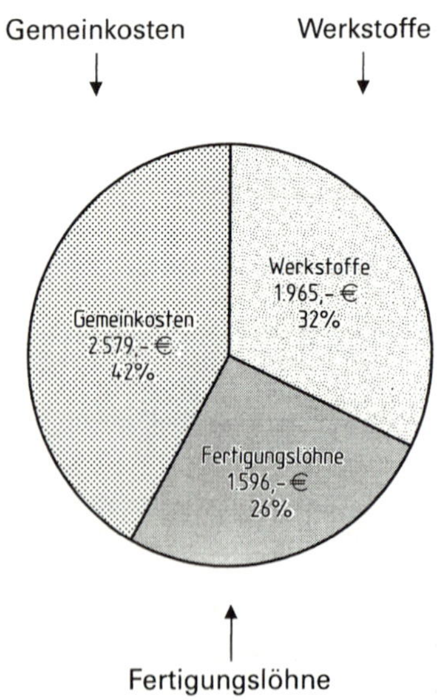

Werkstoffe 1 200,00 € 32 %	Spanplatten Furnier Massivholz Leim, Schrauben Lack, Beschläge Glas, usw.
Fertigungslöhne 975,00 € 26 %	Maschinenarbeitslöhne Handarbeitslöhne
Gemeinkosten 1 575,00 € 42 %	Nicht direkt verr. Löhne und Gehälter, Arbeitgeberanteil zur Sozialversicherung, Feiertags-, Urlaubsentlohnung, Lohnfortzahlung bei Krankheit, Versicherungen, Steuern, Miete, Strom, versch. Gemeinkosten, Abschreibungen, Zinsen, Unternehmerlohn, Bürokosten, Betriebsstoffverbrauch, usw. **SELBSTKOSTEN (100 %)**
Wagnis/Gewinn 375,00 € 10 %	Aufschlag für Risiken und zur Finanzierung von Investitionen – 10 % auf Selbstkosten
MwSt. 660,00 € 16 %	Gesetzl. Mehrwertsteuer z. Z. 16 % auf Nettopreis. **VERKAUFSPREIS 4 785,00 €**

9 Werkstoffe des Schreiners

9.1 Einteilung der Werkstoffe

In den nächsten Kapiteln werden die einzelnen Kostenelemente, dem Aufbau der differenzierten Zuschlagskalkulation folgend, behandelt.

Bei der Kalkulation von Schreinerarbeiten beginnt man in der Regel mit den Werkstoffen. Der Anteil der Werkstoffeinzelkosten an den Selbstkosten eines Auftrages beträgt bei Bauschreinerarbeiten ca. 50 %, bei Möbeln und Innenausbauarbeiten ca. 30 %.

Die Vielzahl der Werkstoffe wird zur besseren Übersicht und leichteren Erfassung in Gruppen zusammengefasst.

Hauptwerkstoffe		Massivholz, Furniere, Holzplatten aller Art
Hilfswerkstoffe	Verbindungsstoffe	Leim, Kleber, Schrauben, Nägel, Dübel, Federn, Montageschaum usw.
	Oberflächenpräparate	Beizen, Lacke, Mattierungen, Schleifpapiere, Kitte usw.
	Beschläge	Bänder, Schlösser, Riegel, Schnäpper, Griffe, Schubkastenführungen usw.
Halbfabrikate und Fremdleistungen[1]		Holz-, Alu-, Kunststoffprofile, Schichtstoffplatten, Folien, Glas, Marmor, Spiegel, Leder usw. Polsterer-, Drechsler-, Bildhauer-, Malerarbeiten usw.

10 Werkstoffverluste

10.1 Einleitung

Jeder Schreiner kennt aus Erfahrung die oftmals beträchtlichen Werkstoffverluste, die besonders bei der Verarbeitung von Massivholz anfallen. Da ein erheblicher Teil dieser Verluste beim Schneiden entstehen, spricht man von **Schnittverlust** oder **Verschnitt.**

Nachfolgend eine Aufstellung der wichtigsten Verlustarten, wie sie vor allem bei der Massivholzverarbeitung anfallen; die angegebenen Prozentsätze stammen aus Betriebsuntersuchungen und beziehen sich auf die Rohmenge des Holzes (Verschnittabschläge).

[1] Fremdleistungen gehören zwar strenggenommen nicht zu den Werkstoffen, werden aber in diesen Kostenbereich eingesetzt.

10.2 Verluste vor der Verarbeitung

Verlustart	Erläuterung	%	Gegenmaßnahmen
Abnahme- und Transportverluste	Ungünstige Vermessung, Beschädigungen	1 – 11	Überwachung von Vermessung und Verladung
Trockenverluste	Schwund, Risse, Verziehen, Verschalen	3 – 10	Sachgemäße Holztrocknung
Lagerverluste	Risse, Verziehen, Bruch, Schädlingsbefall	1 – 4	Sorgfältige Holzpflege
		5 – 25	

10.3 Verluste bei der Verarbeitung

Verlustart	Erläuterung	%	Gegenmaßnahmen
Formverluste	Baumkanten, Abholzigkeit, Stammkrümmung	3 – 25	Einkauf besäumter Ware
Qualitätsverluste	Äste, Splint, Harzgallen, Kern, Strukturfehler	3 – 25	Verwendung guter Holzqualität
Aufteilungsverluste	Verluste bei Längen- und Breitenaufteilung, Zugaben, Sägeschnitt	5 – 15	Einkauf günstiger Längen, erfahrenen Zuschneider einsetzen, Prämienlohn, dünne Sägen verwenden
Abschnittsverluste	Ungünstige Abschnittsmaße, unübersichtliche Lagerung und Sortierung	1 – 3	Abschnitte nach Holzart und Längen sortieren, Verkauf!
Ausschussverluste	Werkstoffschäden, die erst während der Fertigung auftreten; Schadstellen, Verziehen	0 – 2	Gewissenhafte Werkstoffauswahl und -kontrolle
		12 – 70	

Holzverluste vor der Verarbeitung sind nur schwer zu erfassen; in jedem Fall aber tragen sie zur Erhöhung des Holzpreises bei.

Holzverluste bei der Verarbeitung könnten leichter erfasst und verrechnet werden.

Im Schreinerhandwerk wird überwiegend mit **Verschnittzuschlägen** auf die Fertigmenge gerechnet.

Die in der Verlustaufstellung genannten **Verschnittabschläge** können nach folgendem Verfahren in Verschnittzuschläge umgerechnet werden:

Rohmenge	100	→	100 entspricht der Gesamtmenge
Schnittverlust	70	→	z. B. 70 % als Maximalwert aus der Verlustaufstellung (bei der Verarbeitung)
Fertigmenge	30	→	Differenz

Formel:

$$\frac{\text{Schnittverlust} \times 100}{\text{Fertigmenge}} = \text{Verschnittzuschlag in \%}$$

$$\frac{70 \times 100}{30} = \underline{\underline{233{,}33\ \%}}$$

Aus 70 % Verschnittabschlag werden durch Umrechnung 233,33 % Verschnittzuschlag. Mehr dazu im folgenden Kapitel.

10.4 Dickenverlust

Der Dickenverlust bei der Verarbeitung von Brettern und Bohlen wird in der handwerklichen Fertigung durch Einsetzen der Rohdicke verrechnet.

Beispiel: Eine Ahorntischplatte hat die Fertigdicke von 30 mm. Verrechnet wird der m^2/Preis für 40 mm Ahornholz, weil eine Bohle dieser Dicke für die Arbeit verwendet wurde.

Der Dickenverlust wird also nicht durch den Verschnittzuschlag abgedeckt.

Einige der für die Massivholzverarbeitung aufgeführten Verlustarten treffen auch für die Verarbeitung von Plattenmaterial zu. Hier fallen vor allem die Aufteilungsverluste ins Gewicht. Mit Hilfe eines Aufteilungsplanes oder bei Verwendung von Fixmaßen lassen sich Werkstoffverluste wirkungsvoll einschränken.

11 Verschnittberechnungen

11.1 Vorgehen bei der Verschnittberechnung

Die Vielzahl der möglichen Holzverluste haben wir im letzten Kapitel kennen gelernt. Selbstverständlich müssen die Verluste so gering wie möglich gehalten werden. Der unvermeidliche Schnittverlust oder Verschnitt muss in vollem Umfang dem jeweiligen Auftrag zugerechnet werden.

Aufgabe der Werkstoffberechnung ist die Ermittlung und Verrechnung der Rohmenge (Bruttomenge). Oftmals kann die Rohmenge nicht genau festgestellt werden (Vorkalkulation); immer bekannt dagegen ist die Fertigmenge (Nettomenge) aus Zeichnung oder Holzliste.

Im Schreinerhandwerk geht man daher meist von der Fertigmenge aus, rechnet dieser einen Verschnittzuschlag zu und erhält damit die Rohmenge.

Fertigmenge + Verschnittzuschlag = Rohmenge

Neben der Fertigmenge kann auch noch die Zuschnittmenge als Basis für die Zurechnung des Verschnittzuschlages dienen; mehr zu diesem Verfahren unter 11.5.

11.2 Definition der Begriffe

Rohmenge (R)

Rohmenge ist die Holzmenge der zu verarbeitenden Bretter, Bohlen und Platten.

Fertigmenge (F)

Fertigmenge ist die Holzmenge des fertigen Werkstücks.

Verschnitt oder Schnittverlust (S)

Verschnitt oder Schnittverlust ist die Mengendifferenz zwischen Rohmenge und Fertigmenge.

$$R - F = S$$

Verschnittabschlag (V)

Verschnittabschlag ist der Schnittverlust in Prozent, bezogen auf die Rohmenge.

$$\frac{S \times 100}{R} = V$$

Verschnittzuschlag (Z)

Verschnittzuschlag ist der Schnittverlust in Prozent, bezogen auf die Fertigmenge.

$$\frac{S \times 100}{F} = Z$$

Die Verwechslung von Verschnittabschlag und Verschnittzuschlag kann einem Betrieb erhebliche Verluste einbringen.

Im Schreinerhandwerk sollte nur mit dem Verschnittzuschlag gerechnet werden.

11.3 Berechnungsbeispiele

Nachfolgendes Beispiel soll den Unterschied von Verschnittabschlag und Verschnittzuschlag deutlich machen.

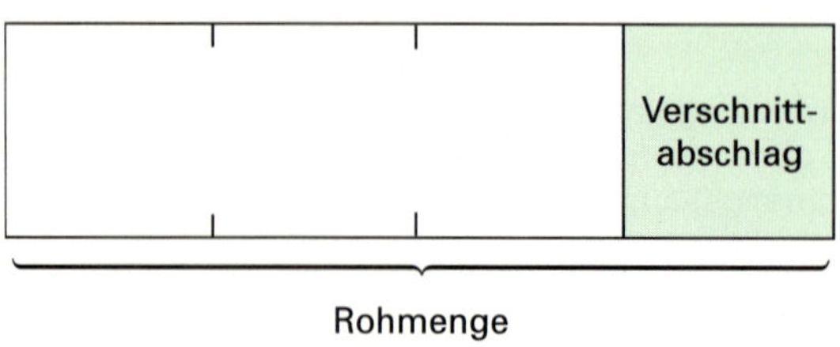

25 % Verschnittabschlag bezogen auf die Rohmenge

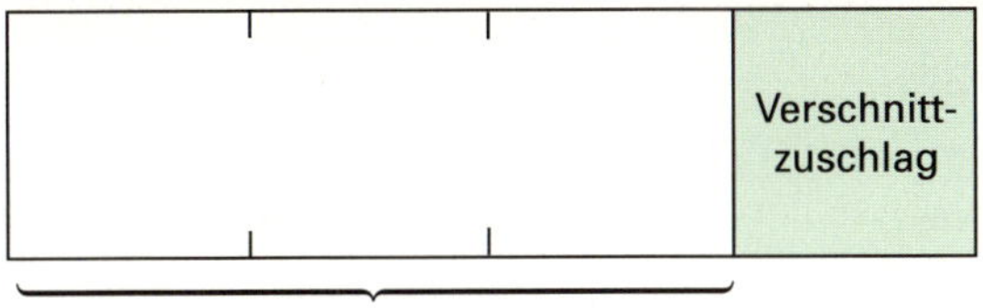

Fertigmenge

33,3 % Verschnittzuschlag bezogen auf die Fertigmenge

Umrechnung von Schnittverlust auf Verschnittzuschlag

Rohmenge	a) 160 m^2	b) 210 m^2
Fertigmenge	140 m^2	65 m^2
Schnittverlust	20 m^2	145 m^2

Formel:

$$\frac{\text{Schnittverlust x 100}}{\text{Fertigmenge}} = \text{Verschnittzuschlag in \%}$$

a) $\frac{20\ m^2 \times 100}{140\ m^2} = \underline{\underline{14\ \%\ Z}}$ b) $\frac{145\ m^2 \times 100}{65\ m^2} = \underline{\underline{223\ \%\ Z}}$

Jeder Betrieb muss seine Verschnittzuschläge selber errechnen und laufend anpassen. Die Errechnung kann jährlich für den Gesamtwerkstoffverbrauch oder für einzelne Aufträge durchgeführt werden.

Jährliche Ermittlung

Jahresverbrauch an 19 mm Spanplatten laut Lagerkartei	765 m^2	(Rohmenge)
Spanplattenmenge 19 mm laut Holzlistenauswertung	631 m^2	(Fertigmenge)
Schnittverlust	134 m^2	

$\frac{134\ m^2 \times 100}{631\ m^2} = \underline{\underline{21\ \%}}$ Verschnittzuschlag auf Spanplatten 19 mm (Jahresdurchschnitt)

Ermittlung pro Auftrag

Aus einer Furnierplatte 2,20 x 1,25 m wurden folgende Teile geschnitten:

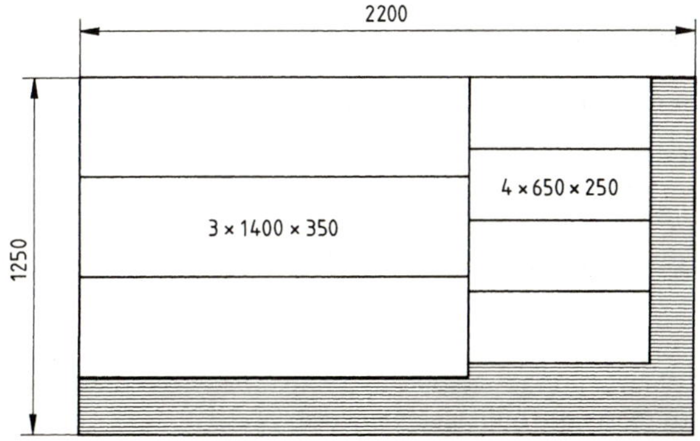

Rohmenge	2200 x 1250 mm			2,75 m²
3 Stück	1400 x 350 mm	1,47 m²		
4 Stück	650 x 250 mm	0,65 m²		
	Fertigmenge	2,12 m²	abzügl.	2,12 m²
			Schnittverlust	0,63 m²

$$\frac{0{,}63\ \text{m}^2 \times 100}{2{,}12\ \text{m}^2} = \underline{\underline{29{,}7\ \%}}\ \text{Verschnittzuschlag}$$

Aus einem Brett 2,50 x 0,42 m wurden folgende Teile geschnitten:

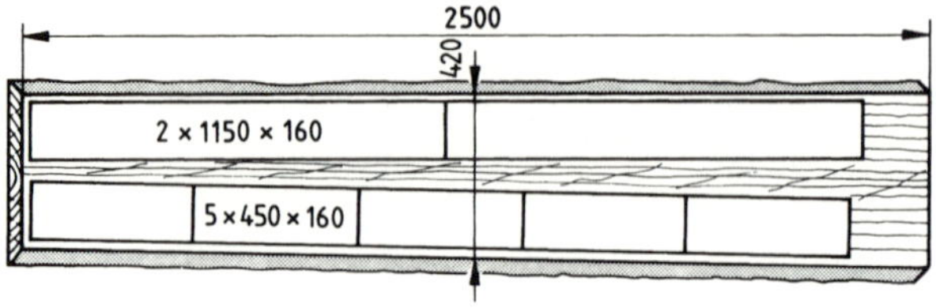

Rohmenge	2500 x 420 mm			1,05 m²
2 Stück	1150 x 160 mm	0,37 m²		
5 Stück	450 x 160 mm	0,36 m²		
	Fertigmenge	0,73 m²	abzügl.	0,73 m²
			Schnittverlust	0,32 m²

$$\frac{0{,}32\ \text{m}^2 \times 100}{0{,}73\ \text{m}^2} = \underline{\underline{43{,}8\ \%}}\ \text{Verschnittzuschlag}$$

11.4 Umrechnung von Verschnittabschlag in Verschnittzuschlag

Ein Verschnittabschlag von 40 % ergibt welchen Verschnittzuschlag?

Rohmenge = 100
Verschnitt = 40
Fertigmenge = **60**

$$\frac{40 \times 100}{60} = \underline{\underline{66{,}7\ \%\ Z}}$$

Ein Verschnittzuschlag von 75 % ergibt welchen Verschnittabschlag?

Rohmenge = **175**
Verschnitt = 75

$$\frac{75 \times 100}{175} = \underline{\underline{42{,}9\ \%\ V}}$$

11.5 Zuschnittmenge als Basis für den Verschnittzuschlag

Unter Zuschnittmenge versteht man die Fertigmenge zuzüglich Bearbeitungszugaben.

In Kleinbetrieben ist es weniger üblich, in der Holzliste neben den Fertigmaßen auch Zuschnittmaße aufzuführen; man setzt voraus, dass den Gesellen die für den Zuschnitt erforderlichen Bearbeitungszugaben bekannt sind.

Es gibt jedoch gute Gründe, Zuschnittmaße festzulegen:

- Die Größe der Bearbeitungszugaben wird nicht mehr der „Großzügigkeit" der einzelnen Mitarbeiter überlassen (besonders unerfahrene Mitarbeiter neigen zu reichlichen „Sicherheitszugaben")
- fertigungsbedingte Bearbeitungszugaben (Schnittverluste) werden genau erfasst; die Basis (Zuschnittmenge) für den Verschnittzuschlag wird größer.

Beispiel:
Eichenbrett, durchschnittlicher Verschnittzuschlag 50 %

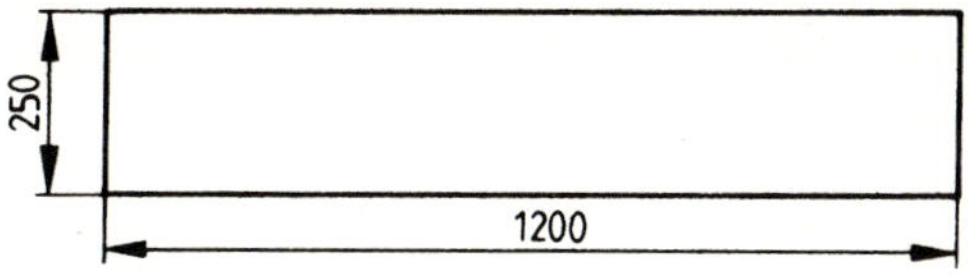

Fertigmaße = 1 200 x 250 mm
Fertigmenge = 0,30 m^2
Rohmenge = 0,30 m^2 + **50 % Z** = 0,45 m^2

Der Verschnittzuschlag von 50 % auf die Fertigmenge enthält **alle Werkstoffverluste** als Durchschnittswerte.

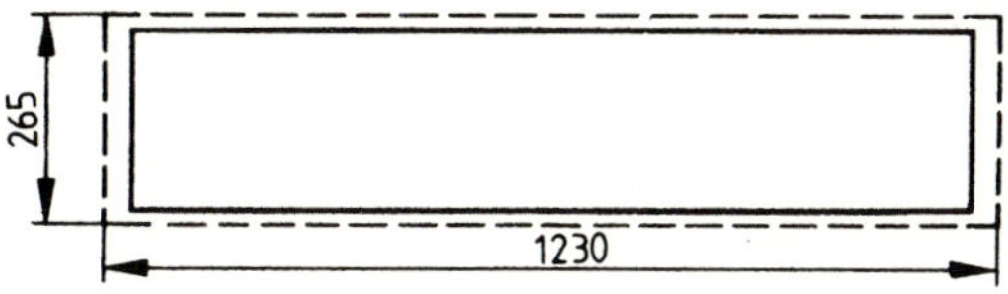

Zuschnittmaße = 1 230 x 265 mm
Zuschnittmenge = 0,33 m^2
Rohmenge = 0,33 m^2 + **36,4 % Z** = 0,45 m^2

Der Verschnittzuschlag von 36,4 % auf die Zuschnittmenge enthält **keine Bearbeitungszugaben.**

Verschnittzuschlag auf Fertigmenge	50,0 %
Verschnittzuschlag auf Zuschnittmenge	36,4 %
Anteil der Bearbeitungszugaben	13,6 %

11.6 Durchschnittliche Verschnittzuschlagsätze

Die nachfolgenden Verschnittzuschläge sind für Kalkulationsübungen bestimmt. Jeder Betrieb muss seine eigenen Verschnittzuschläge errechnen und laufend anpassen.

Holzart/Werkstoff	Z %
Nadelschnittholz außer Lärche und Zirbel	30 %
Lärche, Zirbel, Pappel, Linde, Erle u. Ä.	35 %
Rot- und Weißbuche, Rüster, Esche u. Ä.	40 %
Eiche, Ahorn, Nussbaum, Obsthölzer	50 %
Sperrholz (STAE, TI, FU) Lagermaße	20 %
Sperrholz (STAE, TI, FU) Fixmaße	3 %
Spanplatten	15 %
Beschichtete Spanplatten, Schichtstoffplatten	20 %
Absperr-, Blind- und Innenfurniere	25 %
Schlichte Edelfurniere	40 %

Weitere Verschnittzuschläge sind im Kapitel 46.2.2 (Seite 219) zu finden.

Durchschnittliche Verschnittzuschläge dürfen nicht bedenkenlos für die Preisberechnung verwendet werden.

Qualität und Art der Schreinerarbeiten können **weit höhere** Zuschläge verursachen. Es ist außerdem zu unterscheiden, ob Werkstoffe **auftragsbezogen** oder **nicht auftragsbezogen** (auf Lager) beschafft werden. Im ersten Fall wird die Rohmenge ohne Verschnittzugaben in die Preisberechnung eingesetzt.

11.7 Schnittverlust bei Anleimern

Anleimer und schwache Leisten verursachen wegen ihrer geringen Abmessungen meist große Schnittverluste. Ganz besonders ins Gewicht fallen dabei die Sägeschnitt- und Hobelverluste.

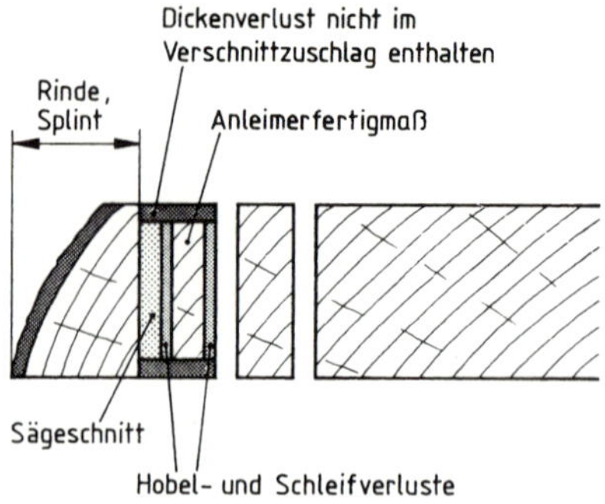

Bei Verwendung von Spezialsägeblättern (1,8 mm – 2,4 mm) und Verzicht aufs Hobeln (Sägen – Leimen – Schleifen) kann der Materialverlust erheblich gesenkt werden.

Verschnittzuschläge für Massivanleimer und Leisten

Breite	Verschnitt-zuschlag	Verschnitt-faktor
bis 5 mm	180 %	2,8
6 mm – 10 mm	150 %	2,5
11 mm – 15 mm	120 %	2,2
16 mm – 20 mm	90 %	1,9
21 mm – 25 mm	60 %	1,6
26 mm und mehr, holzarteigener Verschnittzuschlag		

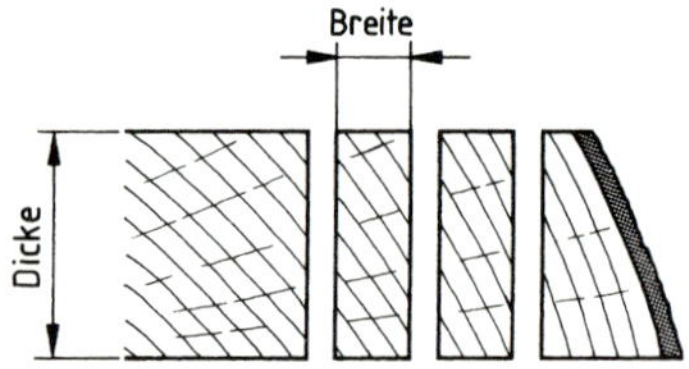

Beispiel: Massivholzanleimer Fichte 6 x 19 mm (Fertigmaß)
Verschnittzuschlag: 150 %
Verschnittfaktor: 2,5
Rohdicke: 30 mm

Für Kantenanleimautomaten ist bei Anleimern eine weitere Rohdickenzugabe von 5 mm – 6 mm erforderlich.

12 Rechnen beim Kostenrechnen

12.1 Voraussetzungen

Bevor wir zu den Werkstoffberechnungen kommen, eine kleine Auffrischung der Rechenkenntnisse. Eine ausgesprochene mathematische Begabung ist für die handwerkliche Kostenrechnung nicht erforderlich. Die Beherrschung der vier Grundrechenarten und der Prozentrechnung muss jedoch vorausgesetzt werden. Eine große Hilfe sind dabei elektronische Taschenrechner. Sie sollten in der Kostenrechnung ein solches Gerät von Anfang an benutzen und möglichst viele Funktionen ausnützen.

12.2 Prozentrechnen

Prozentrechnung bedeutet Rechnung eines Verhältnisses auf Hundert (Prozent = vom Hundert).

25 %	von 16,00 €	ergibt 4,00 €
↓	↓	↓
Prozentsatz	Grundwert	Prozentwert

a) Errechnung des Prozentsatzes

In einer Nachkalkulation wurden bei 1 500,00 € Selbstkosten 210,00 € Gewinn ermittelt. Wie viel Prozent beträgt der Gewinn?

Lösung: Bei 1 500,00 € beträgt der Gewinn 210,00 €,
bei 100 beträgt der Gewinn?

$$\frac{210{,}00\ € \times 100\ \%}{1\,500{,}00\ €} = \underline{\underline{14\ \%}}$$

b) Errechnung des Grundwertes

Der Bruttopreis von 627,00 € enthält 16 % Mehrwertsteuer. Wie hoch ist der Nettopreis?

Lösung 1: 627,00 € sind 116 %; 1 % ist $\frac{627{,}00\ €}{116\ \%}$

$$100\ \% = \frac{627{,}00\ € \times 100\ \%}{116\ \%} = \underline{\underline{540{,}52\ €}}$$

Lösung 2: $\frac{627{,}00\ €}{1{,}16} = \underline{\underline{540{,}52\ €}}$

c) Errechnung des Prozentwertes

Der Verschnittzuschlag für Kiefer beträgt 30 %. Wie viel m^2 sind das bei einer Fertigmenge von 27 m^2?

Lösung: 1 % ist $\frac{27\ m^2}{100\ \%}$; 30 % = $\frac{27\ m^2 \times 30\ \%}{100\ \%} = \underline{\underline{8{,}1\ m^2}}$

12.3 Zurechnung der Verschnittzuschläge

Der Verschnittzuschlag wird, wie bereits bekannt, der Fertigmenge zugerechnet; das Ergebnis ist die Rohmenge.

Für die rechnerische Durchführung gibt es verschiedene Möglichkeiten:

a) Zurechnung auf die Menge

Fertigmenge	10,00 m^2
Verschnittzuschlag 40 %	4,00 m^2
Rohmenge	14,00 m^2

oder

Fertigmenge	10,00 m^2
Verschnittzuschlag 40 % als Faktor 1,4	
10,00 m^2 x 1,4 =	14,00 m^2

Weil es sehr schnell geht, wird gerne mit Faktoren gerechnet. **Zu beachten ist dabei, dass der Faktor für einen Verschnittzuschlag von z. B. 180 % 2,8 lautet.**

b) Zurechnung auf den Werkstoffpreis

m^2/Preis für FPY 19 mm	3,60 €
Verschnittzuschlag für Spanplatten 15 %	0,54 €
m^2/Preis einschl. Verschnittzuschlag	4,14 €

Fertigmenge 10,00 m^2

Preis für Rohmenge 10,00 m^2 x 4,14 € = 41,40 €

12.4 Umrechnung des Massivholzpreises

Massivhölzer werden in der Regel nach m^3 eingekauft. In der Kalkulation rechnet man aus Gründen der besseren Übersicht mit m^2. Es muss also eine Umrechnung vorgenommen werden.

a) Umrechnung vom m^3/Preis in m^2/Preis

Formel:

$$\frac{m^3\text{/Preis x Dicke (mm)}}{1000} = m^2\text{/Preis}$$

Ein m^3 Kiefernschnittware kostet 600,00 €. Was kostet ein m^2, 30 mm dick?

$$\frac{600{,}00\ €/m^3 \times 30\ mm}{1000} = 18{,}00\ €/m^2$$

b) Umrechnung vom m^2/Preis in m^3/Preis

Formel:

$$\frac{m^2\text{/Preis x 1000}}{\text{Dicke (mm)}} = m^3\text{/Preis}$$

Ein m^2 Eichenholz von 30 mm Dicke kostet 37,50 €. Was kostet der m^3?

$$\frac{37{,}50\ €/m^2 \times 1000}{30\ mm} = 1\,250{,}00\ €/m^3$$

c) Umrechnung vom Brettpreis auf m^2/Preis

Formel:

$$\frac{\text{Brettpreis}}{\text{Brettfläche}} = m^2\text{/Preis}$$

Ein Brett, 1,75 m lang und 0,27 m breit, kostet 15,50 €. Was kostet 1 m^2?

$$\frac{15{,}50\ €}{1{,}75\ m \times 0{,}27\ m} = 32{,}80\ €/m^2$$

12.5 Errechnung des lfm/Preises

Anleimer, Leisten, aber auch größere massive Möbelteile werden häufig nach laufenden Metern (lfm) berechnet. Hilfreich dafür ist die nachfolgend aufgeführte Formel, die auch gleich den Verschnittzuschlag einbezieht.

Formel:

$$\frac{\text{Verschnittfaktor x Breite x Rohdicke}}{1000} \times \frac{\text{m}^3\text{/Preis}}{1000} = \text{lfm/Preis}$$

Wenn diese Formel auf den ersten Blick auch recht kompliziert aussieht, so wird sie sich recht schnell, bei Verwendung eines Taschenrechners versteht sich, als äußerst nützlich erweisen.

Erläuterungen zur Formel:

1. Verschnittfaktor: Der Verschnittfaktor wurde bereits in diesem Kapitel unter 12.3 erläutert. 150 % Verschnittzuschlag sind als Faktor ausgedrückt 2,5.
2. Breite: Bei dünnen Anleimern oder Leisten, die aufrecht aus Brettern oder Bohlen geschnitten wurden, ist die Schmalseite zugleich die Breite (vergleiche dazu Kapitel 11.6).
3. Rohdicke: Der Dickenverlust bei der Verarbeitung von Massivholz wird bekanntlich durch Einsetzen der Rohdicke verrechnet. Für einen Anleimer mit den Fertigmaßen 6 x 19 mm ist demnach eine Rohdicke von 26 bzw. 30 mm einzusetzen.

Beispiele zur Errechnung des lfm/Preises

1. Anleimer, Fertigmaß 5 x 19 mm, Eiche, m³/Preis 1250,00 €

   Verschnittzuschlag lt. Aufstellung Kapitel 13.6, 180 %

   $$\frac{2{,}8 \times 5\text{ mm} \times 26\text{ mm}}{1000} \times \frac{1250{,}00\text{ €/m}^3}{1000} = \underline{\underline{0{,}46\text{ €/lfm}}}$$

2. Leisten, Fertigmaß 8 x 35 mm, Fichte, m³/Preis 510,00 €

   Verschnittzuschlag lt. Aufstellung Kapitel 13.6, 150 %

   $$\frac{2{,}5 \times 8\text{ mm} \times 40\text{ mm}}{1000} \times \frac{510{,}00\text{ €/m}^3}{1000} = \underline{\underline{0{,}41\text{ €/lfm}}}$$

3. Brett, Fertigmaß 450 x 24 mm, Esche, m³/Preis 950,00 €

   Verschnittzuschlag lt. Aufstellung Kapitel 13.5, 40 %

   $$\frac{1{,}4 \times 450\text{ mm} \times 30\text{ mm}}{1000} \times \frac{950{,}00\text{ €/m}^3}{1000} = \underline{\underline{17{,}96\text{ €/lfm}}}$$

12.6 Errechnung von Gemischpreisen

In der Schreinerei sind häufig Materialien unterschiedlichen Preises nach einem bestimmten Verhältnis zu mischen (z. B. Leim, Lack usw.). Durch die Mischungsrechnung wird der Gemischpreis ermittelt.

12.6.1 Leimgemisch

Beispiel 1:

Einem kg Furnierleim (2,40 €/kg) sollen 20 % Streckmittel (0,90 €/kg) zugemischt werden. Was kostet ein kg Leimgemisch?

Formel:

$$\frac{\text{Preis/kg Menge 1 x \% + Preis/kg Menge 2 x \%}}{\text{Gesamt \%}} = \text{€/kg Gemisch}$$

$$\frac{2{,}40\ € \times 100\ \% + 0{,}90\ € \times 20\ \%}{120\ \%} = \underline{\underline{2{,}15\ €/\text{kg Leimgemisch}}}$$

Ein kg Leimgemisch reicht für ca. ~~11~~ 7 m² Furnierfläche; der m²/Preis beträgt demnach:

$$\frac{2{,}15\ €}{7\ m^2} = \underline{\underline{0{,}31\ €/m^2}}$$

Beispiel 2

Leim für Außenarbeiten (2,50 €/kg) soll mit Härter (7,00 €/kg) im Verhältnis 10 : 1 gemischt werden. Was kostet ein kg Leimgemisch?

10 Teile Leim	x 2,50 €/kg	= 25,00 €	
1 Teil Härter	x 7,70 €/kg	= 7,00 €	
11 Teile		32,00 € : 11 Teile	= 2,91 €/kg Leimgemisch

12.6.2 Lackgemisch

Beispiel 1

DD-Lack (4,00 €/l) sollen Härter (6,90 €/l) und Verdünnung (2,90 €/l) im Verhältnis 8 : 1 : 2 zugesetzt werden. Was kostet ein l des Lackgemischs?

8 Teile	x 4,00 €/l	= 32,00 €	
1 Teil	x 6,90 €/l	= 6,90 €	
2 Teile	x 2,90 €/l	= 5,80 €	
11 Teile		44,70 € : 11 Teile	= 4,06 €/l Lackgemisch

Ein l Lackgemisch ist ausreichend für ca. 5 m² Fläche (einschl. Spritzverluste). Der m²/Preis für das Lackgemisch beträgt demnach

$$\frac{4{,}06\ €/l}{5\ m^2} = \underline{\underline{0{,}81\ €/m^2}}$$

Beispiel 2

Laut Hersteller soll ein Zweikomponentenlack wie folgt gemischt werden:

Lack (3,80 €/l) 2 Teile

Härter (5,80 €/l) 1 Teil

Das Lack-Härter-Gemisch ist für die Überzugslackierung 20 % zu verdünnen (Verdünnung: 3,00 €/l). Was kostet ein l spritzfertiges Gemisch?

2 Teile Lack	x 3,80 €/kg	= 7,60 €	
1 Teil Härter	x 5,80 €/kg	= 5,80 €	
3 Teile		13,40 € : 3 Teile	= 4,47 €/l Lack-Härter-Gemisch.

Zugabe von 20 % Verdünnung:

$$\frac{4{,}47\ €/l \times 100\ \% + 3{,}00\ €/l \times 20\ \%}{120\ \%} = \underline{\underline{4{,}22\ €/l}}$$

12.6.3 Durchschnittspreis

Wenn z. B. mehrere Posten Eichenholz zu verschiedenen Preisen eingekauft wurden, ist es für die Kalkulation einfacher, mit einem Durchschnittspreis zu rechnen. Eingekauft wurden:

0,60 m^3 zu 1 300,00 €/m^3

1,20 m^3 zu 1 400,00 €/m^3

0,25 m^3 zu 1 150,00 €/m^3

Der Durchschnittspreis errechnet sich nach folgender Formel:

Formel: $$\frac{\text{Menge 1 x Preis 1 + Menge 2 x Preis 2 + Menge 3 x Preis 3}}{\text{Menge 1 + Menge 2 + Menge 3}} = \varnothing\text{-Preis/€}$$

$$\frac{0{,}60\ m^3 \times 1\,300{,}00\ € + 1{,}20\ m^3 \times 1\,400{,}00\ € + 0{,}25\ m^3 \times 1\,150{,}00\ €}{0{,}60\ m^3 + 1{,}20\ m^3 + 0{,}25\ m^3} = \underline{\underline{1340{,}24\ €/m^3}}$$

Es bleibt dem Unternehmer überlassen, ob er die Werkstoffe nach **Einkaufs-, Tages-** oder **Durchschnittspreisen** verrechnet.

12.7 Umwandeln von Zeiten

Bei der Zeitbestimmung und bei der Zeiterfassung können die Zeiten in Minuten, als natürliche Brüche ($^1/_4$, $^1/_2$, $1\,^3/_4$ Std. usw.) oder als Dezimalbrüche 0,2; 0,65; 1,85 Std. usw.) angegeben werden. Häufig müssen die Minutenwerte zur weiteren Verwendung in Stunden (Dezimalbrüche) umgewandelt werden.

Formel: $$\frac{\text{Minuten}}{60} = \text{Std.}$$

Beispiele:

15 min. = $^{15}/_{60}$ = 0,25 Std.

40 min. = $^{40}/_{60}$ = 0,67 Std.

85 min. = $^{85}/_{60}$ = 1,42 Std.

Der umgekehrte Fall, die Umwandlung von Stunden in Minuten kommt seltener vor.

Formel: 60 x Std. = Minuten

Beispiele:

0,1 Std. = 60 x 0,1 = 6 min.

0,60 Std. = 60 x 0,60 = 36 min.

1,85 Std. = 60 x 1,85 = 111 min.

13 Werkstofferfassung, Werkstoffberechnung

13.1 Einleitung

Werkstofferfassung und Werkstoffberechnung sind der einfachere Teil der Kalkulation. Trotzdem muss auch hier sorgfältig gearbeitet werden, da jeder Fehler durch nachfolgende Zuschläge verstärkt wird und die Bildung eines echten Selbstkostenpreises unmöglich gemacht wird.

Zur Berechnung der Werkstoffe benötigt man die Werkstoffpreise. Dazu bedient man sich übersichtlich erstellter Preislisten, die immer auf dem neuesten Stand gehalten werden müssen oder man wendet sich direkt an die Lieferanten. Die Erfassung und Berechnung der Werkstoffe erfolgt durch:

– **Werkstofflisten**

– **Überschlagsverfahren**

Die bekannteste Werkstoffliste ist die Holzliste oder Stückliste; daneben gibt es noch Beschlag- oder Zubehörlisten.

Die genaue Holzliste wird in der Einzelfertigung meist für Nachkalkulationen verwendet. Für Angebotskalkulationen, bei denen die Auftragszusage in der Regel noch nicht feststeht, wendet man die wesentlich schnellere überschlägige Werkstoffberechnung an. Während das Überschlagsverfahren nur der Preisberechnung dient, kommen der Holzliste noch andere wichtige Aufgaben zu.

13.2 Werkstofflisten

Wenden wir uns zunächst der bekannten Holzliste zu. Wie bereits erwähnt, dient die Holzliste nicht allein der Preisberechnung. Sie findet Anwendung bei:

– **Fertigung** (Bestellung, Zuschnitt)

– **Kalkulation** (Nachkalkulation)

– **Ermittlung der Verschnittzuschläge** (Fertigmenge)

Rationelles Arbeiten ist ohne eine übersichtlich aufgestellte Holzliste undenkbar. Sie begleitet das Werkstück bei der Fertigung. Die Holzliste kann neben Verwendung, Anzahl, Holzart, Länge, Breite und Dicke der einzelnen Teile auch Bearbeitungshinweise enthalten und dadurch die Funktion eines Arbeitsplanes übernehmen.

Aufbau und Aufstellen der Holzliste müssen so vorgenommen werden, dass rationelles Arbeiten ermöglicht wird und gleichzeitig auch die Auswertung für die Preisberechnung ohne Schwierigkeiten durchgeführt werden kann.

Eintragungen aus der Holzliste für die **Fertigung** werden für die **Preisberechnung** übernommen.

Für die Aufstellung einer Holzliste gibt es folgende Grundsätze:

- Massivholz, Plattenmaterial und Furniere werden getrennt nach Holzart aufgeführt.
- Jede Holzart wird nach Dicken geordnet; begonnen wird mit der größten Dicke.
- Innerhalb einer Dicke wird mit den längsten Teilen begonnen; gleiche Breiten werden zusammengehalten.
- Die lfd. Nr. aus der Holzliste wird zur Kontrolle und zum späteren schnellen Auffinden der Teile in die Werkzeichnung eingetragen. Beim Zuschneiden wird jedes Teil mit der lfd. Nr. der Holzliste und der Auftragsnummer versehen.
- Die Verwendung von m^2-Preisen bei Massivholz ist übersichtlicher und erleichtert die Kontrolle der Ergebnisse.
- Kleinteile wie z. B. Holzdübel, Lamellofedern usw. werden normalerweise nicht in der Holzliste erfasst, sondern bei der Preiszusammenstellung auf dem Kalkulationsblatt getrennt aufgeführt.

Holzlisten sind in großer Vielfalt in den Betrieben im Einsatz (siehe Kapitel 47).

13.2.1 Stückliste für Fertigung

HOLZLISTE - FERTIGUNG AUFTRAG: *Tisch*		AUFTR.NR. *97/43*		POS.: *1*	KUNDE: *Dr. Maier*		DATUM: *12.05.97*		LIEFERT.: *22.06.97*		BEARBEITER: *Kurz*		BLATT *1/1*
LFD NR.	BEZEICHNUNG	HOLZ-ART	STCK	**FERTIGMASS IN MM**			ROH-DICKE	**ENDMASS IN MM**			BELÄGE	KANTEN	BEMERK.
				LÄNGE	BREITE	DICKE		LÄNGE	BREITE	DICKE	1 2		
1	*Tischplatte*	*FPY*	*1*	*1140*	*640*	*22*		*1150*	*650*	*23*	*WEN/M*	*4xGehr.*	
2													
(1)	(2)	(3)	(4)	(5)	(6)	(7)	(8)	(9)	(10)	(11)	(12)	(13)	(14)

Erläuterung der Spaltennummern

Nr.	**Erläuterungen**
1	Laufende Nummerierung der Teile
2	Bezeichnung der Teile
3	Holzart als Kurzzeichen nach DIN 4076
4	Anzahl der Teile
5	Fertigmaß/Länge in mm lt. Zeichnung
6	Fertigmaß/Breite in mm lt. Zeichnung
7	Fertigmaß/Dicke in mm lt. Zeichnung
8	Rohdicke in mm, nur bei Massivholz
9	Endmaß/Länge in mm einschließlich Anleimer (bei Plattenteilen)
10	Endmaß/Breite in mm einschließlich Anleimer (bei Plattenteilen)
11	Enddicke in mm, einschließlich Beläge
12	Beläge der Plattenteile
13	Kanteninformationen
14	Fertigungshinweise, Abhaken der Teile

Holzlisten sollten im Durchschriftverfahren (oder mit Kopie) in zwei Ausfertigungen erstellt werden. Ein Exemplar ist für die Fertigung bestimmt (ohne Spalten für die Preisberechnung), das andere für die Kalkulation.

Holzlisten können neben den Fertigmaßen auch Zuschnittmaße enthalten. Die Fertigmaße werden dann um Bearbeitungszugaben erweitert (z. B. Länge 20 mm, Breite 10 mm). Dies ist besonders dort zu empfehlen, wo die Holzliste aus Gründen rationeller Fertigung durch viele Hände geht. Der Verschnittzuschlag kann auf der Basis der Zuschnittmaße genauer bestimmt werden (siehe Kapitel 11.4). Bei umfangreichen Arbeiten oder auch aus organisatorischen Gründen können für Massivholz, Plattenmaterial und Furniere getrennte Listen erstellt werden. Muster für verschiedene Werkstofflisten sind im Kapitel 47 zu finden.

Beispiel – Wohnzimmertisch

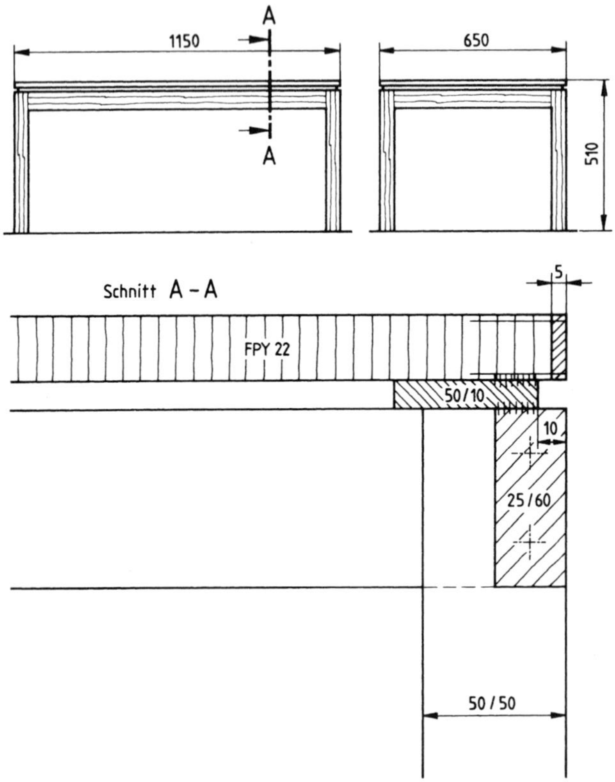

Wohnzimmertisch

Maße : 1150 x 650 x 510

Holzart : Wengé (Blindfurn. Macoré)

Oberfläche : DD-Mattlack

Verbindungen : Gestell gedübelt, Platte aufgeleimt

13.2.2 Stückliste für Preisberechnung

HOLZLISTE - PREISBERECH. AUFTRAG: *Tisch*		AUFTR.NR. *20.../43*		POS.: *1*	KUNDE: *Dr. Maier*		DATUM: *12.05.20...*		LIEFERT.: *22.06.20...*		BEARBEITER: *Kurz*		BLATT *1/1*
LFD NR.	BEZEICHNUNG	HOLZ-ART	STCK	FERTIGMASS IN MM LÄNGE	BREITE	DICKE	ROH-DICKE	m²	SUMME m²	Z %	MENGE + Z %	PREIS/m² €	**PREIS €**
1	*Tischplatte*	*FPY*	*1*	*1140*	*640*	*22*		*0,73*	*0,73*	*15*	*0,84*	***4,10***	***3,44***
2	*Furnier - Platte*	*WEN*	*1*	*1150*	*650*	*0,7*		*0,75*	*0,75*	*40*	*1,05*	***8,50***	***8,93***
3	*Furnier - Platte*	*MAC*	*1*	*1150*	*650*	*0,7*		*0,75*	*0,75*	*25*	*0,94*	***3,00***	***2,82***
4	*Füße*	*WEN*	*4*	*477*	*50*	*50*	*60*	*0,10*	*0,10*	*40*	*0,14*	***99,00***	***13,86***
5	*Abstandsleisten lang*	"	*2*	*1130*	*10*	*50*		*0,02*					
6	*Abstandsleisten kurz*	"	*2*	*630*	*10*	*50*	*60*	*0,01*	*0,03*	*150*	*0,08*	***99,00***	***7,43***
7	*Zargen lang*	"	*2*	*1050*	*60*	*25*		*0,13*					
8	*Zargen kurz*	"	*2*	*550*	*60*	*25*	*30*	*0,07*	*0,20*	*40*	*0,28*	***49,50***	***13,86***
9	*Anleimer lang*	"	*2*	*1150*	*5*	*22*		*0,01*					
10	*Anleimer kurz*	"	*2*	*650*	*5*	*22*	*30*	*0,01*	*0,02*	*180*	*0,06*	***49,50***	***2,97***
													53,30
								(1)	(2)	(3)	(4)	(5)	(6)

Erläuterung der Spaltennummern

Nr.	**Erläuterungen**
1	Flächeninhalt der Teile in m²
2	Summe des Flächeninhalts bei Teilen gleicher Materialart
3	Verschnittzuschlag in %
4	Flächeninhalt einschließlich Verschnittzuschlag
5	Preis pro m² (bei Massivholz bezogen auf die Rohdicke)
6	Gesamtpreis für eine Materialart

Kleiderschrank, zweitürig

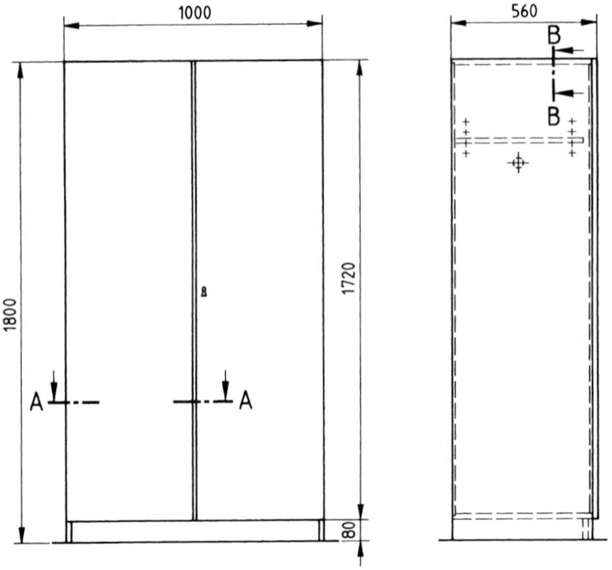

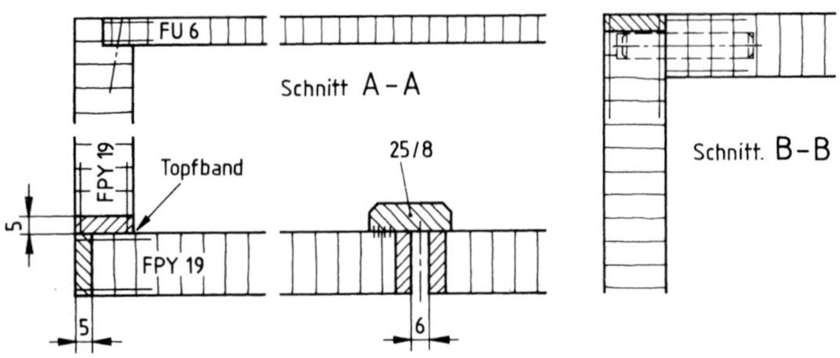

Maße : 1000 x 1800 x 560

Holzart : Eiche/Macoré (Türen beidseitig Eiche)

Oberfläche : DD-Mattlack

Verbindungen: gedübelt, verleimt

Beschläge : Ganzmetall-Topfbänder
Drehstangenschloss
Kleiderstange mit Halter
Fachträger

HOLZLISTE - PREISBERECH. AUFTRAG: *Kleiderschrank*		AUFTR.NR. ***20.../31***		POS.: ***1***	KUNDE: ***Hartmann***		DATUM: ***12.05.20...***		LIEFERT.: ***22.06.20...***		BEARBEITER: ***Lehmann***		BLATT ***1/1***
LFD NR.	BEZEICHNUNG	HOLZ-ART	STCK	**FERTIGMASS IN MM**			ROH-DICKE	m²	SUMME m²	Z %	MENGE + Z %	PREIS/m² €	**PREIS €**
				LÄNGE	BREITE	DICKE							
1	***Seiten***	***FPY***	*2*	***1790***	***535***	***19***		***1,92***					
2	***Böden oben/unten***	″	*2*	***960***	***535***	***19***		***1,03***					
3	***Türen***	″	*2*	***1710***	***487***	***19***		***1,67***					
4	***Hutboden***	″	*1*	***959***	***495***	***19***		***0,48***					
5	***Sockel***	″	*1*	***960***	***75***	***19***		***0,07***	***<u>5,17</u>***	***15***	***5,93***	***3,60***	***21,36***
6	***Rückwand***	***FU***	*1*	***985***	***1705***	***6***		***1,68***	***<u>1,68</u>***	***20***	***2,02***	***6,20***	***12,50***
7	***Furnier - Seiten***	***EI***	*2*	***1800***	***540***	***0,7***		***1,94***					
8	***Furnier - Boden/oben***	″	*1*	***960***	***540***	***0,7***		***0,52***					
9	***Furnier - Sockel***	″	*1*	***960***	***80***	***0,7***		***0,08***					
10	***Furnier - Türen***	″	*4*	***1720***	***500***	***0,7***		***3,44***	***<u>5,98</u>***	***40***	***8,37***	***6,50***	***54,42***
11	***Furnier - Rückwand***	***MAC***	*2*	***1705***	***985***	***0,5***		***3,36***					
12	***Furnier - Seiten***	″	*2*	***1800***	***540***	***0,5***		***1,94***					
13	***Furnier - Böden ob./unt.***	″	*3*	***960***	***540***	***0,5***		***1,56***					
14	***Furnier - Sockel***	″	*1*	***960***	***80***	***0,5***		***0,08***					
15	***Furnier - Hutboden***	″	*2*	***959***	***495***	***0,5***		***0,95***	***<u>7,85</u>***	***25***	***9,86***	***3,00***	***29,59***
16	***Schlagleiste***	***EI***	*1*	***1680***	***8***	***25***	***<u>30</u>***	***0,01***	***0,01***	***150***	***0,03***	***37,50***	***0,94***
17	***Anleimer - Seiten/lang***	″	*2*	***1800***	***5***	***19***		***0,02***					
18	***Anleimer - Seiten/kurz***	″	*4*	***540***	***5***	***19***		***0,01***					
19	***Anleimer - Türen/lang***	″	*4*	***1720***	***5***	***19***		***0,03***					
20	***Anleimer - Türen/kurz***	″	*4*	***497***	***5***	***19***		***0,01***					
21	***Anleimer - Böden, Sock.***	″	*3*	***960***	***5***	***19***	***<u>30</u>***	***0,01***	***0,08***	***180***	***0,22***	***37,50***	***8,40***
22	***Anleimer - Hutboden***	***MAC***	*1*	***960***	***5***	***19***	***<u>30</u>***	***0,01***	***0,01***	***180***	***0,03***	***26,40***	***0,79***
23													***128,00***

13.2.4 Der Weg der Holzliste

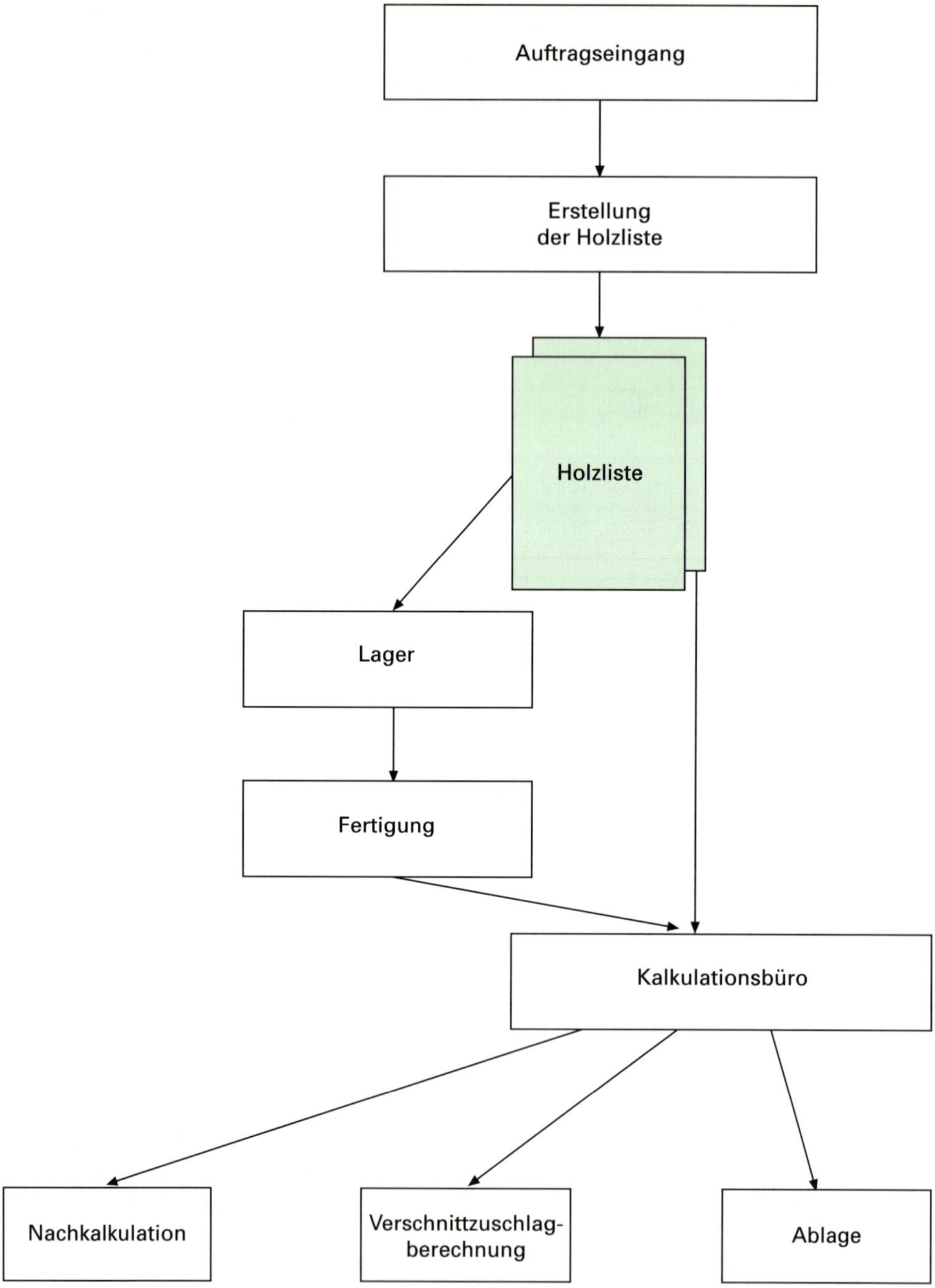

13.3 Beschlag- und Zubehörlisten

Während die Holzliste nur Hauptwerkstoffe enthält, enthalten Beschlag- und Zubehörlisten Hilfswerkstoffe und Halbfabrikate. Auch diese Listen begleiten das Werkstück bei der Fertigung und haben, zweifach ausgefertigt, den gleichen Weg wie die Holzliste.

13.3.1 Beispiel – Beschlag- und Zubehörliste

BESCHLAG- UND ZUBEHÖRLISTE

Auftrag Nr.: *20.../31*

Auftraggeber: *Hartmann*

Auftrag: *Kleiderschrank, 2-türig*

Liefertermin: *22.06.20...* | Zeichen: *We* | Tag: *12.05.20...* | Zeichnungsnr.: *20.../31/1-4*

Lfd. Nr.	Menge	Beschreibung (Art, Größe, Farbe)	Bestell-Nr.	Einzelpreis/€	Gesamtpreis/€
1	*6*	*Ganzmetall-Topfbänder*		*2,30*	*13,80*
2	*1*	*Drehstangenschloss*		*11,20*	*11,20*
3	*4*	*Fachträger*		*0,15*	*0,60*
4	*1*	*Kleiderstange 960 mm*		*6,00*	*6,00*
5	*2*	*Stangenlager*		*2,80*	*5,60*
					37,20

Weitere Formblattmuster sind in Kapitel 44 zu finden.

13.4 Fragenkatalog – Werkstofflisten

1. Werden regelmäßig Werkstofflisten erstellt?
2. Werden Vordrucke verwendet oder besteht ein „formloses" System?
3. Werden die Werkstofflisten für Fertigung und Preisberechnung verwendet?
4. Werden Entnahmen (Rohmengen) auf der Holzliste vermerkt?
5. Werden die lfd.-Nrn. der Holzliste in der Werkzeichnung vermerkt und auf die zugerichteten Teile geschrieben?
6. Werden innerbetriebliche Kurzzeichen und Symbole verwendet?
7. Begleiten die Werkstofflisten den Auftrag während der Fertigung?
8. Sind die Listen gut sichtbar und beschädigungsfrei untergebracht?
9. Werden Materialergänzungen auf den Listen vermerkt?
10. Ist die sofortige Rückgabe der Listen nach Auftragsdurchführung sichergestellt?
11. Wurden die Mitarbeiter auf die Bedeutung der Werkstofflisten hingewiesen?
12. Wurden Verbesserungsvorschläge erbeten?

13.5 Überschlagsverfahren

Für die vielen Angebotskalkulationen, die ein Betrieb heutzutage abgeben muss, wären Werkstoffberechnungen über detaillierte Holzlisten zu zeitaufwendig. Man wendet in diesen Fällen ein Überschlagsverfahren an, das nur geringfügig ungenauer, dafür aber wesentlich schneller ist.

Beim Überschlagsverfahren werden Plattenteile, fertig furniert und lackiert, flächenmäßig erfasst und berechnet; bei Massivholzteilen erfolgen Erfassung und Berechnung meist nach (laufenden) Metern.

13.5.1 Berechnung von Plattenteilen

Bei der überschlägigen Berechnung von Plattenteilen wird in folgender Reihenfolge vorgegangen:

- **Festlegung** der einzelnen Werkstoffkombinationen (WK),
- **Ermittlung** der Werkstoffmengen (m^2, lfm),
- **Zusammenstellung** der m^2-Preise,
- **Errechnung** der Preise je Position aus m^2-Preis und Flächeninhalt (bzw. lfm-Preis u. Länge).

Im m^2-Preis können Anleimer anteilig enthalten sein (Umrechnung auf 1 m^2 erforderlich), sie können aber auch getrennt in einer eigenen Position berechnet werden.

Aufbau eines m^2-Preises

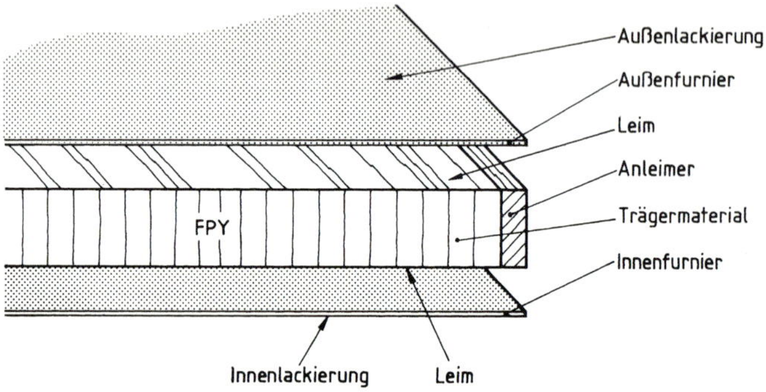

Die m^2/Preise können sich wie folgt zusammensetzen:

Türen / Außenseiten
1 x Trägermaterial
1 x Außenfurnier
1 x Innenfurnier
2 x Furnierleim
2 x Grund- und Decklack
(... lfm. Anleimer)

Mittelseiten / Böden
1 x Trägermaterial
2 x Innenfurnier
2 x Furnierleim
2 x Grund- und Decklack
(... lfm. Anleimer)

Rückwände / Schubböden
1 x Trägermaterial
1 x Innenfurnier
1 x Blindfurnier
2 x Furnierleim
1 x Grund- und Decklack

Außenseiten (Einbaumöbel)
1 x Trägermaterial
1 x Innenfurnier
1 x Blindfurnier
2 x Furnierleim
2 x Grundlack[1)]
1 x Decklack
(... lfm. Anleimer)

[1)] Bei Einbaumöbeln werden nichtsichtbare Flächen von Ober- und Unterboden, Rückwänden, Außenseiten usw. meist grundiert. Der m^2/Preis enthält dann die komplette Lackierung für die Sichtfläche und die Grundierung für die Gegenseite.

13.5.2 Überschlagsverfahren – Bücherregal

Bücherregal

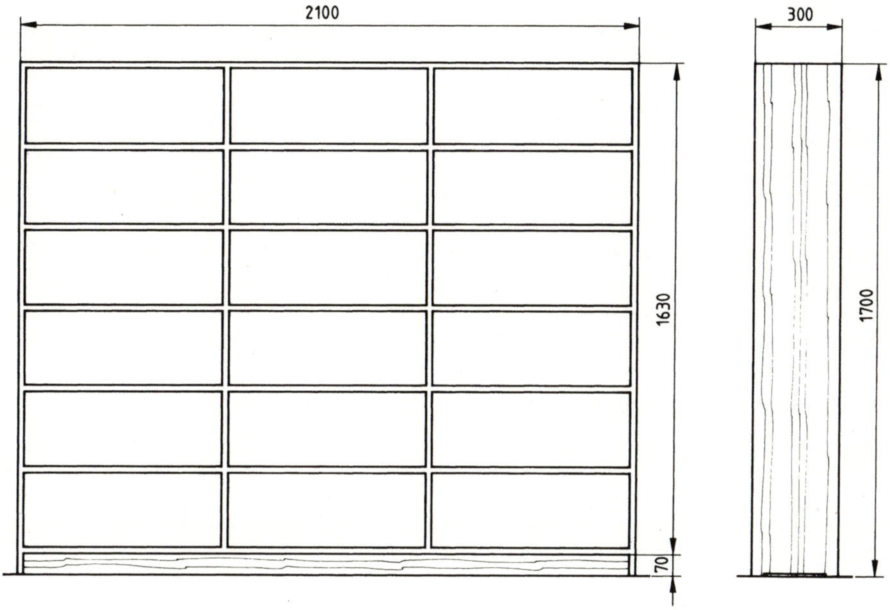

Maße : 2100 x 1700 x 300
Holzart : Eiche
Oberfläche : NC-Seidenmatt
Verbindungen: Lamello, verleimt
Ausführung : Alle Teile FPY 19, allseitig Massivanleimer 5 x 19 Eiche, ohne Rückwand

Beginnen wir mit der Werkstoffberechnung des Bücherregals nach dem Überschlagsverfahren. Wenn Platten und Anleimer getrennt werden, ergeben sich zwei Positionen:

WK 1: FPY 19, EI/EI, alle Plattenteile (m^2)

WK 2: EI, 5 x 19, Anleimer (lfm)

Werkstoffmengenermittlung

Benennung	Stück	L	B	Flächen m^2	Anleimer lfm
Außenseiten	2	1 700	300	1,02	8,00
Mittelseiten	2	1 590	300	0,95	6,36
Oberboden, Unterboden	2	2 060	300	1,24	8,24
Fachböden	15	675	300	3,04	20,25
Sockel	1	2 060	70	0,14	2,06
				6,39	**44,91**

WK 1

1 x FPY 19	zu	3,60 € + 15 % Z	= 4,14 €
2 x Furnier EI	zu	6,50 € + 40 % Z	= 18,20 €
2 x Furnierleim	zu	0,40 €	= 0,80 €
2 x NC-Lackierung	zu	2,40 €	= 4,80 €
Der m^2-Preis (ohne Anleimer) beträgt			**27,94 €/m^2**

Die Fläche der Teile aus Pos. 1 beträgt 6,40 m^2
27,94 € x 6,40 m^2 = **178,82 €**

WK 2

$$\frac{2{,}8 \times 5\text{ mm} \times 30\text{ mm}}{1000} \times \frac{1250{,}00\text{ €/m}^3}{1000} = \underline{\underline{0{,}53\text{ € lfm}}}$$

Der lfm Anleimer, Eiche 5 x 19 mm, einschließlich Verschnittzuschlag beträgt 0,53 €.

Die Gesamtlänge der Anleimer beträgt 45,0 m
0,53 € x 45,0 lfm = **23,85 €**

Der Preis für Platten, Furnier, Anleimer, Leim und Lack **202,67 €**

Werden die Massivholzanleimer in den m^2-Preis gerechnet, ergibt sich für die überschlägige Werkstoffberechnung des Bücherregals nur eine Position.

WK 1: FPY 19, EI/EI, alle Regalteile (m^2)

WK 1

1 x FPY 19	zu	3,60 € + 15 % Z	= 4,14 €
2 x Furnier EI	zu	6,50 € + 40 % Z	= 18,20 €
2 x Furnierleim	zu	0,40 €	= 0,80 €
2 x NC-Lackierung	zu	2,40 €	= 4,80 €
7 lfm Anleimer	zu	0,53 €	= 3,71 €
Der m^2-Preis mit Anleimer beträgt			**31,65 €/m^2**

31,65 € x 6,40 m^2 = **202,56 €**

Errechnung des Anleimeranteils pro m^2

Gesamtlänge der Anleimer	45,00 m
Gesamtfläche der Platten	6,40 m^2

$$\frac{\text{Länge/Anleimer}}{\text{Flächeninhalt}} = \text{Anleimer/m}^2$$

$$\frac{45{,}00\text{ lfm}}{6{,}40\text{ m}^2} = \underline{\underline{\textbf{7,03 lfm Anleimer pro m}^2}}$$

Wenn man sich diese Umrechnung ersparen will, aber trotzdem einen m^2-Komplettpreis wünscht, kann man mit gutem Gewissen einen durchschnittlichen Anleimeranteil von 6 lfm pro m^2 annehmen.

Sicher haben Sie schon bemerkt, dass beim Überschlagsverfahren etwas großzügiger gerechnet wird. Es werden bei den Flächen die Außenmaße eingesetzt, obwohl das Trägermaterial um die Anleimerdicke vermindert ist. Auch wurden in diesem Beispiel für alle Teile beidseitig Eichefurnier und Lackierung gerechnet; wahrscheinlich würde man für die nichtsichtbaren Flächen des Unterbodens und Sockels ein billiges Furnier verwenden und nicht lackieren. Bei der überschlägigen Werkstoffberechnung heißt der Grundsatz **– Schnelligkeit vor übertriebener Genauigkeit –,** wobei die Großzügigkeit natürlich ihre Grenzen hat.

13.5.3 Überschlagsverfahren – Kleiderschrank (3-türig)

3-türiger Kleiderschrank

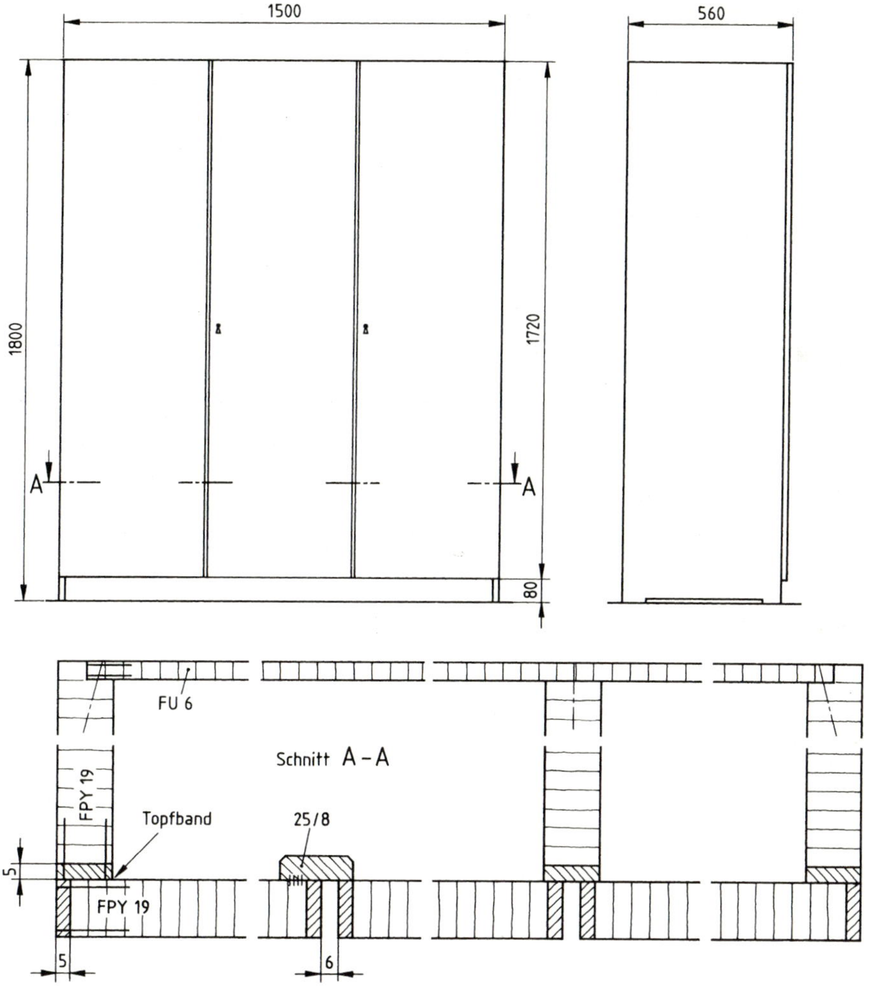

Maße	:	1500 x 1800 x 560
Holzart	:	Außen Kirschbaum (Türen beidseitig KB), innen Esche, Blindfurnier Macoré
Oberfläche	:	DD-Lack, seidenmatt
Ausführung	:	Kleiderteil links mit Hutboden, 3fach verstellbar und Kleiderstange; Wäscheteil rechts mit vier Fachböden in Reihenlochbohrung verstellbar
Verbindungen	:	Gedübelt, zerlegbar mit Schrankverbindern
Beschläge	:	Ganzmetalltopfbänder, Drehstangenschlösser, Fachträger und Kleiderstange mit Stangenlagern, vernickelt

Aufstellung der Werkstoffkombinationen

WK 1	FPY 19, KB/KB, Türen
WK 2	FPY 19, KB/ES, Außenseiten, Oberboden, Sockel
WK 3	FPY 19, ES/ES, Mittelseite, Fachböden
WK 4	FPY 19, ES/MAC, Unterboden
WK 5	FU 6, ES/MAC, Rückwand
WK 6	KB, 5 x 19 mm, Anleimer (einschl. Schlagleiste 8 x 25 mm)
WK 7	ES, 5 x 19 mm, Anleimer

Werkstoffmengenermittlung

WK	Benennung	Stück	L	B	Flächen m^2	Su. m^2	Anleimer lfm
WK 1	Türen	1	1500	1720	2,58		15,00 KB *
WK 2	Außenseiten	2	1800	540	1,94		5,76 KB
	Oberboden	1	1460	540	0,79		1,46 KB
	Sockel	1	1460	80	0,12	2,85	1,46 ES
WK 3	Mittelseite	1	1680	540	0,91		1,68 KB
	Hutboden	1	960	500	0,48		0,96 ES
	Fachböden	4	480	500	0,96	2,35	1,92 ES
WK 4	Unterboden	1	1460	540	0,79		1,46 KB
WK 5	Rückwand	1	1485	1705	2,53		—
WK 6	Anleimer KB	25,4 lfm					
WK 7	Anleimer ES	4,4 lfm					

Kann zusammengefasst werden 30,0 lfm

* einschl. Schlagleiste

Errechnung des Werkstoffpreises je Position

WK 1

1 x FPY 19	zu 3,60 € + 15 % Z	= 4,14 €
2 x Furnier KB	zu 18,00 € + 40 % Z	= 50,40 €
2 x Furnierleim	zu 0,40 €	= 0,80 €
2 x DD-Lackierung	zu 3,20 €	= 6,40 €
		61,74 €/m^2

Fläche: 2,58 m^2 x 61,74 € **159,29 €**

WK 2

1 x FPY 19	zu 3,60 € + 15 % Z	= 4,14 €
1 x Furnier KB	zu 18,00 € + 40 % Z	= 25,20 €
1 x Furnier ES	zu 6,00 € + 25 % Z	= 7,50 €
2 x Furnierleim	zu 0,40 €	= 0,80 €
2 x DD-Lackierung	zu 3,20 €	= 6,40 €
		44,04 €/m^2

Fläche: 2,85 m^2 x 44,04 € **125,51 €**

WK 3

1 x FPY 19	zu 3,60 € + 15 % Z	= 4,14 €	
2 x Furnier ES	zu 6,00 € + 25 % Z	= 15,00 €	
2 x Furnierleim	zu 0,40 €	= 0,80 €	
2 x DD-Lackierung	zu 3,20 €	= 6,40 €	
		26,34 €/m²	
Fläche: 2,35 m² x 26,34 €			**61,90 €**

WK 4

1 x FPY 19	zu 3,60 € + 15 % Z	= 4,14 €	
1 x Furnier ES	zu 6,00 € + 40 % Z	= 8,40 €	
1 x Furnier MAC	zu 3,00 € + 25 % Z	= 3,75 €	
2 x Furnierleim	zu 0,40 €	= 0,80 €	
1 x DD-Lackierung	zu 3,20 €	= 3,20 €	
		20,29 €/m²	
Fläche: 0,79 m² x 20,29 €			**16,03 €**

WK 5

1 x FU 6	zu 6,20 € + 20 % Z	= 7,44 €	
1 x Furnier ES	zu 6,00 € + 40 % Z	= 8,40 €	
1 x Furnier MAC	zu 3,00 € + 25 % Z	= 3,75 €	
2 x Furnierleim	zu 0,40 €	= 0,80 €	
1 x DD-Lackierung	zu 3,20 €	= 3,20 €	
		23,59 €/m²	
Fläche: 2,53 m² x 23,59 €			**59,68 €**

WK 6/7

Anleimer KB (ES) 30 lfm zu 0,67 € **20,10 €**

$$\frac{2{,}8 \times 5\ \text{mm} \times 30\ \text{mm}}{1000} \times \frac{1600{,}00\ €/\text{m}^3}{1000} = 0{,}67\ €/\text{lfm}$$

KB = 1 600,00 €/m³

Zusammenstellung der Positionen

WK 1	159,29 €	
WK 2	125,51 €	
WK 3	61,90 €	
WK 4	16,03 €	
WK 5	59,68 €	
WK 6/7	20,10 €	
	442,51 €	Werkstoffpreis einschl. Furnierleim und Lackierung

13.5.4 Alternatives Überschlagsverfahren – Kleiderschrank (3-türig)

(Werte entnommen aus 13.5.3 Werkstoffmengenermittlung)

Werkstoffart	Dicke	m^2	Z %	m^2/Preis	Preis/€
FPY	19	8,57	15	3,60	35,48
FU	6	2,53	20	6,20	18,82
KB-Furnier	0,55	8,01	40	18,00	201,85
ES-Furnier	0,60	10,75	25	6,00	80,63
MAC-Furnier	0,50	3,44	25	3,00	12,90
KB-Massivholz	30	0,20	180	48,00	26,88
ES-Massivholz	30	0,05	180	28,50	3,99
Werkstoffpreis ohne Furnierleim und Lackierung					380,55 €

13.5.5 Beschlag- und Zubehörliste – Kleiderschrank

BESCHLAG- UND ZUBEHÖRLISTE

Auftrag Nr.: *20.../37*

Auftraggeber: *Maier*

Auftrag: *Kleiderschrank, 3-türig*

Liefertermin: *24.06.20...* | Zeichen: *We* | Tag: *16.05.20...* | Zeichnungsnr.: *20.../37/1-2*

Lfd. Nr.	Menge	Beschreibung (Art, Größe, Farbe)	Bestell-Nr.	Einzelpreis/€	Gesamtpreis/€
1	*9*	*Ganzmetall-Topfbänder*		*2,30*	*20,70*
2	*2*	*Drehstangenschlösser*		*11,20*	*22,40*
3	*12*	*Schrankverbinder*		*0,20*	*2,40*
4	*20*	*Bodenträgerstifte*		*0,15*	*3,00*
5	*1*	*Kleiderstange 960 mm*		*6,00*	*6,00*
6	*2*	*Stangenlager*		*2,80*	*5,60*
					60,10

13.6 Berechnung von Massivholzteilen

Bei der überschlägigen Werkstoffberechnung von Massivholzarbeiten werden alle Teile einer Holzart und gleichen Querschnitts nach lfm erfasst. Statt der Fertigholzdicke setzt man sofort die benötigte Rohdicke ein. Die Errechnung des Werkstoffpreises kann entweder über m^2-Fläche und m^2-Preis (wie in der Holzliste) erfolgen oder nach lfm-Preisen (siehe lfm-Preis-Formel Kapitel 12.5) vorgenommen werden.

An Hand einer massiven Windfangtür in Iroko werden die Werkstoffmengen und -preise nach beiden Möglichkeiten errechnet.

13.6.1 Überschlagsverfahren/Massivholz

Windfangtür mit Seitenteil

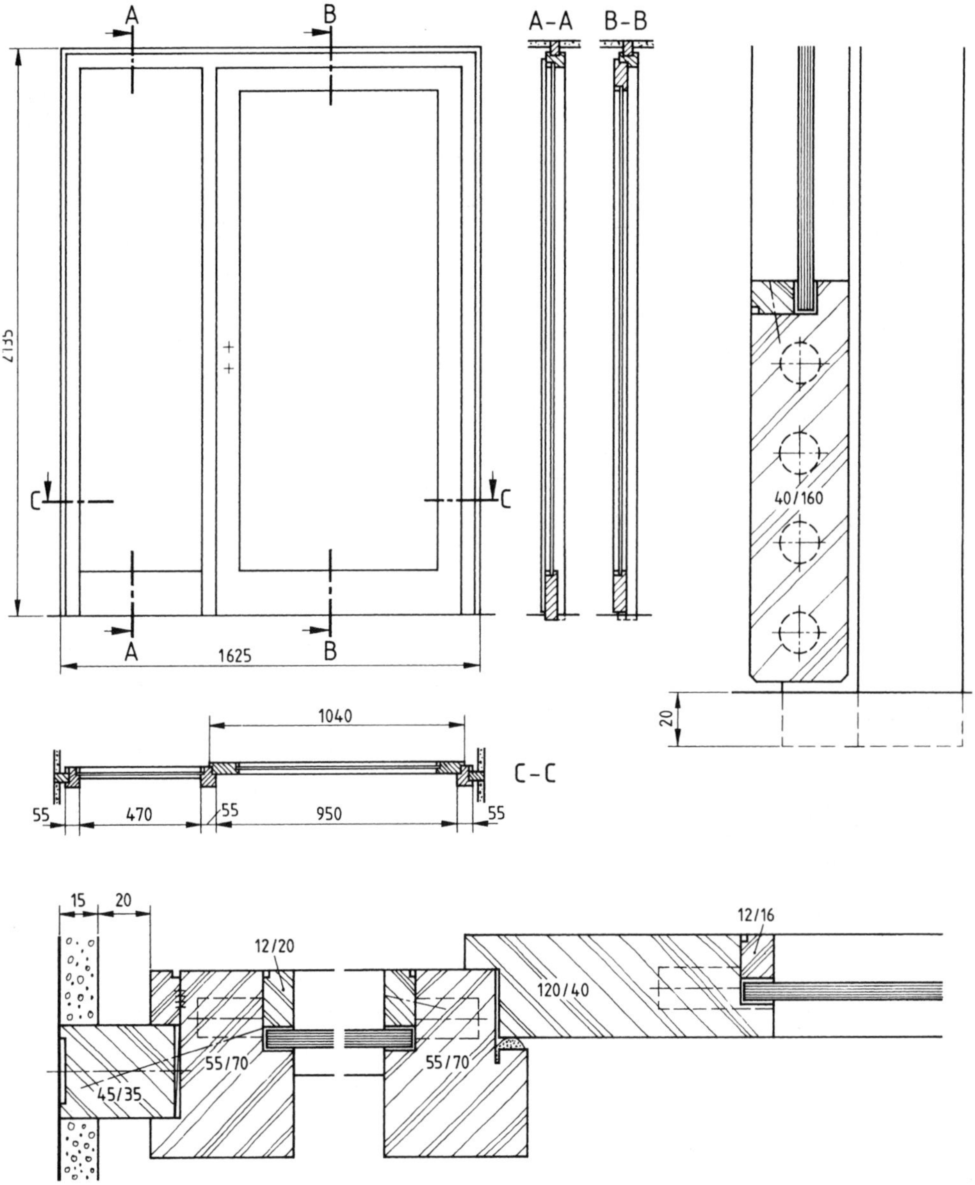

Maße	: 1625 x 2135
Holzart	: Iroko (Kambala)
Oberfläche	: SH-Lack, seidenmatt
Verbindungen	: Gedübelt
Bänder	: DIN links, Kröpfung D, MS
Glas	: Dickglas 6 mm
Montage	: KU-Dübel, Schrauben

a) Windfangtür in Lärche

m^3/Preis für Lärche 750,00 €

Errechnung der Werkstoffe über m^2/Preis

Bezeichnung	Holz-art	lfm	Br. mm	Rohd. mm	Fl. m^2	Sum. m^2	Z %	Fl. + %	Preis m^2/€	Err. Preis/€
Stockrahmen	LA	7,9	55	80	0,43		50	0,65	60,00	39,00
Wandanschluss	LA	5,9	35	50	0,21					
Türfriese, auf-recht, ob.	LA	5,0	120	50	0,60					
Friese unten, Tür, Seit.	LA	1,6	180	50	0,29	1,10	50	1,65	37,50	61,88
Glasleisten, Außenfalzl.	LA	15,9	12	26	0,19		120	0,42	19,50	8,19
										109,07

b) Errechnung der Werkstoffe über lfm/Preise

Bezeichnung	Holz-art	lfm	Br. mm	Rohd. mm	Z %	lfm/ Preis/€	Errechn. Preis/€
Stockrahmen	LA	7,9	55	80	50	4,95	39,11
Wandanschluss	LA	5,9	35	50	50	1,97	11,62
Türfriese, aufrecht, ob.	LA	5,0	120	50	50	6,75	33,75
Friese unten, Tür, Seit.	LA	1,6	180	50	50	10,13	16,20
Glasleisten, Außenfalzl.	LA	15,9	12	26	120	0,51	8,19
							108,86

Beispiel: lfm/Preis für Stockrahmen 55 x 80 mm

$$\frac{1{,}5 \times 55\text{ mm} \times 80\text{ mm}}{1000} \times \frac{750{,}00\text{ €/m}^3}{1000} = \underline{\underline{4{,}95\text{ €/lfm}}}$$

Weitere Erläuterungen zu dieser Formel im Kapitel 12.5.

13.6.2 Beschlag- und Zubehörliste – Windfangtür

BESCHLAG- UND ZUBEHÖRLISTE

Auftrag Nr.: *20.../26*

Auftraggeber: *Schulz*

Auftrag: *Windfangtür*

Liefertermin: *24.07.20...*	Zeichen: *We*	Tag: *16.06.20...*	Zeichnungsnr.: *20.../26/1-2*

Lfd. Nr.	Menge	Beschreibung (Art, Größe, Farbe)	Bestell-Nr.	Einzelpreis/€	Gesamtpreis/€
1	2	*Bänder, Kr. D*		*23,00*	*46,00*
2	1	*Türschloss*		*10,00*	*10,00*
3	1	*Drückergarnitur*		*92,00*	*92,00*
4	8	*Rahmendübel 8 x 120*		*0,85*	*6,80*
5	5	*lfm Türdichtung*		*0,50*	*2,50*
6	20	*lfm Vorlegeband*		*0,25*	*5,00*
7	2,3	*m² Dickglas 6 mm*		*41,00*	*94,30*
					256,60

13.7 Vergleich Holzliste – Überschlagsverfahren

	Holzliste mit Preisberechnung	Überschlagsverfahren
Anwendung	Für zugesagte Aufträge und Nachkalkulationen	Für Angebotskalkulationen (Kostenvoranschläge)
Erforderliche Unterlagen	Genauer Leistungsbeschrieb, Werkzeichnung oder Aufriss	Zeichnungen in kleinem Maßstab meist ausreichend (1:10, 1:20)
Arbeitsaufwand	Großer Arbeitsaufwand	Geringer Arbeitsaufwand
Durchführung	Jedes Teil mit genauen Fertigmaßen wird erfasst	Material wird pauschal nach m^2 oder lfm erfasst
Verwendbarkeit	Für Preisberechnung, Fertigung (Zuschnitt), Errechnung der Verschnittzuschläge	Nur für Materialberechnung (Vorkalkulation)
Sonstiges	–	Leim und Lack können sofort miterfasst werden

14 Werkstoffgemeinkosten

14.1 Was sind Werkstoffgemeinkosten?

Kosten, die durch Beschaffung, Lagerung und Verwaltung der Werkstoffe verursacht werden, zählen zu den Werkstoffgemeinkosten, auch Materialgemeinkosten genannt.

Wichtige Werkstoffgemeinkostenarten

- Kosten für Bestellung und Einkauf (Verwaltungskosten, Zeitaufwand usw.)
- Abschreibungen an Lagergebäuden und Lagereinrichtungen
- Zinsverlust für gebundenes Kapital
- Versicherungsprämien
- Raumkosten (Miete, Heizung, Beleuchtung, Reinigung usw.)
- Personalkosten (Löhne für Werkstoffpflege und Werkstoffausgabe)

Transportkosten sollten direkt den verursachenden Werkstoffen zugerechnet werden (Verursachungsprinzip).

In der differenzierten Zuschlagskalkulation bilden die Werkstoffe eine eigene Kostenstelle. Hier werden alle durch die Werkstoffe entstandenen Kosten, soweit sie nicht direkt verrechnet werden können, als Werkstoffgemeinkosten gesammelt.

14.2 Werkstoffgemeinkostenzuschlag

Aus der Gegenüberstellung der jährlichen Werkstoffgemeinkosten und dem jährlichen Werkstoffverbrauch (Werkstoffeinzelkosten) errechnet sich der Werkstoffgemeinkostenzuschlag.

Beispiel:	Jährliche Werkstoffgemeinkosten	11 520,00 €
	jährlicher Werkstoffverbrauch	64 000,00 €

$$\frac{11\,520{,}00\ € \times 100}{64\,000{,}00\ €} = \underline{\underline{18\ \%}}\ \text{Werkstoffgemeinkostenzuschlag}$$

Der Werkstoffgemeinkostenzuschlag wird den Werkstoffeinzelkosten der Aufträge zugerechnet.

Werkstoffeinzelkosten + Werkstoffgemeinkosten = Werkstoffkosten

Beispiel:

Werkstoffeinzelkosten für einen Auftrag	380,00 €
Errechneter Werkstoffgemeinkostenzuschlag 18 %	68,40 €
Werkstoffkosten für den Auftrag	448,40 €

In der summarischen Zuschlagskalkulation gibt es keine getrennten Werkstoffgemeinkosten. Alle betrieblichen Gemeinkosten werden allein den Fertiglöhnen zugeschlagen.

15 Löhne

15.1 Einleitung

Lohn ist Vergütung für Arbeitsleistung. Im Schreinerhandwerk spielen die Lohnkosten eine wichtige Rolle bei der Preisberechnung; Schreinertätigkeit wird als lohnintensiv bezeichnet.

Gerechte Entlohnung ist nur in Verbindung mit objektiver Arbeitsbewertung möglich. Kriterien der Arbeitsbewertung sind geistige und körperliche Anforderungen und Beanspruchungen, Verantwortung und Arbeitsbedingungen.

In der Kostenrechnung wird stets mit dem Bruttolohn gerechnet.

Lohnarten

Wir unterscheiden zwei Hauptlohnarten:

1. Zeitlohn
2. Leistungslohn

Zum Leistungslohn zählen der Akkord- und der Prämienlohn.

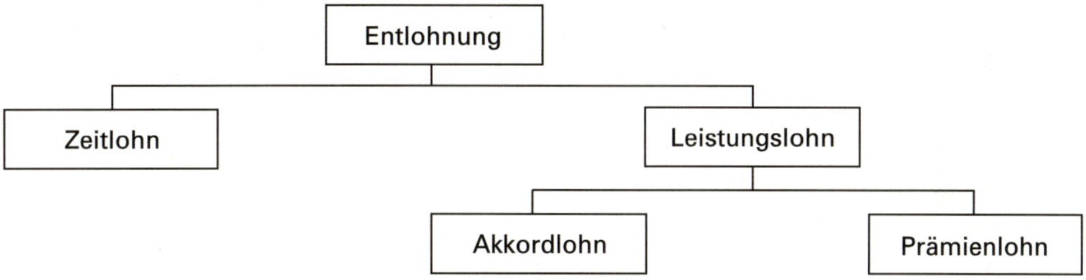

15.2 Zeitlohn

Mit dem Zeitlohn wird die geleistete Arbeitszeit abgegolten.

Arbeiter erhalten in der Regel Stundenlohn, Angestellte Monatsgehalt. Der Zeitlohn ist eine Art „Anwesenheitslohn" und somit keine leistungsgerechte Entlohnungsart. Die Anforderungen an die Arbeit werden im Schreinerhandwerk oft nur grob berücksichtigt. Die meisten Lohntarifverträge für Schreiner enthalten nur die Lohngruppeneinteilung: Facharbeiter, angelernte Arbeiter, Hilfsarbeiter und Lohngruppe für leichte Arbeiten.

Für die Entlohnung wird jeweils die sog. Normalleistung zugrunde gelegt.

Unter Normalleistung kann man diejenige Arbeitsleistung verstehen, die ein Arbeitnehmer bei ausreichender Eignung und Übung auf Dauer, ohne Beeinträchtigung der Gesundheit, erbringen kann.

Vor- und Nachteile des Zeitlohnes

Vorteile	Nachteile
– Überall anwendbar – geringer Durchführungsaufwand – Schonung von Mensch und Betriebsmittel – eignet sich für Qualitätsarbeit – trägt zur Sicherheit am Arbeitsplatz bei	– Leistungsanreiz fehlt, Stundenverdienst kann nicht gesteigert werden – Betrieb trägt das Risiko der Arbeitsleistung – Leistungskontrolle erforderlich – Unzufriedenheit unter den Mitarbeitern, da keine leistungsgerechte Entlohnung

Der Zeitlohn findet Anwendung, wo es auf Genauigkeit und Sorgfalt, also Qualität der Arbeit ankommt und wo Leistungen nicht oder nur mit großem Aufwand messbar sind.

15.3 Zeitlohn mit Leistungszulage

Im Schreinerhandwerk wird häufig mit einer Leistungszulage auf den Zeitlohn gearbeitet (sog. Bezahlung „über Tarif“). Damit versucht man den unterschiedlichen Leistungen der Mitarbeiter Rechnung zu tragen.

Zeitlohn + Leistungszulage = Gesamtlohn

Die Leistungszulage darf nicht gefühlsmäßig, sondern muss mithilfe von Bemessungskriterien objektiv und damit gerecht festgelegt werden. Wichtige Bemessungskriterien für eine Leistungsbeurteilung sind:

- Fachkönnen
- Arbeitstempo
- Einsatzbereitschaft
- Zuverlässigkeit
- Zusammenarbeit

Die einzelnen Kriterien werden nach Punkten (z. B. von 0 bis 5) bewertet.

Beispiel – Arbeitstempo

Bewertung	Punkte
Sehr langsam	0
	1
	2
	3
	4
Sehr schnell	5

Die Zusammenstellung der persönlichen Punkte erfolgt in einer Werteliste.

Kriterien	**Mitarbeiter**			
	Huber	Müller	Meier	Schulz
Fachkönnen	3	4	5	2
Arbeitstempo	4	4	3	3
Einsatzbereitschaft	2	3	2	2
Zuverlässigkeit	3	5	2	2
Zusammenarbeit	3	4	2	2
Punktesumme	15	20	14	11

Der Betriebsinhaber bestimmt die maximale Höhe der Leistungszulage. Durch Umrechnung der Punkte ergibt sich die persönliche Leistungszulage.

Maximale Zulage 1,00 €

Maximale Punktzahl 25 Punkte

Umrechnung

$$\frac{\text{maximale Zulage x persönliche Punktzahl}}{\text{maximale Punktzahl}} = \text{Zulage/€}$$

Beispiel – Huber –

$$\frac{1{,}00\ € \times 15\ \text{Punkte}}{25\ \text{Punkte}} = \underline{\underline{0{,}60\ €}}\ \text{Leistungszulage/Std.}$$

Eine weitere Möglichkeit der Leistungsbeurteilung der Mitarbeiter besteht in der Bewertung der Arbeitskraft durch einen Leistungsfaktor.

Ausgehend von der Normalleistung 1,0 (100 %) kann wieder mithilfe von Bewertungskriterien oder auf dem Wege der Schätzung die individuelle Leistung der Arbeitnehmer bestimmt werden.

Beispiel – Leistungsfaktoren

Name	Leistungsfaktor	Leistungsgrad	Bemerkungen
Müller	1,2	120 %	hervorragend
Huber	1,1	110 %	sehr gut
Meier	1,0	100 %	Normalleistung
Schulz	0,9	90 %	befriedigend
Bauer	0,8	80 %	mangelhaft

Die Leistungsfaktoren können ebenfalls zur Ermittlung abgestufter Lohn- und Gehaltszulagen verwendet werden.

Wichtig ist der Leistungsfaktor zur Bereinigung von Ist-Zeiten (Normalleistung) bei der Nachkalkulationsauswertung.

Die Leistungszulage sollte von Zeit zu Zeit überprüft und angepasst werden. Wenn der Zeitlohn mit Leistungszulage auch gewisse Vorteile gegenüber dem reinen Zeitlohn hat, darf doch nicht übersehen werden, dass diese Form der Entlohnung keinen Daueranreiz zur Leistungssteigerung bewirkt.

15.4 Leistungslohn

Mit dem Leistungslohn wird die erbrachte Leistung bezahlt.

Für Mengenleistung wendet man vor allem Akkordlohn an; für qualitative Leistungen oder sonstige Leistungsbereiche eignet sich die Prämienentlohnung.

Die Anwendung eines Leistungslohnsystems erfordert in jedem Fall:

- **die Voraussetzung, dass die Arbeit messbar ist,**
- **sorgfältige und meist umfangreiche Vorbereitung, Durchführung und Abrechnung,**
- **gute betriebliche Voraussetzungen für eine erforderliche Durchführung.**

Leistungsentlohnung muss leistungsgerecht sein; wenn dies von den Mitarbeitern nicht so empfunden wird, kann der Betriebsfriede erheblich beeinträchtigt werden.

Die Vorteile des Leistungslohns für den Betrieb sind eindeutig:

- **Steigerung der Produktivität,** dadurch
- **bessere Ausnutzung der betrieblichen Kapazität,** dadurch
- **Senkung der Kosten,** dadurch
- **Erhöhung des Gewinns.**

Bei Einführung von Formen der Leistungsentlohnung sind bestehende betriebliche und tarifliche Vereinbarungen zu beachten. Die Änderung der Entlohnungsform bedarf der Zustimmung der Belegschaft.

Vor- und Nachteile des Leistungslohnes

Vorteile	Nachteile
– Anreiz zur Leistungssteigerung, da der Stundenverdienst erhöht werden kann	– hoher Durchführungsaufwand, Fachpersonal erforderlich (REFA o. Ä.)
– Lohnkosten pro Einheit bleiben konstant	– nicht für alle Arbeiten geeignet
– Leistungskontrolle nicht erforderlich	– Qualitätskontrolle erforderlich
– bessere Ausnützung der betriebl. Kapazität	– Gefahr erhöhten Verschleißes und Beeinträchtigung der Sicherheit

15.4.1 Akkordlohn

Man unterscheidet zwischen Zeitakkord und Geldakkord.

Beim Zeitakkord wird für eine Tätigkeit eine bestimmte Zeit vorgegeben (Vorgabezeit), beim Geldakkord wird ein bestimmter Betrag für die Tätigkeit festgesetzt. Unterschreitet der Arbeitnehmer die vorgegebene Zeit, kommt ihm die Zeitersparnis voll zugute; die Entlohnung erfolgt somit proportional zur Leistung. Überschreitet er die Zeit, ist ihm in der Regel ein Mindestlohn garantiert, der sich am tariflichen Zeitlohn orientiert. Bei Normalleistung wird eine Stunde Vorgabezeit mit dem Akkordrichtsatz (Stundenlohn plus Akkordzuschlag) entlohnt.

Tariflohn + Akkordzuschlag = Akkordrichtsatz

Beispiel:

Tariflohn	13,00 €	(Zeitlohn, Mindestlohn)
Akkordzuschlag 15 %	1,95 €	(Akkordzuschlag 15 – 25 %)[1]
Akkordrichtsatz	14,95 €	
Minutenfaktor	$\frac{14{,}95\ €}{60}$	= 0,25 €

Beispiel – Zeitakkord

Die Vorgabezeit für das Anschlagen einer Schranktür beträgt 12 Minuten; das entspricht einer Normalleistung von fünf Türen pro Stunde (60 : 12 = 5 Stück).

Welcher Stundenverdienst errechnet sich, wenn sechs Türen pro Stunde angeschlagen werden?

Errechnung: Vorgabezeit x Minutenfaktor x Anzahl = Lohn/Std.

12 Min. x 0,25 € x 6 Stück = 18,00 €/Std.

Durch Steigerung der Arbeitsleistung werden 18,00 € in der Stunde erreicht (Akkordrichtsatz 14,95 €).

15.4.2 Prämienlohn

Prämienlohn liegt vor, wenn zu einem garantierten Grundlohn Prämien für bestimmte Leistungsbereiche gezahlt werden. Der Grundlohn kann dabei Zeit- oder Leistungslohn sein.

Zeit- oder Leistungslohn + Prämie = Gesamtlohn

[1] Für das Tarifgebiet gültige Regelungen sind zu beachten.

Mit der Prämienentlohnung ist es möglich, nicht nur **quantitative Leistungen,** sondern auch **Leistungen qualitativer** Art zu entlohnen. Im Gegensatz zum Akkordlohn verläuft die Prämie in der Regel nicht proportional zur erbrachten Leistung, sondern bildet je nach Tätigkeit und Prämienziel einen eigenen Kurvenverlauf. In der Prämienentlohnung wird die Mehrleistung zwischen Arbeitnehmer und Betrieb aufgeteilt. Der garantierte Grundlohn (Mindestlohn) darf nicht unterschritten werden.

Man unterscheidet folgende Prämienarten:

Prämie	Prämienziel
Qualitätsprämie	Einschränkung von Nacharbeiten und Ausschuss
Mengenprämie	Steigerung der Mengenleistung
Ersparnisprämie	Einsparung von Werkstoffen, Energie, Betriebsstoffen usw.
Nutzungsprämie	Steigerung der Nutzung von Maschinen und Anlagen; Einschränkung von Warte- und Stillstandzeiten usw.

Prämienentlohnung kann als Einzel- oder als Gruppenprämie durchgeführt werden.

Ein wesentlicher Vorteil der Prämienentlohnung gegenüber der Akkordentlohnung ist die Möglichkeit, den Prämienverlauf auf die betrieblichen Belange abzustimmen.

Verlaufsformen der Prämienentlohnung

Der proportionale Verlauf ist typisch für den Akkordlohn (10 % mehr Leistung sind 10 % mehr Lohn). Beim Prämienverlauf findet man häufig einen degressiven Kurvenverlauf, wie ihn die untenstehende Grafik zeigt.

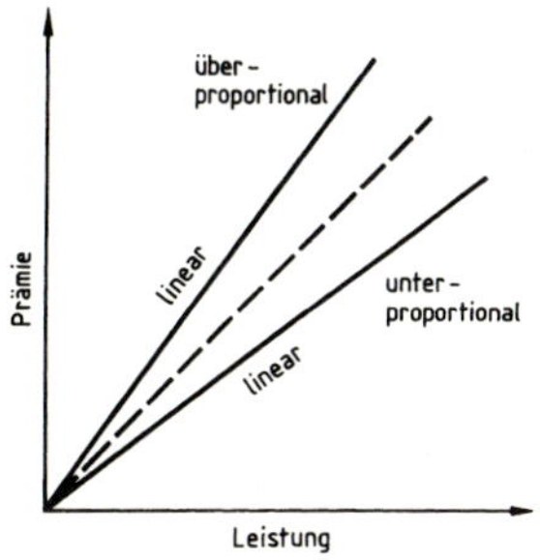

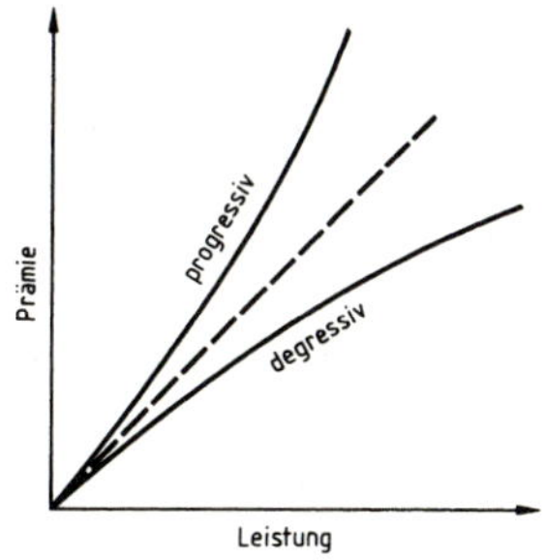

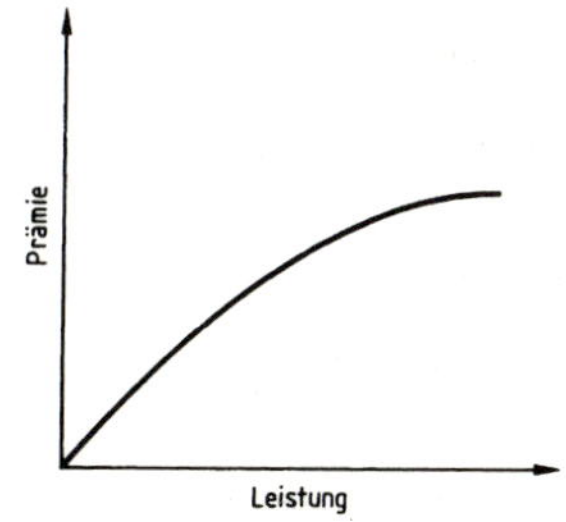

Prämienentlohnung mit degressivem Kurvenverlauf

Beim degressiven Prämienverlauf ist Leistungssteigerung bis zu einer bestimmten Höhe erwünscht, die Kurve steigt steil an, es „lohnt“ sich für den Arbeitnehmer; danach wären z. B. Qualität, Arbeitssicherheit oder Gesundheit gefährdet, die Kurve flacht ab, weitere Leistungssteigerung „lohnt“ sich nicht mehr.

Wegen des hohen Aufwandes, den die Prämienentlohnung verursacht, wird sie meist erst dann in Betracht gezogen, wenn bestehende Zeit- oder Akkordentlohnung für den Betrieb nicht mehr tragbar sind.

Vor- und Nachteile des Prämienlohns

Vorteile	Nachteile
– viele Anwendungsbereiche – Prämienverlauf kann nach Wunsch gestaltet werden – Mehrleistung kommt Betrieb und Mitarbeiter zugute	– hoher Aufwand für Prämiengestaltung und Durchführung der Prämienentlohnung

Eine sehr einfache Form der Leistungsentlohnung wird in manchen Schreinereibetrieben praktiziert: Für bestimmte Arbeiten werden Lohnsummen oder Vorgabezeiten festgesetzt (z. B. 80 Stunden bzw. 1 200,00 € für einen Schrank). Bei Unterschreitung der vorgegebenen Werte erhält der Arbeitnehmer den vollen Betrag. Überschreitung garantiert ihm seinen normalen Zeitlohn. Dieses System kann nur funktionieren, wenn die Vorgaben sorgfältig ermittelt wurden (Nachkalkulationswerte!).

15.5 Betrieblicher Mittellohn

Zur Vereinfachung von Angebotskalkulationen setzt man gerne statt des individuellen Mitarbeiterlohns einen betrieblichen Mittellohn für die Berechnungen ein.

Dieser Mittellohn errechnet sich aus den anteiligen produktiven Stunden der Beschäftigten, sowie deren Stundenlohn.

Beispiel – Mittellohnberechnung

Name	Stundenlohn/€	Anteilfaktor	Umrechnung
Inhaber Holzmann	14,00	0,6	8,40
Geselle Baum	13,00	1,0	13,00
Geselle Huber	12,00	1,0	12,00
Arbeiter März	10,00	0,7	7,00
Hilfsarbeiter König	9,00	0,5	4,50
Lehrling Maier	5,00	0,3	1,50
	Teiler ⟶	4,1	46,40

$\frac{46,40}{4,1}$ = 11,32 € betrieblicher Mittellohn pro Stunde.

Der Anteilsfaktor sagt aus, in welchem Maß die Mitarbeiter produktiv tätig sind.

Die Gesellen Baum und Huber sind zu 100 % produktiv tätig, d. h. ca. 1 400 Stunden im Jahr, Inhaber Holzmann zu 60 %, also ca. 840 Stunden im Jahr.

Für den Inhaber und den Lehrling wurde ein kalkulatorischer Stundenlohn zugrunde gelegt.

16 Tarifverträge

16.1 Einleitung

Tarifverträge regeln die Arbeits- und Lohnbedingungen für Arbeitnehmer. Abgeschlossen werden sie von den Tarifvertragsparteien, das sind Arbeitgeber und Arbeitnehmer.

Tarifvertragsparteien im Schreinerhandwerk

Arbeitgeber ↓ Innungen, Innungsverbände bzw. Fachverbände des holz- und kunststoffverarbeitenden Handwerks

Arbeitnehmer ↓ Gewerkschaft Holz und Kunststoff

In der Bundesrepublik bestehen 12 Tarifgebiete, in denen unabhängig voneinander Tarifverträge für das Schreinerhandwerk ausgehandelt werden. Daneben gibt es auch überregionale Tarifvereinbarungen. In diesen Fällen sind der Bundesverband des holz- und kunststoffverarbeitenden Handwerks und der Hauptvorstand der Gewerkschaft Holz und Kunststoff Vertragspartner.

Beispiel für eine überregionale Tarifvereinbarung sind die Ausbildungsvergütungen für Lehrlinge:

1. Lehrjahr 28 Ecklöhne	des jeweiligen regionalen Facharbeiterecklohnes
2. Lehrjahr 40 Ecklöhne	
3. Lehrjahr 46 Ecklöhne	
Urlaubsgeld 23 Ecklöhne	

Die tariflichen Vereinbarungen sind Mindestbedingungen und dürfen nicht unterschritten werden.

16.2 Lohntarifvertrag

Grundsätzlich können Lohn oder Gehalt zwischen Betrieb und Beschäftigten frei vereinbart werden. Sobald jedoch ein verbindlicher Lohntarifvertrag besteht, darf nicht unter den vereinbarten Sätzen entlohnt werden; Tariflohn ist (bei Normalleistung) Mindestlohn.

Im Lohntarifvertrag ist die Höhe der Entlohnung festgelegt. Die Laufzeit beträgt in der Regel ein Jahr.

Eine wichtige Größe im Lohntarifvertrag stellt der **Ecklohn** dar. Er beträgt 100 %, und davon ausgehend werden die Löhne für Facharbeiter, angelernte Arbeiter, Hilfsarbeiter und einfache Arbeiten nach Alter bzw. Anzahl der Gesellenjahre errechnet.

Unter Ecklohn versteht man den Tariflohn (100 %) eines Facharbeiters ab einer bestimmten Gesellenzeit (z. B. nach zwei oder drei Gesellenjahren).

16.3 Beispiel eines Lohntarifvertrags

Zum nachfolgenden Lohntarifvertrag für das Bayerische Schreinerhandwerk werden einige Erläuterungen gegeben.

Der Lohntarif für Arbeiter gliedert sich in vier Lohngruppen:

Lohngruppe I, Facharbeiter

Lohngruppe II, angelernte Arbeiter

Lohngruppe III, Hilfsarbeiter

Lohngruppe für einfache Arbeiten

Die Tarifvereinbarung für Angestellte und Meister gliedert sich in:

Gruppe KU, TU, kaufmännische und technische Angestellte, ungelernt

Gruppe K (1–4), T (1–3), kaufmännische und technische Angestellte mit Ausbildung

Gruppe M (1–3), Meister

Die Lohngruppeneinteilung sowie die Abstufung nach Alter und Gesellenjahren (bei Facharbeitern) ist im Manteltarifvertrag festgelegt.

In Bayern existiert noch die einst überall übliche Einteilung der Städte und Gemeinden in Ortsklassen. Danach sind im Lohntarif für Ortsklasse I (Großstädte und Ballungsgebiete) 100 %, für Ortsklasse II (ländliche Gebiete) 98 % festgelegt.

FACHVERBAND HOLZ UND KUNSTSTOFF BAYERN

LOHNTAFEL
für das Bayerische Schreinerhandwerk in EURO

		Ortsklassen I		Ortsklassen II	
		1.2.2002		1.2.2002	
		€/Std.	€/Monat	€/Std.	€/Monat
Lohngruppe I	**100 %**				
Facharbeiter					
4. Gesellenjahr	100 %	12,47	2 082,00	12,37	2 066,00
3. Gesellenjahr	90 %	11,22	1 874,00	11,13	1 859,00
2. Gesellenjahr	87 %	10,85	1 812,00	10,76	1 797,00
1. Gesellenjahr	84 %	10,47	1 748,00	10,39	1 735,00
Lohngruppe II	**93 %**				
Angelernte Arbeiter					
über 21 Jahre	100 %	11,60	1 937,00	11,50	1 921,00
18 – 21 Jahre	90 %	10,44	1 743,00	10,35	1 728,00
bis 18 Jahre	75 %	8,70	1 453,00	8,63	1 441,00
Lohngruppe III	**86 %**				
Hilfsarbeiter					
über 21 Jahre	100 %	10,72	1 790,00	10,64	1 777,00
18 – 21 Jahre	90 %	9,65	1 612,00	9,58	1 600,00
bis 18 Jahre	75 %	8,04	1 343,00	7,98	1 333,00
Lohngruppe für einfache Arbeiten	**80 %**				
über 21 Jahre	100 %	9,98	1 667,00	9,90	1 653,00
18 – 21 Jahre	90 %	8,98	1 500,00	8,91	1 488,00
bis 18 Jahre	75 %	7,49	1 251,00	7,43	1 241,00

FACHVERBAND HOLZ UND KUNSTSTOFF BAYERN

Für die Angestellten und Meister des Bayerischen Schreinerhandwerks gelten ab 1.2.2002 folgende Gehaltssätze in EURO

	Ortsklassen I	Ortsklassen II
	1.2.2002	1.2.2002
	€	€
Gruppe KU/TU		
unter 18. Lebensjahr	769,00	757,00
ab 1. Berufsjahr	955,00	938,00
ab 3. Berufsjahr	1 140,00	1 121,00
ab 5. Berufsjahr	1 326,00	1 303,00
ab 7. Berufsjahr	1 511,00	1 485,00
ab 9. Berufsjahr	1 695,00	1 667,00
Gruppe K1/T1		
ab 1. Berufsjahr	1 219,00	1 197,00
ab 3. Berufsjahr	1 379,00	1 356,00
ab 5. Berufsjahr	1 539,00	1 514,00
ab 7. Berufsjahr	1 700,00	1 672,00
ab 9. Berufsjahr	1 826,00	1 833,00
Gruppe K2/T2		
ab 1. Berufsjahr	1 748,00	1 735,00
ab 2. Berufsjahr	1 812,00	1 797,00
ab 3. Berufsjahr	1 874,00	1 859,00
ab 4. Berufsjahr	2 082,00	2 066,00
Gruppe K3/T3		
ab 1. Berufsjahr	2 209,00	2 173,00
ab 3. Berufsjahr	2 410,00	2 369,00
ab 5. Berufsjahr	2 612,00	2 567,00
ab 7. Berufsjahr	2 815,00	2 769,00
Gruppe K4/T4		
ab 1. Berufsjahr	2 899,00	2 850,00
ab 3. Berufsjahr	3 065,00	3 013,00
ab 5. Berufsjahr	3 230,00	3 176,00
ab 7. Berufsjahr	3 400,00	3 341,00
Meister		
M1-Meister	2 324,00	2 286,00
M2-Meister	2 816,00	2 765,00
M3-Meister	3 367,00	3 308,00

LOHN- UND GEHALTSTARIFVERTRAG (Auszug)

Zwischen dem	Fachverband Holz und Kunststoff Bayern
und der	Tarifgemeinschaft aus Christlicher Gewerkschaft Deutschlands und Deutscher Handels- und Industrieangestellten-Verband

wird folgende Tarifvereinbarung abgeschlossen:

Der Tarifvertrag gilt

a) räumlich	für den Freistaat Bayern
b) fachlich	für alle Handwerksbetriebe, die Mitglied einer dem Landesverband angeschlossenen Innung oder Einzelmitglied des Landesinnungsverbands sind
c) persönlich	für alle Arbeitnehmer (Arbeiter und Angestellte)

Arbeiter

Die Ecklöhne der Ortsklassen I und II werden ab den 01.01.2002 auf Euro umgestellt und ab dem 01.02.2002 um 2.0% erhöht, so dass sich folgende Ecklöhne ergeben:

Ortsklasse I	1. Februar 2002	12,47 €
Ortsklasse II	1. Februar 2002	12,37 €

Die Lohntabelle für Arbeiter, gültig ab 01.02.2002, wird dieser Tarifvereinbarung als Anlage beigefügt. Die Höhe des monatlichen Entgelts bei einer verstetigten Bezahlung ist zusätzlich anzugeben.

Angestellte

Die Gehaltssätze der Angestellten und Meister werden in den Ortsklassen I und II ab dem 01.02.2002 um 2.0 % erhöht.

Die Gehaltstabelle, gültig ab 01.02.2002 wird dieser Tarifvereinbarung als Anlage beigefügt. Bei der Berechnung der Monatsgehälter werden Bruchteile von 0,5 Euro und darüber auf-, niedrigere abgerundet.

Allgemein

Die Parteien des Einzelarbeitsverhältnisses können geringfügige Minderungen der tariflichen Entgeltsätze durch die, infolge einer Einstufung in die nächstniedrigere Lohngruppe, eine Besserstellung bei der Auszahlung erzielt wird, miteinander vereinbaren.

Bereits bestehende günstigere Regelungen bleiben erhalten.

Diese Tarifvereinbarung tritt am 1. Januar 2002 in Kraft und kann mit einer 2-monatigen Frist, erstmals zum 31. Dezember 2002 gekündigt werden.

Die Tarifvertragsparteien verpflichten sich, die Verhandlungen betreffs Abschluss einer neuen Vereinbarung einschließlich des tariflichen Schlichtungsverfahrens während der Kündigungsfrist zu führen.

München, den 14. Dezember 2001

Fachverband
Holz und Kunststoff Bayern

gez. Rudolf Arlt
Präsident

gez. Michael Schindler
Tarifausschussvorsitzender

gez. Dr. Christian Wenzler
Hauptgeschäftsführer

Christliche Gewerkschaft Deutschlands
Landesverband Bayern

gez. Kurt Schreck

gez. Rudi Haida

Deutscher Handels- und Industrieangestellten-Verband,
Landesverband Bayern

gez. Günter Biesenberger

16.4 Manteltarifvertrag

Der Manteltarifvertrag enthält die zwischen Arbeitgeber und Arbeitnehmer vereinbarten arbeitsrechtlichen Bedingungen im Arbeitsverhältnis. Die Laufzeit beträgt meist mehrere Jahre. Nachfolgend das Inhaltsverzeichnis eines Manteltarifvertrags für Arbeiter und Angestellte des Bayerischen Schreinerhandwerks.

Manteltarifvertrag

für die Arbeiter und Angestellten
im Bayerischen Schreinerhandwerk

SCHREINER HANDWERK BAYERN

Gültig ab 1.1.1999
Kündbar: 31.12.2000

Fachverband Holz und Kunststoff Bayern
Fürstenrieder Straße 250, 81377 München
Telefon 089/54 58 28-0
Telefax 089/54 58 28-27

Inhaltsverzeichnis

Auszug aus dem Manteltarifvertrag

Berufsgruppeneinteilung

Arbeiter

81. Facharbeiter

Als Facharbeiter gelten:

a) Arbeitnehmer, die eine im Beruf in Betracht kommende Ausbildung durchgemacht und die Gesellenprüfung bestanden haben. Hierzu gehören insbesondere Schreiner, Holzmechaniker, Sägewerker, Bildhauer, Stuhlbauer, Drechsler, Stellmacher, Polierer und Zimmerer. Maßgebend ist das jeweilige Berufsbild.

b) Als Facharbeiter gelten auch Elektriker, Maler, Maurer, Schlosser, Spengler usw., sofern sie eine ihrem Berufsbild entsprechende Tätigkeit im Betrieb ausüben und die Gesellenprüfung bestanden haben.

c) Facharbeiter, die vorübergehend zu anderen Tätigkeiten als zu ihren Facharbeiten verwendet werden, behalten den Anspruch auf ihren höheren Lohn.

82. Angelernte Arbeiter

Als angelernte Arbeiter gelten:

a) Arbeitnehmer, die keine berufsmäßige Ausbildung in den in Ziffer 81 genannten Berufen durchgemacht haben. Angelernte müssen imstande sein, die ihnen anvertrauten Maschinen instandzuhalten und die ihnen übertragenen Arbeiten brauchbar durchzuführen.

Angelernte sind als Facharbeiter einzustufen, wenn sie eine mindestens dreijährige Tätigkeit nach Ziffer 81 im Betrieb ausüben.

Dies gilt insbesondere, wenn sie in dieser Zeit an einer Holzbearbeitungsmaschine oder für eine Spezialarbeit herangebildet worden sind.

83. Angelernten Arbeitern wird beim Arbeitsplatzwechsel in Bezug auf ihre Ausbildung die Beschäftigungsdauer in einem gleichartigen Betrieb in jedem Fall angerechnet. Der Nachweis ist durch den Arbeitnehmer zu führen.

Bisher als Facharbeiter oder angelernte Arbeiter im Betrieb anerkannte Arbeitnehmer dürfen bei Inkrafttreten dieses Vertrages in ihrer Entlohnung nicht gekürzt werden.

84. **Hilfsarbeiter**

Als Hilfsarbeiter gelten:
Arbeitnehmer, die den Arbeitnehmern vorgenannter Gruppen (Ziffer 81 bis 83) als Helfer beigegeben sind, die in diesen Gruppen verlangten Bedingungen nicht erfüllen und zu deren Arbeit eine Anlernzeit im Sinne der Ziffern 81 bis 83 nicht erforderlich ist.

85. Für die Berufsgruppen gilt folgende Staffelung:

a) Facharbeiter .... 100 % des Ecklohnes
b) Angelernte Arbeiter .... 93 % des Ecklohnes
c) Hilfsarbeiter .... 86 % des Ecklohnes
d) In Serienbetrieben/Betrieben mit Serienabteilungen, kann für einfache und leichte Arbeiten (Hilfsarbeiten) eine weitere Lohngruppe angewendet werden. – Die Lohnsätze müssen mindestens 80 % des Ecklohnes betragen.
e) Es erhalten Reparatur- und Werkzeugschlosser, Elektromonteure usw., die für die Instandhaltung und Reparatur der Maschinen und Anlagen verantwortlich sind, ... 115 % des Ecklohnes
f) Selbstständige Treppenbauer .... 120 % des Ecklohnes
g) Selbstständige Intarsienschneider .... 125 % des Ecklohnes
h) Selbstständige Klavierbauer .... 130 % des Ecklohnes
i) Soweit Bildhauer mit eigenem Werkzeug arbeiten, ist hierfür mit ihnen eine angemessene Entschädigung zu vereinbaren.

Besitzstandsklausel zur Ziffer 85.

Aus Anlass des Inkrafttretens dieses Vertrages dürfen keinerlei Lohnkürzungen vorgenommen werden.

Meister (M)

M 1

96. Meister mit abgeschlossener Handwerksmeisterprüfung.

M 2

97. Meister mit abgeschlossener Handwerksmeisterprüfung, die eine Gruppe von Arbeitnehmern oder eine Abteilung verantwortlich beaufsichtigen und verantwortlich leiten können.

M 3

98. Meister mit abgeschlossener Handwerksmeisterprüfung, die mehrere Betriebsabteilungen überwachen und verantwortlich leiten und führen können.

16.5 Verbindlichkeit von Tarifverträgen

Tarifverträge sind nur in folgenden Fällen verbindlich:

- Arbeitgeber und Arbeitnehmer sind Mitglied der Tarifvertragsparteien.
- Der Tarifvertrag oder Teile aus dem Tarifvertrag wurden durch den Bundesarbeitsminister oder die Landesarbeitsminister für allgemeinverbindlich erklärt.
- Arbeitgeber und Arbeitnehmer vereinbaren die Anwendung des Tarifvertrages in einem Arbeitsvertrag.

Viele Schreinereibetriebe orientieren sich an den bestehenden Tarifverträgen.

17 Produktive oder unproduktive Löhne?

17.1 Verrechenbarkeit der Löhne

Löhne als gewichtiger Kostenfaktor bei der Preisberechnung können den Erzeugniskosten auf zweierlei Art zugerechnet werden. In der Zuschlagskalkulation werden sie dazu in zwei Gruppen unterteilt:

- Direkt verrechenbare oder produktive Löhne
- Nicht direkt verrechenbare oder unproduktive Löhne (und Gehälter)[1]

„Produktiv" und „nicht produktiv" sind nicht ganz zutreffende Ausdrücke, veraltet, aber immer noch gebräuchlich.

17.2 Produktive Löhne/direkt verrechenbare Löhne

Löhne, die unmittelbar mit der Fertigung in Zusammenhang stehen, nennt man produktive oder direkt verrechenbare Löhne.

Direkt verrechenbare (produktive) Löhne können einem Auftrag direkt zugerechnet werden; sie fallen genau feststellbar für einen Auftrag an und zählen somit zu den **Einzelkosten.** Sie werden auch **Fertigungslöhne** genannt. Als direkt verrechenbar (produktiv) bezeichnet man die bekannten Tätigkeiten des Schreiners wie Zuschneiden, Hobeln, Furnieren, Fräsen, Lackieren usw., wenn sie für einen Auftrag ausgeführt werden.

Die produktiven Löhne werden direkt in ihrer geschätzten Höhe (Vorkalkulation) oder tatsächlich angefallenen Höhe (Nachkalkulation) in die Preisberechnung eingesetzt.

17.3 Unproduktive Löhne/nicht direkt verrechenbare Löhne

Löhne, die nicht direkt mit der Fertigung in Zusammenhang stehen, nennt man unproduktive oder nicht direkt verrechenbare Löhne.

Nicht direkt verrechenbare (unproduktive) Löhne können einem Auftrag nicht direkt zugerechnet werden. Sie sind für einen Auftrag nicht genau feststellbar und zählen somit zu den **Gemeinkosten.**

Als nicht direkt verrechenbar (unproduktiv) bezeichnet man die für die Fertigung notwendigen Tätigkeiten wie Werkstatt aufräumen, Arbeiten im Holzlager, Maschinenpflege usw. Auch Leitung, Überwachung und Verwaltung des Betriebes gelten als unproduktive Tätigkeiten. Unproduktive Löhne werden auch als **Gemeinkostenlöhne** oder **Hilfslöhne** bezeichnet.

Ebenfalls nicht direkt verrechenbar, jedoch nicht den **Arbeitslöhnen** zuzurechnen, sind Löhne und Gehälter für Feiertage, Urlaub, bei Krankheit usw. Diese sog. **Soziallöhne** zählen ebenfalls zu den Gemeinkosten.

Es handelt sich dabei um Vergütung ohne Arbeitsleistung, die gesetzlich und tariflich festgelegt ist oder auch im Ermessen des Unternehmens liegen kann (freiwillige Leistungen) und die Lohncharakter hat.

[1] Für nicht direkt verrechenbare Tätigkeiten werden neben Löhnen auch Gehälter bezahlt. Letztere gehören damit auch in den „unproduktiven Bereich".

17.4 Gliederung der Löhne

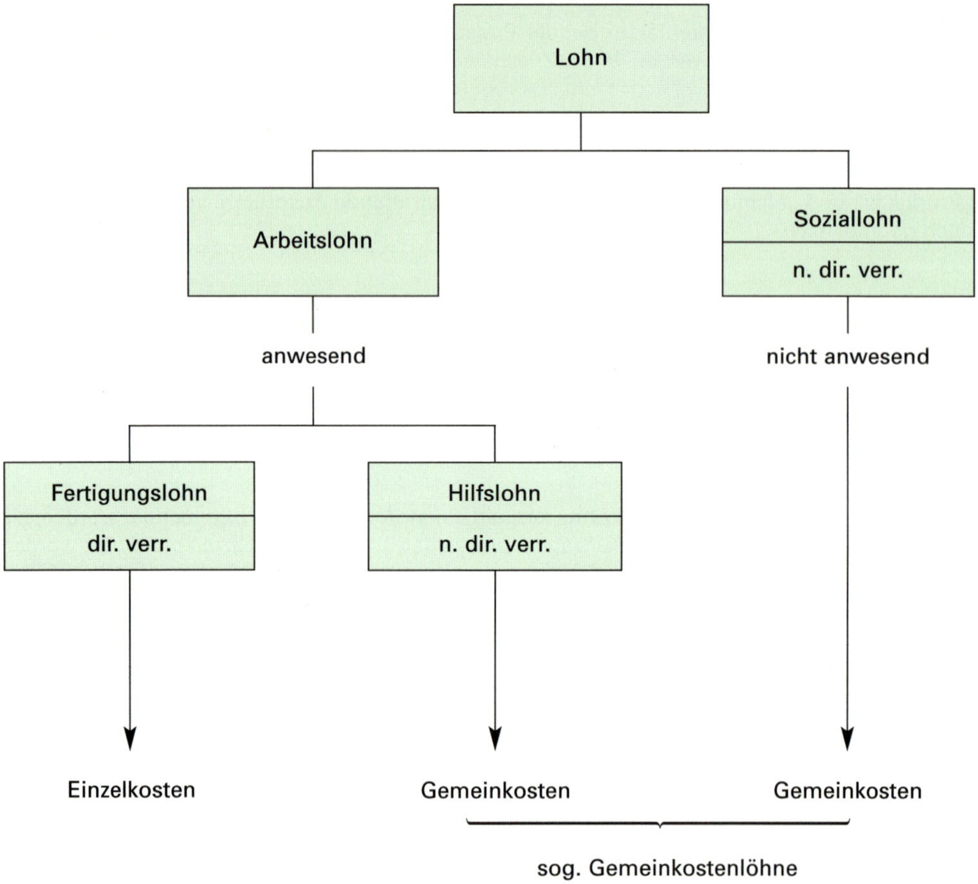

Beispiele

Fertigungslöhne	Gemeinkostenlöhne: Hilfslöhne	Gemeinkostenlöhne: Soziallöhne
Zuschneiden Hobeln Fräsen Furnieren Beizen usw.	Werkstatt aufräumen Maschinenpflege Holzlagerarbeiten Arbeitsüberwachung Verwaltung usw.	Feiertagslohn Urlaubslohn Lohnfortzahlung bei Krankheit Lohn für freie Arbeitstage usw.

17.5 Anwendungsbeispiel – produktive und unproduktive Tätigkeiten

Auftrag Nr.	Tätigkeiten	Produktiv/ direkt verrechenbar (Einzelkosten)	Unproduktiv/ nicht direkt verrechenbar (Gemeinkosten)
115/92	Aufriss und Holzliste anfertigen	x	
	Schraubzwingen reinigen und ölen		x
	Holz umstapeln		x
108/92	Massivholz zuschneiden	x	
112/92	Türen anschlagen	x	
	Angebotskalkulation erstellen		x
110/92	Furnierarbeiten	x	
112/92	Schubkästen einpassen	x	
	Betriebs-Lkw waschen		x
	Maschinenwartung		x

Tätigkeiten an Kundenaufträgen sind produktiv; sie sind besonders leicht dann zu erkennen, wenn es für jeden Auftrag eine Auftragsnummer gibt.

Unproduktive Tätigkeiten können zur leichteren Erfassung mit innerbetrieblichen Zeichen versehen werden (siehe dazu Kapitel 34.2.1).

17.6 Zusammenfassung

Da es sich um ein sehr wichtiges Kapitel der Zuschlagskalkulation handelt, halten wir noch einmal fest:

- Die Trennung von produktiven und unproduktiven Löhnen und Gehältern, also die Trennung von Einzelkosten und Gemeinkosten, muss genau durchgeführt werden; Ungenauigkeiten führen zwangsläufig zu Kalkulationsfehlern.
- Alle Beschäftigten müssen geeignete Stundenzettel führen, die eine solche Unterscheidung ermöglichen.
- Direkt verrechenbare Löhne können einem Auftrag direkt zugerechnet werden; sie zählen zu den Einzelkosten.
- Nicht direkt verrechenbare Löhne können einem Auftrag nicht direkt zugerechnet werden; sie zählen zu den Gemeinkosten, werden über einen Gemeinkostenzuschlag auf die Einzelkosten verrechnet und fließen so in den Betrieb zurück.

18 Gliederung der Arbeitszeit

18.1 Einleitung

In der Vorkalkulation kommen Soll-Zeiten zur Anwendung, es handelt sich also um Zeiten, die vor der Ausführung einer Arbeit bestimmt werden müssen. Um Soll-Zeiten richtig schätzen zu können, muss man die Zusammensetzung der Arbeitszeit kennen.

Sehr genau aufgegliedert ist die Arbeitszeit im nachfolgenden Schaubild nach REFA[1]:

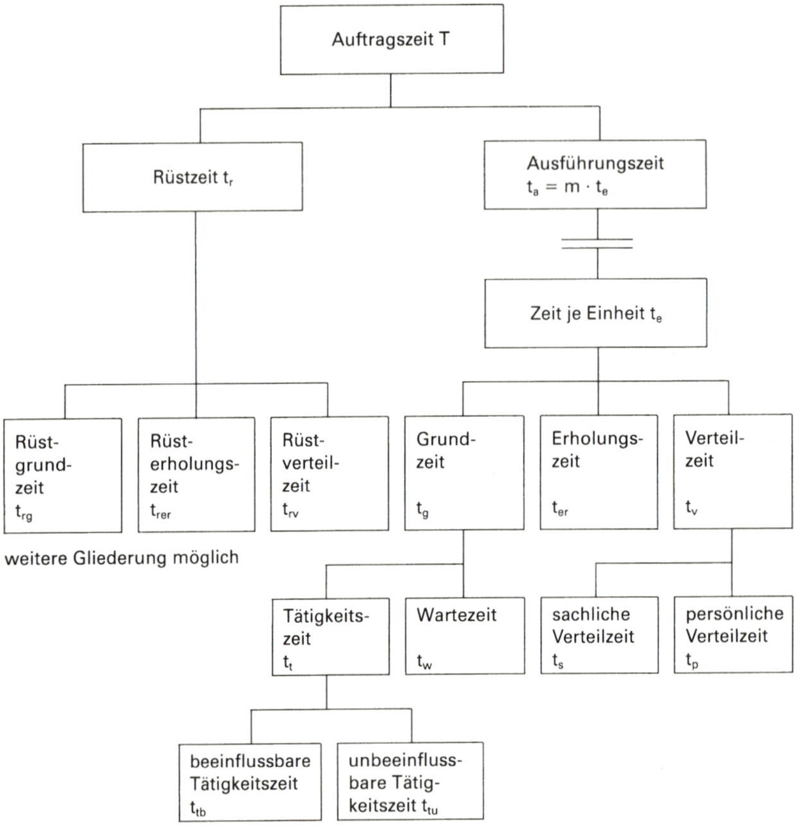

Zeitgliederung für die Auftragszeit

Eine unveränderte Übernahme dieser sehr genau aufgebauten Zeitgliederung für das Schreinerhandwerk ist aus verschiedenen Gründen nicht möglich. Es wäre in den meisten Fällen zu aufwendig und damit unwirtschaftlich, Vorgabezeiten bei Einzelfertigungen oder geringen Stückzahlen danach festzulegen. Das Handwerk kennt z.B. auch keinen Erholungszeitzuschlag für arbeitsbedingte Ermüdung, da die vielseitige Handwerkstätigkeit einseitige Ermüdung infolge wechselnder Beanspruchung meist ausschließt.

[1] REFA, Methodenlehre des Arbeitsstudiums, Teil 2 Datenermittlung, Seite 42 1978, 6. Auflage.

REFA: Hinter diesem Namen verbirgt sich der Verband für Arbeitsstudien und Betriebsorganisation e. V. in Darmstadt.

Für so manchen Handwerker ist REFA gleichbedeutend mit Industrie, Massenproduktion und Akkordarbeit. Dieses Bild trifft nicht zu. REFA untersucht mit wissenschaftlicher Genauigkeit die Arbeit und das große Umfeld der Arbeit. Die Erkenntnisse dienen sowohl der Wirtschaftlichkeit des Unternehmens als auch der Humanisierung des Arbeitslebens. REFA-Gedankengut findet auch im Handwerk Anwendung.

18.2 Zeitgliederung für Schreinertätigkeiten

Eine stark vereinfachte Zeitgliederung zur Ermittlung von Soll-Zeiten für Tätigkeiten im Schreinerhandwerk, die auch noch die innerbetrieblichen Transportzeiten einschließt, ist im nachfolgenden Schaubild aufgestellt:

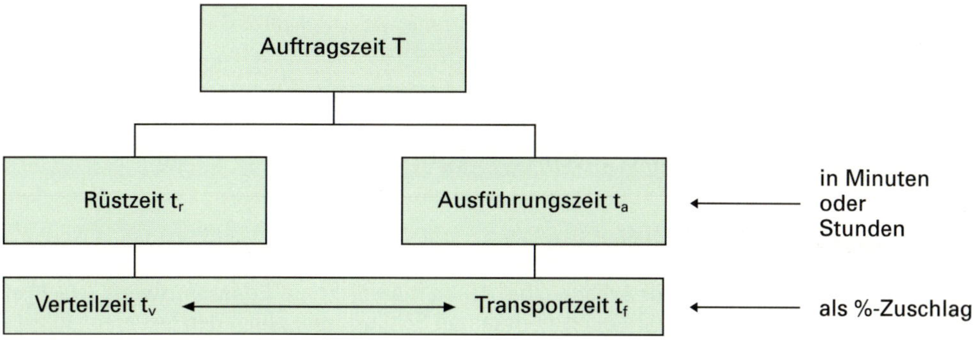

Beispiel: Verleimen eines Regals

Rüstzeit	(Arbeitsplatz vorbereiten, Werkzeuge, Schraubknechte und Zulagen bereitlegen, alles aufräumen)	10 min.
Ausführungszeit	(Leim angeben, Dübel einschlagen, Zusammenbau, Spannen, Ausrichten, Schraubknechte abnehmen, überschüssigen Leim entfernen)	25 min.
		35 min.
Verteilzeit und anteiliger innerbetr. Transport	20 % auf 35 min.	7 min.
Auftragszeit		42 min.

18.3 Erläuterung der Zeitelemente

(frei nach REFA, dem Handwerksbetrieb angepasst)

Auftragszeit (T)

Die Auftragszeit erfasst alle Zeiten, die für die Herstellung benötigt werden.

Rüstzeit (t_r)

Zur Rüstzeit zählen Vorbereiten, Umstellen und Zurückversetzen in den alten Zustand von Arbeitsplatz, Werkzeug oder Maschine. Die Rüstzeit kommt je Arbeitsfolge (z.B. Rückwand fälzen, Schrank dübeln usw.) nur einmal vor.

Ausführungszeit (t_a)

Die Ausführungszeit setzt sich aus Arbeitswert (z.B. 1 m^2 Lackieren 7 min, 1 lfm Abrichten 1 min usw.) und Arbeitsmenge (m^2, lfm, Stück oder Arbeitsgang) zusammen. Das Aufnehmen und Ablegen der Werkstücke ist eingeschlossen.

Verteilzeit (t_v)

Die Verteilzeit, früher Verlustzeit genannt, erfasst Zeiten, die sachlich und persönlich bedingt sind und außerplanmäßig auftreten. Während dieser Zeiten wird nicht am Werkstück gearbeitet.

Sachlich bedingt: Aufräumen, Wartungsarbeiten, Störungen, Wartezeiten usw.

Persönlich bedingt: Waschen, Austreten, Trinken usw.

Transportzeiten (t_f)

Das Fördern von Material und Werkstück innerhalb des Betriebs zählt zur innerbetrieblichen Transportzeit. Der Transportzeitzuschlag erfolgt nur auf Handarbeitszeiten.

Aus den Zuschlägen für Verteilzeit und Transportzeit, die von Betrieb zu Betrieb großen Schwankungen unterliegen können, sind Rückschlüsse auf Organisations- und Rationalisierungsgrad eines Betriebes zu ziehen.

19 Arbeitsablauf und Arbeitsfolgen

19.1 Zerlegung in Arbeitsfolgen

Die „Vorhersage“ von Zeiten für Arbeiten, bei denen man nicht auf Erfahrungswerte (Nachkalkulation!) zurückgreifen kann, darf nicht zu riskanten Schätzungen „über den Daumen“ führen. Dem verantwortungsvollen Schreinermeister verbleibt das etwas aufwendige aber sichere Verfahren, die Arbeit in Einzelarbeitsfolgen zu zerlegen und für jede Arbeitsfolge die Zeiten nach Erfahrung und betrieblichen Arbeitswerten zu bestimmen. Dieses Verfahren setzt genaue Kenntnis des Fertigungsablaufes und ein gutes Zeitgefühl voraus.

Arbeitsabläufe für Schreinerarbeiten sind nach Auftrag und Betrieb verschieden (z.B. unterschiedliche Maschinenausstattung und Fertigungsverfahren). Den meisten Arbeiten liegen jedoch sog. Standardarbeitsabläufe zugrunde.

Um gedanklich einen besseren Bezug zu den nächsten Kapiteln zu bekommen, stellen wir uns einen gut ausgestatteten Kleinbetrieb (Innenausbau) mit sieben Beschäftigten vor.

19.2 Standardarbeitsabläufe

Furnierte Arbeiten

Arbeit vorbereiten	Verbindungen
Zuschnitt Anleimer und Platten	Bohren/Fräsen
Hobeln	Schleifen
Kanten anleimen und ebnen – Kalibrieren	Zusammenbau
Furnier richten Furnieren	Verputzen
Endformaten	Anschlagen, Beschläge anbringen
Zeichnen und Reißen	Oberflächenbehandlung, Fertigmachen

Massivholzarbeiten

- Arbeit vorbereiten
- Holzauswahl, Reißen
- Ablängen
- Besäumen, Aufschneiden
- Abrichten, Fügen
- Breitenverleimung
- Hobeln
- Formatschneiden, Ablängen
- Zeichnen und Reißen
- Verbindungen
- Bohren/Fräsen
- Schleifen
- Zusammenbau
- Verputzen
- Schubkästen und Züge fertigen und einbauen
- Anschlagen, Beschläge anbringen
- Oberflächenbehandlung
- Fertigmachen

Liefern und Montieren

- Montagewerkzeuge richten
- Aufladen
- Liefern/Rückfahrt
- Abladen, Verteilen
- Montieren Fertigmachen
- Baustelle reinigen
- Übergabe an den Kunden

19.3 Arbeitsablauf für einen 2-türigen, furnierten Kleiderschrank

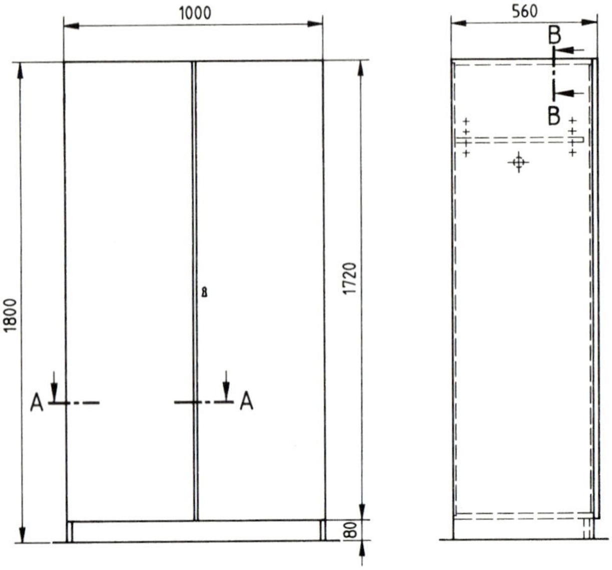

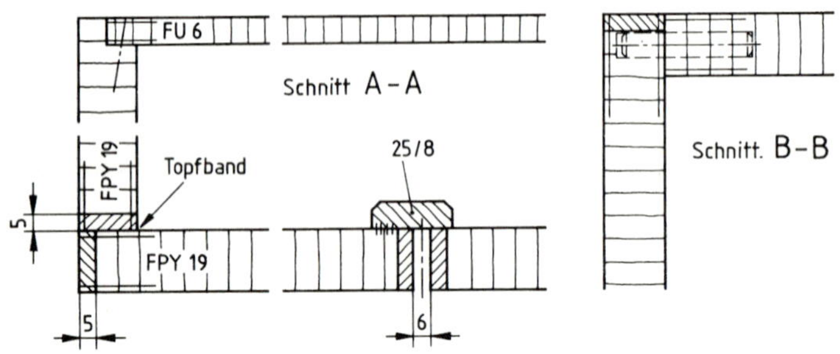

Maße : 1000 x 1800 x 560
Holzart : Eiche/Macoré (Türen beidseitig Eiche)
Oberfläche : DD-Mattlack
Verbindungen: Gedübelt, verleimt
Beschläge : Ganzmetall-Topfbänder
Drehstangenschloss
Kleiderstange mit Halter
Fachträger

19.3.1 Ausführlicher Arbeitsablauf

1. Arbeit empfangen
2. Zeichnung oder Aufriss anfertigen
3. Holzliste erstellen
4. Massivholz auswählen, ablängen
5. Massivholz besäumen, aufschneiden
6. Massivholz abrichten, aushobeln
7. Plattenmaterial auswählen, prüfen
8. Plattenmaterial aufteilen, zuschneiden
9. Kanten anleimen
10. Kanten bündig fräsen
11. Flächen ausbessern
12. Flächen kalibrieren

13. Furnier auswählen
14. Furnier fügen
15. Furnier verkleben
16. Furnierleim anrühren, auftragen
17. Flächen pressen
18. Furnierkanten beschneiden
19. Endformaten
20. Zeichnen der Teile
21. Reißen der Bohrungen
22. Dübeln der Verbindungen
23. Bohren von Bändern, Schloss, Fachträgern
24. Rückwand fälzen
25. Kanten schleifen
26. Flächen schleifen
27. Leim angeben, Dübel einschlagen
28. Korpus verleimen (einschl. Sockel)
29. Leim entfernen
30. Rückwand einpassen
31. Rückwand bohren
32. Rückwand befestigen
33. Bänder anschlagen
34. Schloss anbringen
35. Schlagleiste anleimen
36. Beschläge abschrauben
37. Nachschleifen, Kanten brechen
38. Entstauben
39. Grundieren
40. Zwischenschleifen
41. Entstauben, nachbessern
42. Endlackieren
43. Rückwand einschrauben
44. Kleiderstange anbringen
45. Beschläge anschrauben
46. Lieferfertig machen

Schon das Beispiel eines verhältnismäßig einfachen Möbels zeigt, wie umfangreich ein fein gegliederter Arbeitsablauf werden kann. Die Aufgliederung bis „ins Unendliche" ist jedoch zeitraubend und wenig übersichtlich. Es empfiehlt sich, artverwandte Arbeitsfolgen zusammenzufassen und damit den Arbeitsablauf zu straffen.

19.3.2 Gestraffter Arbeitsablauf

Nr.	Arbeitsfolgen	Zusammenfassung (Arbeitsablauf 19.3.1)
1	Arbeit vorbereiten	1, 2, 3
2	Massivholz auswählen, ablängen	
3	Anleimer und Schlagleiste zurichten	5, 6
4	Plattenzuschnitt	7, 8
5	Kanten anleimen, bündig fräsen	9, 10, 11
6	Flächen kalibrieren	
7	Furnier richten	13, 14, 15
8	Furnieren, Kanten beschneiden	16, 17, 18
9	Endformaten	
10	Zeichnen und Reißen	20, 21
11	Dübeln Korpus	
12	Bohren Bänder, Schloss, Fachträger	
13	Rückwand fälzen	
14	Kanten und Flächen schleifen	25, 26
15	Korpus verleimen	27, 28, 29
16	Rückwand einpassen und befestigen	30, 31, 32
17	Türen anschlagen und schließbar machen	33, 34
18	Schlagleiste anleimen	35
19	Fertigmachen zur Oberflächenbehandlung	36, 37, 38
20	Oberflächenbehandlung	39, 40, 41, 42
21	Fertigmachen	43, 44, 45, 46

19.4 Arbeitsablauf für zerlegbaren Einbauschrank

Korpus furniert, Türen massiv (Rahmen mit Querverbretterung), Schubkästen (maschinengezinkt) auf Nutleisten laufend.

1. Arbeit vorbereiten (Aufmaß, Zeichnung, Holzliste)
2. Massivholz auswählen, reißen, ablängen
3. Massivholz zuschneiden (alle Teile)
4. Platten zuschneiden (alle Teile)
5. Abrichten, Winkelkante anstoßen
6. Aushobeln (alle Teile)
7. Kanten anleimen
8. Kanten bündig machen, Flächen ausbessern
9. Trägermaterial kalibrieren
10. Furnier zurichten
11. Furnieren, Furnier beschneiden
12. Plattenteile endformaten
13. Zeichnen und Reißen der Teile
14. Verbindungen dübeln
15. Bohren (Verbindungsbeschlag, Fachträger)
16. Fälzen Rückwand
17. Korpus aufstellen
18. Rückwand einpassen, bohren
19. Massivholzteile ablängen
20. Türenteile zeichnen und reißen
21. Türverbindungen dübeln
22. Türrahmen nuten
23. Bretterfüllung abfälzen
24. Türenteile innen schleifen u. putzen
25. Türen verleimen
26. Türen endformaten
27. Bänder bohren
28. Türen anschlagen, schließbar machen
29. Schlagleisten anleimen
30. Schubteile zeichnen u. reißen
31. Schübe zinken
32. Schübe nuten (Boden, Laufnut)
33. Schübe schleifen u. verleimen
34. Schubböden einpassen, Schübe putzen
35. Laufvorrichtung anbringen, Schübe einpassen
36. Schrank zerlegen, Beschläge abschrauben
37. Korpus und Türen schleifen (Flächen und Kanten)
38. Putzen und Kanten brechen
39. Oberflächenbehandlung
40. Fertigmachen

19.5 Arbeitsablauf – Liefern und Montieren

Beispiel: Mehrtüriger, zerlegbarer Einbauschrank

1. Montage vorbereiten (Geräte und Werkzeuge)
2. Schrankteile verladen (auf- und abladen)
3. Liefern (Hin- und Rückfahrt)
4. Aufstellen und Ausrichten des Schrankes
5. Wand- und Deckenanschluss anpassen und befestigen
6. Fertigmachen und Aufräumen
7. Übergabe an Kunden

19.6 Kurz-Arbeitsablauf

Es gibt auch die Möglichkeit, in einem Kurz-Arbeitsablauf die einzelnen Arbeitsfolgen zusammenzufassen. Eine Arbeit besteht dann nur aus wenigen „Blöcken". Dieses Verfahren setzt große praktische Erfahrung in der Zeitbestimmung voraus, da es andernfalls zu erheblichen Fehlkalkulationen kommen kann.

Aufstellung eines Kurz-Arbeitsablaufs

Bezeichnung	Stunden	
	Maschine	Handarbeit
Vorbereitung und Zuschnitt	$1^1/_2$	1
Maschinenarbeiten	$3^1/_4$	–
Bankarbeiten	–	$6^3/_4$
Anschlagen	–	$1^1/_2$
Oberflächenbehandlung und Fertigmachen	2	4
Liefern und Montieren	–	$3^1/_2$
Gesamtstunden →	$6^3/_4$	$16^3/_4$

19.7 Anmerkung zur Aufstellung von Arbeitsfolgen

Die zur Zeitermittlung aufgestellten Arbeitsfolgen müssen nicht immer mit der Reihenfolge des tatsächlichen Fertigungsablaufes identisch sein. Wenn man sich auch am fertigungslogischen Ablauf orientieren sollte, können doch zur Beschleunigung der Kalkulation Arbeitsfolgen zusammengefasst, vorgezogen oder nachgestellt werden.

Wartezeiten, etwa für das Abbinden des Leimes oder das Trocknen einer lackierten Fläche, werden in der Regel nicht mitgerechnet. Man geht davon aus, dass der betreffende Schreiner in der Zwischenzeit andere Arbeiten auszuführen hat.

Der Bereich **– Arbeit vorbereiten –** sollte, um vollständig erfasst zu werden, genau abgegrenzt sein. Es gibt einmal die Möglichkeit, die einzelnen Aufträge von der betrieblichen **Arbeitsvorbereitung**[1] durchführen zu lassen; je nach Größe und Organisation des Betriebes ist das der Inhaber selbst, eine geeignete Fachkraft oder eine Abteilung (Kostenstelle). Von hier erhält der Geselle die schriftlichen Auftragsunterlagen (Werkzeichnung, Aufriss, Holzliste usw.). Die Verrechnung des Zeitaufwandes erfolgt dabei meist über die Gemeinkosten.

Eine andere (bessere) Möglichkeit besteht darin, den Vorbereitungsaufwand direkt dem Auftrag zuzurechnen. Dies geschieht auch immer dann, wenn der Geselle die „Arbeit selbst vorbereitet", d. h. wenn er den Auftrag vollständig selbst ausführt. Dann zählt die Zeit der Vorbereitung zur Arbeitsfolge **– Arbeit vorbereiten –**.

Besonderes Augenmerk ist auf Tätigkeiten **außerhalb** der Werkstatt zu richten. Dazu zählen Maßaufnahme am Bau, Wegezeiten der Montageschreiner und die Montage selbst.

Montagezeiten zählen fast immer zu den großen Unsicherheitsfaktoren der Kalkulation. Sorgfältig durchgeführte Nachkalkulationen und langjährige Erfahrung können das Risiko mindern.

20 Arbeitswerte

20.1 Einleitung

Sobald ein Arbeitsablauf erstellt ist, kann mit der Bestimmung der Zeiten begonnen werden. Dazu sollte jeder Betrieb über selbsterstellte Arbeitswerte verfügen. Innerbetriebliche Arbeitswerte können mithilfe von Zeitaufnahmen ermittelt oder aus Nachkalkulationen errechnet werden.

Einzelergebnisse dürfen nicht als Richtzeit betrachtet werden. Erst der Mittelwert mehrfach durchgeführter Zeitaufnahmen kann als verbindlicher Arbeitswert gelten.

20.2 Zeitaufnahmen für Rüstzeiten

Rüstzeiten fallen für jede Tätigkeit, jedoch in sehr unterschiedlicher Höhe an. Wir beschränken uns im nachfolgenden Beispiel auf Maschinenrüstzeiten, die Bestandteil der teuren Maschinenzeiten sind.

Beispiele für das Rüsten von Maschinen

Maschine	Rüstvorgang
Formatkreissäge	Sägeblatt wechseln, Spaltkeil einstellen, Anschläge anbringen und einstellen, Sägeblatt ausbauen.
Tischfräse	Fräswerkzeug einsetzen, Schutzvorrichtungen anbringen, Vorschub einstellen, Probefräsung, Abbau und Entnahme des Werkzeugs.
Dübelmaschine	Bohrer einsetzen, Materialdicke und Tiefenbohrung einstellen, Anschläge einrichten, Bohrer entnehmen.

Bei Zeitaufnahmen ist der Arbeitsvorgang sehr genau zu beschreiben. Nur dann besitzt ein Arbeitswert die erforderliche Aussagekraft und kann später überprüft werden.

[1] Eine vollständige „Arbeitsvorbereitung" umfasst Planung, Steuerung und Kontrolle der Arbeit.

20.2.1 Zeitaufnahmebogen für Rüstzeiten (t_r)

Maschine : Tischfräse
Fabrikat/Modell : TF, 4/82
Werkzeug : Falzkopf
Vorrichtungen : Rückschlagsicherung

Tätigkeit: Einsatzfräsen an Schrankseiten

Lfd.-Nr.	Beschreibung des Rüstvorganges	Zeit min./s
1	Werkzeug auswählen	2 min
2	Messer abziehen und einsetzen	4 min
3	Fräser einsetzen und einstellen	3 min
4	Anschlag einstellen, Rückschlagsich. bef.	4 min
5	Probefräsung	2 min
6	Abbauen, Fräser entnehmen, aufräumen	3 min
	Rüstzeit →	18 min

Bemerkungen: —

Zeit aufgenommen von Hans Meier am 30. 04. 20...

Maier
(Unterschrift)

20.2.2 Rüstzeiten als Kostenfaktor

Die Maschinenrüstzeiten stellen in der Einzelfertigung einen erheblichen Kostenfaktor dar; zeitlich besonders ins Gewicht fallen die „Probierphasen". Es muss angestrebt werden, die Rüstzeiten so niedrig wie möglich zu halten.

Maßnahmen zur Senkung der Maschinenrüstzeiten

- Beim Maschinenkauf auf „Rüstfreundlichkeit" achten
- Werkzeuge und Vorrichtungen in unmittelbarer Nähe der Maschinen übersichtlich aufbewahren
- Messskalen und Spannzylinder anbringen
- Einstelllehren, Festanschläge und Schablonen verwenden
- Hartmetallwerkzeuge einsetzen (hohe Standzeiten)
- Aufwendige Rüstarbeiten von spezialisierten Arbeitskräften durchführen lassen
- Häufiges Umrüsten durch Anschaffung von Zweitmaschinen vermeiden
- Bereits bei der Konstruktion auf wenige Einstellungen (Maße) achten.

20.3 Zeitaufnahmen für Ausführungszeiten

Ist die Maschine gerüstet, beginnt die Zeit der Arbeitsausführung (Ausführungszeit). Arbeitszeiten werden, nachdem die Zeitaufnahme an einer größeren Menge durchgeführt wurde, in Arbeitswerte bezogen auf eine Einheit (m^2/min, lfm/min usw.) umgerechnet. In den Zeitaufnahmen müssen Arbeitsvorgang, benutzte Werkzeuge, Materialart und Abmessungen genau beschrieben werden. Von diesen Einflussgrößen wird die Höhe der Zeit maßgeblich bestimmt.

Beispiele für Ausführungstätigkeiten

Sägen	Besäumen und Auftrennen von Massivholz (lfm/min)
	Zuschneiden von Plattenmaterial (m^2/min)
Furnieren	Zurichten der Furniere (m^2/min)
	Pressen der Flächen (Anzahl der Pressungen)
Korpusverbindungen	Dübeln oder Eckfeder (Eckverbindung/min)
Schleifen	Flächen oder Kanten (m^2 oder lfm/min)
Zinken	Hand- oder Maschinenzinken (Ecke/min)

20.3.1 Zeitaufnahmebogen für Ausführungszeiten (t_a)

Maschine : Abrichte

Fabrikat/Modell : Ha – 4/82

Bemerkungen : Bedienung 1 Mann

Tätigkeiten: Fläche abrichten, Winkelkante anfügen

Angaben

Werkstoffart: Fichte — Abmessungen: 900 × 120 × 24

Menge : 90 lfm — Zeit : 60 min

Arbeitswert : $\frac{90 \text{ lfm}}{60 \text{ min}}$ = 1,5 lfm/min ← Ausführungszeit

Lfd.Nr.	Beschreibung des Arbeitsvorgangs
1	Aufnehmen des Werkstückes vom Wagen
2	linke Seite auswählen
3	Abrichten und Anfügen
4	Ablegen auf Transportwagen

Zeit aufgenommen von Hans Meier am 29. 04. 20...

Maier

(Unterschrift)

20.4 Beispiel einer Arbeitswertliste

Gruppe	Tätigkeiten	Maschine	t_r min.	Einheit	t_a min.	Bemerkung
1 Sägen	Massivholzauswahl, Grobzuschnitt	Hand, SA	–	1 m^2	25	Helfer
	Massivholz besäumen, auftrennen	SKF	5	1 lfm	1	!
	Platten zuschneiden	SP	–	1 m^2	3–5	!
2 Hobeln	Abrichten mit Winkelkante	HA	–	1–2 lfm	1	!
	Dickenhobeln, zweiseitig	HD	–	2 lfm	1	Helfer
3 Kanten anleimen	Anleimer herrichten	SKF, HD	5	1 lfm	2–3	!
	Kanten anleimen (Automat)	VKA	10	3 lfm	1	Helfer
	Kanten anleimen (Kantenpresse)	VK	5	1 lfm	2–3	
	Kanten anleimen (Knechte)	Hand	10	1 lfm	5	
	Kanten bündig fräsen (Handoberfr.)	Hand	10	1 lfm	2	
4 Furnieren	Furnier richten – Blindfurnier	VF, Hand	10	1 m^2	5–7	} 1/3 MA
	Furnier richten – Edelfurnier	VF, Hand	10	1 m^2	10–15	} 2/3 HA
	Furnieren einschl. Furnier beschn.	PF	10	1 x Pressen	10	Helfer
5 Fräsen	Fälzen, Nuten (einfache Arbeiten)	F	10	2 lfm	1	
	Profilieren (kompliz. Arbeiten)	F	20>	1 lfm	2	
	Schlitz- und Zapfenverbindung	F	25	1 Verbind.	3	
6 Eckverbindung	Fingerzinken für Schübe	F	30	4 Verbind.	8	
	Dübeln Schrankkorpus	BD	15	1 Verbind.	2	
	Dübeln mit Verbindungsbeschlag	BD	30	1 Verbind.	4	
	Lamelloverbindung	Hand	5	1 Verbind.	2	
7 Bohren Stemmen	Einzelbohrungen	BA	5	2 Bohrung.	1	
	Reihenlochbohrungen	BRL	15	1 Bohrlänge	2	
	Löcher stemmen	FK	10	1 Loch	1	
8 Schleifen	Kalibrieren	SchBB	5	1 m^2	1	Helfer
	Vor- und Nachschliff	SchBB	5	1 m^2	2	Helfer
	Vor- und Nachschliff	SchB	5	1 m^2	8	
9 Oberfläche	Wässern, Zwischenschl., Beizen	Hand	10	1 m^2	15	
	Schroppen furnierte Fläche	Hand	10	1 m^2	20	
	Schroppen massive Fläche	Hand	10	1 m^2	10	
	Komplette Lackoberfläche (DD)					
	(1 x Grund, 1 x Deckl., 1 x Schleif.)	Sp, Hand	20	1 m^2	10	Helfer
	(1 x Grund, 2 x Deckl., 2 x Schleif.)	Sp, Hand	20	1 m^2	16	Helfer
	Farbige Oberfläche matt (MDF)	Sp, Hand	60	1 m^2	50	Helfer

Erläuterungen zur Arbeitswertliste

- Die Maschinenkurzzeichen (z. B. SKF für Formatkreissäge) sind im Unterkapitel 46.1 zu finden.
- (!) Bei Bedarf, z. B. bei langen, schweren und empfindlichen Teilen, einen Helfer einsetzen; die Zeit des Helfers zählt zur Handarbeit.
- (Helfer) An diesen Maschinen, außer bei geringfügigen Arbeiten, immer einen Helfer einsetzen, da die Bedienung dieser meist kostenintensiven Maschinen mit einer Arbeitskraft unwirtschaftlich wäre. Arbeitszeiten fallen dann sowohl für Maschinen- als auch für Handarbeit an.

Hinweise

- Die Arbeitswertliste enthält durchschnittliche Richtwerte, die den verschiedenen Arbeiten angepasst werden müssen.
- In den Arbeitswerten ist der Zeitbedarf für Aufnehmen und Ablegen der Werkstücke enthalten, jedoch nicht für Verteilzeit und innerbetrieblichen Transport.
- Beim Maschineneinsatz fallen manchmal zusätzlich Handarbeitszeiten an, die dann unter Handarbeit aufzuführen sind.

Beispiele:

Plattenzuschnitt Platten auswählen und aufteilen	Maschinenarbeit Handarbeit
Massivholzzuschnitt Teile auflesen, sortieren, Abschnitte entfernen	Maschinenarbeit Handarbeit

20.5 Zeitblöcke

Werden mehrere Arbeitsfolgen zu kombinierten Arbeitswerten zusammengefasst, bezeichnet man sie als Zeitblock. Zeitblöcke tragen dazu bei, die Soll-Zeitenermittlung zu beschleunigen.

Erstellung eines Zeitblocks

Arbeitsfolgen	Einzelzeiten/min	
	MA	HA
Kalibrieren	2	2
Furnier richten	7	13
Furnieren	5	5
Schleifen	4	4
Oberflächenbehandlung	20	20
	38	44

Arbeitszeiten für 1 m^2 Plattenfläche, beidseitig furniert, ohne Verteilzeit und innerbetrieblichen Transport.

Die Arbeitswerte für einen m^2 Plattenfläche nach obiger Aufstellung betragen:

- Maschinenarbeit 38 min/m^2
- Handarbeit 44 min/m^2

} 82 min/m^2 Gesamtzeit

Die vielen Einzelheiten bei der Schubkastenfertigung, von Holzauswahl bis zum Einpassen, werden gerne zu Zeitblöcken zusammengefasst.

Beispiel: Zeitblöcke für Schubkästen (ohne Oberflächenbehandlung)

Ausführung		Zeiten/Std. je Stück		
Verbindungen	Laufeinrichtung	MA	HA	Gesamt
Maschinell gezinkt	Nutleisten	0,75	1,50	2,25
Handzinken, halbverdeckt	konventionell geführt	0,60	2,70	3,30
Gedübelt, mit Doppel	Vollauszug	0,75	1,85	2,60

Anmerkung: Den Zeiten liegt die Anfertigung von vier Schüben zugrunde; sie enthalten keine Zuschläge für Verteilzeit und innerbetrieblichen Transport. Schubhöhe etwa 100 mm, handwerklich gute Ausführung.

20.6 Anwendung der Arbeitswerte

Bei der Zeitbestimmung geht man nach folgendem Schema vor:

- Arbeitsfolgen aufstellen
- Betriebsmittel (Maschine) festlegen
- Arbeitsmenge ermitteln (m^2, lfm, Stück usw.)
- Rüstzeit einsetzen
- Ausführungszeit nach innerbetrieblichen Arbeitswerten und Erfahrungen bestimmen
- Zuschläge für Verteilzeit und innerbetrieblichen Transport zurechnen

Betriebliche Arbeitswerte können immer nur Durchschnittswerte sein, die den einzelnen Arbeiten angepasst werden müssen.

Beispiel: Für 1 m^2 Vor- und Nachschliff einer furnierten Fläche sind lt. Arbeitswertliste 8 Minuten angegeben.

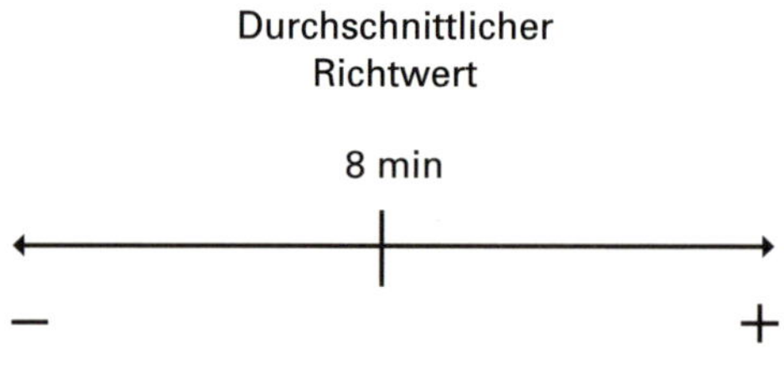

Es muss jetzt (nach Erfahrung) bestimmt werden, ob bedingt durch

- Qualität der Oberfläche
- Vorliegende Holzart
- Größe und Form der Teile

die Zeit pro m^2 unter oder über 8 Minuten liegt.

Einigermaßen sichere Arbeitswerte können immer dort ermittelt und bestimmt werden, wo es um direkte Arbeit am oder für das Werkstück geht (Sägen, Hobeln, Dübeln, Lackieren usw.). Der Arbeitsablauf enthält aber auch Arbeitsfolgen wie Holzauswahl, Arbeit vorbereiten, Reißen, Putzen, Nachbessern, Fertigmachen usw., also Tätigkeiten, die nicht auf m^2, lfm oder eine sonstige Einheit festgelegt werden können. Diese Zeiten müssen aufgrund von Übung und Erfahrung geschätzt werden.

Die Übernahme von Arbeitswerten anderer Betriebe ist strikt abzulehnen. Es gibt zu viele Unterschiede und Einflussgrößen, sodass jeder Betrieb nur seine eigenen Zeitwerte verwenden darf.

20.7 Einflussgrößen auf die Arbeitszeit

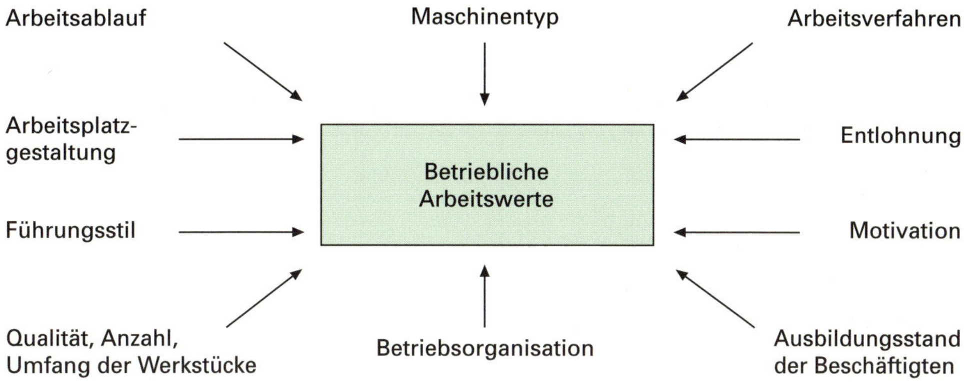

21 Zeitermittlung über Arbeitsfolgen

21.1 Soll-Zeiten-Bestimmung

Der schwierigste und unsicherste Teil einer Vorkalkulation ist die Zeitbestimmung. Das Risiko einer Angebotskalkulation liegt vor allem darin, dass die Arbeitszeiten **vor** Ausführung des Auftrages bestimmt werden müssen (Soll-Zeiten). Die Zeitermittlung durch Zerlegung in einzelne Arbeitsfolgen ist die aufwendigste Methode, um Soll-Zeiten „vorauszusagen"; sie ist aber in manchen Fällen die einzige Möglichkeit. In jedem Fall ist sie unverzichtbar im Rahmen der Kalkulationsausbildung, weil dadurch das Verständnis für den Zeitaufbau einer Arbeit und das Zeitgefühl intensiv geschult werden.

Es muss jedoch darauf hingewiesen werden, dass es im „Normalfall" schneller und leichter geht, dann nämlich, wenn auf der Basis von zuverlässigen Nachkalkulationswerten kalkuliert wird (siehe dazu Kapitel 33).

Für das erste Zeitbeispiel (2-türiger Kleiderschrank) wurde eine sehr ausführliche Zeitermittlung vorgenommen (Unterteilung in Rüstzeit, Ausführungszeit, Schreiner und Helfer). Dieser sehr detaillierte Aufbau kann nach entsprechender Erfahrung und Übung vereinfacht werden. Dies wird an Hand des zweiten Zeitbeispiels (Windfangtür) demonstriert. Die nicht gesondert aufgeführten Zeiten für Rüsten und den Einsatz eines Helfers dürfen dabei natürlich nicht unter den Tisch fallen, sondern müssen in den anderen Zeitwerten enthalten sein.

Hinweis

Grundlage für die Zeitermittlung in diesen beiden Beispielen ist die Arbeitswertliste aus Kapitel 20.4. Es handelt sich bei den Arbeiten um Einzelfertigung in handwerklich guter Ausführung.

21.2 Zeitermittlung – Kleiderschrank

(Werkstoffberechnungen siehe 13.2)

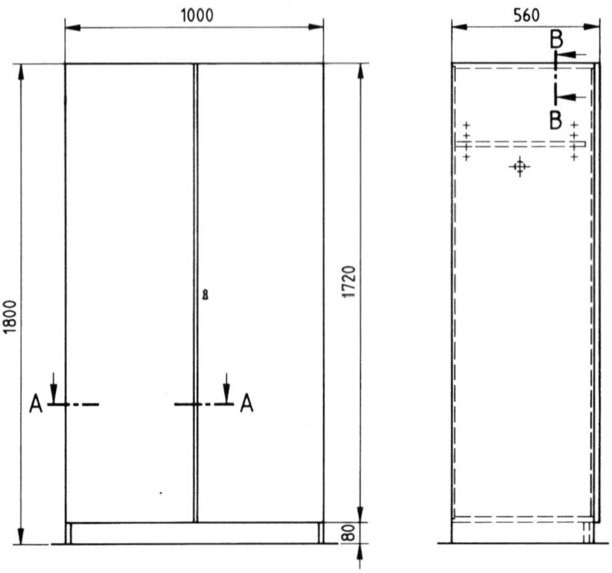

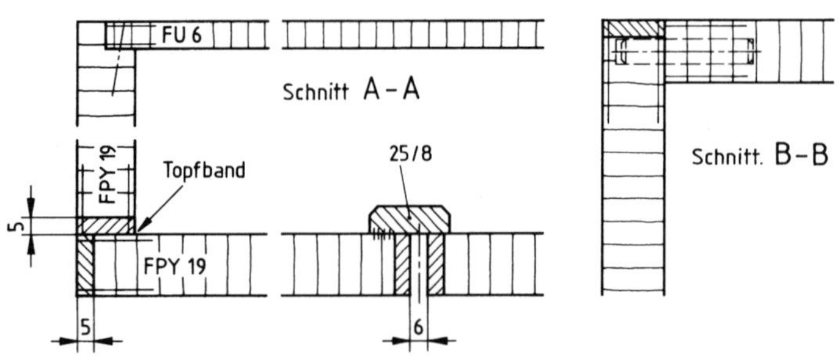

Kleiderschrank, 2-türig

Maße : 1000 x 1800 x 560
Holzart : Eiche/Macoré (Türen beidseitig Eiche)
Oberfläche : DD-Mattlack
Verbindungen : Gedübelt und geleimt
Beschläge : Ganzmetall-Topfbänder
Drehstangenschloss
Kleiderstange mit Halter
Fachträger

Soll-Zeiten-Ermittlung

Auftrag: 2-tür. Kleiderschrank in Eiche Auftrag-Nr.: 57 / 20...

(Zeit in Minuten)

Lfd. Nr.	Arbeitsfolge BM[1]	Menge[2]	MA t_r	MA t_a	HA t_r	HA t_a Schreiner	HA t_a Helfer
1	Arbeit vorbereiten (Aufriss, Holzl.)					100	
2	Massivholz auswahl, Ablängen			5		10	10
3	Anleimer u. Schlagleiste zurichten	18 lfm	5	35			10
4	Plattenzuschnitt	7 m²		30		10	5
5	Kanten anleimen VKA	16 lfm	10	10			10
6	Flächen kalibrieren SchBB	14 m²	5	15			15
7	Furnier richten	14 m²	10	50		100	
8	Furnieren, Furnier beschneiden	4x Press.	10	40	10		40
9	Endformaten	–	5	30			
10	Zeichnen, Reißen (Dübel, Beschläge)	-				30	
11	Dübeln (Korpus, Sockel) BD	6 Verb.	15	15		10	
12	Bohren (Bänder, Schloss, Fachträger)	11 Bohr.	10	5			
13	Rückwand fälzen	5 lfm	10	5			
14	Kanten schleifen SchK	16 lfm	5	10			
15	Flächen schleifen SchBB	14 m²	5	30			30
16	Korpus verleimen (mit Sockel)	–			10	40	10
17	Rückwand einpassen u. befestigen	-				20	
18	Türen anschlagen, schließbar machen	-			5	90	
19	Schlagleiste anleimen	-			5	15	
20	Kanten brechen, Nachschleifen	-				60	
21	Oberflächenbehandlung (DD Lack)	ca 12 m²	20	120	20		120
22	Fertigmachen (einschl. Kleiderst.)	-			5	60	
			110	400	55	545	250
	Verteilzeitzuschlag auf Maschinenarbeit und Handarbeit 10 %		X	510	X	850	X
	Zuschlag für innerbetrieblichen Transport auf Handarbeit 10 %		10%	51	20%	170	X
			/60	561	/60	1020	X
	Zeit in Stunden →		MA	9.35	HA	17.0	X

Datum: 26. 08. 20...

Zeichen: [signature]

[1] BM = Betriebsmittel (Maschine); in Zweifelsfällen durch Kurzzeichen angeben. Kurzzeichentabelle siehe 46.1.

[2] Mengen sind aus Holzlisten (hier Kap. 13.2.3), Zeichnung, Beschreibung oder Überschlagsverfahren zu entnehmen.

21.3 Zeitermittlung – Windfangtür

(Werkstoffberechnungen siehe 13.6.1)

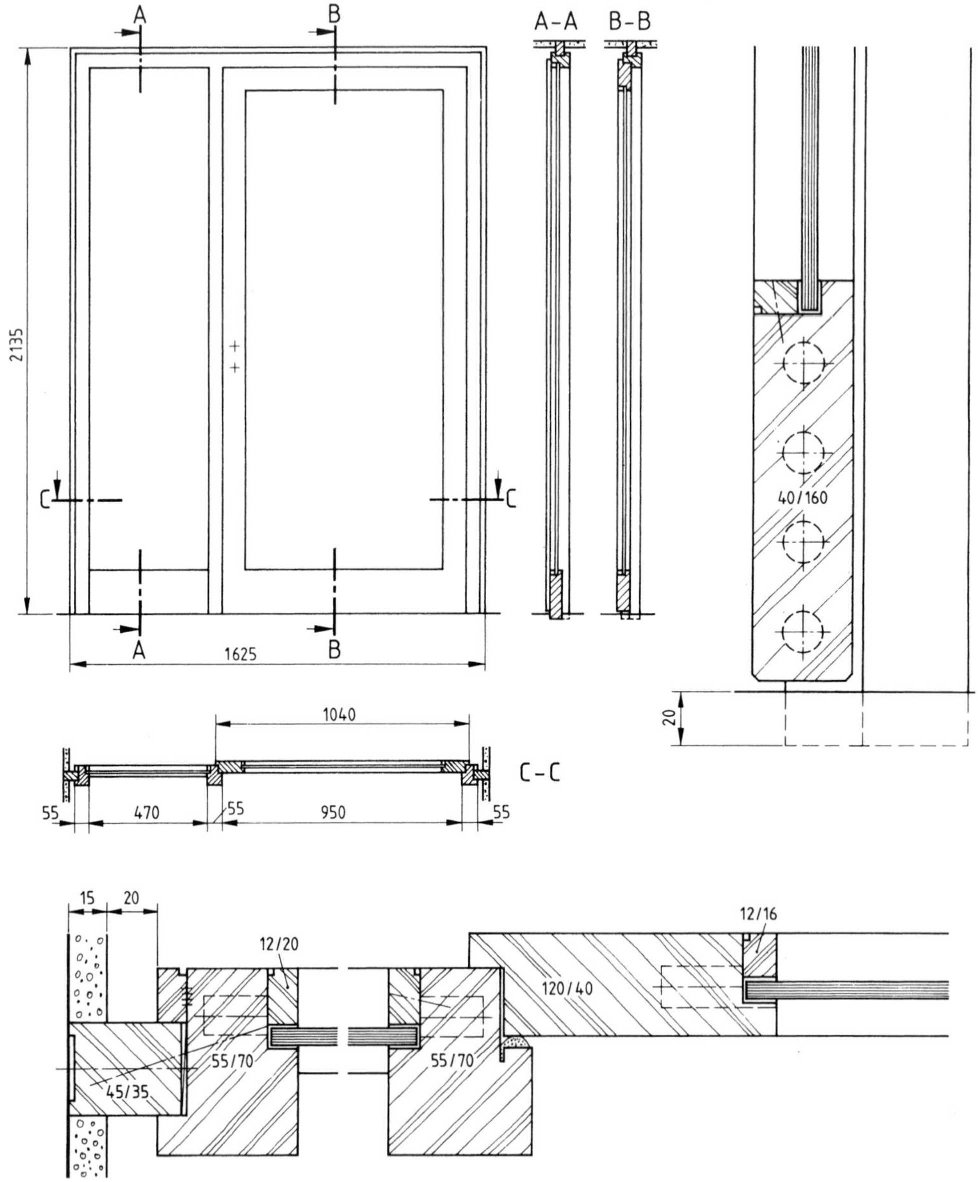

Maße : 1625 x 2135
Holzart : Iroko (Kambala)
Oberfläche : SH-Lack, seidenmatt
Verbindungen : Gedübelt
Bänder : DIN links, Kröpfung D, MS
Glas : Dickglas 6 mm
Montage : KU-Dübel, Schrauben

Soll-Zeiten-Ermittlung

Auftrag: Windfangtür mit Seitenteil Auftrag-Nr.: 026 / 20...

Lfd. Nr.	Arbeitsfolgen	BM	Menge[1]	MA min.	HA min.
1	Aufmaß, Aufriss, Holzliste		–		360
2	Holzauswahl, Ablängen		–	10	50
3	Zuschnitt		32 lfm	40	20
4	Abrichten, Aushobeln		32 lfm	60	30
5	Zeichnen, Reißen		–		75
6	Ablängen		–	25	
7	Dübeln	BL	9 Verb.	60	15
8	Fälzen (mit Türaußenfalz)		44 lfm	50	15
9	Nuten (Dichtung)		5 lfm	20	
10	Absetzen (Fälze)		9 x	40	
11	Schleifen (alle Teile) Sch. k., Sch BB		–	40	75
12	Verleimen, Verputzen (Stock u. Tür)		–		180
13	Tür anschlagen (Bänder, Schloss)		–	20	240
14	Glasleisten einschneiden, bohren		11 Stck		75
15	Nachschleifen, kanten brechen		–		100
16	Oberflächenbehandlung		–	75	150

		440		1385
Verteilzeitzuschlag auf Maschinenarbeit und Handarbeit 10 % Zuschlag für innerbetrieblichen Transport auf Handarbeit 10 %	10%	44	20%	277
	/60	484	/60	1662
Zeit in Stunden →	MA	8.07	HA	27.70

Liefern und Montieren

Lfd. Nr.	Arbeitsfolge	Schreiner min.	Helfer min.
1	Werkzeuge richten	15	15
2	Auf- und Abladen	30	30
3	Liefern mit Rückfahrt	60	60
4	Befestigen	120	120
5	Verglasen, Fertigmachen	90	90
		315	315

	630	/60
Montagestunden →	10.50	

Datum: 26. 08. 20...

Zeichen: [signature]

[1] Mengen aus Kap. 13.6.1 und Zeichnung entnommen.

22 Gemeinkosten

22.1 Was sind Gemeinkosten?

Zur Aufrechterhaltung eines Betriebes fallen Kosten an, die man als Gemeinkosten oder Geschäftskosten bezeichnet.

Gemeinkosten sind nicht direkt verrechenbare Kosten.

Sie sind nach dem Verursachungsprinzip einem Erzeugnis meist nicht zuzurechnen. Durch den Gemeinkostenzuschlag (in Prozent) auf die Einzelkosten des Produktes fließen sie über den Verkaufspreis wieder in den Betrieb zurück.

Man unterscheidet zwei Arten von Gemeinkosten:

– Unechte Gemeinkosten

Eine direkte Zurechnung wäre theoretisch möglich, jedoch viel zu aufwendig (z. B. Raumkosten, Strom, Betriebsstoffe, kalk. Unternehmerlohn usw.).

– Echte Gemeinkosten

Eine direkte Zurechnung ist unmöglich (z. B. Verwaltung, Fortbildung, Versicherungen usw.).

Erfasst werden die Gemeinkosten in der Finanzbuchhaltung (Kontenklasse 4) und durch betriebliche Aufzeichnungen. Vor Übernahme in die Kostenrechnung müssen sie „bereinigt" werden, um als Kosten im Sinne der Kostendefinition zu gelten (siehe Kapitel 3.1).

22.2 Gemeinkostenarten

Zu den Gemeinkosten zählen folgende Kostenarten:

- Nicht direkt verrechenbare Löhne und Gehälter
- Feiertagsentlohnung
- Urlaubsentlohnung
- Lohnfortzahlung im Krankheitsfall
- Arbeitgeberanteil zur Sozialversicherung
- Berufsgenossenschaftsbeiträge
- Urlaubsgeld
- Sonstige tarifliche und freiwillige Sozialaufwendungen
- Kosten für Kraftfahrzeuge
- Betriebliche Steuern
- Versicherungen
- Raumkosten
- Verwaltungskosten
- Energiekosten
- Reparaturen und Instandhaltung
- Kalkulatorische Abschreibung, kalkulatorische Miete
- Kalkulatorische Zinsen auf betriebsnotwendiges Kapital
- Kalkulatorischer Unternehmerlohn für leitende Tätigkeit

Die Gemeinkostenzuschläge errechnen sich aus der Gegenüberstellung von Gemeinkosten und verschiedenen Bezugsgrundlagen.

22.3 Errechnung der Gemeinkostenzuschläge

Formel zur Errechnung der Zuschläge:

$$\frac{\text{Gemeinkostensumme x 100}}{\text{Bezugsgrundlage}} = \text{Zuschlag in \%}$$

Bezugsgrundlage → direkt verr. Löhne / Werkstoffverbrauch / Herstellkosten

Fertigungsgemeinkostenzuschlag (summarische Zuschlagskalkulation)

$$\frac{\text{Gemeinkosten} \rightarrow 97\,890{,}00\text{ € x }100}{\text{direkt verr. Löhne} \rightarrow 40\,780{,}00\text{ €}} = \underline{\underline{240\ \%}}$$ Gemeinkostenzuschlag auf Fertigungslöhne

Werkstoffgemeinkostenzuschlag (differenzierte Zuschlagskalkulation)

$$\frac{\text{Werkstoffgemeinkosten} \rightarrow 16\,450{,}00\text{ € x }100}{\text{Werkstoffverbrauch} \rightarrow 82\,250{,}00\text{ €}} = \underline{\underline{20\ \%}}$$ Gemeinkostenzuschlag auf Werkstoffe

Maschinengemeinkostenzuschlag (differenzierte Zuschlagskalkulation)

$$\frac{\text{Maschinengemeinkosten} \rightarrow 37\,400{,}00\text{ € x }100}{\text{direkt verr. Maschinenlöhne} \rightarrow 13\,600{,}00\text{ €}} = \underline{\underline{275\ \%}}$$ Gemeinkostenzuschlag auf Maschinenarbeit

Bankgemeinkostenzuschlag (differenzierte Zuschlagskalkulation)

$$\frac{\text{Bankgemeinkosten} \rightarrow 44\,040{,}00\text{ € x }100}{\text{direkt verr. Handarbeitslöhne} \rightarrow 27\,180{,}00\text{ €}} = \underline{\underline{162\ \%}}$$ Gemeinkostenzuschlag auf Bank(Hand-)arbeit

In den Kapiteln 36 und 37 wird die Errechnung von Gemeinkostenzuschlägen ausführlich behandelt.

Für Übungskalkulationen in diesem Buch werden die folgenden Gemeinkostenzuschläge verwendet:

Summarische Zuschlagskalkulation	
– Fertigungsgemeinkostenzuschlag	240 %
Differenzierte Zuschlagskalkulation	
– Werkstoffgemeinkostenzuschlag	20 %
– Maschinengemeinkostenzuschlag	275 %
– Bankgemeinkostenzuschlag	162 %

23 Sondereinzelkosten der Fertigung

23.1 Definition

Sondereinzelkosten der Fertigung fallen nicht regelmäßig bei der Herstellung eines Produktes an. Als (Sonder-)**Einzelkosten** können sie den Erzeugnissen direkt zugerechnet werden, sind jedoch **keine** Bezugsgrundlage zur Errechnung von Gemeinkostenzuschlägen.

Zu den Sondereinzelkosten der Fertigung zählen:

1. Zuschläge für Montage-, Feiertags-, Nacht- und Überstunden;
2. Anschaffung von Werkzeugen oder Vorrichtungen, wenn sie speziell für einen bestimmten Auftrag gekauft wurden;
3. Kosten für die Anmietung von Gerüsten, Leitern usw. für einen bestimmten Auftrag.

23.2 Lohngebundene Gemeinkosten

Die unter 1. genannten Zuschläge werden nicht mit dem vollen Gemeinkostenzuschlag (wie er für alle Fertigungsstunden üblich ist), **sondern nur mit dem Anteil der lohngebundenen Gemeinkosten** belastet.

Als Gemeinkostenarten, die mit der Erhöhung des Lohnes eine Änderung erfahren, bezeichnet man als lohngebunden, lohnbezogen oder lohnabhängig. Zu den lohngebundenen Gemeinkosten zählen u. a. der Arbeitgeberanteil zur Sozialversicherung und die Beiträge zur Berufsgenossenschaft.

Der volle Gemeinkostenzuschlag errechnet sich aus der Normalarbeitszeit (tariflich gültige Wochenarbeitszeit) und dem Normallohn (ohne Zuschläge). Der lohngebundene Anteil liegt bei ca. 50 %.

23.3 Beispiel – Montagezuschlag

Für Montagestunden wird häufig ein Montagezuschlag von 10 % auf den Stundenlohn gezahlt.

Stundenlohn	13,00 €	Gemeinkosten auf Montage 150 %	19,50 €
Montagezuschlag 10 %	1,30 €	Gemeinkosten, lohngeb. 50 %	0,65 €
Montagelohn	14,30 €	Montagegemeinkosten	20,15 €

Die Montagezulage in Höhe von 1,30 € verursacht also lohngebundene Gemeinkosten von 0,65 € (50 %). Würde man auf den gesamten Montagelohn von 14,30 € den vollen Gemeinkostenzuschlag von 150 % rechnen, ergäben sich 21,45 € statt richtig 20,15 €.

Stundenverrechnungssatz für eine Montagestunde

Richtig		**Falsch**
14,30 €	Stundenlohn einschl. 10 % Montagezulage	14,30 €
20,15 €	Gemeinkosten	21,45 €
34,45 €		**35,75 €**

23.4 Überstunden

Genau genommen müssten auch die Überstunden nur mit den lohngebundenen Gemeinkosten belastet werden. Überstunden, die zur besseren Kapazitätsauslastung des Betriebes beitragen, müssten demnach billiger sein als Normalstunden, trotz des tariflich vorgeschriebenen Zuschlags von 25 % bzw. 50 %. Der volle Gemeinkostenzuschlag wurde ja auf der Basis der Normalstunden errechnet und Überstunden wurden dabei nicht berücksichtigt.

Man geht im Handwerk jedoch meist von der Überlegung aus, dass die jährlich nicht voraussehbaren Überstunden die jährlich nicht voraussehbaren Ausfallstunden (die Normalstunden verteuern würden) ausgleichen.

24 Herstellkosten/Selbstkosten

24.1 Unterscheidung

Die Herstellkosten setzen sich zusammen aus:

- **Werkstoffkosten**
- **Fertigungskosten**
- **Sondereinzelkosten der Fertigung**

Wie die Bezeichnung Herstellkosten bereits aussagt, handelt es sich um Kosten, die bei der **Herstellung** eines Produktes anfallen.

Rechnet man den Herstellkosten die Verwaltungsgemeinkosten zu, erhält man die Selbstkosten. Es handelt sich jetzt also um Kosten, die dem Betrieb **selbst** an einem Auftrag entstanden sind. Zur Erinnerung sei nochmals darauf hingewiesen, dass die Errechnung des Selbstkostenpreises Hauptaufgabe der Kalkulation ist.

Im Schreinerhandwerk wird häufig aus Gründen der Vereinfachung zwischen Herstellkosten und Selbstkosten nicht unterschieden. Die angefallenen Verwaltungsgemeinkosten werden dann auf die übrigen Kostenstellen (z. B. Werkstoffe, Handarbeit, Maschinenarbeit usw.) verteilt und über deren Gemeinkostenzuschläge verrechnet.

Wird zwischen Herstellkosten und Selbstkosten unterschieden, was zu empfehlen ist, muss ein eigener Gemeinkostenzuschlag für die Verwaltung errechnet werden. Genaueres darüber in Kapitel 37.

Zum besseren Verständnis dieses Kapitels ein kleines Zahlenbeispiel:

Keine Trennung zwischen Herstellkosten und Selbstkosten		**Trennung** zwischen Herstellkosten und Selbstkosten	
Gemeinkostenzuschläge			
Werkstoffe	20 %	Werkstoffe	15 %
Handarbeit	150 %	Handarbeit	120 %
Maschinenarbeit	270 %	Maschinenarbeit	215 %
Verwaltung	–	Verwaltung	10 %

25 Zuschlag für Wagnis und Gewinn

25.1 Aufgaben des Wagnis- und Gewinnzuschlags

Der Wagnis- und Gewinnzuschlag, auch Risiko und Gewinn genannt, erfolgt auf die Selbstkosten. Wie die Bezeichnung ausdrückt, gehören zwei Bereiche dazu: **Wagnis** und **Gewinn.**

Jeder Unternehmer geht beim Betreiben seines Unternehmens verschiedene Wagnisse ein:

– er verkalkuliert sich bei Angeboten,

– angefertigte Produkte werden nicht verkauft,

– uneinbringliche Forderungen müssen abgeschrieben werden,

– Risiken entstehen bei Annahme und Durchführung von Aufträgen.

Besonders der letzte Punkt gewinnt mehr und mehr an Bedeutung. Es geht dabei um die immer häufiger praktizierte Überwälzung aller möglichen Risiken durch die Auftraggeber auf den Unternehmer (Vertragsbedingungen nach VOB, BGB, Sondervereinbarungen usw.). Um gegen die Vielzahl der Risiken und damit verbundenen Verluste abgesichert zu sein, bedarf es eines „Sicherheitszuschlages".

Der Gewinnzuschlag dient nicht, wie vielfach angenommen, als Entgelt für den Unternehmer. Seine Leistungen werden in einem kalkulatorischen Unternehmerentgelt erfasst und ganz oder zum Teil über die Gemeinkosten verrechnet.

Der Gewinnzuschlag dient:

– zur Finanzierung von Investitionen

– zur Bildung von Rücklagen

– als Ansporn für den Unternehmer, zur Fortführung des Betriebes.

Neben dem hier vorgestellten kalkulierten Gewinn, der Teil des Unternehmensgewinns ist, gibt es noch den (meist höheren) steuerlichen Gewinn; mehr dazu in den Kapiteln 3.5 und 37.13.

Der Gewinn eines Betriebes, häufig auch abwertend als „Profit" bezeichnet, spielt eine äußerst wichtige Rolle zur Erhaltung des Betriebes und damit verbunden auch bei der Erhaltung und Schaffung von Arbeitsplätzen.

Zusammenfassung – Aufgaben des Wagnis- und Gewinnzuschlags

Wagnis	Gewinn
Ausgleich für Einzelrisiken: – Fehlkalkulationen – Risiken der Auftragsabwicklung – Forderungsausfälle – Garantiearbeiten und Ausschuss	Dient der: – Finanzierung von Neuinvestitionen – Bildung von Rücklagen – Bestätigung für den Unternehmer zur Weiterführung seines Betriebs

25.2 Höhe von Wagnis- und Gewinnzuschlag

Die Höhe des Wagnis- und Gewinnzuschlags, die vom Unternehmer bestimmt wird, kann nach verschiedenen Gesichtspunkten festgelegt werden:

a) Der Wagnis- und Gewinnzuschlag für ein Erzeugnis wird nach dem **Werkstoff-Lohnanteil** gestaffelt (Grundlagenwerk des VDT). Diesem Verfahren liegt die Überlegung zugrunde, dass es bei Arbeiten mit hohem Lohn- und geringen Werkstoffanteil leichter zu Fehlkalkulationen (Zeit!) kommen kann und daher das Risiko größer ist als bei Arbeiten mit einem umgekehrten Werkstoff-Lohnanteil. Ein größerer Werkstoffanteil erhöht außerdem die Selbstkosten, d. h. die Basis für den Gewinnzuschlag; dies wird durch Anpassung (heben oder senken) des Gewinnzuschlags ausgeglichen.

Nachfolgend die Aufstellung einer Zuschlagstabelle nach VDT:

Werkstoffanteil an den Selbstkosten	Zuschlag für Wagnis und Gewinn
bis 10 %	20 %
11 % – 30 %	16 %
31 % – 50 %	12 %
51 % und mehr	10 %

Um die Tabelle anwenden zu können, muss zunächst der Werkstoffeinzelkostenanteil an den Selbstkosten errechnet werden. Dies geschieht nach der Formel:

$$\frac{\text{Werkstoffeinzelkosten} \times 100}{\text{Selbstkosten}} = \text{Anteil in \%}$$

Beispiel: Werkstoffeinzelkosten 200,00 €
Selbstkosten 588,00 €

$$\frac{200{,}00\ € \times 100}{588{,}00\ €} = \underline{\underline{\mathbf{34\ \%}}}$$

Der Werkstoffanteil an den Selbstkosten beträgt 34 %; lt. Tabelle sind für diesen Auftrag 12 % Wagnis- und Gewinnzuschlag einzusetzen (31 % – 50 % Werkstoffanteil).

b) Die Höhe des Wagnis- und Gewinnzuschlags als Ergebnis einer **Wagnis- und Gewinnplanung**. Grundlage dafür sind die Werte des vergangenen Jahres (Wagnisse) und das angesteuerte Gewinnziel für das kommende Geschäftsjahr. Diesem Verfahren ist aus betriebswirtschaftlicher Sicht der Vorzug zu geben, da hierbei die Höhe des Gewinnes (aktiv) bestimmt wird, während bei den anderen Verfahren ein „Zufalls-Gewinn“ in Kauf genommen wird (passiv).

c) Der Wagnis- und Gewinnzuschlag richtet sich nach dem **„Ausführungsrisiko“** der Arbeit. Dazu zählen sowohl Schwierigkeiten handwerklich-technischer Natur als auch Umfang und Ausführungsdauer eines Auftrages.

d) Der Wagnis- und Gewinnzuschlag als **„elastisches Kostenelement“** orientiert sich an den Preisen der Konkurrenz und berücksichtigt die Auftragssituation des Betriebes.

Die Verfahren a – c können nur solange angewendet werden, wie die Preise des Unternehmens vom Markt (Kunden) akzeptiert werden. Oftmals zwingt scharfer Wettbewerb die Betriebe, ihre Preise und damit auch den Wagnis- und Gewinnzuschlag der allgemeinen Preissituation anzupassen.

Der Wagnis- und Gewinnzuschlag erfolgt, wie bereits erwähnt, auf die Selbstkosten. Rechnerisch kann es sich dabei um einen Prozentzuschlag (z. B. 16 %) oder um einen Faktor (z. B. 1,16) handeln.

Zusammenfassung

Festlegung des Wagnis- und Gewinnzuschlags – Verhältnis Werkstoffanteil zu Lohnanteil – Wagnis- und Gewinnplanung – Schwierigkeitsgrad der Arbeit – Konkurrenzpreis und Auftragssituation

26 Sondereinzelkosten des Vertriebs

26.1 Definition

Sondereinzelkosten des Vertriebs können als (Sonder-)Einzelkosten einem Erzeugnis direkt zugerechnet werden.

Wie die Sondereinzelkosten der Fertigung gehören sie **nicht** zur Bezugsgrundlage bei der Errechnung von Gemeinkostenzuschlägen.

Man versteht darunter in erster Linie alle Kosten, die bei Verkauf und Lieferung (Vertrieb) entstehen, wie z. B.:

- **Anlieferung mit eigenen Fahrzeugen,**
- **Fracht, Speditionskosten,**
- **Verpackung,**
- **Transportversicherung,**
- **Vertreterprovisionen,**

Schließlich werden hier auch Montage-Auslösungen eingesetzt sowie alle noch nicht verrechneten Kosten (z. B. Architektenhonorare, Lizenzgebühren usw.).

26.2 Transportkosten

Die üblichen Lieferungen „frei Haus" sollten nicht pauschal über die Gemeinkosten verrechnet werden; richtiger wäre das Einsetzen des tatsächlichen Kostenaufwands je Auftrag (Verursachungsprinzip).

Beispiel: Die Lieferstrecke (einfach) für einen Auftrag beträgt 60 km. Der errechnete Preis je Doppelkilometer für den Betriebs-Lkw beläuft sich auf 1,50 €.
60 km x 1,50 €/Doppel-km = 90,00 €

Für die Anlieferung dieses Auftrags fallen 90,00 € als Sondereinzelkosten des Vertriebs an.

27 Die Mehrwertsteuer

27.1 Behandlung in der Kalkulation

Die Mehrwertsteuer ist eine Verbrauchersteuer und wird vom Kunden voll getragen. Sie stellt einen sog. durchlaufenden Posten bei der Kalkulation dar und wird deshalb nicht als Kostenfaktor behandelt.

Bei der Preisberechnung werden alle Kosten **ohne Mehrwertsteuer** (netto) eingesetzt. Die Hinzurechnung der gesetzlichen Mehrwertsteuer erfolgt auf den Endpreis

Nettoverkaufspreis	+	Mehrwertsteuer	=	Bruttoverkaufspreis

Bei Lieferung an gewerbliche Betriebe muss die Mehrwertsteuer getrennt ausgewiesen werden. Lieferungen und Leistungen an Endverbraucher **müssen** im Endpreis die Mehrwertsteuer enthalten.

28 Zusammenstellung der Kalkulationswerte

28.1 Kalkulationsblatt

Sobald alle Werte für den Auftrag vorhanden sind, können die Kostenelemente zusammengestellt und Angebots- bzw. Nachkalkulationspreis errechnet werden. Nachfolgend wird ein in der Praxis seit langem verwendetes Kalkulationsblatt[1)] vorgestellt, das für die differenzierte Zuschlagskalkulation entwickelt wurde; es kann aber ebenfalls für die summarische Zuschlagskalkulation verwendet werden.

KALKULATION	(1)	**Auftrag-Nr.:**	
		Auftraggeber:	
		Auftrag:	
Materialart :		**Oberfläche:**	

Skizze

(2)

Hauptwerkstoffe			**Vorkalk.** €	**Nachkalk.** €
lt. Werkstoffliste		(3)		
Hilfswerkstoffe				
Beschläge	Stk.	Einh		
lt. Beschlagliste		(4)		
Leim		(5)		
Schrauben		(6)		
Schleifmaterial		(7)		
Kleinmaterial		(7)		
Dichtungsmaterial		(8)		
Oberflächenmat.		(9)		
Halbfabrikate		(10)		
Fremdleistungen				
		Fertigungsmaterial		

					Vorkalk. €	**Vorkalk.** %	**Nachkalk.** €	**Nachkalk.** %
1. Fertigungsmaterial								
			Übertrag					
2. Fertigungslöhne								
(11)	Vor-K.	Nach-K.	(12)	€				
Maschine			Std à					
Bank			Std à					
Montage			Std à					
			Std à					
3. Gemeinkosten			(13)					
auf Materialkosten				%				
auf Maschinen-Löhne				%				
auf Bank-Löhne				%				
auf Montage-Löhne				%				
auf				%				
4. Sondereinzelkosten d. Fertigung								
Zuschläge		%	(14)	€				
auf		Montagestd. à						
auf		Überstunden à						
	% lohngeb. GK auf Zuschlag							
Gerätevorhaltungen								
Selbstkosten (1+2+3+4)						100		100
5. Wagnis + Gewinn			(15)					
Vorkalk.		Nachkalk.						
%			%					
bezogen auf die Selbstkosten								
			(16)					
6. Sondereinzelkosten des Vertriebs								
Ausgangsfrachten								
Provisionsverplichtungen								
		km	€ je km					
Fahrtkosten								
			Summe					
	(17)		Netto - Preis					
					Gewinn/Verlust			

[1)] Herausgegeben vom ehemaligen Verband des Deutschen Tischlerhandwerks (VDT); Konradin-Verlag, Stuttgart.

28.1.1 Erläuterungen zum Kalkulationsblatt

1) Kopfzeilen immer vollständig ausfüllen!

2) Soweit die Kalkulation keine eigene Zeichnung enthält, wird hier das Werkstück mit den Hauptmaßen skizziert.

3) Übernahme der Beträge aus Holzliste oder überschlägiger Werkstoffermittlung.

4) Aufführen der einzelnen Beschläge mit Stückzahl und Einheitspreis oder Übernahme des Gesamtpreises aus einer gesonderten Beschlag- und Zubehörliste.

5) Leim nach m^2 (Furnierleim) oder kg (Kanten, Korpusverleimung usw.) errechnen oder schätzen.

6) Schrauben mit Stückzahl und Einheitspreis aufführen; geringe Mengen können unter „Kleinmaterial" verrechnet werden.

7) Schleifmittelverbrauch (Schleifbänder, Handschleifpapier) und Kleinmaterial (Nägel, Schrauben, Dübel, Lamellofedern, Kantenleim, Kitt usw.) je Auftrag schätzen oder erfassen.

8) Türen- und Fensterdichtungen, Dichtungsstoffe usw.

9) Oberflächenmaterial für Vorkalkulation nach m^2, für Nachkalkulation nach tatsächlichem Verbrauch (kg, l) schätzen oder erfassen.

10) Halbfabrikate wie Gläser, Spiegel, Winkelschienen, Einbaulampen usw. sowie Fremdleistungen wie Drechsler-, Maler- und Polstererarbeiten hier eintragen.

11) Arbeitszeiten in Stunden je Kostenstelle eintragen.

12) Stundenlohn, meist betrieblicher Mittellohn, je Kostenstelle eintragen. Es besteht auch die Möglichkeit hier Stundenverrechnungssätze einzutragen; eine Aufführung der nachfolgenden Gemeinkostenzuschläge entfällt in diesem Fall.

13) Eintrag der betrieblichen Gemeinkostenzuschläge je Kostenstelle.

14) Zuschläge auf Arbeitsstunden (für Montagestunden, Feiertagsarbeit usw.) werden hier gesondert erfasst und erhalten den lohngebundenen (niedrigeren) Gemeinkostenzuschlag. Auch Kosten für Gerüste, Leitern sowie für Spezialwerkzeuge werden hier aufgeführt.

15) Nach Errechnung der Selbstkosten (Fertigungsmaterial + Fertigungslöhne + Gemeinkosten + Sondereinzelkosten der Fertigung) erfolgt der Zuschlag für Wagnis und Gewinn. Für die Festlegung der Höhe von Wagnis und Gewinn siehe Kapitel 25.

16) Fracht, Verpackung, Lieferkosten, Provisionen, Auslösungen usw. werden hier als Sondereinzelkosten eingesetzt.

17) Errechnung des Nettopreises (Selbstkosten + Wagnis und Gewinn + Sondereinzelkosten des Vertriebs) und Rundung auf volle €.

18) Jede Kalkulation ist mit Datum und Zeichen (Unterschrift) zu versehen.

Nachfolgend die Anwendung des Kalkulationsblattes an einigen Beispielen.

28.2 Kleiderschrank in Eiche, summarische Zuschlagskalkulation

KALKULATION

Auftrag-Nr.:	31/20...
Auftraggeber:	*Hartmann*
Auftrag:	*Kleiderschrank 2-türig*
Materialart:	*Eiche / Macoré*
Oberfläche:	*DD-Mattlack*

Skizze

Hauptwerkstoffe			Vorkalk. €	Nachkalk. €
lt. Werkstoffliste			*128,00*	
Hilfswerkstoffe				
Beschläge	Stk.	Einh		
lt. Beschlagliste			*37,20*	
Leim/m²	*14*	*0,40*	*5,60*	
Schrauben/Stck.	*50*	*0,03*	*1,50*	
Schleifmaterial			*7,50*	
Kleinmaterial			*7,50*	
Dichtungsmaterial				
Oberflächenmat/m²	*12*	*3,20*	*38,40*	
Halbfabrikate				
Fremdleistungen				
Fertigungsmaterial			*225,70*	

					Vorkalk. €	Vorkalk. %	Nachkalk. €	Nachkalk. %
1. Fertigungsmaterial								
				Übertrag	*225,70*	*17*		
2. Fertigungslöhne								
	Vor-K.	Nach-K.		€				
Maschine			Std à					
Bank			Std à					
Montage			Std à					
Fertig.Std.	*26,4*		Std à	*12,70*	*335,28*			
					335,28	*26*		
3. Gemeinkosten								
auf Materialkosten				%				
auf Maschinen-Löhne				%				
auf Bank-Löhne				%				
auf Montage-Löhne				%				
auf Fertigungslöhne			*225*	%	*754,38*			
					754,38	*57*		
4. Sondereinzelkosten d. Fertigung								
Zuschläge		%		€				
auf		Montagestd. à						
auf		Überstunden à						
	% lohngeb. GK auf Zuschlag							
Gerätevorhaltungen								
Selbstkosten (1+2+3+4)					*1.315,36*	100		100
5. Wagnis + Gewinn								
Vorkalk.		Nachkalk.						
16	%		%		*210,46*			
bezogen auf die Selbstkosten								
6. Sondereinzelkosten des Vertriebs								
Ausgangsfrachten								
Provisionsverplichtungen								
		km	€					
Fahrtkosten		*20*	*1,50*		*30,00*			
				Summe	*1.555,82*			
				Netto - Preis	*1.556*			
				Gewinn/Verlust				

Datum: *12.05.20...* Unterschrift: *We*

28.3 Kleiderschrank in Eiche, differenzierte Zuschlagskalkulation

KALKULATION

Auftrag-Nr.:	*31/20...*
Auftraggeber:	*Hartmann*
Auftrag:	*Kleiderschrank 2-türig*

Materialart :	*Eiche / Macoré*	Oberfläche:	*DD-Mattlack*

Skizze

Hauptwerkstoffe			Vorkalk.	Nachkalk.
			€	€
lt. Werkstoffliste			*128,00*	
Hilfswerkstoffe				
Beschläge	Stk.	Einh		
lt. Beschlagliste			*37,20*	
Leim/m²	*14*	*0,40*	*5,60*	
Schrauben/Stck.	*50*	*0,03*	*1,50*	
Schleifmaterial			*7,50*	
Kleinmaterial			*7,50*	
Dichtungsmaterial				
Oberflächenmat./m²	*12*	*3,20*	*38,40*	
Halbfabrikate				
Fremdleistungen				
Fertigungsmaterial			225,70	

					Vorkalk. €	Vorkalk. %	Nachkalk. €	Nachkalk. %
1. Fertigungsmaterial								
			Übertrag		*225,70*	*18*		
2. Fertigungslöhne								
	Vor-K.	Nach-K.		€				
Maschine	*9,4*		Std à	*13,00*	*122,20*			
Bank	*17,0*		Std à	*12,50*	*212,50*			
Montage			Std à					
			Std à					
					334,70	27		
3. Gemeinkosten								
auf Materialkosten			*20*	%	*45,14*			
auf Maschinen-Löhne			*270*	%	*329,94*			
auf Bank-Löhne			*150*	%	*318,75*			
auf Montage-Löhne				%				
auf				%				
					693,83	*55*		
4. Sondereinzelkosten d. Fertigung								
Zuschläge		%		€				
auf		Montagestd. à						
auf		Überstunden à						
	% lohngeb. GK auf Zuschlag							
Gerätevorhaltungen								
Selbstkosten (1+2+3+4)					*1.254,23*	100		100
5. Wagnis + Gewinn								
Vorkalk.		Nachkalk.						
16 %		%			*200,68*			
bezogen auf die Selbstkosten								
6. Sondereinzelkosten des Vertriebs								
Ausgangsfrachten								
Provisionsverplichtungen								
		km	€					
Fahrtkosten		*20*	*1,50*		*30,00*			
			Summe		*1.484,91*			
			Netto - Preis		*1.485*			
					Gewinn/Verlust			

Datum: *12.05.20...* Unterschrift: *We*

28.4 Windfangtür in Lärche, differenzierte Zuschlagskalkulation

KALKULATION

Auftrag-Nr.:	*26/20...*
Auftraggeber:	*Schulz*
Auftrag:	*Wingfangtür*

Materialart:	*Lärche*	**Oberfläche:**	*SH-Lack, seidenmatt*

Skizze

Hauptwerkstoffe			**Vorkalk.**	**Nachkalk.**
			€	€
lt. Werkstoffliste			*109,07*	
Hilfswerkstoffe				
Beschläge	Stk.	Einh		
lt. Beschlagliste			*256,60*	
Leim/kg	*0,5*	*2,50*	*1,25*	
Schrauben/Stck.	*50*	*0,10*	*5,00*	
Schleifmaterial			*8,00*	
Kleinmaterial			*6,00*	
Dichtungsmaterial				
Oberflächenmat./m²	*6,0*	*4,80*	*28,80*	
Halbfabrikate				
Fremdleistungen				
Glas s. Beschlagliste				
Fertigungsmaterial			414,72	

					Vorkalk.		**Nachkalk.**	
1. Fertigungsmaterial					€	%	€	%
			Übertrag		*414,72*	*20*		
2. Fertigungslöhne								
	Vor-K.	Nach-K.		€				
Maschine	*8,1*		Std à	*13,00*	*105,30*			
Bank	*27,7*		Std à	*12,50*	*346,25*			
Montage	*10,5*		Std à	*12,50*	*131,3*			
			Std à					
					582,80	28		
3. Gemeinkosten								
auf Materialkosten			*20*	%	*82,94*			
auf Maschinen-Löhne			*270*	%	*284,31*			
auf Bank-Löhne			*150*	%	*519,38*			
auf Montage-Löhne			*150*	%	*196,875*			
auf				%				
					1.083,50	*52*		
4. Sondereinzelkosten d. Fertigung								
Zuschläge	*10*	%		€				
auf	*10,5*	Montagestd. à		*1,25*	*13,125*			
auf		Überstunden à						
50	% lohngeb. GK auf Zuschlag				*6,5625*			
Gerätevorhaltungen								
					19,69	*1*		
Selbstkosten (1+2+3+4)					*2.081,02*	100		100
5. Wagnis + Gewinn								
Vorkalk.		Nachkalk.						
16 %		%			*332,96*			
bezogen auf die Selbstkosten								
6. Sondereinzelkosten des Vertriebs								
Ausgangsfrachten								
Provisionsverplichtungen								
		km	€					
Fahrtkosten		*30*	*1,50*		*45,00*			
			Summe		*2.458,99*			
			Netto - Preis		*2.459*			
					Gewinn/Verlust			

Datum: *18.07.20...* Unterschrift: *We*

28.4.1 Anwendung von Stundenverrechnungssätzen

Fertigungslöhne und Gemeinkostenzuschläge können zu Stundenverrechnungssätzen zusammengefasst werden; damit wird die Preisberechnung beschleunigt.

Beispiele:

Maschinenlohn	13,00 €/Std.
Gemeinkostenzuschlag 270 %	35,10 €/Std.
Stundenverrechnungssatz für Maschinenarbeit	48,10 €/Std.
Handarbeitslohn	12,50 €/Std.
Gemeinkostenzuschlag 150 %	18,75 €/Std.
Stundenverrechnungssatz für Handarbeit	31,25 €/Std.

(28.4 Windfangtür)

2. Fertigungslöhne					
	Vor-K.	Nach-K.		€	
Maschine	*8,1*		Std à	*48,10*	*389,61*
Bank	*27,7*		Std à	*31,25*	*865,63*
Montage	*10,5*		Std à	*31,25*	*328,1*
			Std à		
					1.583,36

28.5 Durchführung der Nachkalkulation

Nach Fertigstellung eines Auftrages gelangen die Arbeitsunterlagen, die jetzt Ist-Werte enthalten, zur Nachkalkulation. Die Durchführung einer genauen Nachkalkulation ist nur möglich, wenn während der Fertigung alle Auftragswerte lückenlos festgehalten wurden. Die wichtigsten Unterlagen dafür sind:

- **Holzlisten,** für Werkstoffe
- **Beschlag- und Zubehörlisten**, für Hilfswerkstoffe
- **Sonstige Belege**, für Fremdarbeiten, Auslagen usw.
- **Stundenzettel**, für die Arbeitszeiten

In der Nachkalkulation wird mit tatsächlichen Werten gerechnet und man erhält einen wirklichen Preis. Daher sind Nachkalkulationswerte auch die beste Grundlage für spätere Vorkalkulationen. (siehe dazu Kap. 33).

Mithilfe der Nachkalkulation wird überprüft, ob der Auftrag ein Gewinn- oder Verlustgeschäft war und es können Abweichungen von den Soll-Werten erkannt und damit Schwachstellen beseitigt werden. Im nächsten Beispiel wird eine Nachkalkulation durchgeführt. Vor- und Nachkalkulationswerte werden dabei jeweils gegenübergestellt. Für die Erfolgsrechnung im Rahmen der Nachkalkulation gibt es zwei Methoden der Durchführung, deren Anwendung davon abhängt, ob es sich in der Vorkalkulation um einen **unverbindlichen Angebotspreis** oder um einen **Festpreis** handelt (siehe dazu Kap. 6.6).

28.5.1 Nachkalkulation bei unverbindlichem Preis

Diese Aufträge sind in jedem Betrieb willkommen. In der Nachkalkulation werden dazu alle Ist-Werte zusammengestellt und die betrieblichen Zuschläge eingesetzt. Der Unterschied zwischen vor- und nachkalkuliertem Preis lässt sich leicht feststellen. Sobald die gesetzlich „übliche" Abweichung nach oben überschritten wird, muss der Betrag für Wagnis und Gewinn aus der Vorkalkulation den Rest „auffangen".

KALKULATION

Auftrag-Nr.:	*31/20...*
Auftraggeber:	*Maier*
Auftrag:	*Kleiderschrank, 3-türig*

Materialart :	*Kirschbaum/Esche*	Oberfläche:	*DD-Lack, seidenmatt*

Skizze

Hauptwerkstoffe	Stk.	Einh	Vorkalk. €	Nachkalk. €
lt. Werkstoffliste				
einschl. Leim u. Lack			*442,51*	
lt. Holzliste				*345,00*
Hilfswerkstoffe				
Beschläge	Stk.	Einh		
lt. Beschlagliste			*60,10*	
unverändert				*60,10*
Leim/kg	*3*	*2,40*		*7,20*
Schrauben/Stck.	*100*	*0,05*	*5,00*	*5,00*
Schleifmaterial			*10,00*	*10,00*
Kleinmaterial			*8,00*	*8,00*
Dichtungsmaterial				
Oberflächenmat./m²	*8,0*	*8,00*		*64,00*
Halbfabrikate				
Fremdleistungen				
Glas s. Beschlagliste				
Fertigungsmaterial			**525,61**	*499,30*

					Vorkalk. €	%	Nachkalk. €	%
1. Fertigungsmaterial								
				Übertrag	*525,61*	*26*	*499,30*	**25**
2. Fertigungslöhne								
	Vor-K.	Nach-K.		€				
Maschine	*13,3*	*12,4*	Std à	*13,00*	*172,90*		*161,2*	
Bank	*24,6*	*25,3*	Std à	*12,50*	*307,50*		*316,3*	
Montage			Std à					
			Std à					
					480,40	**24**	*477,45*	**24**
3. Gemeinkosten								
auf Materialkosten			*20*	%	*105,12*		*99,9*	
auf Maschinen-Löhne			*270*	%	*466,83*		*435,2*	
auf Bank-Löhne			*150*	%	*461,25*		*474,4*	
auf Montage-Löhne				%				
auf				%				
					1.033,20	*51*	*1.009,48*	**51**
4. Sondereinzelkosten d. Fertigung								
Zuschläge		%		€				
auf		Montagestd. à						
auf		Überstunden à						
	% lohngeb. GK auf Zuschlag							
Gerätevorhaltungen								
Selbstkosten (1+2+3+4)					*2.039,21*	**100**	*1.986,23*	**100**
5.Wagnis + Gewinn								
Vorkalk.		Nachkalk.						
16 %		*16* %			*326,27*		*317,80*	
bezogen auf die Selbstkosten								
6. Sondereinzelkosten des Vertriebs								
Ausgangsfrachten								
Provisionsverpflichtungen								
		km	€					
Fahrtkosten		*40*	*1,50*		*60,00*		*60,00*	
			Summe		*2.425,49*		*2.364,02*	
			Netto - Preis		*2.425*		*2.364*	
					Differenz		*- 61,00*	

Datum: *18.07.20...* Unterschrift: *We*

28.5.3 Nachkalkulation bei Festpreis

Hier gibt es keine „Luft“ mehr. Der Vorkalkulationspreis ist zugleich auch Endpreis für die Nachkalkulation. Der Unterschied zwischen Endpreis (abzüglich Vertriebskosten) und Selbstkosten ergibt den Ist-Betrag für Wagnis und Gewinn, der dann als neuer Prozentsatz (bezogen auf Selbstkosten) zu errechnen ist.

Der Unterschied wiederum aus beiden Wagnis- und Gewinnbeträgen (Vor- und Nachkalkulation) ergibt einen Gewinn- oder Verlustbetrag.

Sollten die Selbstkosten der Nachkalkulation höher ausfallen als der Festpreis, dann handelt es sich um einen Verlust aus den Selbstkosten: keine schöne Sache.

					Vorkalk.		Nachkalk.	
1. Fertigungsmaterial					€	%	€	%
			Übertrag		*525,61*	*26*	*499,30*	25
2. Fertigungslöhne								
	Vor-K.	Nach-K.		€				
Maschine	*13,3*	*12,4*	Std à	*13,00*	*172,90*		*161,2*	
Bank	*24,6*	*25,3*	Std à	*12,50*	*307,50*		*316,3*	
Montage			Std à					
			Std à					
					480,40	24	*477,45*	24
3. Gemeinkosten								
auf Materialkosten			*20*	%	*105,12*		*99,9*	
auf Maschinen-Löhne			*270*	%	*466,83*		*435,2*	
auf Bank-Löhne			*150*	%	*461,25*		*474,4*	
auf Montage-Löhne				%				
auf				%				
					1.033,20	*51*	*1.009,48*	51
4. Sondereinzelkosten d. Fertigung								
Zuschläge		%		€				
auf		Montagestd. à						
auf		Überstunden à						
	% lohngeb. GK auf Zuschlag							
Gerätevorhaltungen								
Selbstkosten (1+2+3+4)					*2.039,21*	100	*1.986,23*	100
5.Wagnis + Gewinn								
Vorkalk.		Nachkalk.						
16 %		*19* %			*326,27*		*379,26*	
bezogen auf die Selbstkosten								
6. Sondereinzelkosten des Vertriebs								
Ausgangsfrachten								
Provisionsverplichtungen								
		km	€					
Fahrtkosten		*40*	*1,50*		*60,00*		*60,00*	
			Summe		*2.425,49*			
			Netto - Preis		*2.425*		*2.425*	
				Überschuss - kalkulierter Gewinn			*52,99*	

29 Die Rückkalkulation

29.1 Wozu wird die Rückkalkulation benötigt?

Was gibt es noch zu kalkulieren, wenn der Kunde mit einer festen Preisvorstellung (Festpreis) für einen ganz bestimmten Auftrag zum Schreinermeister kommt? Eine Entscheidungshilfe für Annahme oder Ablehnung eines solchen Auftrags bietet die Rückkalkulation.

Nach der Durchführung einer Rückkalkulation kann beurteilt werden, ob:

- **der Auftrag zu diesem Preis angenommen werden kann (bleibt noch ein Gewinn?),**
- **der Auftrag terminmäßig durchgeführt werden kann.**

Ausgangspunkt für eine Rückkalkulation ist meist der Bruttopreis (einschließlich Mehrwertsteuer). Mithilfe einer Rückrechnung werden daraus die verbleibenden Arbeitsstunden errechnet.

29.2 Vorgehen bei der Rückkalkulation

1. Abzug der Mehrwertsteuer vom Bruttopreis (Rückrechnung!)
2. Abzug des erforderlichen Wagnis- und Gewinnbetrages vom Nettopreis.
3. Abzug der Werkstoffkosten, die vorher überschlägig ermittelt wurden, vom Selbstkostenpreis.
4. Der Restwert enthält Fertigungslöhne und Gemeinkosten. Teilt man ihn durch den betrieblichen Stundenverrechnungssatz, erhält man die Anzahl der Fertigungsstunden.

29.3 Beispiel – Summarische Zuschlagskalkulation

Bruttoverkaufspreis 11 850,00 €; Werkstoffeinzelkosten 2 120,00 €

1. 11 850,00 € abzügl. 16 % Mehrwertsteuer — 11 850,00 €

$$\frac{11\,850{,}00\text{ €} \times 100}{116} = 10\,215{,}52\text{ € oder}$$

11 850,00 € : 1,16 = 10 215,52 € — 10 215,52 €

2. 10 215,52 € abzügl. 12 % Wagnis und Gewinn
   10 215,52 € : 1,12 = 9 121,00 € — 9 121,00 €

3. 9 121,00 € abzüglich Werkstoffe
   9 121,00 € – 2 120,00 € = 7 001,00 € — 7 001,00 €

4. Betrieblicher Stundenverrechnungssatz:

Mittellohn/Std.	13,00 €
Gemeinkostenzuschlag auf Fertigungslohn 240 %	31,20 €
Stundenverrechnungssatz (Selbstkosten)	44,20 €

7 001,00 € : 44,20 € = **158,4 Stunden**

Aus dem Festpreis von 11 850,00 € errechnen sich für diesen Auftrag **158,4 Arbeitsstunden.**

29.4 Beispiel – Differenzierte Zuschlagskalkulation

Bruttoverkaufspreis 9 500,00 €; Werkstoffkosten (einschl. Werkstoffgemeinkosten) 2 650,00 €

1. 9 500,00 € abzügl. 16 % Mehrwertsteuer — 9 500,00 €

$$\frac{9\,500{,}00\ € \times 100}{116} = 8\,189{,}66\ € \text{ oder}$$

9 500,00 € : 1,16 = 8 189,66 € — 8 189,66 €

2. 8 189,66 € abzügl. 10 % Wagnis und Gewinn

8 189,66 € : 1,1 = 7 445,14 € — 7 445,14 €

3. 7 445,14 € abzügl. Werkstoffkosten

7 445,14 € – 2 650,00 € = 4 795,14 € — 4 795,14 €

4. Errechnung der Stundenverrechnungssätze für Maschinen- und Handarbeit:

Verhältnis Maschinenarbeit : Handarbeit = 1 : 2,5

Stundensatz für Maschinenarbeit: 13,50 €/Std., Gemeinkostenzuschlag 270 %	= 49,95 € x 1,0 =	49,95 €
Stundensatz für Handarbeit: 13,00 €/Std., Gemeinkostenzuschlag 150 %	= 32,50 € x 2,5 =	81,25 €
	Teile → 3,5 =	131,20 €

131,20 € : 3,5 Teile = 37,49 €

Der durchschnittliche Stundenverrechnungssatz beträgt 37,49 €

Der Restwert von 4 795,14 € wird durch 37,49 € geteilt; das Ergebnis ist die Gesamtzahl der Arbeitsstunden.

$$\frac{4\,795{,}14\ €}{37{,}49\ €} = 127{,}92 \text{ Stunden}$$

Aus den Gesamtstunden lassen sich die anteiligen Maschinen- und Handarbeitsstunden errechnen (Verhältnis 1 : 2,5).

127,92 Std. : 3,5 Teile = 36,55 Maschinenstunden (Teil 1)

36,55 Std. x 2,5 Teile = 91,37 Handarbeitsstunden (2,5 Teile).

Aus dem Festpreis von 9500,00 € errechnen sich für diesen Auftrag rund
37 Maschinenstunden und 91 Handarbeitsstunden.

29.5 Übersicht – Rückkalkulation

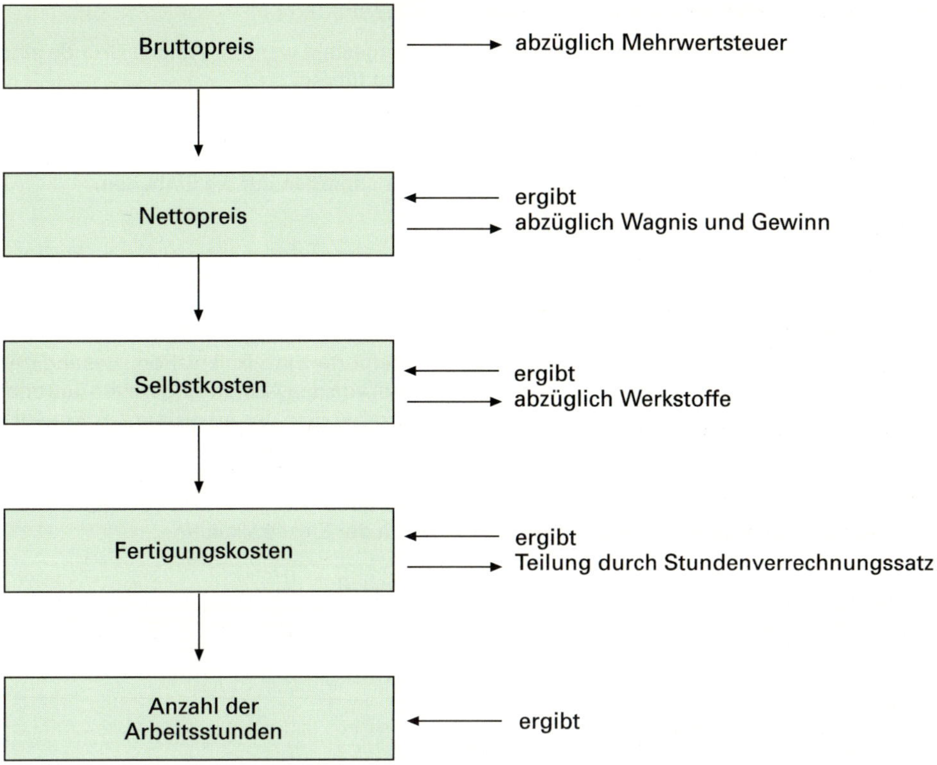

30 Kalkulation von Kleinserien

30.1 Vorbemerkung zur Serienkalkulation

Bevor wir näher auf die Serienkalkulation eingehen, zunächst einige wichtige Vorbemerkungen.

Bei der nachfolgend aufgestellten Kalkulationsmethode handelt es sich um ein **sehr vereinfachtes Verfahren**, das nur bei Kleinserien Anwendung finden kann, die einen geringen Teil der Betriebskapazität ausmachen. Ein Betrieb, der überwiegend oder ganz Serienfertigung betreibt, muss seine Kalkulation auf einem genauen **Arbeitsstudium (REFA)** aufbauen und benötigt dafür Fachpersonal.

30.2 Vorteile der Serienfertigung

Nach diesen Vorbemerkungen nun zur Serienkalkulation. Es kommt gelegentlich vor, dass Schreinereibetriebe zur Abgabe von Angeboten für Serienerzeugnisse aufgefordert werden. Grundsätzlich sollte darauf positiv reagiert werden: eine Kleinserie, „die nebenbei noch mitlaufen kann", erhöht den Beschäftigungsgrad, dient zur besseren Auslastung von Maschinen und Anlagen und hilft somit bei der Fixkostendeckung.

Unter Serienfertigung versteht man die Herstellung gleicher Produkte in größerer Stückzahl. Die Stückzahl einer Serie wird als Los bezeichnet.

Ein Kalkulationsfehler bei der Einzelfertigung ist in der Regel zu verschmerzen; bei der Serienkalkulation multiplizieren sich die Fehler und wirken sich dadurch schwerwiegender aus.

Serienkalkulationen bedürfen daher besonderer Sorgfalt.

Serienprodukte können, wie man weiß, kostengünstig hergestellt werden. Welche Gründe sind es nun, die zur Verbilligung gegenüber der Einzelfertigung führen?

- Verminderung der Rüstzeiten je Einheit,
- Verminderung des innerbetrieblichen Transports je Einheit,
- Verteilung der Kosten für Arbeitsvorbereitung und Vorrichtungen auf die Einheiten,
- Steigerung der Arbeitsleistung durch Übungseffekt,
- Beschäftigung von Anlernkräften,
- Günstiger Materialeinkauf (Mengenrabatt, Fixmaße),
- Anwendung von Prämienlohn und Leistungszuschlägen.

Grundlage der Serienkalkulation ist eine genau durchgeführte Einzelkalkulation. Besonderes Augenmerk ist dabei auf die Rüstzeiten zu legen. Sie müssen von den Ausführungszeiten getrennt und vollständig erfasst werden. Der Zeitaufwand für das Vorbereiten der Arbeit wie z. B. Entwurf, Planung, Modellbau, Erstellung der Holzliste usw. ist auch der Rüstzeit zuzurechnen. Die Sollzeiten für den innerbetrieblichen Transport müssen ebenfalls getrennt festgelegt werden. In der Kalkulation werden dann die Zeiten für Maschinen- und Handarbeit pro Stück bezogen auf die Losgröße errechnet. Die Endpreisermittlung erfolgt wie in der Einzelkalkulation.

Die Errechnung der Soll-Zeiten erfolgt nach folgendem Schema:

Maschinenarbeit

$$\frac{\text{Rüstzeit}}{\text{Stückzahl}} + \text{Ausführungszeit} + \text{Verteilzeitzuschlag} = \text{Maschinenzeit/Stück}$$

Handarbeit

$$\frac{\text{Rüstzeit}}{\text{Stückzahl}} + \text{Ausführungszeit} + \frac{\text{innerbetr. Transport}}{\text{Stückzahl}} + \text{Verteilzeitzuschlag} = \text{Handarbeitszeit/Stück}$$

30.3 Serienkalkulation für verschiedene Losgrößen

Für die Anfertigung eines furnierten Mehrzweckschrankes wurden folgende Soll-Zeiten ermittelt:

MA		HA	
t_r	t_a [1]	t_r	t_a [1]
110	290	260	580

Die Zeiten dieses Beispiels enthalten keinen Zuschlag für Verteilzeit und innerbetrieblichen Transport (Zeiten in Minuten).

Es sollen die Einzelpreise bei der Anfertigung von 1, 2, 5, 10 und 20 Stück errechnet werden.

Innerbetrieblicher Transport

10 % der Handarbeitszeit von 840 min (260 min + 580 min) ergeben 84 min innerbetriebliche Transportzeit (siehe auch Kapitel 18.2).

[1] Nach REFA handelt es sich hier um t_e (Zeit je Einheit); die Menge (1, 2, 5, 10, 20 Stück) m, multipliziert mit t_e, ergibt dann t_a ($m \times t_e = t_a$).

Serienkalkulation – Beispiel zur Errechnung der Zeiten

Anzahl	MA HA	Rüstzeit + Ausführungszeit + (Transport) (Zeiten in Minuten)		Verteilz. %	$\frac{\text{Summe}}{60}$	Std.
1	MA	110 + 290	= 400	10	440	7,33
	HA	260 + 580 + 84	= 924	10	1016	16,94
2	MA	$\frac{110}{2} + 290$	= 345	10	380	6,33
	HA	$\frac{260}{2} + 580 + \frac{84}{2}$	= 752	10	827	13,79
5	MA	$\frac{110}{5} + 290$	= 312	10	343	5,72
	HA	$\frac{260}{5} + 580 + \frac{84}{5}$	= 649	10	714	11,89
10	MA	$\frac{110}{10} + 290$	= 301	10	331	5,52
	HA	$\frac{260}{10} + 580 + \frac{84}{10}$	= 614	10	676	11,26
20	MA	$\frac{110}{20} + 290$	= 296	10	325	5,42
	HA	$\frac{260}{10} + 580 + \frac{84}{20}$	= 597	10	657	10,95

Die Reduzierung der Rüst- und Transportzeiten durch die Stückzahl lässt sich anschaulich in einer Grafik darstellen.

Beispiel – Handarbeitszeiten

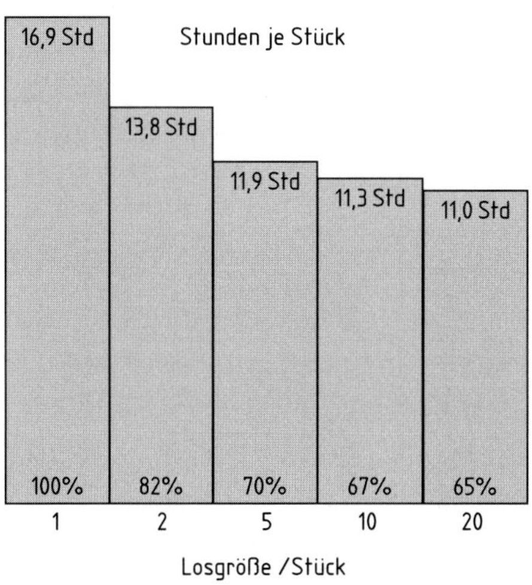

Serienkalkulation – Beispiel zur Preisermittlung

Kostenarten	G.K.Z. %	Std. Lohn	1 Stück		2 Stück		5 Stück		10 Stück		20 Stück	
		€	Std.	€	Std.	€	Std.	€	Std.	€	Std.	€
Werkstoffeinzelkosten				352,00		352,00		352,00		352,00		352,00
Werkstoffgemeinkosten	20			70,40		70,40		70,40		70,40		70,40
Maschinenlöhne		13,50	7,33	98,96	6,33	85,46	5,72	77,22	5,52	74,20	5,42	73,17
Maschinengemeinkosten	270			267,18		230,73		208,49		201,20		197,56
Handarbeitslöhne		13,00	16,94	220,22	13,79	179,27	11,89	154,57	11,26	146,38	10,95	142,35
Handarbeitsgemeinkosten	150			330,33		268,91		231,86		219,57		231,53
Selbstkosten				1 339,08		1 186,76		1 094,54		1 064,07		1 049,00
Wagnis und Gewinn		**12 %**		160,69		142,41		131,34		127,69		125,88
Nettopreis pro Stück				1 499,77		1 329,71		1 225,88		1 191,76		1 174,88
Abweichung in %				100 %		89 %		82 %		79 %		78 %

30.4 Darstellung des Serieneffekts

An den Nettopreisen, deutlicher noch an den Prozentsätzen, kann der „Verbilligungseffekt“ der Serienfertigung gegenüber der Einzelfertigung abgelesen werden, der sich allein durch die Reduzierung der Rüst- und Transportzeiten ergibt.

Rechnerisch schwieriger zu erfassen, bei der Serienfertigung jedoch ebenfalls preissenkend, sind die zu Beginn dieses Kapitels angeführten Maßnahmen. Zusätzliche Reduzierungen in der Größenordnung von 10 % – 20 % sind durchaus realistisch.

30.4.1 Serieneffekt in der Grafik

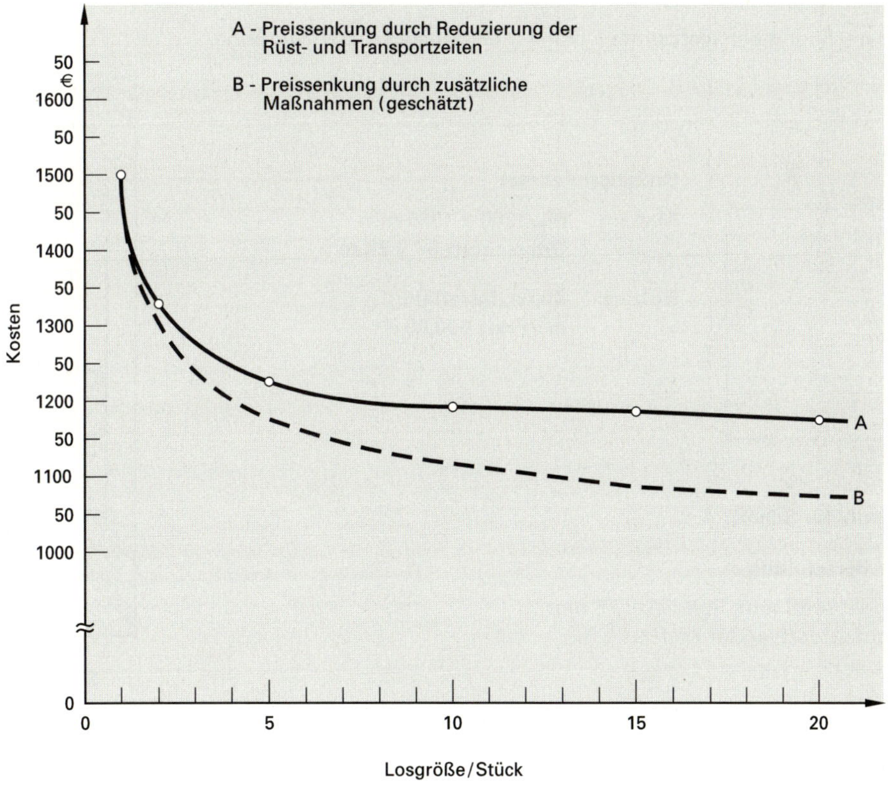

31 Fensterkalkulationen

31.1 Fensterkalkulationsverfahren

Grundsätzlich können Fenster wie jedes andere Schreinererzeugnis kalkuliert werden. Da es sich dabei jedoch um gleichartige und weitgehend genormte Produkte handelt, ist es naheliegend, auch die Preisberechnung darauf abzustimmen. Dieses Kapitel beschränkt sich auf eine kurze Vorstellung des viel verwendeten Kalkulationsverfahrens der sog. **lfm/Ecken-Berechnung**. Das ganze Gebiet des Fenster- und Fassadenbaus würde ein eigenes Buch füllen.

Im lfm/Ecken-Verfahren bilden Einzelwerte für Rahmen-/Flügelprofil (lfm/Preis) und Eckverbindungen (Stückpreis) die Grundlage der Berechnung. Dazu kommen noch Beschlagsystem, Oberflächenbehandlung und Montage.

31.2 Berechnung der Werkstoffe

Zur Berechnung der Werkstoffe legen wir ein Musterfenster zugrunde.

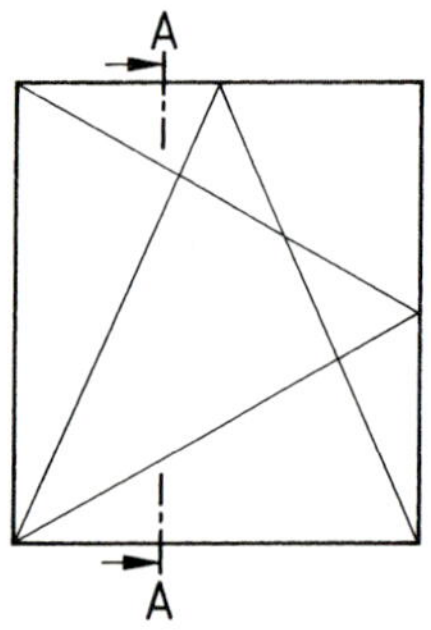

Drehkipp-Fenster

Maße: **ML 1260 x 1385 mm**
Querschnitt 68 x 78 mm

Holzart: **Kiefer, lasierfähig**
m³/Preis 600,00 €

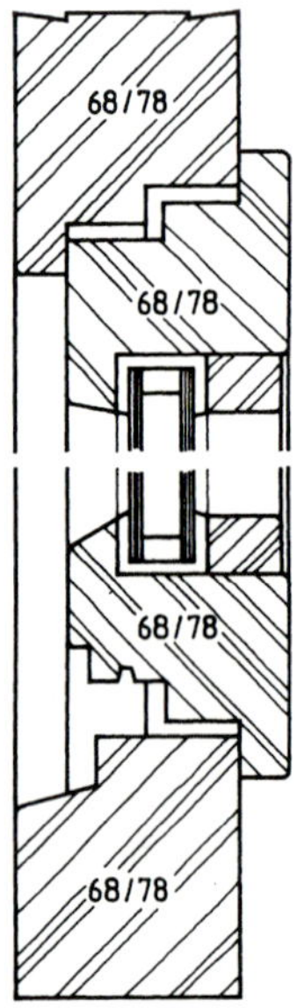

Schnitt
Rahmen und Flügel

lfm-Profil für Schnitt A

a) m²-Berechnung

Fertigdicke: 68 mm; Rohdicke: 75 mm
Verschnittzuschlag für Kiefer: 40 %

Gesucht: m²/Preis für 75 mm + 40 % Z

$$\frac{600{,}00\ € \times 75\ \text{mm}}{1000} + 40\ \% = 63{,}00\ €/\text{m}^2$$

Gesucht: Flächeninhalt eines lfm

1000 x 78 (Breite) mm = 0,08 m²

Gesucht: lfm/Preis

63,00 € x 0,08 m² = 5,04 €/lfm für Rahmen
5,04 €/lfm für Flügel
10,08 €/lfm für Rahmen und Flügel

b) lfm-Berechnung

Gesucht: lfm/Preis + 40 % Z für 75 mm Rohdicke

$$\frac{1{,}3 \times 78 \times 75}{1000} \times \frac{600{,}00\ €}{1000} =$$

5,04 €/lfm für Rahmen
5,04 €/lfm für Flügel
10,08 €/lfm für Rahmen und Flügel

Als Einheitswert für den lfm Rahmen- und das Flügelprofil errechnet sich 10,08 €.

Eckverbindungen

Der Werkstoffanteil der Ecken besteht in der Regel aus den Kosten für Leim, Sternnägel usw.

Es werden pro Eckverbindung (Rahmen und Flügel) **0,30 €** geschätzt.

Beschlagsystem

Hier werden die Gesamtkosten für das Fensterbeschlagsystem einschließlich Kleinmaterial eingesetzt.

Für das Musterfenster wird eine Dreh-Kipp-Garnitur (Einhandbedienung) mit **45,00 €** eingesetzt.

31.3 Ermittlung der Fertigungskosten

Die Zeitenermittlung erfolgt wie gewohnt über eine Zerlegung in Arbeitsfolgen (Soll-Zeiten) oder besser nach Auswertung von Stundenzetteln (Ist-Zeiten) getrennt nach Maschinen- und Handarbeit. Um auch hier „im System (lfm/Ecken) zu bleiben, müssen die Zeiten zusätzlich nach Verursachung auf die Bereiche lfm-Umfang, Eckverbindungen und Anschlagarbeit verteilt werden.

Die anteiligen Fertigungskosten errechnen sich am schnellsten über den Minutensatz.

Stundenverrechnungssatz für Maschinenarbeit: 48,10 € (13,00 €/Std. + 270 % GKZ)	Minutensatz für Maschinenarbeit 48,10 : 60 = **0,80 €**
Stundenverrechnungssatz für Handarbeit: 32,50 € (12,50 €/Std. + 160 % GKZ)	Minutensatz für Handarbeit: 32,50 : 60 = **0,54 €**

Herstellung und Kalkulation von Fenstern beziehen sich in der Regel auf mehrere Einheiten (Losgröße).

Grundlage für die Ermittlung der Fertigungskosten ist weiterhin das zuvor beschriebene Musterfenster.

Rahmen- und Flügelprofile (lfm-Umfang)

Gesamtarbeitszeit:	90 Min.		
Maschinenarbeit:	75 Min. x 0,80 € =		60,00 €
Handarbeit:	15 Min. x 0,54 € =		8,10 €
zuzügl. Verteilzeit und innerbetrieblicher Transport			68,10 €
		10 %	6,81 €
Umrechnung auf einen lfm			74,91 € : 5,29[1] lfm = **14,16 €**

Die Fertigungskosten für einen lfm Schnitt A (Rahmen und Flügel) betragen 14,16 €.

[1] 5,29 lfm errechnen sich aus 2 x Breite und 2 x Höhe der Musterfenster-Außenmaße.

Eckverbindungen

Gesamtarbeitszeit:	70 Min.			
Maschinenarbeit:	30 Min. x 0,80 €	=		24,00 €
Handarbeit:	40 Min. x 0,54 €	=		21,60 €
zuzügl. Verteilzeit und inner-				45,60 €
betrieblicher Transport			10 %	4,56 €
Umrechnung auf eine Ecke				50,16 € : 4 = **12,54 €**

Die Fertigungskosten pro Eckverbindung (Rahmen und Flügel) betragen 12,54 €.

Anschlagsarbeit

Gesamtarbeitszeit:	65 Min.		
Maschinenarbeit:	15 Min. x 0,80 € =		12,00 €
Handarbeit:	50 Min. x 0,54 € =		27,00 €
zuzügl. Verteilzeit und inner-			39,00 €
betrieblicher Transport		10 %	3,90 €
			42,90 €

Die Fertigungskosten für das Anschlagen betragen 42,90 €.

Sonstiges

Zusätzliche Teile wie Rolloleisten, Schlagleisten, Abdeckleisten usw. werden nach lfm-Preisen (Werkstoff- und Arbeitskosten) in die Preisberechnung eingesetzt. Oberflächenbehandlung (Grundieren, Lasieren usw.) und Montage (Befestigen, Einschäumen usw.) werden häufig nach m^2-Preisen berechnet, wobei Mindestwerte (z. B. 1 m^2) für kleine Fensterabmessungen festgelegt sind. Die Kosten für Glas und Verglasen sind in diesem Beispiel nicht enthalten.

31.4 Aufstellung einer Preisliste

Bezeichnung/Typ		Werkstoffkosten	Fertigungskosten	Gesamtkosten	Einheit
Rahmen und Flügel,	Schnitt A Schnitt B Schnitt C	10,08	14,16	24,24	€/lfm
Eckverbindung,	Dreh-Kipp Schwingfenster Hebetüre	0,30	12,54	12,84	€/Ecke
Beschlagsystem,	Dreh-Kipp, Einh. Schwingfenster Hebetüre	45,00	42,90	87,90	€/Garnitur

Holzart Kiefer

In einer übersichtlichen Liste werden die Einzelpreise der verschiedenen Ausführungen (Holzarten, Rahmen-, Flügelprofile, Eckverbindungen und Beschlagsysteme) zusammengestellt. Danach sind Fenster in üblichen Größen und Formen sehr schnell zu kalkulieren.

Für Sonderanfertigungen können Schwierigkeitszuschläge festgelegt werden (z. B. Faktor 1,5 auf Normalfensterwerte).

31.5 Kalkulationsblatt für Fenster

FENSTERKALKULATION

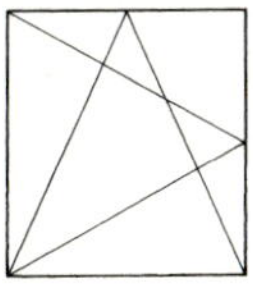

Bezeichnung

Typ: Dreh-Kipp
Maße: 1260/1385
Querschnitt: 68/78

Auftragsnummer: 273/20...
Auftraggeber: Hans Meier
Holzart: Kiefer
Oberfläche: Grundierung

Bezeichnung	Einheit	Preis	Menge	Errechneter Preis
Rahmen und Flügelprofil	lfm	24,24	5,29	128,23 €
Eckverbindungen (Rahmen u. Flügel)	1 Ecke	12,84	4 Stück	51,36 €
Beschlag	–	–	1 Stück	87,90 €
Rolloleisten	lfm	2,50	2,77	6,93 €
Grundierung	m^2	3,00	1,75	5,25 €
Montage	m^2	8,00	1,75	14,00 €
Sonstiges	–	–	–	–
Selbstkosten				293,67 €
Wagnis- und Gewinnzuschlag	15 %			44,05 €
Angebotspreis (ohne Glas) (ohne Mehrwertsteuer)				**337,72 €**

31.6 Zusammenfassung – Fensterkalkulation

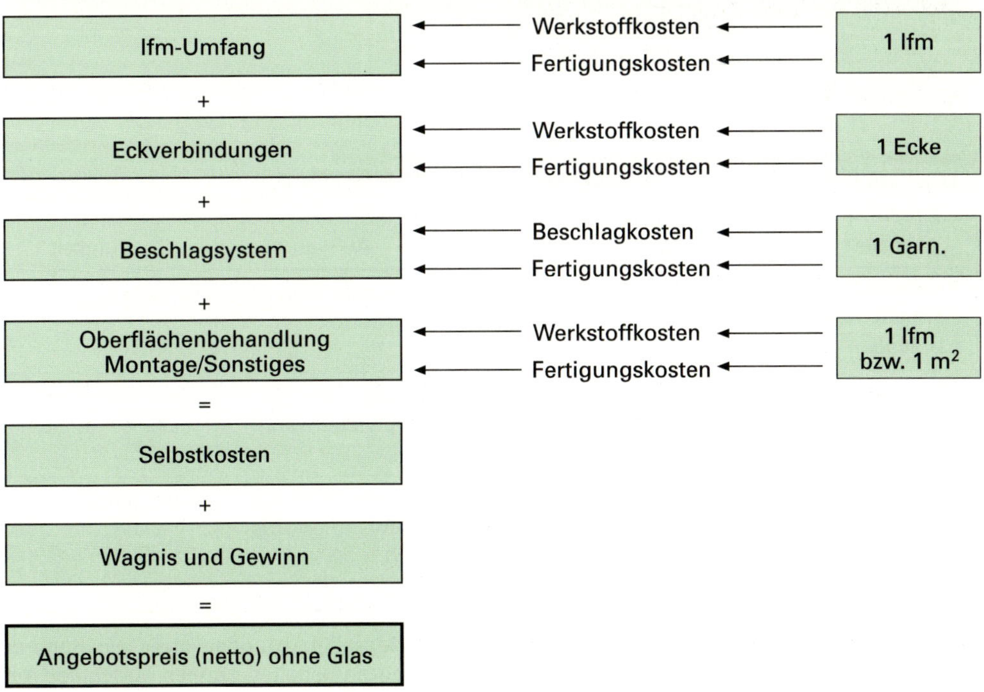

32 Maschinenstundensatz

32.1 Verrechnung von Maschinenkosten

Maschinen verursachen in Schreinereibetrieben einen erheblichen Teil der Kosten. Es empfiehlt sich daher innerhalb der betrieblichen Kostenrechnung die Maschinenkosten sehr genau unter die Lupe zu nehmen.

Der Maschineneinsatz kann einem Auftrag auf verschiedene Weise zugerechnet werden:

a) Summarischer Gemeinkostenzuschlag

Zwischen Maschinen- und Handarbeit wird nicht unterschieden. Der Stundenverrechnungssatz enthält Maschinen- und Handarbeitsgemeinkosten, ohne jedoch das Verhältnis von Maschinen- zu Handstunden pro Auftrag zu berücksichtigen.

Beispiel: Stundenlohn 13,00 €; summarischer Gemeinkostenzuschlag 240 %
13,00 € + 240 % = 44,20 €
Der Stundenverrechnungssatz für Maschinen- und Handarbeit beträgt 44,20 €

b) Maschinengemeinkostenzuschlag

Es wird zwischen Maschinen- und Handarbeit unterschieden. Für die Maschinenarbeit gibt es einen eigenen Gemeinkostenzuschlag. Dieser ist jedoch gleich hoch für alle Maschinen; einzelne Maschinen können aber erheblich davon abweichen (Anschaffungspreis, Platzbedarf, Auslastung usw.).

Beispiel: Stundenlohn 13,00 €; Maschinengemeinkostenzuschlag 270 %
13,00 € + 270 % = 48,10 €
Der Stundenverrechnungssatz für Maschinenarbeit beträgt 48,10 €

c) Maschinenstundensatzberechnung

Für jede Maschine werden die Kosten erfasst und wird die Jahreslaufzeit bestimmt. Daraus errechnet sich ein genauer Stundensatz für die Einzelmaschine (Verursachungsprinzip).

Beispiel: **Breitbandschleifmaschine 70,00 €/Std.**
Kantenanleimautomat 66,00 €/Std.
Dickenhobelmaschine 34,00 €/Std.

32.2 Übersicht – Verrechnung von Maschinenkosten

Verfahren	Durchführung	Aufwand	Genauigkeit
Summarischer Gemeinkostenzuschlag	Pauschaler Stundenaufschrieb, einfache Berechnung	Geringer Arbeitsaufwand	Ungenau
Maschinengemeinkostenzuschlag	Trennung von Maschinen- und Handstunden, Kostenstellenrechnung erforderlich	Begrenzter Arbeitsaufwand	Meist ausreichend genau
Maschinenstundensatzberechnung	Je Maschine müssen Stundensatz errechnet, Laufzeit bestimmt und Arbeitszeiten festgehalten werden	Höherer Arbeitsaufwand erforderlich	Sehr genau

Die Übersicht zeigt, dass der hohen Genauigkeit des Maschinenstundensatzes ein höherer Arbeitsaufwand gegenübersteht. Um den Aufwand in Grenzen zu halten, können Maschinen mit ähnlicher Kostenstruktur zu Gruppen zusammengefasst werden, für die dann ein gemeinsamer Stundensatz gilt.

Die Höhe des Maschinenstundensatzes hängt von vielen Faktoren ab. Einen entscheidenden Einfluss auf die Kosten übt dabei die Auslastung (Laufzeit) der Maschine aus.

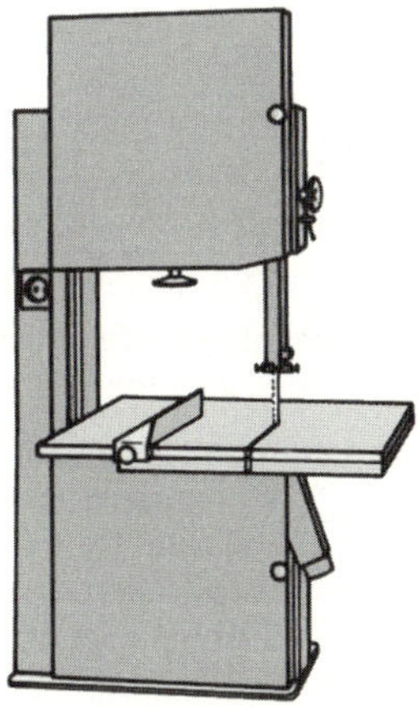

32.3 Berechnung des Maschinenstundensatzes

Die Berechnung erfolgt in fünf Schritten. Die Fixkosten sind Jahreswerte (Rechnungsperiode), während die variablen Kosten in der Regel pro Stunde angegeben werden.

1. Schritt	Fixe Kosten pro Jahr	Abschreibung, Verzinsung, Raumkosten
2. Schritt	Laufzeit pro Jahr	Ermittlung der Maschinenlaufzeit pro Jahr
3. Schritt	Fixe Kosten pro Stunde	Teilung der Jahresfixkosten durch ermittelte Jahreslaufzeit
4. Schritt	Variable Kosten pro Stunde	Energieverbrauch, Maschinenwerkzeuge, Unterhaltung, Löhne, Restgemeinkosten
5. Schritt	Fixe Kosten/Std. + variable Kosten/Std.	Ergibt Maschinenstundensatz als Selbstkosten; häufig als Minutensatz (: 60)

32.4 Erläuterung der Kostenarten

Die **Höhe des Maschinenstundensatzes** errechnet sich aus:

a) Abschreibung (Anschaffungs- oder Wiederbeschaffungspreis) b) Verzinsung des Kapitals c) Raumkosten	fixe Kosten
d) Kosten für elektrische Energie und Luft e) Maschinenwerkzeugkosten f) Unterhaltungskosten g) Löhne für Maschinenbedienung h) Restgemeinkosten	variable Kosten

Eine äußerst wichtige Größe ist schließlich die Auslastung der Maschine, die wir noch genauer behandeln werden.

Die vorgenannten Kostenarten werden in zwei Gruppen aufgeteilt: a – c zählt man zu den fixen Kosten, d–h werden den variablen Kosten zugerechnet. Fixe Kosten fallen immer an, unabhängig davon, ob eine Maschine gut ausgelastet ist, nur selten eingesetzt wird oder überhaupt nicht läuft (z. B. Raumkosten). Variable Kosten fallen nur dann an, wenn die Maschine läuft (z. B. Energiekosten). Variable Kosten stehen in Abhängigkeit zur Laufzeit der Maschine, sie verhalten sich proportional zur Auslastung.

Näheres über fixe und variable Kosten ist in Kapitel 37 zu finden.

a) Kalkulatorische Abschreibung

Unter Abschreibung versteht man die Verteilung des Anschaffungspreises einer Maschine auf die Jahre der Nutzung.

Ausgangspunkt für die Errechnung des jährlichen Abschreibungswertes ist der Anschaffungs- oder Wiederbeschaffungspreis der Maschine.

Zum **Anschaffungspreis einer Maschine** zählen:

- Maschinenpreis
- Zubehör
- Fracht und Versicherung
- Kosten für das Aufstellen (Fundament, Anschluss, Strom, Druckluft, Absaugung)

In der Kostenrechnung verwendet man die kalkulatorische Abschreibung. Im Gegensatz zur steuerlichen Abschreibung (AfA – Absetzung für Abnutzung), die von finanzrechtlichen Überlegungen bestimmt wird, kann und muss sich der Unternehmer von wirtschaftlichen Erwägungen leiten lassen und die tatsächliche Wertminderung in Ansatz bringen. Er muss dabei Beanspruchung, technischen Fortschritt und Wiederbeschaffungswert berücksichtigen.

Beispiel – Errechnung der Abschreibung auf den Anschaffungswert (linear)

Anschaffungspreis der Maschine 25 000,00 €
Abschreibungszeitraum 5 Jahre (zweckmäßige Amortisationsdauer)
Abschreibungssatz 20 % (100 : 5)
Abschreibungswert – (20 % von 25 000,00 €) 5 000,00 €/Jahr
– (25 000,00 € : 5 Jahre) 5 000,00 €/Jahr

Wiederbeschaffungswert

Nach fünf Jahren, wenn die Maschine „verbraucht" ist, bekommt man sicherlich keine Ersatzmaschine mehr für den ehemaligen Anschaffungspreis. Um keinen **Substanzverlust** zu erleiden, müsste bereits zu Beginn der Abschreibung ein Wiederbeschaffungswert von vielleicht 30 000,00 € eingesetzt werden. Der jährliche Abschreibungswert würde in unserem Beispiel auf 6 000,00 € steigen. Es gibt aber auch die Möglichkeit, die Differenz zum Neupreis durch den

Verkaufserlös der alten Maschine aufzubringen (Restverkaufserlös) oder den Abschreibungszeitraum zu verlängern (über den Null-Wert abschreiben).

b) Kalkulatorische Verzinsung

Für den Erwerb einer Maschine wird Kapital benötigt. Muss dieses Kapital bei einer Bank aufgenommen werden, sind Zinsen zu bezahlen. Es wird jedermann einleuchten, dass der Zinsaufwand dem Maschinenstundensatz zuzurechnen ist. Auch wenn Eigenfinanzierung den Maschinenkauf ermöglicht, sind Zinsen zu verrechnen; der Kaufpreis der Maschine als Bankguthaben würde ja auch Zinsen bringen. Man spricht in diesem Zusammenhang von kalkulatorischen Zinsen. Sie stellen zwar keinen Aufwand im Sinne der Finanzbuchhaltung dar, besitzen für die Kostenrechnung jedoch Kostencharakter. Die Höhe des Zinssatzes bestimmt der Unternehmer; er wird sich an den banküblichen Sätzen für langfristig angelegtes Kapital orientieren.

Bei der Errechnung des jährlichen Zinsbetrages ist zu berücksichtigen, dass der zu verzinsende Wert stetig abnimmt. Die in jedem verrechneten Stundensatz enthaltene Wertminderung fließt über den Zahlungseingang in das Unternehmen zurück.

Beispiel

Errechnung der kalkulatorischen Verzinsung

Anschaffungspreis : 25 000,00 €
Abschreibungsdauer : 5 Jahre
Zinssatz : 10 %

Anzahl Jahre	Abschreibung Wertverlust	Mittelwert	Zinsbetrag
1. Jahr	25 000,00 €	22 500,00 €	2 250,00 €
2. Jahr	20 000,00 €	17 500,00 €	1 750,00 €
3. Jahr	15 000,00 €	12 500,00 €	1 250,00 €
4. Jahr	10 000,00 €	7 500,00 €	750,00 €
5. Jahr	5 000,00 €	2 500,00 €	250,00 €
			6 250,00 €

Der Gesamtzinsbetrag für fünf Jahre beläuft sich auf 6 250,00 €. Umgerechnet auf ein Jahr sind das:

$$\frac{6\,250{,}00\ €}{5\ \text{Jahre}} = 1\,250{,}00\ €$$

Den Zinsbetrag jedes Jahr neu zu errechnen wäre zu aufwendig. Üblicherweise wird mit Mittelwerten gearbeitet. Es gibt dafür zwei Möglichkeiten:

– Voller Zinssatz auf halben Anschaffungspreis

$$10\ \%\ \text{von}\ \frac{25\,000{,}00\ €}{2} = 1\,250{,}00\ €$$

– Halber Zinssatz auf vollen Anschaffungspreis

$$\frac{10\ \%}{2}\ \text{von}\ 25\,000{,}00\ € = 1\,250{,}00\ €$$

c) Raumkosten

Die Raumkosten, auch Platzkosten genannt, werden der Maschinenstunde über einen m^2-Preis zugerechnet. Der m^2-Preis enthält anteilig Miete oder Pacht, Reinigungs-, Heizungs- und Beleuchtungskosten. Bei Festlegung des Platzbedarfes einer Maschine ist zur Grundfläche ein genügend großer Bedienungsraum hinzuzurechnen. Der m^2-Preis bezieht sich meist auf einen Monat (Miete) und muss auf ein Jahr umgerechnet werden.

Beispiel: Raumbedarf für eine Maschine 25 m^2
m^2-Preis 3,50 €/Monat
25 m^2 x 3,50 € x 12 (Monate) = 1 050,00 € Jahresraumkosten

d) Energie- und Luftkosten

Der Energieverbrauch einer Maschine kann errechnet oder notfalls geschätzt werden. Eine Hilfe für die Errechnung kann die auf dem Typenschild der Motoren angegebene Nennleistung sein; diese Leistung wird jedoch meist nicht voll in Anspruch genommen (50 % – 75 %). Der Verbrauch an Druckluft kann ähnlich wie der Energieverbrauch errechnet werden (Luftverbrauch je Std. in m^3, Kosten je m^3 Luft). Oftmals werden Druckluft- und Absaugluftverbrauch geschätzt oder sind Bestandteil der Restgemeinkosten.

Beispiel: Energieverbrauch der Maschine 7 kW (Anschlussleistung)
Kosten der elektr. Energie 0,30 €/kWh
7 kW x 0,30 € = 2,10 € Energiekosten pro Stunde

e) Werkzeugkosten

Maschinenwerkzeuge nützen sich ab und müssen geschärft werden; Schleifbänder werden verbraucht. Schärfkosten und Schleifmittelverbrauch können nach den vorliegenden Rechnungen erfasst werden. Der Werkzeugverschleiß wird geschätzt oder ist bereits im Anschaffungspreis der Maschine enthalten (kalk. Abschreibung).

Beispiel: Jahresschärfkosten 600,00 €

Maschinenlaufzeit pro Jahr 200 Stunden

$$\frac{600{,}00\ €}{200\ \text{Std.}} = 3{,}00\ €\ \text{Schärfkosten pro Stunde}$$

f) Unterhaltungskosten

Zu den Unterhaltungskosten, auch Instandhaltungskosten genannt, gehören die Kosten für Wartung, Pflege und Reparaturen der Maschinen. Die Erfassung und Umrechnung auf die Stunde erfolgt wie bei den Werkzeugkosten.

g) Lohnkosten

Maschinenstundensätze können mit oder ohne Lohnkosten des Bedienungspersonals ausgewiesen werden. Die Einrechnung des Lohnes beschleunigt jedoch die Kalkulation. Der oft benötigte Helfer an den Maschinen ist selbstverständlich mitzurechnen.

h) Restgemeinkosten

Merkmal des Maschinenstundensatzes ist die direkte Zurechnung möglichst vieler Einzelkosten. Das Ergebnis ist ein Stundensatz, der weitgehend nach dem Verursachungsprinzip gebildet wurde.

Alle Kosten sind jedoch nicht direkt zu verrechnen oder es wäre einfach unwirtschaftlich das zu tun (Schnelligkeit vor übertriebener Genauigkeit). Die verbleibenden Kosten werden Restgemeinkosten genannt. Es handelt sich dabei hauptsächlich um:

- Personalnebenkosten (Sozialversicherung, Urlaub usw.).
- Verschiedene Gemeinkosten wie betr. Steuern, kalk. Unternehmerlohn, Verwaltungskosten usw.
- Wenn nicht bereits direkt verrechnet, auch Kosten für Absaugung, Raumkosten für Transportwege und nicht erfasste Stellplätze usw.

Die Restgemeinkosten werden als Zuschlag (100 % – 140 %) den Löhnen zugerechnet.

Beispiel: Facharbeiterlohn 13,00 €/Std.
Helferlohn 11,00 €/Std.
Restgemeinkosten 110 %
13,00 € + 11,00 € = 24,00 € Lohnkosten/Std.
110 % auf 24,00 € = 26,40 € Restgemeinkosten/Std.

32.5 Laufzeit/Auslastung

Ein äußerst wichtiger Wert für die Errechnung von Maschinenstundensätzen ist die jährliche Laufzeit. Die Genauigkeit eines Maschinenstundensatzes steigt und fällt mit der Zuverlässigkeit dieses Wertes.

Es gibt verschiedene Verfahren, die jährliche Maschinenlaufzeit festzustellen:

- Betriebsstundenzähler
- Aufschreibungen
- Schätzungen

Einfach und genau sind Maschinenlaufzeiten über eingebaute Betriebsstundenzähler zu erfassen. Auf Wunsch können die meisten Holzbearbeitungsmaschinen bei Neukauf mit solchen Stundenzählern ausgestattet werden (ca. 60,00 €).

Nicht allein für die Kostenrechnung sind Betriebsstundenzähler von Bedeutung; auch Wartungsintervalle können genauer eingehalten werden und beim Gebrauchtmaschinenkauf kann die bekannte Einsatzzeit ein wichtiges Wertkriterium sein.

Etwas umständlicher sind Aufschreibungen auf Stundenzettel. Die Zusammenstellung aller Zeitwerte eines Jahres, nach Maschinentypen geordnet, ergibt die jährliche Laufzeit.

Am wenigsten genau ist die Methode des Schätzens. Meist wird die Auslastung im eigenen Betrieb zu hoch angesetzt. Auch Angaben aus Prospekten und von Maschinenverkäufern bezüglich der Laufzeit ist mit Skepsis zu begegnen.

Bleibt keine andere Möglichkeit als das Schätzen, sollte man über geschätzte Tages- oder Wochenlaufzeiten der jeweiligen Maschine die Jahreslaufzeit ermitteln.

Zu beachten ist, dass bei Maschinenkostenberechnungen mit 50 Wochen pro Jahr gerechnet wird.

Die maximale Jahreslaufzeit liegt bei ca. 1 400 Stunden. Diese Auslastung wird jedoch selten erreicht. Betriebsuntersuchungen in Schreinereien ergaben durchschnittliche Maschinenauslastungen von weniger als 30 %.

32.6 Berechnungsbeispiel – Tischfräse

Maschinenstundensatz für eine Tischfräse

Bedienung: 1 Facharbeiter Laufzeit pro Woche: 4 Stunden

Anschaffungspreis	: 22 800,00 €
Abschreibungsdauer	: 8 Jahre
Verzinsung	: 10 % (durchschnittlich 5 %)
Platzbedarf	: 15 m^2
Raumkosten	: 3,00 €/m^2, monatlich
Antriebsenergie	: 6 kW
Kosten der elektrischen Energie	: 0,35 €/kWh
Werkzeugkosten	: 2,50 €/Std.
Unterhaltungskosten	: 1,50 €/Std.
Lohn	: 13,00 €/Std.
Restgemeinkosten (auf Lohn)	: 110 %

1. Schritt

Abschreibung	22 800,00 € : 8 Jahre	=	2 850,00 €
Verzinsung	5 % von 22 800,00 €	=	1 140,00 €
Raumkosten	15 m^2 x 3,00 € x 12 Monate	=	540,00 €
	Fixe Kosten pro Jahr	⟶	**4 530,00 €**

2. Schritt

Laufzeit pro Jahr:
4 Std./Woche x **50 Wochen** = **200 Stunden**

3. Schritt

Fixe Kosten pro Stunde: 4 530,00 € : 200 Stunden = **22,65 €** ⟵

4. Schritt

Antriebsenergie (6 kW x 0,35 €)	=	2,10 €
Werkzeugkosten	=	2,50 €
Unterhaltungskosten	=	1,50 €
Lohn	=	13,00 €
Restgemeinkosten (110 % von 13,00 €)	=	14,30 €
Variable Kosten pro Std.	⟶	**33,40 €**

5. Schritt

Fixe Kosten/Std.	22,65 €
Variable Kosten/Std.	33,40 €
Maschinenstundensatz	**56,05 €** (Selbstkosten)
Maschinenminutensatz	0,93 € (56,05 € : 60)

32.7 Berechnungsbeispiel – Kantenanleimmaschine

Berechnung des Maschinenstundensatzes

Maschine: *Kantenanleimmaschine* Datum: *27.05.20...*

Anschaffungspreis: *28.500,00 €* Bedienung: *Facharbeiter/Helfer*

Flächenbedarf: *25* m² Raumkosten/m²: *2,20 €*

Energiebedarf: *15,5* kW Energiekosten/kWh: *0,40 €*

Nutzungsdauer/Jahr		*50*	*100*	*200*	*400*
Nutzungsstunden/Woche		*1*	*2*	*4*	*8*
Abschreibungsdauer/Jahre		*8*	*8*	*8*	*8*
1	Abschreibung *28.500,00 : 8*	*3562,50*	*3562,50*	*3562,50*	*3562,50*
2	Verzinsung *7% : 2 von 28.500,00*	*997,50*	*997,50*	*997,50*	*997,50*
3	Raumkosten *25 m² x 2,20 € x 12 Monate*	*660,00*	*660,00*	*660,00*	*660,00*
4	Fixe Kosten pro Jahr	*5220,00*	*5220,00*	*5220,00*	*5220,00*
5	Fixe Kosten/Std.	*104,40*	*52,20*	*26,10*	*13,05*
6	Antriebs-Heizenergie *15,5 kW x 0,40*	*6,20*	*6,20*	*6,20*	*6,20*
7	Werkzeugkosten/Std.	*2,40*	*2,40*	*2,40*	*2,40*
8	Unterhaltungskosten/Std.	*2,90*	*2,90*	*2,90*	*2,90*
9	Löhne *12,50 €/Std. + 10,00 €/Std.*	*22,50*	*22,50*	*22,50*	*22,50*
10	Restgemeinkosten auf Löhne *125%*	*28,13*	*28,13*	*28,13*	*28,13*
11	Variable Kosten pro Stunde	*62,13*	*62,13*	*62,13*	*62,13*
12	Stundensatz (Selbstkosten) 5 + 11	*166,53*	*114,33*	*88,23*	*75,18*
13	Minutensatz (Selbstkosten) 12 : 60	*2,78*	*1,91*	*1,47*	*1,25*
14	Stundensatz + Wagnis u. Gewinn *10%*	*183,18*	*125,76*	*97,05*	*82,69*
15	Minutensatz + Wagnis u. Gewinn *10%*	*3,05*	*2,10*	*1,62*	*1,38*

32.8 Maschinenkosten und Auslastung

a) Grafisch dargestellt

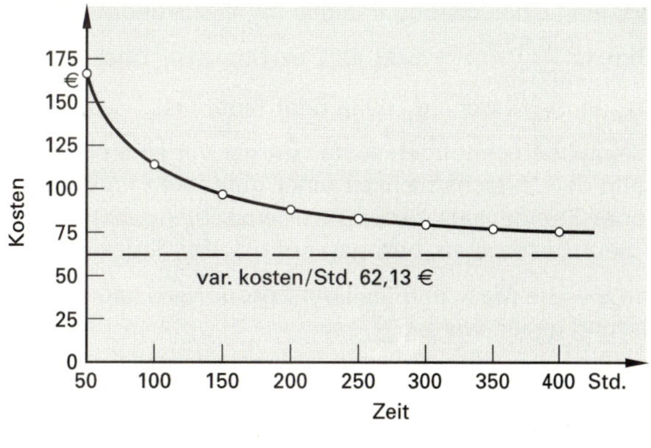

b) Rechnerisch dargestellt

Nutzungs-Stunden/Jahr	Fixkosten pro Std./€	Var. Kosten pro Std./€	Stundensatz Selbstkosten/€	Minutensatz Selbstkosten/€
1	5 220,00	62,13	5 282,13	88,04
2	2 610,00	62,13	2 672,13	44,54
5	1 044,00	62,13	1 106,13	18,44
10	522,00	62,13	584,13	9,74
25	208,80	62,13	270,93	4,52
50	104,40	62,13	166,53	2,78
100	52,20	62,13	114,33	1,91
200	26,10	62,13	88,23	1,47
400	13,05	62,13	75,18	1,25
800	6,53	62,13	68,66	1,14
1600	3,26	62,13	65,39	1,09

32.9 Ermittlung der Laufzeit für einen gegebenen Stundensatz

Sind Maschinenstundensätze zu hoch und aus Wettbewerbsgründen nicht zu erzielen, muss über bessere Auslastung der Kapazitäten, d.h. höhere Laufzeiten, eine Senkung vorgenommen werden.

Beispiel an Hand der Kantenanleimmaschine

Der Stundensatz soll 70,00 € nicht überschreiten (Selbstkosten). Wie hoch muss die jährliche Laufzeit sein?

Lösung:		
	Gegebener Stundensatz	70,00 €
./.	Variable Kosten /Std.	62,13 €
	Fixkostenanteil/Std.	8,87 €

$$\frac{\text{Fixkosten pro Jahr}}{\text{Fixkostenanteil/Std.}} = \text{Laufzeit} \qquad \frac{5\,220{,}00\ €}{7{,}87\ €} = 663{,}3\ \text{Stunden}$$

Um auf einen Maschinenstundensatz von 70,00 € zu kommen, müsste die Maschine rund 663 Stunden im Jahr genutzt werden.

32.10 Überlegungen zum Maschinenstundensatz

Kehren wir noch einmal zurück zur Kantenanleimmaschine. Bei einer jährlichen Nutzung von 50 Stunden (oder einer Stunde pro Woche) ergibt sich ein Stundensatz von 166,53 € (Selbstkosten). Legt man eine Leistung von 500 lfm pro Stunde zugrunde, dann kostet das Anleimem für einen lfm $\frac{166{,}53\ €}{500\ \text{lfm}} = 0{,}33\ €$. Der Stunden- oder Minutensatz allein sagt noch nichts darüber aus, ob die Maschine „billig oder teuer" ist.

Maschinenkostenberechnungen sollten immer vor einem Maschinenkauf durchgeführt werden. Dadurch kann die Wirtschaftlichkeit einer geplanten Investition überprüft werden. Niedrigster Kaufpreis oder Stundensatz dürfen nicht ausschlaggebend für die Anschaffung sein; entscheidend sind die Arbeitskosten, bezogen auf m², lfm, Stück oder Arbeitsgang.

Selbst wenn die alte Maschine „billiger" produziert, kann es zwingende Gründe für eine teure Neuanschaffung geben wie z.B.:

- Facharbeitermangel
- Beschleunigung des Auftragsdurchlaufs
- Verbesserung der Arbeitsqualität
- Humanisierung der Arbeit usw.

33 Kalkulieren mit Nachkalkulationswerten

33.1 Bedeutung der Nachkalkulationswerte

Schnell und sicher lässt sich mit Nachkalkulationswerten kalkulieren. Das zeitraubende Aufstellen der einzelnen Arbeitsfolgen, die schwierige Festlegung von Soll-Zeiten und somit ein Großteil der Unsicherheit bei Angebotskalkulationen kann damit weitgehend ausgeschaltet werden.

Voraussetzung ist jedoch immer eine auf vollständigen Ist-Werten basierende Nachkalkulation (siehe dazu Unterkapitel 28.5).

Sorgfältig durchgeführte und ausgewertete Nachkalkulationen liefern die zuverlässigsten, Kalkulationswerte, die es für den Betrieb geben kann.

33.2 Auswertung der Nachkalkulation

Ziel der Auswertung ist die Ermittlung leicht anwendbarer Kalkulationswerte.

Beispiel – Schrank in Eiche

Maße	:	2100 x 2450 x 560
Ausführung	:	Spanplatte furniert, Türen aufschlagend, Fachböden auf Fachträgerschiene, zerlegbar.
Nettopreis	:	3 900,00 €
Werkstoffe	:	1 050,00 €
Maschinenarbeit	:	28 Std.
Handarbeit	:	56 Std.

(ohne Zeiten für Liefern und Aufstellen bzw. Einbau sowie Arbeit vorbereiten)

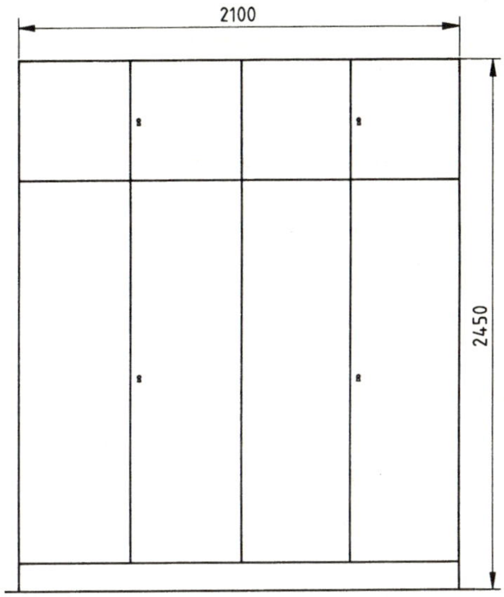

Umrechnung in Kalkulationswerte

a) **Kosten pro lfm** (raumhoch)

$$\frac{3\,900{,}00\ €}{2{,}1\ \text{lfm}} = \mathbf{1\,857{,}00\ €/lfm}$$

b) **Kosten pro m²** (Frontfläche)

2,10 m x 2,45 m = 5,15 m²

$$\frac{3\,900{,}00\ €}{5{,}15\ \text{m}^2} = \mathbf{757{,}00\ €/m^2}$$

c) **Kosten pro m²** (Trägermaterial)

Trägermaterial lt. Holzliste 23,8 m²

$$\frac{3\,900{,}00\ €}{23{,}8\ \text{m}^2} = \mathbf{164{,}00\ €/m^2}$$

d) **Kosten pro Element** (Ober- u. Untertür mit Korpusanteil = 4 Elemente)

$$\frac{3\,900{,}00\ €}{4\ \text{Elemente}} = \mathbf{975{,}00\ €/Element}$$

e) **Fertigungsstunden pro Element**

$$\frac{84\ \text{Std.}}{4\ \text{Elemente}} = \mathbf{21\ Std./Element}$$

f) **Maschinenstunden pro Element**

$$\frac{28\ \text{Std.}}{4\ \text{Elemente}} = \mathbf{7\ Std./Element}$$

g) Handarbeitsstunden pro Element

$\frac{56 \text{ Std.}}{4 \text{ Elemente}}$ = **14,0 Std./Element**

h) Fertigungsstunden pro lfm

$\frac{84 \text{ Std.}}{2{,}1 \text{ lfm}}$ = **40,0 Std./lfm**

i) Maschinenstunden pro lfm

$\frac{28 \text{ Std.}}{2{,}1 \text{ lfm}}$ = **13,3 Maschinenstd./lfm**

j) Handarbeitsstunden pro lfm

$\frac{56 \text{ Std.}}{2{,}1 \text{ lfm}}$ = **26,7 Handarbeitsstd./lfm**

k) Fertigungsstunden pro m² (Frontfläche)

$\frac{84 \text{ Std.}}{5{,}15 \text{ m}^2}$ = **16,3 Std./m²**

l) Fertigungsstunden pro m² (Trägermaterial)

$\frac{84 \text{ Std.}}{23{,}8 \text{ m}^2}$ = **3,5 Std./m²**

m) Messzahlen

Für durchgeführte Aufträge wird häufig das Verhältnis von Werkstoffeinzelkosten zum Nettopreis als Messzahl errechnet.

$\frac{3\,900{,}00 \text{ € Nettopreis}}{1\,050{,}00 \text{ € Werkstoffe}}$ = **Messzahl 3,71**

Bei ähnlichen Arbeiten genügt die Errechnung der Werkstoffeinzelkosten, die mit der Messzahl multipliziert den Nettopreis ergeben.

Werkstoffeinzelkosten x Messzahl = Nettopreis

n) Prozentkette

Der nachkalkulierte Preis wird in seine Preisbestandteile zerlegt und als Prozentkette dargestellt.

Werkstoffe	F.-Löhne	Gemeinkosten	Selbstkosten	Nettopreis
1 050,00 €	726,00 €	1 706,00 €	3 482,00 €	3 900,00 €
30 %	**21 %**	**49 %**	**100 %**	**112 %**

Bei ähnlichen Aufträgen können vom bekannten oder ermittelten Werkstoff- oder Fertigungslohnanteil die Selbstkosten bzw. der Nettopreis errechnet werden.

Beispiel:

Für eine gleichartige Arbeit werden 50 Fertigungsstunden angesetzt. Wie hoch liegen die Selbstkosten bei diesem Auftrag?

50 Std. x 12,50 € = 625,00 € = 21 % der Selbstkosten

$\frac{625{,}00 \text{ €} \times 100}{21}$ = **2976,00 € Selbstkosten**

o) Wertschöpfung pro Stunde

	3 900,00 €	Nettopreis
abzügl.	1 050,00 €	Werkstoffe
	2 850,00 €	Wertschöpfung pro Auftrag

$\frac{2\,850{,}00 \text{ €}}{84 \text{ Std.}}$ = **33,93 € Wertschöpfung pro Stunde**

Dieser Wert kann einmal zum Kalkulieren verwendet werden, zum anderen gibt er, beim Vergleich mit einer errechneten Soll-Wertschöpfung, Auskunft über Erfolg oder Misserfolg.

Beispiel:	Ist-Wertschöpfung pro Std.	33,93 €
	Soll-Wertschöpfung pro Std.	32,50 €
	Überdeckung pro Std.	1,43 €

p) Betriebsleistung pro Stunde (Pauschalsatz)

$$\frac{3\,900{,}00\ €}{84\ \text{Std.}} = \underline{\underline{\mathbf{46{,}43\ €/Std.}}}$$

Der Pauschalsatz von 46,43 € enthält neben Fertigungslöhnen, Gemeinkosten und Sondereinzelkosten, auch Werkstoffe und Gewinn bezogen auf eine direkt verrechenbare Stunde. Mit diesem Wert kann, bei einiger Vorsicht, sehr schnell kalkuliert werden.

Beispiel: Für die Anfertigung einer „üblichen" Schrankwand werden $2^1/_2$ Wochen angesetzt (100 Stunden).

100 Std. x 46,43 € = 4 643,00 € (Nettopreis)

q) Kosten pro m² Grundfläche (Innenausbau kompletter Räume)

Beispiel: Der Innenausbau einer Gaststätte von 80 m² Grundfläche beläuft sich laut Nachkalkulation auf 58 500,00 €.

$$\frac{58\,000{,}00\ €}{80\ \text{m}^2} = \underline{\underline{\mathbf{731{,}00\ €\ pro\ m^2\ Grundfläche}}}$$

Dieser Wert ist für eine genaue Kalkulation weniger geeignet, kann aber dazu dienen, sehr schnell einen „Kostenrahmen" zu ermitteln.

33.3 Anwendung von Nachkalkulationswerten

Mithilfe der zuvor aufgeführten Kalkulationswerte können Preisberechnungen vereinfacht, Fehler vermieden und bei Bedarf auch „Schnellkalkulationen" durchgeführt werden.

Voraussetzung dafür sind Nachkalkulationswerte mehrerer Aufträge, möglichst nach Erzeugnis, Werkstoffart, Schwierigkeitsgrad und Auftragsumfang gegliedert. Vervollständigt werden die Unterlagen durch Zeichnungen oder Fotos. Damit können dann regelrechte „Nachkalkulationskataloge" erstellt werden.

Beispiel eines Auswertungsblattes

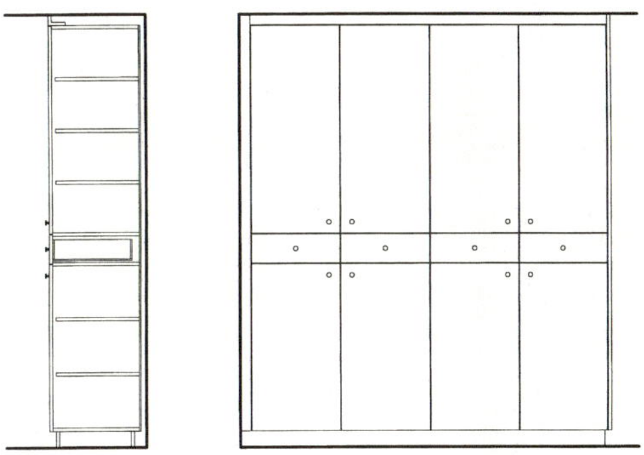

Produkt:	***Schrankwand***
Auftr.Nr.	***45/20...***
Auftrag:	***Schrankwand mit Schüben; Dr. Franz Huber***
Maße:	***2100 (B) x 2400 (H) x 520 (T)***
Material:	***Black Cherry, STAE 22***
Oberfläche:	***DD-Lackierung***
Bemerk.:	***10 Fachböden. Schübe maschinengezinkt, Führung auf Nutleisten. Schrank über Schubreihe geteilt.***

Liefern und Montieren ***15,0 Std.***		Auswertung lt. Kap. 33.2			
		a)	b)	l)	o)
Nachkalkulationswerte		lfm/ Frontfläche	m²/ Frontfläche	Std./m²/ Trägermat.	Wertschöpf. pro Stunde
Nettopreis (ohne Montage)	***5.048,00 €***	***2.404,00 €***	***1.002,00 €***		***54,87 €***
Arbeitsstunden	***92,0 h***	***43,8 h***	***18,3 h***	***3,7 h***	
Werkstoffe	***1.127,00 €***				

Anwendungsbeispiel:

Für eine Wandverkleidung soll ein Angebotspreis abgegeben werden.

Maße : 5000 x 2500 mm
Ausführung: Spanplatte, Teak furniert, einzelne Täfer in Falzleisten eingehängt, Oberfläche geölt.

Folgende Nachkalkulationswerte für die Anfertigung von Wandverkleidungen liegen vor:

1. Einfache Ausführung (kunststoffbesch. Spanplatte)		60,00 €/m²
2. Mittlere Ausführung (Spanplatte furniert, Furnier	8,00 €/m²)	90,00 €/m²
3. Gehobene Ausführung (Rahmen und Füllung, Furnier	16,00 €/m²)	110,00 €/m²

Montage: 1,5 Stunden pro m²

Errechnung:

Die mittlere Ausführung trifft zu. Der Preis für Teakfurnier beträgt 9,50 €/m²; der Preis von 90,00 € wird auf 91,50 € erhöht.

5,00 m x 2,50 m = 12,50 m² x 91,50 € = 1 143,75 € Fertigung

12,50 m² x 1,5 Std. = 18,75 Std.

Stundenverrechnungssatz für Montage einschließlich 10 % Montagezulage 35,00 €

18,75 Std. x 35,00 € = 625,25 € Montage
1 143,75 € + 656,25 € = 1 800,00 €

Es kann ein Angebotspreis von 1 800,00 € (zuzügl. gesetzl. Mehrwertsteuer) abgegeben werden.

Hinweis:

Bei der Übernahme von Nachkalkulationswerten zur Angebotspreisermittlung ist folgendes zu beachten:

Weicht der Auftragsumfang stark vom nachkalkulierten Beispiel ab, ist bei Unterschreitung eine Kostenerhöhung der restlichen Einheiten, bei Überschreitung eine Kostensenkung der zusätzlichen Einheiten zu berücksichtigen.

34 Zeiterfassung

34.1 Aufgaben des Stundenzettels

Nachkalkulationen und Betriebsabrechnung (Gemeinkostenzuschläge) sind nur dann genau durchzuführen, wenn die Arbeitszeiten lückenlos erfasst wurden. Normalerweise geschieht das mithilfe von Wochen- oder Tagesstundenzetteln. Zusammen mit den Werkstofflisten bilden die Stundenzettel die wichtigste Grundlage für die Preisberechnung (Ist-Werte).

Jeder an der Fertigung beteiligte Mitarbeiter, auch der Betriebsinhaber, sollte seine Arbeitsstunden sorgfältig niederschreiben.

Der Stundenzettel dient nicht, wie vielfach angenommen, hauptsächlich der Lohnberechnung. Ein ordnungsgemäß aufgebauter und ausgefüllter Stundenzettel liefert Werte für:

- **Lohnabrechnung**
- **Nachkalkulation**
- **Betriebsabrechnung**

Nicht zu unterschätzen ist die Bedeutung des Stundenzettels auch für **Ordnung und Arbeitsdisziplin** im Betrieb.

34.2 Aufbau des Stundenzettels

Der Stundenzettel muss eine Reihe von Angaben enthalten um den vorgenannten Anforderungen entsprechen zu können. Nachfolgend die Aufstellung der wichtigsten Punkte eines personenbezogenen Tagesstundenzettels, wie er für die differenzierte Zuschlagskalkulation verwendet wird:

1 Überschrift – Stundenzettel –
2 Name des Beschäftigten
3 Tag/Datum
4 Auftragsnummer
5 Tätigkeit
6 Kostenstellen (direkt verrechenbare Zeiten)
7 Nicht direkt verrechenbare Zeiten
8 Tagesstunden gesamt
9 Unterschrift des Beschäftigten
10 Kontrollzeichen des Meisters

34.2.1 Stundenzettel für differenzierte Zuschlagskalkulation

STUNDENZETTEL (1)

Name: (2) ______________________ Tag: (3) ______________________

(4) Auftrag Nr.	(5) Tätigkeit	(6) direkt verrechenbare Std.			(7) nicht dir. verr. Std.	(8) Summe Tagesstunden
		Maschinenarbeit	Handarbeit	Montagearbeit		

Unterschrift: (9) ______________________ Kontrollzeichen/Meister: (10) ______________

Die Kostenstellen (6) Maschinenarbeit, Handarbeit und Montagearbeit lassen sich nach Bedarf erweitern (z. B. Oberfläche, Betriebsschlosserei usw).

Die spätere Sammlung und Auswertung der nicht direkt verrechenbaren Zeiten wird erleichtert, wenn anstelle der Auftragsnummern betriebsinterne Kennzeichen verwendet werden.

Beispiele für Kurzzeichen (nicht direkt verrechenbare Zeiten)

MR = Reinigung Maschinenraum
MW = Wartung Maschinen
BR = Reinigung Bankraum (HA)
BW = Werkzeugpflege Bankraum
WA = Arbeiten im Werkstofflager
L = Lehrlingsunterweisung
G = Garantiearbeiten
AU = Abwesenheit Urlaub
AF = Feiertag
AK = Krankheit
S = Sonstiges

34.2.2 Stundenzettel für summarische Zuschlagskalkulation

Stundenzettel für die summarische Zuschlagskalkulation weisen nur eine Spalte für die direkt verrechenbaren Stunden auf. Die nicht direkt verrechenbaren Stunden müssen wiederum getrennt aufgeführt werden.

Auftrag Nr.	Tätigkeit	direkt verr. Std.	nicht direkt verr. Std.	Summe Tag

34.3 Zeiterfassungsarten

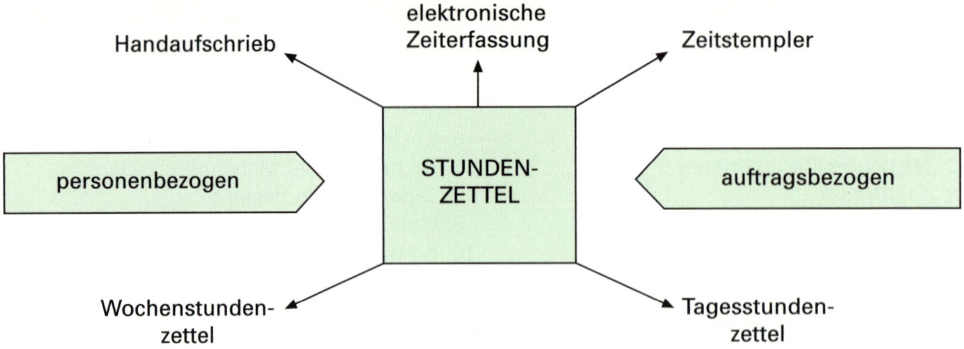

34.3.1 Personenbezogener Stundenzettel

Diese Art der Zeiterfassung ist am häufigsten im Schreinerhandwerk anzutreffen. Der Stundenzettel wird auf den Namen eines Beschäftigten ausgestellt. Alle Arbeitszeiten dieser Person werden lückenlos auf diesem Zettel festgehalten. Die Gesamtstundenzahl dient der Lohnberechnung. Enthalten die Stundenzettel die Zeiten verschiedener Aufträge, so müssen die Kalkulationswerte „zusammengesucht" werden.

34.3.2 Auftragsbezogener Stundenzettel

Dieser Stundenzettel wird auf einen bestimmten Auftrag ausgestellt. Nur die für diesen Auftrag anfallenden Zeiten werden hier festgehalten. Auftragsbezogene Stundenzettel zeigen Fortschrittszeiten an und vereinfachen die Nachkalkulation erheblich. Lohnabrechnung und anfallende nicht direkt verrechenbare Zeiten erfordern einen zusätzlichen Stundenzettel oder eine Stempelkarte (Anwesenheitskontrolle).

34.3.3 Wochenstundenzettel

Zeiterfassung mithilfe von Wochenstundenzetteln ist sehr verbreitet. Für eine Arbeitswoche wird nur ein Blatt benötigt. Nachteilig wirkt sich die Angewohnheit der Belegschaft aus, Zeiten verspätet aufzuschreiben; dadurch leidet die Genauigkeit der Eintragungen.

Vereinzelt existieren noch sog. Stundenhefte; sie sind ungünstig in der Handhabung und auch wegen der auftretenden Ungenauigkeiten abzulehnen.

34.3.4 Tagesstundenzettel

Immer häufiger werden Tagesstundenzettel in den Betrieben verwendet, auf denen die Zeiten eines Tages eingetragen werden. Tagesstundenzettel werden täglich ausgefüllt und eingesammelt.

Die größere Genauigkeit der Zeiten und die bessere Handhabung bei der Auswertung wiegen den etwas höheren Papieraufwand bei weitem auf.

34.3.5 Handaufschrieb

Im Schreinerhandwerk geschieht die Eintragung der Zeiten auf Stundenzetteln meist in handschriftlicher Form. Sofern dies mit der nötigen Sorgfalt und Sauberkeit durchgeführt wird, ist nichts gegen dieses (billige) Verfahren einzuwenden. „Manipulationen" sind jedoch möglich, und bei Beschäftigung von Ausländern kann es zu Missverständnissen kommen.

34.3.6 Zeitstempler

Zeitstempler zur Arbeitszeiterfassung sind in Großbetrieben seit langem im Einsatz. Auch im Schreinerhandwerk gibt es für diese Geräte, wenngleich in geringerem Umfang, Einsatzmöglichkeiten. Einige Zeitstempler können neben Datum und Uhrzeit auch Auftragsnummern und Kostenstellen ausdrucken. Mit diesen Angaben ist sehr genau zu kalkulieren.

Kommt es in Betrieben zu häufig wechselnden kurzen Arbeitsfolgen oder werden die Tätigkeiten mehrerer Aufträge zusammengefasst (z. B. beim Furnieren, Kantenanleimen usw.) sind Zeitstempler ungeeignet.

34.3.7 Elektronische Zeiterfassung

Die elektronische Zeiterfassung erfolgt über sog. Betriebsdatenerfassungsgeräte. Diese Geräte sind meist Teil einer EDV-Anlage. Eingabe über Tastatur oder mittels codierter Karten (Strich-Code oder Magnetstreifen) werden vom Computer je nach Art des vorhandenen Programms gesammelt, sortiert und zugeordnet. Mit solchen Systemen lässt sich für Lohnabrechnung und Kalkulation viel Zeit sparen. Für den Einsatz gibt es ähnliche Einschränkungen wie beim Zeitstempler, da die elektronischen Geräte nur Weiterentwicklungen darstellen.

34.3.8 Maschinenstundenzähler

Der Vollständigkeit halber müssen bei der Zeiterfassung auch Maschinenstundenzähler erwähnt werden.

Solche Zähler werden **auf Wunsch** bei Neukauf einer Maschine eingebaut. Sie liefern exakte Laufzeiten und ermöglichen die Errechnung genauer Maschinenstundensätze.

Stundenzettelmuster sind in Kapitel 47 zu finden.

34.4 Übersicht – Personenbezogener Stundenzettel

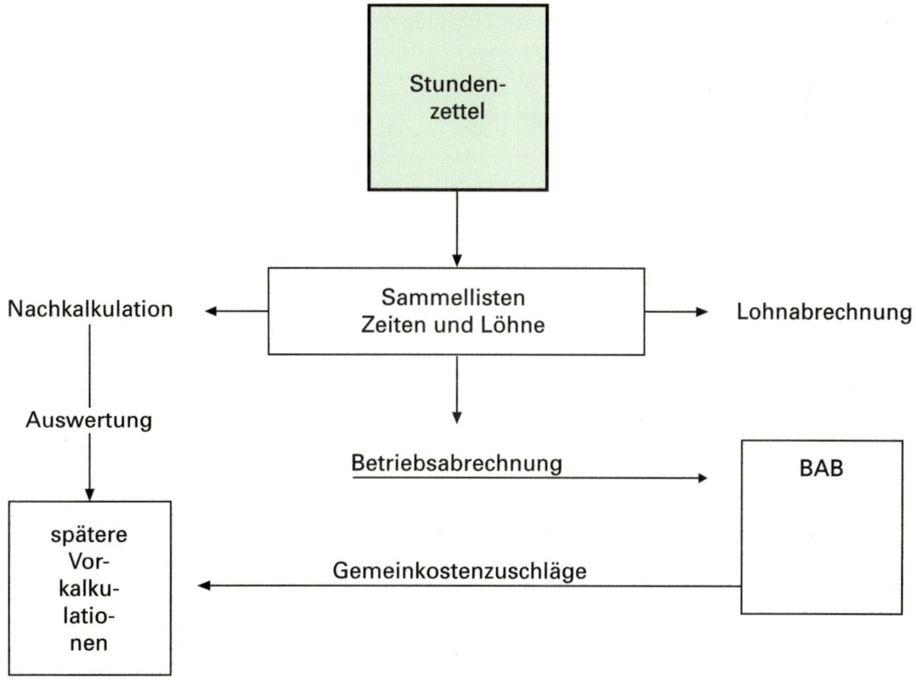

34.5 Sammellisten

Für die Betriebsabrechnung (Ermittlung der Gemeinkostenzuschläge) müssen Zeiten und Löhne in Sammellisten zusammengefasst und geordnet werden. Die Jahresgesamtaufstellung vereint schließlich alle Sammellistenwerte.

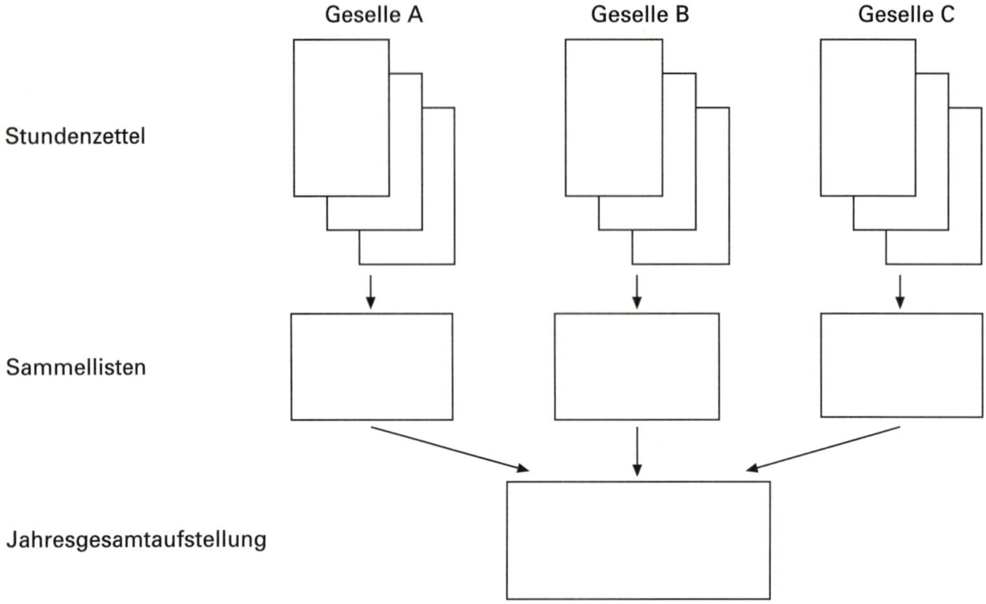

Alle Zeit- und Lohnwerte müssen am Jahresende geordnet werden in:

- Direkt verrechenbare Zeiten bzw. Löhne,
- Nicht direkt verrechenbare Zeiten bzw. Löhne,
- Kostenstellenzugehörigkeit (differenzierte Zuschlagskalkulation).

34.6 Fragenkatalog – Stundenzettel

1. Wird regelmäßiger Zeitaufschrieb vorgenommen?
2. Werden Stundenbücher oder Stundenzettel geführt?
3. Werden Wochen- oder Tagesstundenzettel verwendet?
4. Wird die Zeiterfassung personen- oder auftragsbezogen durchgeführt?
5. Werden Eintragungen von Hand oder mit Zeitstempler vorgenommen?
6. Wird auf täglichen Stundeneintrag geachtet?
7. Wird zwischen direkt und nicht direkt verrechenbaren Zeiten unterschieden?
8. Werden die Zeiten getrennt nach Kostenstellen aufgeschrieben?
9. Werden auch die produktiven Stunden des Betriebsinhabers erfasst?
10. Werden innerbetriebliche Kurzzeichen und Symbole verwendet?
11. Werden die Stundenzettel regelmäßig ausgewertet?
12. Wurden die Beschäftigten über die Notwendigkeit richtiger und vollständiger Eintragungen sowie über die Bedeutung des Stundenzettels für die Kostenrechnung informiert? Wurden sie um Verbesserungsvorschläge gebeten?

35 Kostenartenrechnung

35.1 Einleitung

Für die Errechnung der Gemeinkostenzuschläge (Zuschlagskalkulation) werden alle Kosten einer Rechnungsperiode benötigt. Die Ermittlung dieser Kosten erfolgt in der Kostenartenrechnung.

Kostenartenrechnung ist die geordnete Erfassung der Kosten einer Rechnungsperiode.

35.2 Vorgehen bei der Kostenartenrechnung

In der Kostenartenrechnung wird die Frage gestellt:

Welche Kosten sind entstanden?

Antwort auf diese Frage erhält man, wenn nachfolgend vorgegangen wird:

1. **Übernahme** der Kosten (aus der Finanzbuchhaltung)
2. **Abgrenzung** der Kosten (auf die Rechnungsperiode)
3. **Vervollständigung** der Kosten (durch kalkulatorische Kosten)

Zu 1.
Eine ordnungsgemäß geführte Finanzbuchhaltung enthält (in Kontenklasse 4) die meisten betrieblichen Kostenarten, die für die Kostenartenrechnung übernommen werden können.

Die Finanzbuchhaltung führt die betrieblichen Kosten auf Konten, die in einem **Kontenrahmen** zusammengefasst sind. Hier sind Kosten nach ihrer Art aufgezeichnet (Kostenartenrechnung!). Für Schreiner gibt es den **Fachkontenrahmen für das holz- und kunststoffverarbeitende Handwerk.** Mithilfe dieses Fachkontenrahmens kann die Buchhaltung im Schreinerhandwerk vereinheitlicht werden und es ist möglich ohne großen Aufwand an Betriebsvergleichen teilzunehmen.

Die einzelnen Konten werden mit Zahlen bezeichnet. Man unterscheidet zwischen:

– Kontenklassen	1-stellige Nummern, z. B. 4
– Kontengruppen	2-stellige Nummern, z. B. 41
– Kontenarten	3-stellige Nummern, z. B. 412
– Kontenunterarten	4-stellige Nummern, z. B. 4123

Der komplette Kontenrahmen für das holz- und kunststoffverarbeitende Handwerk ist im **Anhang I** zu finden.

Zu 2.
Alle Kosten, die in einer Rechnungsperiode (Geschäftsjahr) entstanden sind, müssen in Ansatz gebracht werden. Im Betrieb fallen häufig Voraus- oder Nachzahlungen an (z. B. Versicherungsprämien, Urlaubslöhne, Großreparaturen usw.), die nach dem tatsächlichen Verbrauch während der Rechnungsperiode **abgegrenzt** werden müssen.

Zu 3.
Kalkulatorische Kosten (Kapitel 3.3.2) gelten nicht als Aufwand und sind in der Finanzbuchhaltung deshalb nicht aufgeführt; sie müssen zusätzlich (Zusatzkosten) von der Unternehmensleitung festgelegt werden, um die Kostenartenrechnung zu **vervollständigen.**

Bei Löhnen und Gehältern muss für die Berechnung der Gemeinkostenzuschläge genau nach Einzel- und Gemeinkosten unterschieden werden; die Werte erhält man aus Stundenzetteln oder Zeiterfassungsprogrammen.

35.3 Aufstellung der Kostenarten

Für die Kostenrechnung ist die Kontenklasse 4 des Kontenrahmens von großer Bedeutung. Hier erscheinen auf den einzelnen Konten die Kostenarten. Je genauer die Kosten erfasst werden, desto einfacher lässt sich die Kostenartenrechnung durchführen.

Nachfolgend die wichtigsten Kostenarten mit Erläuterungen:

4115 Nicht direkt verrechenbare Löhne (einschl. Gehälter für technische Angestellte)

Als nicht direkt verrechenbar ist der Zeitaufwand anzusehen, der z. B. für Aufräumungsarbeiten, Maschineninstandhaltung, Abladen von Holzlieferungen, Umstapeln auf dem Holzlagerplatz usw. anfällt. Auch Fahrten zwischen zwei Baustellen können darunter fallen, wenn die darauf entfallenden Lohnkosten weder dem einen noch dem anderen Auftraggeber in Rechnung gestellt werden können.

Auch die Gehälter für leitende und überwachende Tätigkeiten der Werkmeister und technischen Angestellten sind meistens nicht direkt verrechenbar. Zur Erleichterung der späteren Kostenverteilung auf Unternehmensbereiche und Kostenstellen sollten die n.d.v. Gehälter der technischen Angestellten ebenfalls auf diesem Konto erfasst werden. Die Gehälter der kaufmännischen Angestellten werden unter Konto 4125 erfasst.

Ob die Trennung nach direkt oder nicht direkt verrechenbaren Löhnen und Gehältern bereits in der Buchführung vorgenommen wird oder statistisch nebenher, ist ohne Bedeutung. Entscheidend ist, dass überhaupt Aufzeichnungen über die Höhe der direkt verrechenbaren und der nicht direkt verrechenbaren Löhne und Gehälter vorliegen. Bei einer Vernachlässigung dieser so überaus wichtigen Voraussetzung besteht die Gefahr, dass die Gemeinkostenlöhne (nicht direkt verrechenbare Löhne) verschenkt und aus dem Gewinn bestritten werden müssen. Werden die nicht direkt verrechenbaren Löhne und Gehälter nicht voll aus der Bruttolohn- und -gehaltssumme herausgenommen und in die Gemeinkosten einbezogen, ergibt sich ein zu niedriger Gemeinkostenzuschlag.

Beispiel:

Zunächst ermittelte Gemeinkosten	159 000,00 €
Gesamtlohnsumme (einschl. nicht dir. verr. Löhne)	79 000,00 €

falsch:

$$\frac{\text{Gemeinkosten} \times 100}{\text{Lohnsumme}} \quad \frac{159\,000{,}00\ € \times 100}{79\,000{,}00\ €} = 201\ \%$$

effektiver Stundenlohn	13,00 €
+ Gemeinkosten 201 %	26,13 €
= Stundenverrechnungssatz	39,13 €
(ohne Gewinn und Mehrwertsteuer)	

Geht man davon aus, dass in der vorgenannten Lohnsumme 9 000,00 € nicht direkt verrechenbare Löhne enthalten sind, ergibt sich folgender Ansatz:

richtig:

$$\frac{\text{Gemeinkosten} \times 100}{\text{dir. verr. Löhne}} \quad \frac{(159\,000{,}00\ € + 9\,000{,}00\ €) \times 100}{79\,000{,}00\ € - 9\,000{,}00\ €} = 240\ \%$$

effektiver Stundenlohn	13,00 €
+ Gemeinkosten 240 %	31,20 €
= Stundenverrechnungssatz	44,20 €
(ohne Gewinn und Mehrwertsteuer)	

4116 Feiertagsentlohnung

Die Feiertagsentlohnung gehört zu den Löhnen, die in die Gemeinkosten eingehen (Gemeinkostenlöhne). Für die Betriebsabrechnung muss die Bruttolohnsumme bereinigt werden, falls die Feiertagsentlohnung darin enthalten ist. Betriebe, die von vornherein eine differenzierte Kostenerfassung vornehmen wollen, können die Feiertagsentlohnung in der Buchführung auf diesem Konto buchen.

4117 Urlaubsentlohnung

Das zum Konto 4116 Gesagte gilt hier sinngemäß. Bei der Betriebsabrechnung sollte der gesamte Urlaubsanspruch für die Abrechnungsperiode zugrunde gelegt werden, unabhängig von dem in diesem Zeitraum gewährten Urlaub.

Ist die Urlaubsentlohnung bereits in der Buchführung erfasst worden, muss für die Betriebsabrechnung regelmäßig eine Abgrenzung vorgenommen werden, weil in der Buchführung ausschließlich die Urlaubsentlohnung für den gewährten Urlaub erfasst wird.

4118 Lohnfortzahlung im Krankheitsfall

Besonderes Interesse wird der getrennten Erfassung der Lohnfortzahlung im Krankheitsfall zukommen, um deren von Jahr zu Jahr vermutlich recht unterschiedliche Entwicklung verfolgen zu können.

Wird die Lohnfortzahlung im Krankheitsfall nicht bereits in der Buchführung getrennt erfasst, muss diese für die Betriebsabrechnung aus den Lohnkonten der Mitarbeiter zusammengestellt werden.

4119 Tariflich bezahlte freie Arbeit

Unter dieser Position sind die Löhne für Freistellungen von der Arbeit aufgrund tarifvertraglicher (eigene Hochzeit, Geburt eines Kindes, Sterbefall in der Familie u.a.) und gesetzlicher (z.B. nach dem Bildungsurlaubsgesetz) Bestimmungen zu erfassen.

4125 Nicht direkt verrechenbare Gehälter

Unter dieser Position werden die Gehälter für die kaufmännischen Angestellten erfasst. Die nicht direkt verrechenbaren Gehälter der technischen Angestellten sollten aus Gründen der späteren Kostenverteilung auf Unternehmensbereiche und Kostenstellen dem Konto 4115 zugeordnet werden.

413 Ausbildungsvergütung

Es empfiehlt sich die Ausbildungsvergütung bereits in der Buchführung von den Löhnen und Gehältern getrennt zu erfassen.

In die Gemeinkosten geht der Teil der Ausbildungsvergütung ein, der nicht direkt verrechnet werden konnte (zur Ermittlung der direkt verrechenbaren Lehrlingsarbeit und der nicht direkt verrechenbaren Ausbildungsvergütung siehe Kap. 35.6.1).

4211 Arbeitgeberanteil zur Sozialversicherung

(Sammelkonto „42 – Personalnebenkosten")

Der Arbeitgeberanteil zur Sozialversicherung ist keinesfalls Lohn, sondern gehört im Gegensatz zum Arbeitnehmeranteil zu den Gemeinkosten.

4212 Berufsgenossenschaftsbeiträge

(Sammelkonto „42 – Personalnebenkosten")

Berufsgenossenschaftsbeiträge sind Gemeinkosten und gehören nicht zu den Löhnen.

4213 Ausgleichskasse Lohnfortzahlung

(Sammelkonto „42 – Personalnebenkosten“)

Betriebe, die an dem gesetzlichen Ausgleich der Aufwendungen für die Lohnfortzahlung teilnehmen, erfassen auf diesem Konto die Beiträge zur Ausgleichskasse. Auch bei dieser Position ist auf eine periodengerechte Abgrenzung (z.B. noch ausstehende Erstattungsbeträge) zu achten.

Auf diesem Konto werden auch die von der Ausgleichskasse erhaltenen Erstattungsbeträge erfasst.

4219 Sonstige lohnbezogene Personalnebenkosten

(Sammelkonto „42 – Personalnebenkosten“)

Als lohnbezogen sind solche Personalnebenkosten zu verstehen, die unmittelbar in einem Abhängigkeitsverhältnis zu den Löhnen stehen. Darunter fallen sämtliche bisher aufgezählten Positionen der Kontengruppe 42, weil sie mit einer Lohnänderung ebenfalls eine Veränderung erfahren.

Außer den bisher aufgezählten können noch weitere Kosten in ihrer Höhe abhängig vom Lohn sein. Dies trifft z.B. zu für Auslösungen und Prämien, wenn sie prozentual zum Lohn bemessen sind. Die Erfassung dieser Kosten richtet sich nach ihrer Verrechnung:

1. Unter „4219 – Sonstige lohnbezogene Personalnebenkosten“, wenn sie prozentual zum Lohn bemessen sind und soweit sie nicht in bestimmten Beträgen bestimmten Aufträgen zugerechnet werden;

2. unter „4229 – Sonstige nicht lohnbezogene Personalnebenkosten“, wenn sie nicht prozentual zum Lohn bemessen sind und soweit sie nicht in bestimmten Beträgen bestimmten Aufträgen zugerechnet werden;

3. unter Sondereinzelkosten, soweit sie in bestimmten Beträgen bestimmten Aufträgen zugerechnet werden, also keine Gemeinkosten sind.

Eine Trennung nach diesen Unterscheidungsmerkmalen ist unerlässlich, weil sonst entweder Gemeinkosten verschenkt oder aber Sondereinzelkostencharakter tragende Kosten in die Gemeinkosten einbezogen werden und diese ungerechtfertigt erhöhen.

Eine Trennung dieser Kosten nach lohnbezogenen (Pos. 4219) und nicht lohnbezogenen (Pos. 4229) wird dringend angeraten, wenn ein Nachweis der lohnabhängigen Kosten erforderlich wird (Lohngleitklauseln bei langfristigen Verträgen mit Vereinbarung, dass Lohnerhöhungen und damit zusammenhängende lohngebundene Kosten nachberechnet werden können).

4221 Urlaubsgeld, soweit nicht lohnbezogen

(Sammelkonto „42 – Personalnebenkosten“)

Auf diesem Konto wird das zusätzliche Urlaubsgeld erfasst, soweit es nicht lohnbezogen ist. Werden zusätzliche Urlaubsgelder gewährt, die sich auf einen bestimmten Prozentsatz des Urlaubsentgelts belaufen, so ist ein entsprechendes Konto innerhalb der Kontengruppe 411 einzurichten.

4222 Schwerbeschädigtenablösung

(Sammelkonto „42 – Personalnebenkosten“)

Diese Position kommt nur für Betriebe in Frage, welche die Pflichtgrenze für die Beschäftigung von Schwerbeschädigten überschreiten und eine Ablösung für unbesetzte Pflichtplätze zu zahlen haben.

4223 Freiwillige Sozialaufwendungen

(Sammelkonto „42 – Personalnebenkosten")

Hierunter sind freiwillig gezahlte Weihnachtsgelder, Heiratsbeihilfen, Zuschüsse zur Werkskantine, Aufwendungen ähnlicher Art (z. B. gelegentliche Beköstigung auf Baustellen, Freibier usw.), Aufwendungen für Betriebsausflüge und – feste, betriebliche Altersversorgung u. Ä. zu erfassen, soweit sie betriebswirtschaftlich und/oder steuerlich nicht zu den Löhnen gerechnet werden müssen.

Die tarifvertragliche Sonderzahlung auf ein 13. Monatseinkommen hat Lohncharakter und ist auf einem Konto der Kontengruppe 411 zu erfassen.

4229 Sonstige, nicht lohnbezogene Personalnebenkosten

(Sammelkonto „42 – Personalnebenkosten")

Die Pos. 4221–4223 stellen Personalnebenkosten dar, deren Höhe nicht vom Lohn abhängig ist. In der Pos. 4229 sollen die restlichen nicht lohnbezogenen Personalnebenkosten, wie z.B. Auslösungen und Prämien, die nicht prozentual zum Lohn bemessen sind und die nicht bestimmten Aufträgen zugerechnet wurden, erfasst werden. In Pos. 4229 sind auch Fahrgelder zu erfassen, soweit diese nicht als Sondereinzelkosten bestimmten Auftraggebern in Rechnung gestellt werden.

42 Sammelkonto Personalnebenkosten

Diese Position dient der Zusammenfassung der Personalnebenkosten in der Betriebsabrechnung. In der Buchführung kann zwar bereits auf diesem Konto gebucht werden, aus Gründen der Kostenkontrolle ist jedoch eine weitergehende Unterteilung der Personalnebenkosten dringend zu empfehlen.

430 Kosten für eigene Fahrzeuge

(Sammelkonto)

In dieser Position werden alle Kosten, die mit dem Unterhalt eigener Kraftfahrzeuge zusammenhängen, erfasst. Als solche wären zu nennen: Treibstoff-, Öl- und Reifenverbrauch, Beiträge an Kraftfahrverbände, Steuern, Versicherungen, Reparaturen, Garagenkosten und Abschreibungen.

Bei mehreren Fahrzeugen ist eine getrennte Erfassung der Kosten je Fahrzeug dringend zu empfehlen, damit die Wirtschaftlichkeit des einzelnen Fahrzeugs überprüft und die Kosten den Unternehmensbereichen und Kostenstellen verursachungsgerecht zugeordnet werden können.

Der für die private Nutzung entfallende Kostenanteil ist auszusondern und dem Privatkonto 19 des Kontenrahmens zuzurechnen. Der sicherste, wenn auch etwas unbequeme Weg zur Feststellung des privaten Nutzungsanteils führt über das Fahrtenbuch; steuerliche Schätzungen erweisen sich häufig als unzutreffend.

441 Betriebliche Steuern

(Sammelkonto „44 – Betriebliche Steuern, Gebühren, Abgaben, Beiträge, Versicherungen")

Unter dieser Position wird vornehmlich die Gewerbesteuer erfasst, außerdem die Grundsteuer für betrieblich genutzte Grundstücke und Gebäude.

Kraftfahrzeugsteuern werden in Konto „430 – Kosten für eigene Kraftfahrzeuge" erfasst.

Nicht zu den betrieblichen Steuern mit Gemeinkostencharakter gehören die Mehrwertsteuer und die von Kapitalgesellschaften (z.B. GmbH) zu entrichtende Körperschafts- und Vermögenssteuer sowie auch die Kapitalertragssteuer stiller Gesellschafter.

442 Gebühren, Abgaben

(Sammelkonto „44 – Betriebliche Steuern, Gebühren, Abgaben, Beiträge, Versicherungen")

Unter dieser Position können Gebühren der Müllabfuhr u. Ä. erfasst werden.

Fernsprechgebühren sowie Gebühren, die im Zusammenhang mit dem Geldverkehr stehen, sollen nicht hier, sondern in Pos. „452 – Bürokosten" bzw. „459 – Sonstige Gemeinkosten" erfasst werden.

443 Beiträge

(Sammelkonto „44 – Betriebliche Steuern, Gebühren, Abgaben, Beiträge, Versicherungen")

Auf diesem Konto werden die Beiträge für Berufs- und Fachorganisationen, z. B. Innung und Handwerkskammer, erfasst.

Beiträge zur Berufsgenossenschaft sind Personalnebenkosten und gehören auf das Konto 4212.

Aufwendungen für die betriebliche Altersversorgung sind ebenfalls Personalnebenkosten und sollen in Pos. 4223 erfasst werden.

444 Versicherungen

(Sammelkonto „44 – Betriebliche Steuern, Gebühren, Abgaben, Beiträge, Versicherungen")

Betriebliche Versicherungen sind z. B. Haftpflicht-, Feuer-, Einbruch-, Diebstahl-, Betriebsunterbrechungsversicherung u. a.

Kfz-Versicherungen werden im Konto 430 erfasst.

440 Betriebliche Steuern, Gebühren, Abgaben, Beiträge, Versicherungen

(Sammelkonto)

Dieses Konto dient zur Zusammenfassung der Positionen 441–444 in der Betriebsabrechnung. Eine Unterteilung dieser Kontengruppe in der Buchführung ist für die Überwachung der Gewerbesteuerzahlungen, die sowohl für den laufenden Rechnungszeitraum als auch häufig für weiter zurückliegende Abrechnungszeiträume geleistet werden und für die Verteilung der Kosten in der Betriebsabrechnung auf Unternehmensbereiche und Kostenstellen dringend zu empfehlen.

4511 Miete, Pacht

(Sammelkonto „451 – Raumkosten")

In dieser Position wird nur die für die Benutzung fremder Räume und Einrichtungsgegenstände gezahlte Miete oder Pacht erfasst. Bei Vorauszahlungen oder nachträglichen Zahlungen ist eine Abgrenzung vorzunehmen.

Die kalkulatorische Miete für die eigenen Betriebsräume wird nicht hier, sondern in Pos. „4850 – Kalkulatorische sonstige Kosten" erfasst.

4512 Heizung

(Sammelkonto „451 – Raumkosten")

Hier kann ebenfalls eine Abgrenzung von Bedeutung sein. Es soll nur der tatsächliche Verbrauch an Heizmaterial im Abrechnungszeitraum erfasst werden und nicht auch ein evtl. erfolgter Vorratskauf.

4514 Reinigung

(Sammelkonto „451 – Raumkosten")

Hier sollen in erster Linie die Kosten erfasst werden für die Reinigung betrieblicher Räume durch betriebsfremde Kräfte. Wird die Reinigung mit betriebseigenen Kräften vorgenommen, kann der darauf entfallende Lohnanteil für die Betriebsabrechnung hier ebenfalls erfasst werden, muss dann aber aus der Position „4115 – Nicht direkt verrechenbare Löhne" herausgenommen werden.

4515 Instandhaltung an Gebäuden

(Sammelkonto „451 – Raumkosten")

Hier sind die Kosten der Instandhaltung für Räume und Gebäude zu erfassen.

Werden Gebäudeinstandsetzungen durch betriebseigene Kräfte vorgenommen, so erfolgt die Bewertung zu Selbstkosten, d.h. unter Berechnung des Lohnaufwandes und des Materialverbrauchs. Hinzu kommt noch der vom Betrieb üblicherweise verrechnete Gemeinkostenzuschlag. Wagnis- und Gewinnzuschläge bleiben bei der Selbstkostenbewertung außer Ansatz.

Werterhöhende Instandhaltungen an eigenen Betriebsgebäuden werden nicht in Pos. 4515 erfasst, sondern erhöhen sowohl in betriebswirtschaftlicher als auch in steuerlicher Hinsicht den Wert der Anlagen. Sie sind daher auf den entsprechenden Konten der Kontenklasse 1 zu erfassen und im Laufe der Restnutzungsdauer des Gebäudes abzuschreiben.

451 Raumkosten

(Sammelkonto)

Diese Position dient zur Zusammenfassung der Raumkosten in der Betriebsabrechnung. Aus Gründen der Kostenkontrolle und zur Erleichterung der Kostenverteilung in der Betriebsabrechnung sollte in der Buchführung eine getrennte Erfassung erfolgen.

452 Bürokosten

(Sammelkonto)

Wird das Konto als Sammelkonto angesprochen, werden in dieser Position die Porto-, Fernsprech-, Telegramm- und Postschließfachgebühren, die Kosten für Büro- und Zeichenmaterial sowie für andere geringwertige Wirtschaftsgüter, Fachzeitschriften und -bücher usw. erfasst. Eine Unterteilung, wie sie der Kontenrahmen vorsieht, ist zur Kostenkontrolle empfehlenswert.

Höherwertige Büroeinrichtungen und -maschinen sind zu aktivieren. Sie werden nach dem Kontenrahmen auf Konto 04 verbucht und gehen im Laufe der Nutzungsdauer mit den Abschreibungsbeträgen in die Gemeinkosten ein.

453 Werbe- und Repräsentationskosten

(Sammelkonto)

Darunter sind zu verstehen: Werbeanzeigen, Kundengeschenke, Bewirtung von Geschäftsfreunden usw. Geschenke an Betriebsangehörige dagegen rechnen zu den freiwilligen Sozialaufwendungen und sind unter Pos. 4223 zu erfassen.

454 Reisekosten

(Sammelkonto)

Hier sind die aus betrieblicher Veranlassung entstandenen Reisekosten zu erfassen, soweit sie nicht den Pos. 4219 oder 4229 zugerechnet werden oder als Sondereinzelkosten aus den Gemeinkosten überhaupt ausscheiden. Auslösungen und Fahrgelder der Gesellen sind nicht hier, sondern in Pos. 4219 oder 4229 zu erfassen, sofern sie nicht Sondereinzelkosten sind.

Als Reisekosten gelten die Fahrt- und Übernachtungskosten, Garagengebühren usw. und der Mehraufwand an Verpflegung. Wird letzterer in der Buchführung nach steuerlich zulässigen Pauschalen erfasst, ist zu prüfen, ob die Pauschalierung auch nach betriebswirtschaftlichen Grundsätzen vertretbar ist. Gegebenenfalls muss eine Korrektur der in die Betriebsabrechnung zu übernehmenden Reisekosten vorgenommen werden.

455 Buchhaltungs-, Steuer- und Rechtsberatung

(Sammelkonto)

Unter dieser Pos. werden alle Kosten erfasst, die im Zusammenhang mit Buchführungs-, Steuer- und Rechtsfragen entstehen, also z. B. Honorare an Steuerberater, Buchstellen und Rechtsanwälte. Auch die Kosten der externen EDV-Lohn- und -Finanzbuchhaltung werden hier erfasst.

Das Gehalt für einen im Betrieb angestellten Buchhalter rechnet dagegen zu den kfm. Gehältern.

Dass unter der Pos. 455 nur betriebliche Kosten zu erfassen sind, ist selbstverständlich. Anwaltshonorare für Privatprozesse sind ebenso auszuscheiden wie Honorare eines Steuerberaters, die im Zusammenhang mit Steuerfragen des privaten Sektors stehen.

456 Strom-, Gas-, Wasserverbrauch

(Sammelkonto)

Die Zahlen können in den meisten Fällen ohne Schwierigkeiten der Buchführung entnommen werden. Wie bei allen Positionen ist auch hier an Abgrenzungen zu denken, so z. B. wenn die Gebührenrechnungen für den Monat Dezember erst im Folgejahr bezahlt werden.

457 Reparaturen und Instandhaltung von Maschinen u.a. Einrichtungen

(Sammelkonto)

Durch die zunehmende Technisierung der Betriebe gewinnt diese Kontengruppe an Bedeutung. Wo das Schärfen der Maschinenwerkzeuge an Dienstleistungsunternehmen vergeben wird, empfiehlt es sich, die Kosten des Werkzeugschärfdienstes von den Kosten der Reparaturen an Maschinen und Werkzeugen, Betriebs- und Geschäftsausstattung getrennt zu erfassen (Kto. 4571). Auch Ersatzteile und Kleinwerkzeuge werden zweckmäßigerweise in dieser Kontengruppe auf einem separaten Kto. (4573) erfasst.

458 Betriebsstoffverbrauch

(Sammelkonto)

Wegen der geringen Bedeutung, die der Verbrauch an Betriebsstoffen im holz- und kunststoffverarbeitenden Handwerk hat, ist diese Position im GKB und im BAB nicht gesondert aufgeführt. Im Bedarfsfall kann die Pos. nachgetragen oder der Betriebsstoffverbrauch mit in dem Kto. 459 – Sonstige Gemeinkosten – erfasst werden.

Unter Betriebsstoffe werden Schmierstoffe, Öle, Fette, Reinigungs- und sonstige Hilfsmittel verstanden, die nicht Bestandteil des Erzeugnisses werden und zu seiner Herstellung nur indirekt erforderlich sind.

In der Buchführung erfolgt die Erfassung der Betriebsstoffe entweder gleich beim Einkauf auf dem Kto. 458 bzw. 549 oder durch eine Umbuchung zum Jahresende, wenn der Einkauf zunächst auf einem Bestandskonto der Klasse 3 erfasst wurde. Auf den Bestandskonten erfasste Treibstoffe und Heizöl sind auf Konten der Gruppe 43 bzw. 451 umzubuchen.

459 Sonstige Gemeinkosten

(Sammelkonto)

Unter dieser Position werden alle Kosten erfasst, für die in der Betriebsabrechnung keine Einzelpositionen vorgesehen sind. Dazu zählen u.a. Geldverkehrskosten, wie z. B. Bankspesen und -provisionen, Wechselspesen und -steuern (nicht dagegen Diskonto und Zinsen, die auf dem Kto. 93 des Kontenrahmens zu erfassen sind). Bewachungs- und Berufsfortbildungskosten, Trinkgelder usw., Ausgangsfrachten und ausgehendes Verpackungsmaterial dürfen hier nur insoweit erfasst werden, als sie nicht als Sondereinzelkosten direkt verrechnet werden und somit aus den Gemeinkosten ausscheiden. Grundsätzlich sollte das Konto nicht zu umfangreich werden, weil sonst die Kostendurchleuchtung und insbesondere die Kostenstellenrechnung leidet.

481 Kalkulatorische Abschreibungen

(Sammelkonto „48 – Kalkulatorische Kosten")

Abschreibungen sind der Gegenwert für Wertminderungen des Anlagevermögens. Die Abschreibungen dienen zur Bildung von Kapitalreserven, mit denen am Ende der Nutzungsdauer eines Anlagegutes ein gleichwertiger Ersatz angeschafft werden kann. Eine weitere Zielsetzung der Abschreibungsrechnung ist die Zuteilung der Wertminderung auf die jeweilige Abrechnungsperiode.

In der Buchführung werden Abschreibungen nach rein steuerlichen Gesichtspunkten erfasst, die häufig nicht den betriebswirtschaftlichen Gegebenheiten entsprechen. Für die Gemeinkostenzusammenstellung müssen in Fällen, in denen die Abweichungen erheblich sind, Korrekturen vorgenommen werden.

Die kalkulatorischen Abschreibungen sollen die tatsächliche Wertminderung erfassen, welche die Anlagegüter durch technische Abnutzung und wirtschaftliche Einflüsse erfahren. Beide Faktoren müssen sich auf Erfahrungswerte und Wahrscheinlichkeitsrechnungen stützen, für welche die Praxis verschiedene Methoden kennt.

Beispiel:

Lineare Abschreibung für Abnutzung (AfA) vom Anschaffungswert

Die einfachste und bekannteste AfA errechnet sich aufgrund der geschätzten Lebensdauer, welche in gleichbleibenden (linearen) Beträgen vom Anschaffungswert abgesetzt wird.

Anschaffungswert	10 000,00 €
geschätzte Lebensdauer 5 Jahre = jährliche AfA 2 000,00 €	
AfA in 5 Jahren (5 x 2 000,00 €)	= 10 000,00 €
	0,00 €

Üblicherweise wird jedoch nicht bis zu 0 € abgeschrieben, sondern ein sogenannter Erinnerungswert von 1 € belassen.

Einer besonderen Beurteilung bedürfen die geringwertigen Wirtschaftsgüter (GWG), deren derzeitige Abschreibungsfreiheit bis zu einem Anschaffungswert von 410,00 € netto ein rein steuerliches Faktum darstellt. Differiert die Höhe der in den einzelnen Abrechnungsperioden angeschafften GWG nicht unwesentlich, muss für die Betriebsabrechnung ein Durchschnittswert gebildet werden.

Bei der Betriebsabrechnung nach den Bestimmungen des Baupreisrechts muss ein Anlagennachweis geführt werden (Nr. 34 LSP-Bau), aus dem alle für die Abschreibungen notwendigen Angaben hervorgehen, namentlich die Ausgangswerte, die geschätzte Gesamtnutzung, die bisherige Nutzung, der Abschreibungsbetrag je Zeit- oder Leistungseinheit und der kalkulatorische Restwert. Ein solcher von der Finanzbuchhaltung unabhängiger Anlagennachweis ist jedoch grundsätzlich auch dann zu empfehlen, wenn bei der Betriebsabrechnung von der steuerlichen AfA abgewichen wird.

4821 Kalkulatorische Zinsen auf das betriebsnotwendige Kapital/Eigenkapital
(Sammelkonto „480 – Kalkulatorische Kosten")

Unter dieser Position werden die kalkulatorischen Zinsen auf das betriebsnotwendige Kapital bzw. Eigenkapital erfasst.

Ermittlung der kalkulatorischen Eigenkapitalverzinsung

Eigenkapital ist der Unterschied zwischen den Vermögenswerten und Schulden des Betriebes, also der Teil, der dem Unternehmer an seinem Betrieb tatsächlich gehört.

Wäre das Eigenkapital nicht im Betrieb gebunden, sondern beispielsweise als Bankguthaben angelegt, würde es Zinsen bringen. Der durch die Bindung des Eigenkapitals dem eigenen Betrieb entgehende Zinsertrag trägt Kostencharakter und soll über die Gemeinkosten wieder hereingeholt werden. Sind in den Vermögenswerten nicht betriebsnotwendige Werte enthalten, muss das für die Berechnung der kalkulatorischen Zinsen anzusetzende Eigenkapital um diesen Betrag reduziert werden.

Als nicht betriebsnotwendig müssen alle Vermögenswerte angesehen werden, die zur Erreichung des Betriebszwecks nicht erforderlich sind. Die Aussonderung muss erfolgen, weil es dem Auftraggeber nicht zugemutet werden kann, für nicht betriebsnotwendiges Vermögen über den Gemeinkostenzuschlag Zinsen zu bezahlen.

Aus dem auf das betriebsnotwendige Maß reduzierten Eigenkapital wird die Verzinsung in der Regel mit dem marktüblichen Zinssatz für langfristige Kapitalanleihen errechnet und in die Gemeinkosten mit aufgenommen.

4822 Zins- und Diskontaufwendungen aus Kto. 93
(Sammelkonto „480 – Kalkulatorische Kosten")

Die Zinsaufwendungen für Fremdkapital werden nach dem Kontenrahmen in der Kontengruppe 93 erfasst. Entgegen andersgearteter Meinung vertritt der BHKH-Ausschuss „Wirtschaft" die Auffassung, dass die Fremdkapitalzinsen in die Gemeinkosten einbezogen werden müssen. Sie werden ergänzt um die kalkulatorischen Zinsen für das betriebsnotwendige Eigenkapital (Pos. 4821).

484 Kalkulatorisches Unternehmerentgelt für leitende und überwachende Tätigkeit
(Sammelkonto „480 – Kalkulatorische Kosten")

Für die leitende und überwachende Tätigkeit steht dem Unternehmer ein Entgelt zu, das keineswegs mit dem üblichen Wagnis- und Gewinnaufschlag in den Kalkulationen abgegolten ist.

Für die Tätigkeit des Unternehmers in seinem Betrieb und die dort wahrgenommenen Aufgaben sowie für die damit verbundene Verantwortung ist ein „vergleichbares Angestelltengehalt" kalkulatorisch in Ansatz zu bringen. Anhaltswerte können den Gehaltstarifverträgen des holz- und kunststoffverarbeitenden Handwerks entnommen werden. Dabei ist jedoch zu berücksichtigen, dass den in den Gehaltstarifen enthaltenen Beträgen die normale tarifliche Arbeitszeit zugrunde liegt, Angestellte ebenso wie Lohnempfänger in der Regel übertariflich bezahlt werden und dass Angestellte zu ihrem Gehalt noch vermögenswirksame Leistungen, Urlaubsgeld, Sonderzahlung auf ein 13. Monatseinkommen und Arbeitgeberanteile zur Sozialversicherung erhalten. Das kalkulatorische Unternehmerentgelt wird deshalb in der Regel deutlich über den Sätzen der Gehaltstarife liegen müssen.

Für ohne feste Entlohnung mitarbeitende Angehörige des Unternehmers ist ebenfalls ein ihrer Tätigkeit entsprechendes Entgelt kalkulatorisch zu verrechnen. Sofern der Betriebsinhaber noch direkt verrechenbare Leistungen erbringt, ist das kalkulatorische Unternehmerentgelt wie folgt zu ermitteln:

Beispiel:

Vergleichbares Angestelltengehalt 3 500,00 €/Monat x 12 Monate	42 000,00 €
./. d. v. Mitarbeit	
z. B. 880 Std./Jahr x 13,00 € (effektiver Facharbeiterlohn des Betriebes)	11 440,00 €
= Kalk. Unternehmerentgelt	30 560,00 €

485 Sonstige kalkulatorische Kosten

(Sammelkonto „480 – Kalkulatorische Kosten")

Hier ist insbesondere der kalkulatorische Mietansatz für eigene Betriebsgebäude zu beachten, um eine Gleichstellung zwischen Betrieben in gemieteten Räumen und solchen mit eigenen Grundstücken und Gebäuden zu erreichen.

Ermittlung der kalkulatorischen Miete

In der betriebswirtschaftlichen Literatur wird zur Gleichstellung aller Betriebe in der Kalkulation empfohlen, dass Betriebe mit eigenen Betriebsräumen in der Kostenrechnung für die Nutzung der eigenen Gebäude die ortsübliche Vergleichsmiete anstelle der angefallenen Grundstücks- und Gebäudekosten einsetzen sollen. Das Schema ermöglicht die Ermittlung der kalkulatorischen Miete nach diesen Grundsätzen, indem als kalkulatorische Miete lediglich die Differenz zwischen der ortsüblichen Miete und den in der Buchführung enthaltenen Gebäudekosten in die Betriebsabrechnung übernommen wird.

35.4 Personalnebenkosten (Personalzusatzkosten)

Einen wesentlichen Teil der Gemeinkosten machen betriebliche Sozialleistungen aus, die man als Personalnebenkosten bezeichnet.

Unter Personalnebenkosten versteht man alle Aufwendungen an den Arbeitnehmer, die nicht im Zusammenhang mit der tatsächlich geleisteten Arbeit stehen.

Diese Zusatzleistungen sind in den letzten Jahren wesentlich schneller gestiegen als der Arbeitslohn (Lohn für geleistete Arbeit); man spricht deshalb auch bereits vom Zweitlohn. Manchmal wird er auch unsichtbarer Lohn genannt, weil nur ein Teil der Personalnebenkosten für die Beschäftigten in der Lohnabrechnung sichtbar ist (z. B. Urlaubsentlohnung, Weihnachtsgeld, Beiträge zur Vermögensbildung).

35.4.1 Gliederung der Personalnebenkosten

Die betrieblichen Zusatzleistungen können gesetzlich vorgeschrieben, tariflich geregelt oder auf freiwilliger Basis gewährt werden.

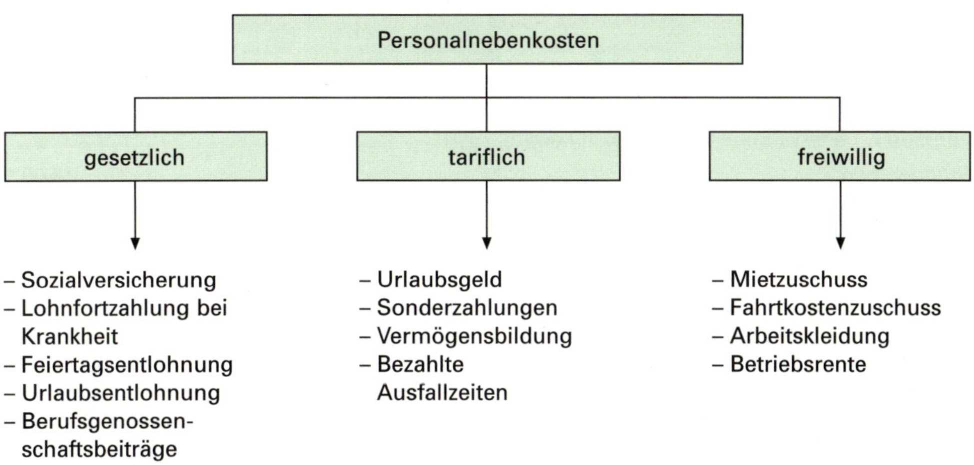

In der Kostenrechnung wird zwischen lohnbezogenen (lohngebundenen, lohnabhängigen) und nicht lohnbezogenen Personalnebenkosten unterschieden.

Personalnebenkosten, die von einer Änderung des Lohnes beeinflusst werden, gelten als lohnbezogen.

Personalnebenkosten, die von einer Änderung des Lohnes unberührt bleiben, gelten als nicht lohnbezogen.

Beispiele für:

Lohnbezogene Personalnebenkosten	Sozialversicherungsbeiträge, Berufsgenossenschaftsbeiträge
Nicht lohnbezogene Personalnebenkosten	Vermögensbildung, Fahrtkostenzuschuss

Die lohnbezogenen Personalnebenkosten spielen eine besondere Rolle im Zusammenhang mit der Behandlung von Zuschlägen auf den Stundenlohn (z. B. Montage-, Nacht- und Feiertagszuschlag; vgl. Kapitel 23).

35.4.2 Errechnung des Personalnebenkostenanteils

Die Personalnebenkosten betragen im Handwerk z. Zt. ca. 75 % des Arbeitslohnes, d. h. für jede 100,00 € Arbeitslohn fallen 75,00 € an zusätzlichen personalbedingten Kosten an.

Der Arbeitslohn setzt sich aus **Fertigungslohn** und **Hilfslohn** zusammen.

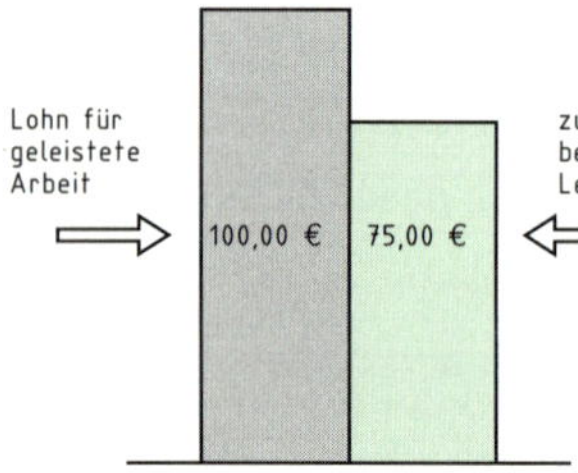

Für eine Arbeitsstunde errechnen sich somit:

Stundenlohn	13,00 €
Personalnebenkosten 75 %	9,75 €
	22,75 €

Stundenlohn und Personalnebenkosten ergeben in diesem Beispiel für den Betrieb Kosten in Höhe von 22,75 € je Arbeitsstunde.

Der Anteil der Personalnebenkosten am Arbeitslohn errechnet sich nach folgender Formel:

$$\frac{\text{Personalnebenkosten/Jahr} \times 100\,\%}{\text{Arbeitslöhne/Jahr}} = x\,\%$$

Beispiel:

Personalnebenkosten/Jahr	75 800,00 €
Arbeitslöhne/Jahr	97 200,00 €

$$\frac{75\,800{,}00\ € \times 100\ \%}{97\,200{,}00\ €} = \underline{\underline{\mathbf{78\ \%}}}$$ Personalnebenkosten bezogen auf den Arbeitslohn

Gelegentlich werden die Personalnebenkosten zusammen mit den nicht direkt verrechenbaren Löhnen (Hilfslöhne) den direkt verrechenbaren Löhnen (Fertigungslöhne) gegenübergestellt und nach folgender Formel errechnet:

$$\frac{(\text{Personalnebenkosten/Jahr} + \text{Hilfslöhne/Jahr}) \times 100\ \%}{\text{Fertigungslöhne/Jahr}} = x\ \%$$

Beispiel:

Personalnebenkosten/Jahr	75 800,00 €
Hilfslöhne/Jahr	9 300,00 €
Fertigungslöhne/Jahr	87 900,00 €

$$\frac{(75\,800{,}00\ € + 9\,300{,}00\ €) \times 100\ \%}{87\,900{,}00\ €} = \underline{\underline{\mathbf{97\ \%}}}$$ bezogen auf die Fertigungslöhne

36 Summarischer Gemeinkostenzuschlag

36.1 Einleitung

Die summarische Zuschlagskalkulation verwendet nur **einen** Gemeinkostenzuschlag und zählt damit zum einfachsten Verfahren innerhalb der Zuschlagskalkulation. Die leichte Errechnung des Gemeinkostenzuschlags und die einfache Anwendung in der Kalkulation erklären auch ihre große Beliebtheit im Schreinerhandwerk.

Auf die Vorbehalte gegen dieses Kalkulationsverfahren soll an dieser Stelle nochmals hingewiesen werden (siehe auch Kapitel 8.3).

Jeder Betrieb muss seinen Gemeinkostenzuschlag selbst ermitteln, in der Regel einmal im Jahr auf der Grundlage der Zahlen der vergangenen Rechnungsperiode (Geschäftsjahr). Der Gemeinkostenzuschlag kann von Betrieb zu Betrieb beachtliche Schwankungen aufweisen; es ist deshalb gefährlich Sätze „auf Verdacht" oder von Kollegen zu übernehmen.

Nach der Kostenartenrechnung kann der summarische Gemeinkostenzuschlag ermittelt werden. Da der Betrieb nicht nach Kostenstellen differenziert wird, entfällt eine Kostenstellenrechnung.

Zur Errechnung des summarischen Gemeinkostenzuschlags benötigt man:

- die Summe der direkt verrechenbaren Löhne einer Rechnungsperiode
- die Summe der Gemeinkosten einer Rechnungsperiode

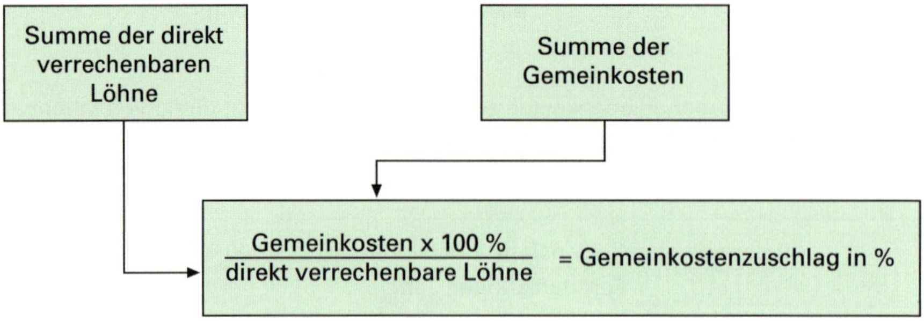

36.2 Errechnung des summarischen Gemeinkostenzuschlags

Zum besseren Verständnis des nachfolgenden Beispiels stellen wir uns einen Kleinbetrieb mit folgender Belegschaft vor:

Meister Fink (Inhaber)
Geselle Schulte
Geselle Kühn
Helfer Gärtner

Auswertung der Stundenzettel für das Jahr 19.......

Mitarbeiter	dir. verr. Std.	n. dir. verr. Std.
Schulte	1 475	158
Kühn	1 508	128
Gärtner	1 285	315
Fink (Inhaber)	1 250	siehe Aufstell.

Alle Arbeitsstunden müssen beim Zeitaufschrieb genau nach direkt verrechenbaren und nicht direkt verrechenbaren Stunden getrennt werden.

Ungeeignete Stundenzettel, ungenaues Aufschreiben und Auswerten der Stunden können den Gemeinkostenzuschlag gefährlich verfälschen; damit wird die gesamte Kostenrechnung in Frage gestellt.

36.2.1 Zusammenstellung der dir. verr. Löhne und der Gemeinkosten

Stundenzettelauswertung						Sammlung	
Mitarbeiter	Std. Lohn	dir. v. Std.	d. verr. Lohn	n. d. v. Std.	n. d. v. Lohn	dir. v. Löhne/€	Gemein- kosten/€
Schulte	13,00	1 475	19 175,00	158	2 054,00		
Kühn	12,00	1 508	18 096,00	128	1 536,00		
Gärtner	10,00	1 285	12 850,00	315	3 150,00		
			50 121,00		**6 740,00**	50 121,00	6 740,00
Gewinn- und Verlustrechnung							
Kostenarten				Beträge			
Personalnebenkosten				39 640,00			
Steuern, Abgaben, Gebühren				3 120,00			
Versicherungen				2 100,00			
Kosten für Kraftfahrzeuge				9 250,00			
Fremdkapitalzinsen				7 600,00			
verschiedene Gemeinkosten				21 450,00			
Summe				**83 160,00**			83 160,00
Kalkulatorische Kosten							
Kalkulatorische Abschreibung				9 350,00			
Kalkulatorische Zinsen auf Eigenkapital				9 840,00			
Kalkulatorische Miete				14 680,00			
Summe				**33 870,00**			33 870,00
Kalkulatorischer Unternehmerlohn (Ermittlung siehe unten)							
direkt verrechenbare Tätigkeit				14 700,00		14 700,00	
Leitung, Überwachung, Verwaltung				28 980,00			28 980,00
					Summen	**64 821,00**	**152 750,00**

36.2.2 Kalkulatorischer Unternehmerlohn

Der Inhaber setzt für seine Tätigkeit im Betrieb (produktive Mitarbeit, Leitung, Überwachung und Verwaltung) einen kalkulatorischen Unternehmerlohn ein. Die Höhe soll sich am Gehalt eines angestellten Meisters in gleicher Position (Betriebsleiter) orientieren.

Der Unternehmerlohn ist nach Einzel- und Gemeinkosten aufzuteilen; dies ist nur möglich, wenn auch der Unternehmer seine produktiven Stunden genau erfasst (Stundenzettel!).

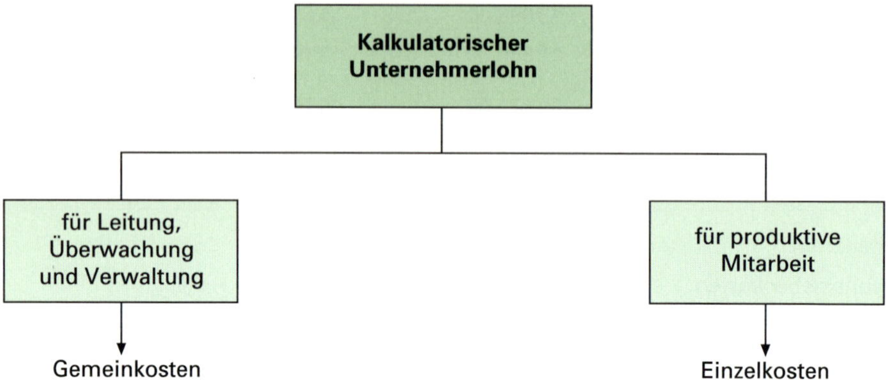

36.2.3 Ermittlung des kalkulatorischen Unternehmerlohns

Jährlicher kalkulatorischer Unternehmerlohn
52 Wochen x 60 Stunden x 14,00 € = 43 680,00 €

Produktive Mitarbeit laut Zeitaufschrieb
1 050 Stunden

Direkt verrechenbarer Unternehmerlohn (Einzelkosten)
1 050 Stunden x 14,00 € = 14 700,00 €

Kalkulatorischer Unternehmerlohn (Gemeinkosten)
43 680,00 € abzüglich 14 700,00 € = 28 980,00 €

36.2.4 Errechnung des Zuschlags

Nachdem nun die Summe der Gemeinkosten und der direkt verrechenbaren Löhne feststeht, kann der Gemeinkostenzuschlag auf der Basis der Fertigungslöhne mithilfe nachstehender Formel errechnet werden:

$$\frac{\text{Summe Gemeinkosten/Jahr x 100 \%}}{\text{Summe dir. verr. Löhne/Jahr}} = \text{summarischer Gemeinkostenzuschlag in \%}$$

$$\frac{152\,750{,}00\text{ € x 100 \%}}{64\,821{,}00\text{ €}} = \underline{\underline{236\text{ \%}}}\text{ Gemeinkostenzuschlag auf Fertigungslöhne}$$

Es war schon mehrfach die Rede von den direkt verrechenbaren Löhnen als der Bezugsgrundlage für die Gemeinkosten. Wie man aus obiger Formel ersehen kann, bilden die direkt verrechenbaren Löhne die Basis (100 %) für die Errechnung des Gemeinkostenzuschlags. Auch einen Gemeinkostenfaktor kann man errechnen:

$$\frac{152\,750{,}00\ €}{64\,821{,}00\ €} = 2{,}36 \text{ Gemeinkostenfaktor}$$

Man könnte auch sagen, dass in diesem Fall die Gemeinkosten das 2,36fache der direkt verrechenbaren Löhne betragen.

36.2.5 Falscher Gemeinkostenzuschlag

Ungenauer Zeitaufschrieb (keine oder mangelhafte Trennung der produktiven und unproduktiven Stunden) kann zu einem schwerwiegenden Fehler bei der Zuschlagermittlung führen.

In der Zusammenstellung „direkt verrechenbare Löhne/Gemeinkosten“ (Kap. 36.2.1) sind nicht direkt verrechenbare Löhne in Höhe von 6 740,00 € aufgeführt, die den Gemeinkosten zugerechnet werden müssen. Werden die nicht direkt verrechenbaren Löhne auf den Stundenzetteln nicht getrennt erfasst, tragen sie rechnerisch zur Erhöhung der direkt verrechenbaren Löhne (Fertigungslöhne) bei und verfälschen somit das Ergebnis, stets zum Nachteil des Betriebes.

Vergleich

Richtig		**Falsch**	
Gemeinkosten	152 750,00 €	Gemeinkosten	152 750,00 €
Fertigungslöhne	64 821,00 €	abzügl. nicht dir. verr. Löhne	6 740,00 €
		neue Gemeinkostensumme	146 010,00 €
		Fertigungslöhne	64 821,00 €
		zuzügl. nicht dir. verr. Löhne	6 740,00 €
		neue Summe der Fertigungslöhne	71 561,00 €

$$\frac{152\,750{,}00\ € \times 100\ \%}{64\,821{,}00\ €} = \underline{\underline{236\ \%}} \qquad \frac{146\,010{,}00\ € \times 100\ \%}{71\,561{,}00\ €} = \underline{\underline{204\ \%}}$$

Errechnung der Gemeinkostendeckung

Richtig	Falsch
236 % von 64 821,00 €	204 % von 64 821,00 €
152 750,00 €	**132 234,84 €**

Aus der fehlerhaften Errechnung des summarischen Gemeinkostenzuschlags ergibt sich eine Gemeinkostenunterdeckung von 20 515,00 € (152 750,00 € – 132 235,00 €).

36.2.6 Anwendung des summarischen Gemeinkostenzuschlags

Der Gemeinkostenzuschlag wird den Fertigungslöhnen zugerechnet.

Stundenverrechnungssatz/Geselle

Einzelkosten:	Gesellenlohn/Std. 13,00 €	13,00 €
Gemeinkosten:	Zuschlag auf Fertigungslohn 236 %	30,68 €
	Stundenverrechnungssatz (Selbstkosten) für Gesellenarbeit	43,68 €

Selbstverständlich können die Werte des vergangenen Jahres nicht immer unverändert auf das kommende Jahr übertragen werden. Änderungen der Löhne und Preise müssen soweit wie möglich im Voraus berücksichtigt werden.

Zu bedenken ist, dass Lohnerhöhungen unter Beibehaltung des alten Gemeinkostenzuschlags automatisch auch höhere Gemeinkostenverrechnung nach sich ziehen.

Beispiel:	Std./Lohn	13,00 €	nach Erhöhung	14,00 €
	Zuschlag 236 %	**30,68 €**	Zuschlag 236 %	**33,04 €**

37 Errechnung differenzierter Gemeinkostenzuschläge

37.1 Einleitung

Das vor uns liegende, sehr umfangreiche Gebiet der Kostenstellenrechnung wird in diesem Kapitel vereinfacht dargestellt, d. h. es wird auf die vielen Feinheiten und Besonderheiten dieser Thematik verzichtet. Dadurch wird es leichter sein, den großen Zusammenhang nicht aus den Augen zu verlieren.

Die differenzierte oder erweiterte Zuschlagskalkulation arbeitet mit mehreren Gemeinkostenzuschlägen. Gegenüber der summarischen oder einfachen Zuschlagskalkulation zeichnet sie sich durch **höhere Kostengerechtigkeit** aus. **Jeder Auftrag wird nur mit den Gemeinkosten der Kostenstelle, die er beansprucht, belastet**. Die Errechnung mehrerer Gemeinkostenzuschläge erfordert allerdings einen größeren Arbeitsaufwand.

37.2 Kostenstellen

Um alle Kosten am Ort ihrer Entstehung erfassen zu können, werden betriebliche Kostenstellen in einem **Kostenstellenplan** festgelegt. Alle Kostenstellen zusammen müssen den Betrieb lückenlos und ohne Überschneidungen abdecken.

Zunächst gilt es, den Begriff „Kostenstelle“ zu klären.

Unter Kostenstellen versteht man Betriebsbereiche der Kostenentstehung.

Das können Verantwortungsbereiche, Abteilungen, Werkstätten, aber auch einzelne Maschinen oder Arbeitsplätze sein. Kostenstellen sind häufig räumlich getrennt (z. B. Maschinenraum – Bankraum). Bei der Festlegung ist darauf zu achten, dass die Kostenstruktur innerhalb einer Kostenstelle weitgehend einheitlich ist. Alle im Betrieb anfallenden Kosten werden nach dem Grad ihrer Verursachung (Verursachungsprinzip) den Kostenstellen zugerechnet.

In der Kostenstellenrechnung wird zwischen **Hauptkostenstellen** und **Hilfskostenstellen** unterschieden. Für Hauptkostenstellen wird ein Gemeinkostenzuschlag errechnet, während Hilfskostenstellen nach dem Verhältnis ihrer Inanspruchnahme auf die Hauptkostenstellen umgelegt werden.

37.3 Kostenstellen im Schreinereibetrieb

Hauptkostenstellen	Hilfskostenstellen
– Arbeitsvorbereitung – Werkstoffe (Material) – Maschinenarbeit – Handarbeit – Oberflächenbehandlung – Montage – Handel – Bestattung	– Verwaltung – Fuhrpark – Betriebsschlosserei

Die Verwaltung kann auch Hauptkostenstelle sein; im Schreinereihandwerk werden die Verwaltungsgemeinkosten jedoch meist anteilig auf die übrigen Kostenstellen verteilt (siehe dazu Kapitel 8.4).

Beispiel: Schreinerei Karl Holzmann

Am Beispiel der Schreinerei Karl Holzmann sollen die nachfolgenden Ausführungen veranschaulicht werden.

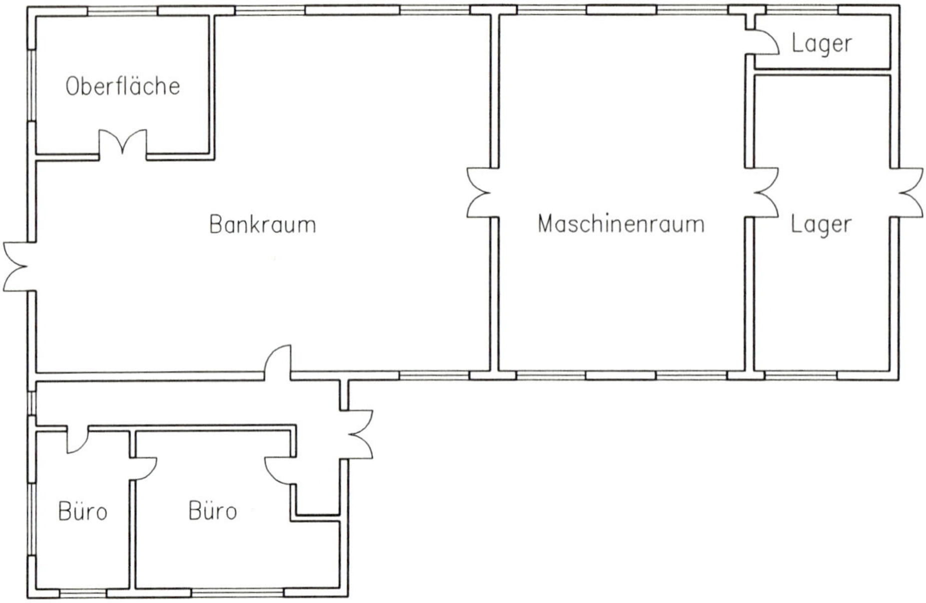

Belegschaft

Karl Holzmann, Schreinermeister (Inhaber)
Erich Baum, Schreinergeselle
Franz Lehmann, Schreinergeselle
Klaus Pfeiffer, Schreinergeselle
Martin Keil, Helfer
Petra Klein, Bürokraft (halbtags)

Kostenstellenplan

Maschinenarbeit (Hauptkostenstelle)
Handarbeit (Hauptkostenstelle)
Werkstoffe (Hauptkostenstelle)
Verwaltung (Hilfskostenstelle)

Alle Kostenarten werden zunächst, wie beim summarischen Gemeinkostenzuschlag, für die Rechnungsperiode erfasst (siehe Kapitel 35.1). Zusätzlich müssen jetzt Löhne und Gehälter nach Kostenstellen geordnet werden; Grundlage dazu sind Stundenzettel oder Zeitwerte aus Schreinerprogrammen.

37.4 Aufstellung der Löhne und Gehälter nach Kostenstellen

Die Mühe einer solchen Aufstellung lohnt sich, können doch verschiedene Werte direkt in die Betriebsabrechnung übernommen und auch für die Betriebsstatistik verwendet werden.

Das nachfolgende Verfahren stellt einen praktikablen Weg dar. Neben der Aufstellung nach Kostenstellen, werden Löhne und Gehälter auch nach **direkt verrechenbar** und **nicht direkt verrechenbar** untergliedert.

Soweit zuverlässige Zeitnachweise vorhanden sind, können die meisten Stundenwerte Sammellisten entnommen werden. Einige Stundenwerte (z.B. nicht direkt verrechenbare Zeiten für Leitung und Verwaltung) sind zu schätzen.

In der nachfolgenden Jahreslohnaufstellung sind nur Arbeitslöhne (Anwesenheitslöhne) genau erfasst; Soziallöhne wie Lohnfortzahlung bei Krankheit, Urlaubs- und Feiertagsentlohnung usw. werden der Finanzbuchhaltung (Kto. 4) entnommen.

37.4.1 Jahreslohnaufstellung (JLA) für das Jahr …

	Belegschait		Dir. verr. Std. bzw. Löhne		Nicht direkt verrechenbare Stunden bzw. Löhne				Summe/Std.	
			Maschinen-arbeit	Hand-arbeit	Maschinen-arbeit	Hand-arbeit	Werk-stoffe	Ver-waltung	Summe/ Löhne	Jahresstd. Jahreslohn
1	Unternehmerlohn (60 Std./Woche) **K. Holzmann** 13,80 €/Std.	Jahresstd. Arbeitslohn/€	245 3 381,00	917 12 654,60	60 828,00	120 1 656,00	300 4 140,00	950 13 110,00	2 592 35 769,60	3 120 43 056,00
2	Lohn (38,5 Std./Woche) **E. Baum** 12,30 €/Std.	Jahresstd. Arbeitslohn/€	350 4 305,00	1 060 13 038,00	85 1 045,50	90 1 107,00	25 307,50	0 0,00	1 610 19 803,00	2 002 24 624,60
3	Lohn (38,5 Std./Woche) **F. Lehmann** 12,00 €/Std.	Jahresstd. Arbeitslohn/€	405 4 860,00	1 025 12 300,00	25 300,00	105 1 260,00	55 660,00	0 0,00	1 615 19 380,00	2002 24 024,00
4	Lohn (38,5 Std./Woche) **K. Pfeiffer** 12,00 €/Std.	Jahresstd. Arbeitslohn/€	215 2 580,00	1 275 15 300,00	15 180,00	35 420,00	80 960,00	0 0,00	1 620 19 440,00	2002 24 024,00
5	Lohn (38,5 Std./Woche) **M. Keil** 10,00 €/Std.	Jahresstd. Arbeitslohn/€	185 1 850,00	995 9 950,00	125 1 250,00	155 1 550,00	126 1 260,00	0 0,00	1 586 15 860,00	20 020,00
6	Gehalt (25 Std./Woche) **P. Klein** 11,90 €/Std.	Jahresstd. Arbeitslohn/€	0 0,00	0 0,00	0 0,00	0 0,00	0 0,00	1 210 14 399,00	1 210 14 399,00	1 300 15 470,00
	Arbeitslöhne einschließlich Betriebsinhaber	→	16 976,00	63 242,60	3 603,50	5 993,00	7 327,50	27 509,00		
			80 218,60			**44 433,00**				
	Arbeitslöhne ohne Betriebsinhaber	→	13 595,00	50 588,00	2 775,50	4 337,00	3 187,50	14 399,00		
			64 183,00			24 699,00				
			Direkt verr. Löhne (Einzelkosten)		Nicht direkt verrechenbare Löhne (Gemeinkosten)					

37.4.2 Erläuterungen zur Jahreslohnaufstellung

Zu 1 (Unternehmerlohn)

Die Stunden des mitarbeitenden Betriebsinhabers müssen in jedem Fall erfasst und auf die Kostenstellen verteilt werden. Die Festsetzung der Höhe des kalkulatorischen Unternehmerlohnes wurde bereits in Kapitel 36.2 erläutert.

In diesem Beispiel setzt Schreinermeister Holzmann seine tatsächlich geleisteten Wochenstunden ein (60 Std./Woche) und einen seiner Qualifikation angemessenen Stundenlohn (13,80 €/Std.).

Der gesamte kalkulatorische Unternehmerlohn errechnet sich demnach wie folgt:

60 Stunden x 52 Wochen x 13,80 € = 43 056,00 €

Für alle Berechnungen wird bei den Beschäftigten vom Normallohn (ohne Zuschläge) und von der tariflichen Wochenarbeitszeit ausgegangen.

37.5 Kostenstellenrechnung

In der Kostenstellenrechnung fragt man:

Wo fallen Kosten an?

Aufgabe der Kostenstellenrechnung ist die Ermittlung der Kostenarten am Ort ihrer Entstehung (Kostenstelle!). Einige Kostenarten sind den einzelnen Kostenstellen anhand von Belegen (Stundenzettel, Kostenkarten usw.) zuzuordnen oder haben eine direkte Beziehung zur Kostenstelle. Man spricht in diesem Fall von direkter Zurechnung **(Stellengemeinkosten)**.

Beispiele direkter Zurechnung auf Kostenstellen

Kostenart	Kostenstelle
Werkstoffkosten	Werkstoffe
Maschinenlöhne	Maschinenarbeit
Handarbeitslöhne	Handarbeit
Bürokosten	Verwaltung
Kraftstrom	Maschinenarbeit

Die Mehrzahl der Gemeinkosten lässt sich nicht so unmittelbar den Kostenstellen zurechnen. Mithilfe geeigneter Schlüssel muss die Verteilung der Kostenarten dann auf die Kostenstellen vorgenommen werden. Man spricht in diesem Fall von indirekter Zurechnung **(Schlüsselgemeinkosten)**.

Beispiele indirekter Zurechnung auf Kostenstellen

Kostenart	Kostenstelle
Sozialabgaben (AG-Anteil)	?
Kfz-Kosten	?
Werbekosten	?
Gewerbesteuer	?
Versicherungen	?

37.5.1 Verteilerschlüssel

Schlüssel zur Verteilung der Kostenarten auf die Kostenstellen müssen so gewählt werden, dass eine **verursachungsgemäße Zurechnung gewährleistet ist.**

Beispiel

Die Jahrespacht für eine Schreinerei von 24 000,00 € ist verursachungsgemäß auf die Kostenstellen Maschinenarbeit, Handarbeit, Werkstoffe und Verwaltung zu verteilen. Schlüssel-Grundlage sind die Raumflächen der Kostenstellen.

Aufstellen eines Flächen-Schlüssels

Kostenstelle	Fläche/m²	%	Betrag
Maschinenarbeit	120	25	6 000,00 €
Handarbeit	240	50	12 000,00 €
Werkstoffe	80	17	4 080,00 €
Verwaltung	40	8	1 920,00 €
Gesamtfläche ⟶	480 m²	100 %	24 000,00 €

Mithilfe des Schlüssels 25/50/17/8(%) kann eine der Wirklichkeit entsprechende Verteilung der Jahrespacht auf die Kostenstellen vorgenommen werden.

37.5.2 Verteilungs-Grundlagen

Kostenarten	Verteilungs-Grundlagen
Sozialabgaben (AG-Anteil) Feiertagsentlohnung Urlaubsentlohnung Lohnfortzahlung bei Krankheit Tariflich bezahlte freie Arbeitszeit Berufsgenossenschaftsbeiträge Ausgleichskasse Lohnfortzahlung Urlaubsgeld Freiwillige und tarifliche Sozialaufwendungen Beiträge für Berufs- und Fachorgane	Lohn- und Gehaltssumme je Kostenstelle
Kfz-Kosten	Gefahrene km je Kostenstelle; Schätzung
Raumkosten Kalkulatorische Miete	Raumfläche je Kostenstelle
Stromkosten	Stromzähler je Kostenstelle; Kraftstrom auf Kostenstelle Maschinenarbeit, Lichtstrom nach Watt-Zahl je Kostenstelle; Erfahrungswerte oder Schätzung
Reparaturen und Instandhaltung	Fremdarbeiten nach Eingangsrechnung, Eigenarbeiten nach Aufwand (Selbstkosten) je Kostenstelle; Schätzung
Versicherungen Kalkulatorische Zinsen	Nach betriebsnotwendigem Kapital je Kostenstelle
Kalkulatorische Abschreibung	Nach Anlagewert (Anschaffungs- oder Wiederbeschaffungswert) je Kostenstelle

Ist die Ermittlung verursachungsgemäßer Schlüssel vom Arbeitsaufwand her nicht mehr vertretbar oder überhaupt nicht möglich, wird die Verteilung nach Erfahrungswerten oder Schätzung durchgeführt. Es ist nach dem Grundsatz zu verfahren:

Schnelligkeit vor übertriebener Genauigkeit

Bei Schätzungen im Zusammenhang mit der Verteilung von Kostenarten kann es „schlimmstenfalls" zu Verschiebungen zwischen den Kostenstellen kommen; die Gemeinkostendeckung wird davon nicht berührt.

37.6 Aufbau und Aufgaben des Betriebsabrechnungsbogens

Im Mittelpunkt der Kostenstellenrechnung steht der Betriebsabrechnungsbogen, kurz BAB genannt. Der BAB ist ein organisatorisches Hilfsmittel zur kombinierten Durchführung von Kostenarten- und Kostenstellenrechnung.

Grundschema eines BAB

Kostenarten	Jahres-beträge	Verteiler-schlüssel	Kostenstellen			
			1	2	3	4 usw.
Gemeinkosten						
Einzelkosten						
Gemeinkosten-zuschläge			%	%	%	%

Der BAB vereint in einer übersichtlichen Tabelle Jahreswerte der Kostenrechnung. Alle Kostenarten werden senkrecht eingetragen, während die Kostenstellen waagerecht aufgeführt sind.

Der BAB hat im Einzelnen folgende Aufgaben:

- **Verteilung der Kostenarten auf die Kostenstellen,**
- **Errechnung der Gemeinkostenzuschläge,**
- **Lieferung von Werten für Planung, Kontrolle und Vergleich** (Betriebsstatistik).

37.7 Betriebsabrechnungsbogen (BAB) für das Jahr ...

1	A Kto.- Nr.	B Kostenarten		C Jahres- beträge
2	4115	Nicht direkt verrechenbare Löhne		10 300,00
3	4116	Feiertagsentlohnung		4 040,00
4	4117	Urlaubsentlohnung		9 520,00
5	4118	Lohnfortzahlung bei Krankheit		960,00
6	4119	Tariflich bezahlte freie Arbeitszeit		770,00
7	4125	Nicht direkt verrechenbare Gehälter		14 399,00
8	**–**	**Sammelkonto**		**39 989,00**
9	4211	Arbeitgeberanteil Sozialversicherung		15 200,00
10	4212	Beiträge zur Berufsgenossenschaft		3 280,00
11	4213	Ausgleichskasse Lohnfortzahlung		2 890,00
12	**421**	**Lohnbezogene Personalnebenkosten**		**21 370,00**
13	4221	Urlaubsgeld		3 150,00
14	4223	Freiwillige u. tarifl. Sozialaufwendungen		12 780,00
15	**422**	**Nicht lohnbezogene Personalnebenkosten**		**15 930,00**
16	**43**	**Kosten für eigene Kfz**		**7 200,00**
17	441	Gewerbesteuer		3 470,00
18	443	Beiträge für Fachorgane		1 240,00
19	444	Versicherungen		2 560,00
20	**44**	**Steuern, Beiträge, Versicherungen**		**7 270,00**
21	451	Raumkosten		3 950,00
22	452	Bürokosten		3 190,00
23	453	Werbe- und Repräsentationskosten		2 700,00
24	455	Buchhaltungs-, Steuer-, Rechtsber. Kosten		1 890,00
25	456	Strom-, Gas-, Wasserverbrauch		4 100,00
26	457	Reparatur- u. Instandhaltungskosten		2 190,00
27	458	Betriebsstoffverbrauch		950,00
28	459	Sonstige Gemeinkosten		1 450,00
29	**45**	**Verschiedene Gemeinkosten**		**20 420,00**
30	481	Kalkulatorische Abschreibung		16 568,65
31	482	Kalkulatorische Zinsen		13 139,55
32	484	Kalkul. Unternehmerlohn für leit. Tätigkeiten		27 020,40
33	485	Kalkulatorische Miete		28 620,00
34	**48**	**Kalkulatorische Kosten**		**85 348,60**
35		Zwischensummen Gemeinkosten		197 527,60
36		Umlage/Verwaltungsgemeinkosten		
37		Anteil/Verwaltungsgemeinkosten		
38		**Gemeinkosten**		**197 527,60**
39		Direkt verrechenbare Löhne		80 218,60
40		Werkstoffverbrauch		
41		**Gemeinkostenzuschläge**		**246 %**
42		Stundenlohn/Stundenverrechnungssatz (SK)	13,00 €	45,01 €

D	E	F	G	H
	Hauptkostenstellen			**Hilfsk.-Stelle**
Verteilerschlüssel	**Maschinen-arbeit**	**Hand-arbeit**	**Werk-stoffe**	**Ver-waltung**
Jahreslohnaufstellung	2 775,50	4 337,00	3 187,50	0,00
Schlüssel 1, 18,4-60,8-3,6-16,2	744,10	2 496,53	144,88	654,49
Schlüssel 1, 18,4-60,8-3,6-16,2	1753,42	5 882,92	341,41	1 542,25
Schlüssel 1, 18,4-60,8-3,6-16,2	176,82	593,24	34,43	155,52
Schlüssel 1, 18,4-60,8-3,6-16,2	141,82	475,82	27,61	124,74
Jahreslohnaufstellung	0,00	0,00	0,00	14 399,00
	5 591,65	**13 785,52**	**3 735,83**	**16 876,00**
Schlüssel 1, 18,4-60,8-3,6-16,2	2 799,57	9 392,90	545,10	2 462,42
Schlüssel 1, 18,4-60,8-3,6-16,2	604,12	2 026,89	117,63	531,36
Schlüssel 1, 18,4-60,8-3,6-16,2	532,29	1 785,89	103,64	468,18
	3 935,98	**13 205,68**	**766,37**	**3 461,97**
Schlüssel 1, 18,4-60,8-3,6-16,2	580,17	1 946,56	112,97	510,30
Schlüssel 1, 18,4-60,8-3,6-16,2	2 353,85	7 897,45	458,32	2070,38
	2 934,03	**9 844,01**	**571,28**	**2 580,68**
Schlüssel 2, 0,0-60,0-25,0-15,0	**0,00**	**4 320,00**	**1 800,00**	**1 080,00**
Schlüssel 1, 18,4-60,8-3,6-16,2	639,11	2 144,30	124,44	562,14
Schlüssel 1, 18,4-60,8-3,6-16,2	228,39	766,26	44,47	200,88
Schlüssel 3, 33,5-34,9-22,5-9,2	857,39	892,74	575,33	234,55
	1 724,88	**3 803,30**	**744,24**	**997,57**
Schlüssel 4, 15,1-49,1-28,3-7,5	596,23	1 937,74	1 117,92	298,11
auf Verwaltung	0,00	0,00	0,00	3 190,00
auf Verwaltung	0,00	0,00	0,00	2 700,00
auf Verwaltung	0,00	0,00	0,00	1 890,00
Schlüssel 5, 60-25-10-5	2 460,00	1 025,00	410,00	205,00
Schlüssel 6, 60-25-5-10	1 314,00	547,50	109,50	219,00
Schlüssel 7, 70-30-0-0	665,00	285,00	0,00	0,00
Schlüssel 1, 18,4-60,8-3,6-16,2	267,06	896,03	52,00	234,90
	5 302,29	**4 691,27**	**1 689,42**	**8 737,02**
lt. Aufst.	11 039,25	3 431,40	610,00	1 488,00
lt. Aufst.	4 400,65	4 582,10	2 952,95	1 203,85
lt. Aufst.	4 053,06	5 404,08	4 053,06	13 510,20
lt. Aufst.	4320,00	14 040,00	8 100,00	2 160,00
	23 812,96	**27 457,58**	**15 716,01**	**18 362,05**
	43 301,79	77 107,36	25 023,16	52,095,29
	25 %	45 %	30 %	←
	13 023,82	23 442,88	15 628,59	
	56 325,61	**100 550,24**	**40 651,75**	
	16 976,00	63,242,60	169 950,00	
	332 %	**159 %**	**24 %**	
	56,13 €	33,67 €		

37.7.1 Erläuterungen zum BAB

Die nachfolgenden Erläuterungen zum BAB beziehen sich auf die Zeilennummern 1–42 und die Buchstaben der Spalten A–H.

Beispiel: Unter 13/C ist der Betrag von 3 150,00 € zu finden.

Die Kopfzeile des BAB enthält folgende Angaben:

1/A – Kontonummer lt. Kontenrahmen
1/B – Kostenarten mit dem Wortlaut des Kontenrahmens
1/C – Abgegrenzte Jahresbeträge der einzelnen Kostenarten
1/D – Verteilung oder Verteilungsgrundlage; Schlüssel sind in Prozenten angegeben.

Beispiel: 18 % – 62 % – 4 % – 16 % = 18-62-4-16
1/E-F – Kostenstellen

Hinweis: Zur Erklärung der einzelnen Kostenarten ist die Aufstellung der Kostenarten aus Kapitel 35.3 heranzuziehen.

Zu 2/B – Nicht direkt verrechenbare Löhne (Kto. 4115)

Die Summe der nicht direkt verrechenbaren Löhne lässt sich aus der Jahreslohnaufstellung ermitteln.

Zusammenstellung lt. JLA (Kapitel 37.4.1)

Nr.	Belegschaft	Kostenstellen				
		Maschinen-arbeit	Hand-arbeit	Werk-stoffe	Ver-waltung	
2	E. Baum	1 045,50	1 107,00	307,00	0,00	
3	F. Lehmann	300,00	1 260,00	660,00	0,00	
4	K. Pfeifer	180,00	420,00	960,00	0,00	
5	M. Keil	1 250,00	1 550,00	1 260,00	0,00	
		2 775,50	4 337,00	3 187,50	0,00	10 300,00 €

Die Verteilung auf die Kostenstellen ist bereits vorgenommen; alle Werte können sofort in den BAB übertragen werden.

Zu 3/B – Feiertagsentlohnung (Kto. 4116)

Laut Finanzbuchhaltung wurden 4 040,00 € an Feiertagsentlohnung gezahlt. Es gilt nun diesen Betrag verursachungsgemäß auf die vier Kostenstellen zu verteilen. Für die Erstellung eines Schlüssels verwendet man die Lohn- und Gehaltssumme der einzelnen Kostenstellen, da es einen direkten Bezug zwischen Feiertagsentlohnung (Urlaubsentlohnung, Lohnfortzahlung bei Krankheit usw.) und Lohn bzw. Gehalt gibt.

Es ist darauf zu achten, dass nur Lohn- und Gehaltsanteile der Mitarbeiter die Grundlage für diesen Schlüssel bilden; der Betriebsinhaber erhält keinen Soziallohn (für Urlaub, Feiertage usw.), sondern setzt für seine Tätigkeit **ein alles umfassendes kalkulatorisches Entgelt fest.**

37.7.2 Schlüssel 1 (Löhne)

Grundlage: Lohn- und Gehaltssummen (ohne Betriebsinhaber) aus der Jahreslohnaufstellung (siehe Kapitel 37.4.1).

Kostenstelle	Dir. verr. Löhne	Nicht dir. verr. Löhne	Summe	%
Maschinenarbeit	13 595,00	2 775,50	16 370,50	**18,4**
Handarbeit	50 588,00	4 337,00	54 925,00	**61,8**
Werkstoffe	–	3 187,50	3 187,50	**3,6**
Verwaltung	–	14 399,00	14 399,00	**16,2**
			88 882,00	100,0

Auf volle Prozentwerte gerundet lautet der Schlüssel:

18,4 % auf Kostenstelle Maschinenarbeit
61,8 % auf Kostenstelle Handarbeit
3,6 % auf Kostenstelle Werkstoffe
16,2 % auf Kostenstelle Verwaltung

Die Feiertagsentlohnung von 4 040,00 € verteilt sich demnach wie folgt:

18,4 % von 4 040,00 € auf Maschinenarbeit	=	744,00 €
61,8 % von 4 040,00 € auf Handarbeit	=	2 496,53 €
3,6 % von 4 040,00 € auf Werkstoffe	=	144,88 €
16,2 % von 4 040,00 € auf Verwaltung	=	654,49 €
		4 040,00 €

Zu 7/B – Nicht direkt verrechenbare Gehälter (Kto. 4125)

Die Summe der nicht direkt verrechenbaren Gehälter (Anwesenheitslohn) ist der Jahreslohnaufstellung (siehe Kapitel 37.4.1) zu entnehmen; es handelt sich in diesem Fall nur um das Gehalt von Frau Klein in Höhe von 14 399,00 €. Dieser Betrag wird in die (Hilfs-)Kostenstelle **Verwaltung** eingetragen (7/H).

Zu 8/B – Sammelkonto

Hier werden die Beträge 2/C – 7/C zusammengezählt und auch die Beträge der einzelnen Kostenstellen. Sammelkonten fassen artgleiche Konten zusammen und schaffen bessere Übersicht.

Zu 16/B – Kosten für eigene Kfz (Kto. 43)

Die Verteilung der Kfz-Kosten wird nach Schätzung vorgenommen.

37.7.3 Schlüssel 2 (eigene Kfz), geschätzt

Kostenstelle	%
Maschinenarbeit	0,0
Handarbeit	60,0
Werkstoffe	25,0
Verwaltung	15,0
	100,0

Zu 17/B – Gewerbesteuer (Kto. 441)

Die Höhe der Gewerbesteuer errechnet sich aus dem Gewerbeertrag, d.h. am Zustandekommen des Gewerbesteuerbetrages ist die Betriebsleitung beteiligt.

Die Feststellung der Betriebsleistung je Kostenstelle ist schwierig, wenn nicht gar unmöglich. Statt dessen können Löhne und Gehälter (Schlüssel 1) eingesetzt werden; in der lohnintensiven Schreinerei sind die Löhne maßgeblich an der Bildung der Betriebsleistung beteiligt.

19/B – Versicherungen (Kto. 444)

Die Höhe der Versicherungsprämie orientiert sich in vielen Fällen am Versicherungswert.

Für die Verteilung der Versicherungsprämien von 2560,00 € auf die Kostenstellen wird ein Schlüssel aufgestellt, der das betriebsnotwendige Kapital je Kostenstelle zur Grundlage hat.

37.7.4 Schlüssel 3 (Kapital)

Grundlage: Betriebsnotwendiges Kapital lt. Bilanz.

Kostenstelle	betriebsnotw. Kapital	%
Maschinenarbeit	88 013,00	33,5
Handarbeit	91 642,00	34,9
Werkstoffe	59 059,00	22,5
Verwaltung	24 077,00	9,2
	262 791,00	100,0

Das betriebsnotwendige Kapital wird aus dem Betriebsvermögen der Bilanz ermittelt. Es setzt sich aus Anlagevermögen und Umlaufvermögen zusammen und muss um Beträge wie z.B. Lieferantenschulden, Kundenzahlungen und nicht betriebsnotwendige Vermögensanteile vermindert werden.

Zu 21/B – Raumkosten (Kto. 451)

In diesem Beispiel nutzt der Betriebsinhaber eigene Räumlichkeiten. Im Betrag von 7 560,00 € (21/C) sind Instandhaltung, Heizung und Reinigung enthalten. Die Differenz zur ortsüblichen Miete wird im Kto. 485 (kalkulatorische Miete) erfasst.

Die Raumkosten von 7 560,00 € werden verursachungsgemäß auf die Raumflächen der Kostenstellen verteilt.

37.7.5 **Schlüssel 4** (Flächen)

Grundlage: Raumflächen je Kostenstelle.

Kostenstelle	Fläche/m²	%
Maschinenarbeit	80	**15,1**
Handarbeit	260	**49,1**
Werkstoffe	150	**28,3**
Verwaltung	40	**7,5**
	530 m²	100,0 %

Zu 22/B – Bürokosten (Kto. 452)

Bürokosten sind zu 100 % der Kostenstelle Verwaltung zuzurechnen. Werbe- und Repräsentationskosten, Reisekosten usw. gehören ebenfalls, wenn auch nicht so eindeutig, zur Verwaltung.

Zu 28/B – Sonstige Gemeinkosten (Kto. 459)

Unter „sonstige Gemeinkosten" verbirgt sich eine Ansammlung verschiedenster Kostenarten, für die es keinen passenden Schlüssel geben kann. Die Verteilung erfolgt nach Schätzung oder nach Schlüssel 1.

Zu 30/B – Kalkulatorische Abschreibung (Kto. 481)

Die kalkulatorische Abschreibung sollte nach Kostenstellen geordnet in einer Anlagenkartei erfasst werden. Es ist bei allen Berechnungen vom Wiederbeschaffungswert auszugehen.

Man kann Maschinen, Werkzeuge, Einrichtungen usw. einzeln nach ihrer Wertminderung schätzen oder für jede Kostenstelle einen durchschnittlichen Abschreibungssatz festlegen.

Aufstellung der kalkulatorischen Abschreibung

Grundlage: Anlagenkartei

Kostenstelle	Anlagewert in €	Abschr.-Satz	Betrag in €
Maschinenarbeit	73 595,00	15,0 %	11 039,25
Handarbeit	28 595,00	12,0 %	3 431,40
Werkstoffe	6 100,00	10,0 %	610,00
Verwaltung	12 400,00	12,0 %	1 488,00
			16 568,65

Zu 31/B – Kalk. Zinsen auf betriebsnotwendiges Kapital (Kto. 482)

Grundlage zur Errechnung der kalkulatorischen Zinsen ist die Aufstellung des betriebsnotwendigen Kapitals je Kostenstelle (siehe dazu 37.7.4). Der Zinssatz wird vom Betriebsinhaber festgelegt. Die Verzinsung kann auch getrennt für Eigenkapital und Fremdkapital vorgenommen werden. Einschränkungen bestehen für öffentliche Aufträge (siehe Kapitel 6.5).

Aufstellung der kalkulatorischen Zinsen

Kostenstelle	betriebsnotw. Kapital	Betrag bei 5 %
Maschinenarbeit	88 013,00	4 400,65
Handarbeit	91 642,00	4 582,10
Werkstoffe	59 059,00	2 952,95
Verwaltung	24 077,00	1 203,85
	262 791,00	13 139,55

Zu 32/B – Kalk. Unternehmerlohn für leitende Tätigkeit (Kto. 484)

Der jährliche Unternehmerlohn wurde mit 43 056,00 € festgesetzt (Angestelltengehalt in vergleichbarer Position). Die produktive Mitarbeit beträgt lt. Jahreslohnaufstellung 16 035,60 € (3 381,00 € + 12 654,60 €).

Gesamter kalkulatorischer Unternehmerlohn	43 056,00 €
abzügl. produktiver Unternehmerlohn	16 035,60 €
Kalk. Unternehmerlohn für leitende Tätigkeit	27 020,40 €

Dieser Betrag muss vom Unternehmer nach Schätzung auf die Kostenstellen verteilt werden.

Zu 33/B – Kalkulatorische Miete (Kto. 485)

Die kalkulatorische Miete, als Ergänzung zu den Raumkosten aus Konto 451, errechnet sich aus den Raumflächen der Kostenstellen und einem vom Betriebsinhaber festgelegten m^2/Preis in Anlehnung an die ortsübliche Miete. Einschränkungen bestehen bei öffentlichen Aufträgen (siehe Kapitel 6.5).

In diesem Beispiel werden 4,50 € pro m^2 und Monat angesetzt (4,50 € x 12 Monate = = 54,00 €/Jahr).

Aufstellung der kalk. Miete

Kostenstelle	Fläche/m^2 (54,00 €)	Betrag
Maschinenarbeit	80	4320,00 €
Handarbeit	260	14040,00 €
Werkstoffe	150	8100,00 €
Verwaltung	40	2160,00 €
	530 m^2	28620,00 €

37.8 Umlage der Verwaltungs- und Vertriebsgemeinkosten

Der Betrag von 52095,29 € (35/H) der Hilfskostenstelle **Verwaltung** wird auf die drei Hauptkostenstellen verteilt (umgelegt). Bezugsgrößen für einen Verteilerschlüssel sind nicht vorhanden, deshalb wird die Verteilung geschätzt. In unserem Beispiel werden folgende Werte festgelegt:

25 %	der Verwaltungs- und Vertriebsgemeinkosten auf die Kostenstelle	Maschinenarbeit	= 13 023,82 €
45 %	der Verwaltungs- und Vertriebsgemeinkosten auf die Kostenstelle	Handarbeit	= 23 442,88 €
30 %	der Verwaltungs- und Vertriebsgemeinkosten auf die Kostenstelle	Werkstoffe	= 15 628,59 €

BAB-Zeile	Beschreibung	Maschinenarbeit	Handarbeit	Werkstoffe
35	Zwischensumme/ Gemeinkosten	43 301,79 €	77 107,36 €	25 023,16 €
37	Anteil/Verwaltungs-gemeinkosten	13 023,82 €	23 442,88 €	15 628,59 €
38	**Gemeinkosten**	**56 325,61 €**	**100 550,24 €**	**40 651,75 €**

37.9 Errechnung der Gemeinkostenzuschläge

Die Gemeinkostensummen der Kostenstellen sind vorhanden, jetzt müssen noch die Einzelkosten als Bezugsgrundlagen zur Errechnung der Zuschläge eingetragen werden:

- direkt verrechenbare Löhne/Maschinenarbeit **16 976,00 €** (39/E), siehe Kapitel 37.4.1
- direkt verrechenbare Löhne/Handarbeit **63 242,60 €** (39/F), siehe Kapitel 37.4.1
- Werkstoffverbrauch **169 950,00 €** (40/G), aus der Finanzbuchhaltung (Inventur).

Aus der Gegenüberstellung von Einzel- und Gemeinkosten errechnen sich die Gemeinkostenzuschläge.

Maschinengemeinkostenzuschlag

$$\frac{56\,325{,}61\ € \times 100\ \%}{16\,976{,}00\ €} = \mathbf{332\ \%}$$

Handarbeitsgemeinkostenzuschlag

$$\frac{100\,550{,}24\ € \times 100\ \%}{63\,242{,}60\ €} = \mathbf{159\ \%}$$

Werkstoffgemeinkostenzuschlag

$$\frac{40\,651{,}75\ € \times 100\ \%}{169\,950{,}00\ €} = \mathbf{24\ \%}$$

Zusätzlich kann aus den vorliegenden Werten auch noch der summarische Gemeinkostenzuschlag errechnet werden.

Gesamtgemeinkosten	197 527,60 €	(38/C)
Summe der direkt verrechenbaren Löhne	80 218,60 €	(39/C)

Summarischer Gemeinkostenzuschlag

$$\frac{197\,527{,}60\ € \times 100\ \%}{80\,218{,}60\ €} = \mathbf{246\ \%}$$

Nach der Errechnung der Gemeinkostenzuschläge aus dem BAB können Auswertungen im Rahmen der Bestriebsstatistik vorgenommen werden. Siehe dazu Kapitel 41 – betriebliche Kennzahlen.

37.10 BAB – Handel und Fertigung

Wird in einem Schreinereibetrieb neben der Fertigung auch Möbelhandel (oder Bestattungen) betrieben, muss dieser Situation im BAB Rechnung getragen werden. Beide Bereiche sind kostenmäßig genau zu trennen, da es sonst zu einer Vermischung der Kosten dieser sehr unterschiedlichen Betriebsabteilungen kommt.

Grundschema eines BAB für Handel und Fertigung

Kosten-arten	Jahres-beträge	Verteiler-schlüssel	Anteil Handel	Anteil Fertigung	Verteiler-schlüssel	Kostenstellen			
						1	2	3	4 usw.

Die Jahreskosten werden in einem ersten Schritt verursachungsgemäß auf Handel und Fertigung verteilt. Grundlagen für die Verteilung sind vor allem **Lohn- und Gehaltssummen, Betriebsleistungen und Raumflächen.** Danach erfolgt eine Umlage der Fertigungskosten auf die betrieblichen Kostenstellen wie im Muster-BAB aus Kapitel 37.7.

Für den Bereich Handel wird auf der Grundlage des Wareneinsatzes ein Zuschlag errechnet.

Beispiel

Gemeinkosten auf Handel	68 000,00 €
Wareneinsatz	220 000,00 €

$$\frac{68\,000{,}00\ € \times 100\ \%}{220\,000{,}00\ €} = \mathbf{31\ \%}$$

37.11 Ist/Soll-BAB

Die Betriebsabrechnung wird mit Werten der Vergangenheit durchgeführt (Ist-Werte). Aus den Ergebnissen des BAB lassen sich Schlüsse ziehen oder weitere Berechnungen anstellen, die über Erfolg oder Misserfolg der betrieblichen Tätigkeit aussagen.

Die vergangenheitsbezogenen Gemeinkostenzuschläge dürfen jedoch nicht unbedenklich für zukünftige Kalkulationen übernommen werden. Voraussehbare Kosten- und Betriebsänderungen (Löhne, Gehälter, Gemeinkosten, Auslastung usw.) sind in einem ergänzenden Soll-BAB zu berücksichtigen (Plankostenrechnung). Nur auf diese Weise kann eine Gemeinkostendeckung nach „bestem Wissen und Gewissen" sichergestellt werden.

37.12 Kosten- und Leistungsrechnung

Kehren wir noch einmal zurück zu den Werten des BAB. Aus der Gegenüberstellung von Kosten und Leistungen kann der Erfolg (oder Misserfolg) der betrieblichen Tätigkeit ermittelt werden.

Aufstellung der Kosten und Leistungen für das Jahr ...

Bezeichnung	Kosten	Leistungen
Betriebsleistung einschl. angefangene Arbeiten		492 797,00
Werkstoffverbrauch	169 950,00	
Direkt verr. Löhne und Gehälter	80 218,60	
Gemeinkosten	197 527,60	
Summe	447 696,20	492 797,00
Gewinn (kalkulatorisch)	**45 100,80**	

Der kalkulatorische Gewinn von 45 100,80 €, auch Betriebsgewinn oder Betriebsergebnis genannt, stellt die Differenz aus Kosten und Leistungen dar.

Im Handwerk entspricht die Betriebsleistung (Jahresproduktion) weitgehend dem Umsatz (Jahresabsatz), da auf Bestellung gearbeitet wird (wenn man einmal von neutralen Aufwendungen und Erträgen absieht).

37.13 Unterscheidung steuerlicher Gewinn und kalkulatorischer Gewinn

Der kalkulatorische Gewinn (oder Verlust) aus der Kosten- und Leistungsrechnung darf nicht mit dem steuerlichen Gewinn (oder Verlust) aus der Gewinn- und Verlustrechnung der Finanzbuchhaltung verwechselt werden. Der steuerliche Gewinn fällt in der Regel höher aus, da er zusätzlich noch die kalkulatorischen Kosten und neutrale Erträge enthält. Er wird auch Unternehmensgewinn oder Unternehmensergebnis genannt.

Gewinn- und Verlustrechnung				Kosten- und Leistungsrechnung			
Aufwendungen		Erträge		Kosten		Leistungen	
Werkstoffe	100,00	Erlöse aus Handwerk	900,00	Werkstoffe	100,00	Betriebs-leistung	900,00
Löhne, Gehält.	200,00	Sonstige Erl.	–	Löhne, Gehält.	200,00		
Gemeinkosten (ohne kalk. K.)	300,00			Gemeinkosten (mit kalk. K.)	450,00		
AfA (steuerl.)	50,00						
Sonst. Aufwend.	–						
Summe Aufwend.	650,00	Summe Erträge	900,00	Summe Kosten	750,00	Summe Leist.	900,00
Steuerl. Gewinn	**250,00**			**Kalk. Gewinn**	**150,00**		

37.14 Zusammenfassung – Errechnung differenzierter Gemeinkostenzuschläge

Nach Schritten geordnet, wird die Errechnung in folgender Reihenfolge durchgeführt:

1. Schritt → **Kostenstellen festlegen**

2. Schritt → **Kostenarten erfassen**

3. Schritt → **Löhne und Gehälter sammeln und ordnen**

4. Schritt → **Verteilerschlüssel festlegen**

5. Schritt → **Kostenarten auf Kostenstellen verteilen**

6. Schritt → **Gemeinkostenzuschläge errechnen**

7. Schritt → **Betriebsabrechnung auswerten**

37.15 Vom Stundenzettel zu differenzierten Gemeinkostenzuschlägen

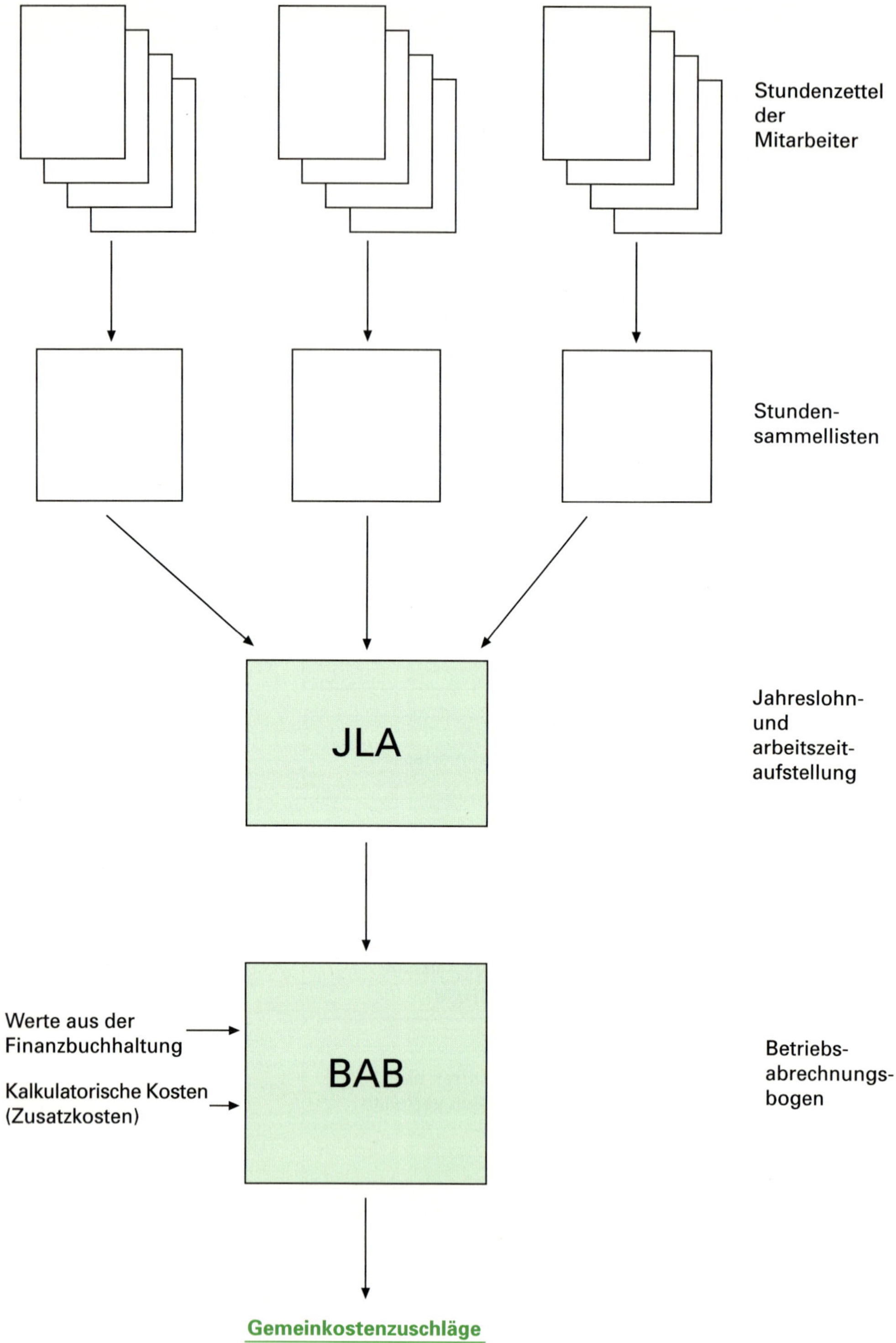

38 Kostenverlaufsarten

38.1 Kosten und Beschäftigungsgrad

Das Thema „Was sind Kosten" war bereits früher erörtert worden. Wir müssen uns noch einmal mit den Kosten befassen, diesmal im Zusammenhang mit der Auslastung des Betriebes.

Untersucht man das Verhalten der Kosten bei wechselnder Auslastung des Betriebes, ergeben sich unterschiedliche Kostenverlaufsarten.

Die betriebliche Auslastung lässt sich durch den Beschäftigungsgrad ausdrücken. Der Beschäftigungsgrad errechnet sich aus der vorhandenen Gesamtkapazität des Betriebes und der effektiven Ausnutzung dieser Gesamtkapazität.

Formel:

$$\frac{\textbf{Effektive Ausnutzung x 100 \%}}{\textbf{vorhandene Gesamtkapazität}} = \textbf{Beschäftigungsgrad in \%}$$

Beispiel: Eine Schreinerei könnte neun Gesellen beschäftigen, es arbeiten aber effektiv nur sieben Gesellen.

$$\frac{7 \times 100\ \%}{9} = 78\ \%\ \text{Beschäftigungsgrad}$$

Man unterscheidet zwei Kostenverlaufsarten, die sich bei Änderungen des Beschäftigungsgrades gegensätzlich verhalten:

1. Fixe Kosten
2. Variable Kosten

38.2 Fixe Kosten

Kosten, die bei wechselndem Beschäftigungsgrad unverändert bleiben, nennt man fixe Kosten (oder Fixkosten). Beispiele für fixe Kosten sind:

- Abschreibungen
- Gehälter
- Zinsen
- Miete, Pacht
- Versicherungen

Fixe Kosten fallen an, unabhängig davon ob viel, wenig oder auch gar nicht produziert wird. Fixe Kosten stellen in „schlechten Zeiten" eine große Belastung für den Betrieb dar. Eine gute Auslastung der Kapazität ist die beste Gewähr dafür, dass die fixen Kosten bei der Zurechnung auf die Erzeugnisse in vernünftigen Grenzen gehalten werden können.

Weitere Bezeichnungen für fixe Kosten sind:

- feste Kosten
- konstante Kosten
- zeitabhängige Kosten
- arbeitsunabhängige Kosten

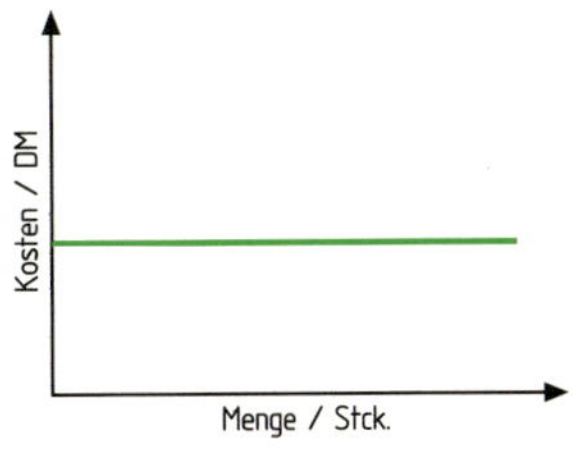

Fixe Kosten sind unabhängig vom Beschäftigungsgrad und der erzeugten Menge.

38.3 Variable Kosten

Kosten, die sich mit dem Beschäftigungsgrad ändern, nennt man variable Kosten. Beispiele für variable Kosten sind:

- Werkstoffe
- Fertigungslöhne
- Energiekosten
- Betriebsstoffe

Variable Kosten fallen nur dann an, wenn produziert wird. Sie sind daher wesentliche „harmloser" als die fixen Kosten.

Weitere Bezeichnungen für variable Kosten sind:

- bewegliche Kosten
- veränderliche Kosten
- arbeitsabhängige Kosten
- mengenabhängige Kosten
- zeitunabhängige Kosten

Bei den variablen Kosten unterscheidet man verschiedene Verlaufsarten.

38.3.1 Proportionale Kosten

Proportionale Kosten ändern sich im gleichen Verhältnis wie der Beschäftigungsgrad.

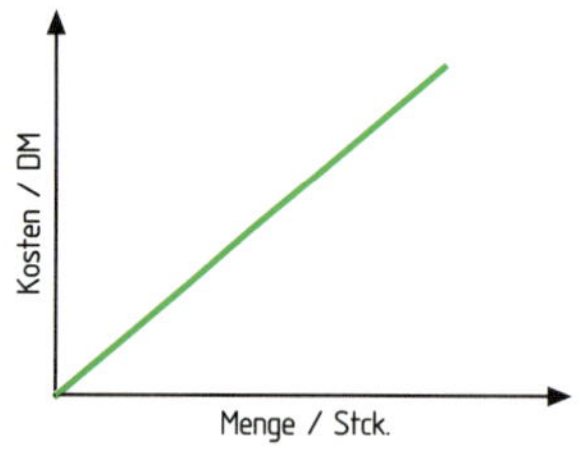

Proportionale Kosten:

- Werkstoffkosten
- Fertigungslohnkosten
- Energiekosten

38.3.2 Progressive Kosten

Progressive (überproportionale) Kosten steigen schneller als der Beschäftigungsgrad oder die betriebliche Leistung.

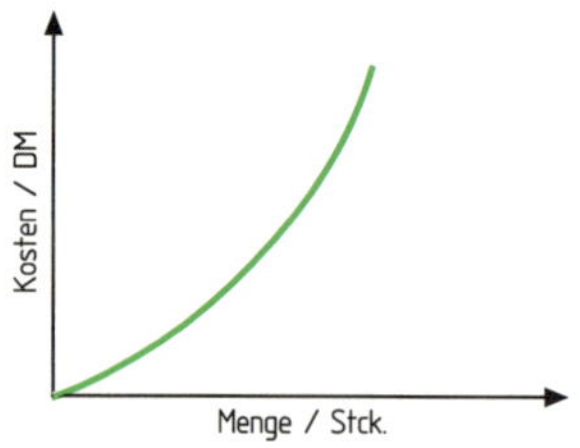

Progressive Kosten:

- Zuschläge für Nacht-, Sonn- und Feiertagsarbeit
- Ausschuss und erhöhter Verschleiß durch Überbelastung von Mensch und Maschine

38.3.3 Degressive Kosten

Degressive (unterproportionale) Kosten steigen langsamer als der Beschäftigungsgrad oder die betriebliche Leistung.

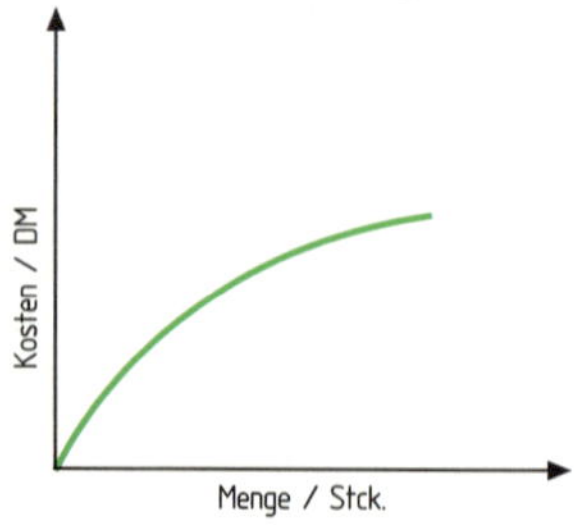

Degressive Kosten:

- Aufsichtskosten
- Werkstoffkosten bei Mengenrabatt
- sinkende Lohnkosten durch Übungseffekt

In der Kostenrechnung geht man bei den variablen Kosten meist von einem proportionalen Kostenverlauf aus.

38.4 Kosten und Stückpreis

Ganz anders verhalten sich fixe und variable Kosten, wenn man sie auf die einzelnen Einheiten (Stunden, Stück usw.) bezieht. Legt man den Stückpreis zugrunde, dann sinken die fixen Kosten je Stück mit der Anzahl der produzierten Einheiten. Dieser Vorgang wird als **Fixkostendegression** bezeichnet.

Jeder Betrieb muss daher versuchen, innerhalb einer Abrechnungsperiode eine möglichst hohe Mengenleistung (z.B. produktive Stunden) zu erbringen.

Die variablen Kosten wiederum sind, unabhängig von der erzeugten Menge, pro Einheit gleich hoch und zeigen in der nachfolgenden Grafik einen waagerechten Verlauf.

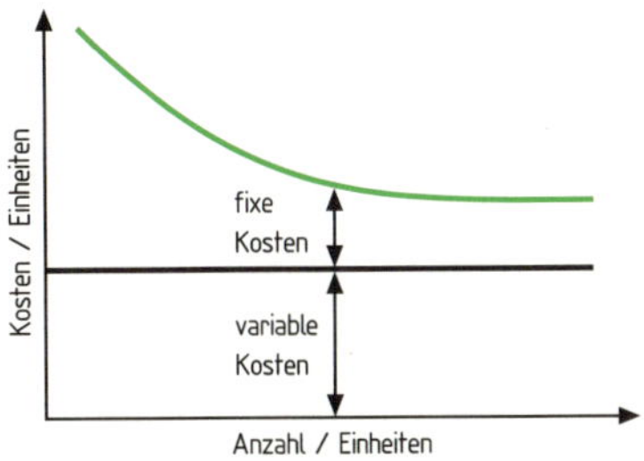

Fixkostendegression

Die Kosten je Einheit errechnen sich demnach nach folgender Formel:

$$\frac{\text{Fixkosten gesamt}}{\text{Menge}} + \text{variable Kosten je Einheit} = \underline{\underline{\text{Kosten je Einheit}}}$$

39 Deckungsbeitragsrechnung

39.1 Wesen der Deckungsbeitragsrechnung

Mit der Zuschlagskalkulation als **Vollkostenrechnung** werden dem Erzeugnis nach einem starren Schema alle Kosten zugerechnet, die durch seine Herstellung verursacht wurden. Das Ergebnis ist ein Vollkostenpreis, der im marktwirtschaftlichen Wettbewerb jedoch nicht immer durchzusetzen ist.

Die Deckungsbeitragsrechnung als **Teilkostenrechnung** unterscheidet zwischen fixen und variablen Kosten. Ihre Aufgabe ist es, zu ermitteln, wie viel ein Erzeugnis durch seinen **Erlös** (Preis) zur Deckung der fixen Kosten beiträgt. Der **Fixkostenblock**, das ist die Summe der Fixkosten einer Rechnungsperiode, stellt in jedem Betrieb eine wichtige Größe dar. Mithilfe der Deckungsbeitragsrechnung kann die Abdeckung des Fixkostenblockes über die Erlöse kontrolliert werden. Voraussetzung für die Anwendung der Deckungsbeitragsrechnung ist die **Auflösung** aller Kosten in fixe und variable Kosten.

39.2 Kostenauflösung

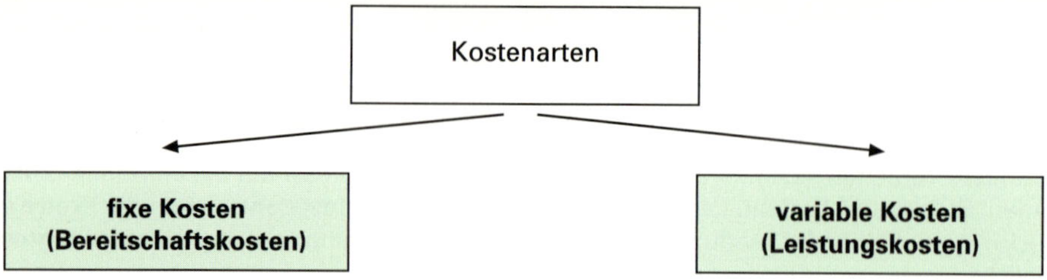

Neben typisch fixen Kosten (z.B. Miete) oder typisch variablen Kosten (z.B. Werkstoffe) gibt es auch Kostenarten, die sowohl fixe als auch variable Anteile enthalten. Solche **Mischkosten** können rechnerisch oder nach Schätzung zerlegt werden.

Beispiele von Mischkosten:

Auflösung nach Schätzung

Stromkosten	10 % fix	90 % variabel
Instandhaltungskosten	25 % fix	75 % variabel

Beispiele der Kostenauflösung

Nr.	Kostenart	€	in %		in €	
			fix	var.	fix	var.
1	Fertigungslöhne	150 000,00	70	30	105 000,00	45 000,00
2	Gehälter	60 000,00	100	–	60 000,00	–
3	Arbeitgeb. Sozialversich.	30 000,00	80	20	24 000,00	6 000,00
4	Werkstoffe	110 000,00	–	100	–	110 000,00
5	Raumkosten	40 000,00	100	–	40 000,00	–
6	Gewerbesteuer	28 000,00	15	85	4 200,00	23 800,00
7	Instandhaltungskosten	5 000,00	25	75	1 250,00	3 750,00
8	Stromkosten	11 000,00	10	90	1 100,00	9 900,00
9	Versicherungen	4 000,00	100	–	4 000,00	–

Es ist manchmal nicht ganz einfach zu entscheiden, welche Kosten fix oder variabel sind. Auf lange Sicht gesehen, gibt es keine Kosten, die sich fest verhalten. In der betrieblichen Kostenrechnung liegt jedoch immer eine Abrechnungsperiode (Geschäftsjahr) zu Grunde und für diesen überschaubaren Zeitraum gibt es eine Reihe von Kosten, die als fix zu betrachten sind.

Unterschiedliche Auffassungen gibt es immer wieder bei den Fertigungslöhnen. Da sie unmittelbar mit dem Beschäftigungsgrad zusammenhängen, werden sie oftmals voll den variablen Kosten zugerechnet. Auf der anderen Seite aber kann auf kurzfristige Produktionsrückgänge nicht sofort mit Entlassungen reagiert werden (Erhalt von Fachkräften, Kündigungsfristen, Arbeitsverträge usw.). Es erscheint deshalb als realistisch, einen Teil der Fertigungslöhne einschließlich der Personalnebenkosten als feste Kosten zu betrachten.

Eine allgemeinverbindliche Regel für die Kostenauflösung gibt es nicht. Jeder Betrieb muss unter Berücksichtigung seiner besonderen Verhältnisse entscheiden, welche Kosten als fix oder variabel anzusehen sind.

39.3 Anwendung der Deckungsbeitragsrechnung (DBR)

Ausgangspunkt für die DBR ist der Erlös eines Erzeugnisses. Unter Erlös versteht man den Marktpreis, wie er sich aus Angebot und Nachfrage ergibt. Vom Erlös werden die variablen Kosten abgezogen. Der verbleibende Betrag wird **Deckungsbeitrag** (DB) genannt.

Erlös – variable Kosten = Deckungsbeitrag

Der DB kann pro Stück, Auftrag oder für die Jahresproduktion errechnet werden.

Deckungsbeitrag (DB) ist der Betrag, mit dem ein Erzeugnis zur Deckung des Fixkostenblocks beiträgt.

Schema der DBR

	Erlös
–	variable Kosten
=	Deckungsbeitrag
–	fixe Kosten
=	Gewinn oder Verlust

Die positive Differenz zwischen DB und Fixkosten ergibt einen Gewinn; sind die Fixkosten höher als der DB, ergibt sich ein Verlust.

Beispiele

a) Haustür in Eiche, Erlös 2 600,00 €

Erlös (netto)	2 600,00 €
– variable Kosten (Werkstoffe, Fertigungslöhne, (Sondereinzelkosten, variable Gemeinkosten)	1 400,00 €
Deckungsbeitrag	1 200,00 €

Der Erlös dieser Türe trägt mit 1 200,00 € zur Deckung des Fixkostenblocks bei.

In der Praxis ist es meist schwierig, die vom einzelnen Erzeugnis verursachten Fixkosten festzustellen. Man rechnet deshalb zunächst mit den Deckungsbeiträgen, die nach Abdeckung des Fixkostenblocks zu Gewinn werden.

b) Die Jahresfixkosten eines Betriebes betragen 325 000,00 €, die Anzahl der produktiven Stunden beträgt 20 315 h.

$$\frac{\text{Fixe Kosten/jährl.}}{\text{prod. Stunden/jährl.}} = \text{DB/h}$$

$$\frac{325\,000{,}00\ €}{20\,315\ \text{h}} = 16{,}00\ €/\text{h}$$

Jede produktive Arbeitsstunde sollte mit 16,00 € zur Deckung der Fixkostensumme beitragen.

39.4 Produktbewertung mit der DBR

Jeder Betrieb wird selbstverständlich bestrebt sein, Erzeugnisse mit einem möglichst hohen Deckungsbeitrag herzustellen. In der harten Realität des Geschäftslebens ist das aber nicht immer möglich. Die nachfolgende Aufstellung soll zeigen, dass auch Erzeugnisse mit bescheidenem DB wichtig für das betriebliche Kostengeschehen sein können.

Beispiel Türenfertigung

Drei verschiedene Ausführungen werden hergestellt:
Typ „Standard“, Billigtüre für Anstrich,
Typ „Rustikal“, mittlere Qualität in verschiedenen Beiztönen,
Typ „Luxus“, beste Ausführung in verschiedenen Edelhölzern.

Angegeben sind die Kosten einer Monats-Produktion.

Ausführung	Standard	Rustikal	Luxus	Gesamt
Erlös (netto) – variable Kosten	25 000,00 15 000,00	40 000,00 22 000,00	48 000,00 25 000,00	113 000,00 62 000,00
Deckungsbeitrag – fixe Kosten	10 000,00 12 000,00	18 000,00 15 000,00	23 000,00 17 000,00	51 000,00 44 000,00
Gewinn/Verlust	**– 2 000,00**	+ 3 000,00	+ 6 000,00	**+ 7 000,00**

Ausführung „Standard“ bringt 2 000,00 € Verlust, d. h. die fixen Kosten übersteigen den DB um 2 000,00 €. Die Ausführungen „Rustikal“ und „Luxus“ bringen einen Gewinn von 9 000,00 €, sodass 7 000,00 € Gesamtgewinn verbleibt.

Eine naheliegende Überlegung wäre, die Ausführung „Standard“ aus dem Fertigungsprogramm zu nehmen um den Verlust zu vermeiden (!).

Ausführung	Rustikal	Luxus	Gesamt
Erlös (netto) – variable Kosten	40 000,00 22 000,00	48 000,00 25 000,00	88 000,00 47 000,00
Deckungsbeitrag – fixe Kosten	18 000,00 21 000,00	23 000,00 23 000,00	41 000,00 44 000,00
Gewinn/Verlust	**– 3 000,00**	–	**– 3 000,00**

Bei Einstellung der Produktion des Typs „Standard“ erhält man im Gesamtergebnis einen Verlust von 3 000,00 €, denn die Fixkosten dieses Produktes müssen jetzt von den Ausführungen „Rustikal“ und „Luxus“ getragen werden. Erzeugnisse mit einem geringen DB sind nur dann aus dem Fertigungsprogramm zu nehmen, wenn es dafür Ersatzprodukte gibt, die einen höheren DB einbringen.

Außerdem muss beim Austausch von Produkten die betriebliche Engpasskapazität berücksichtigt werden, d.h. sobald ein neues Erzeugnis die laufende Produktion behindert oder keine ausreichenden räumlichen, maschinellen oder personellen Kapazitäten vorhanden sind, hat der absolute DB wenig Aussagewert. Soweit die Fixkosten durch die laufenden Produkte bereits abgedeckt sind, kann ein zusätzliches Produkt (Nutzung freier Kapazitäten) zur Gewinnerhöhung oder besseren Fixkostenverteilung beitragen.

39.5 Preisuntergrenze und DBR

Mithilfe der DBR kann auch die Preisuntergrenze für ein Erzeugnis bestimmt werden. Gerade in Zeiten schwieriger Wirtschaftslage ist es wichtig zu wissen, bis zu welcher „Grenze“ man gehen kann. Die variablen Kosten eines Produktes werden dabei als **Grenzkosten** bezeichnet. Kurzfristig kann auf einen Teil der Fixkosten verzichtet werden; jeder auch noch so geringe Betrag über den variablen Kosten trägt dann zur Deckung der Fixkosten bei.

Langfristig kann die Deckungsbeitragsrechnung auf **keinen Fall** die Zuschlagskalkulation ersetzen. Die DBR muss als **zusätzliche** Entscheidungshilfe für die Kostenrechnung eines Betriebes angesehen werden.

39.6 Grafische Darstellung der DBR

Sehr anschaulich lassen sich die Zusammenhänge der DBR in einer Grafik darstellen.

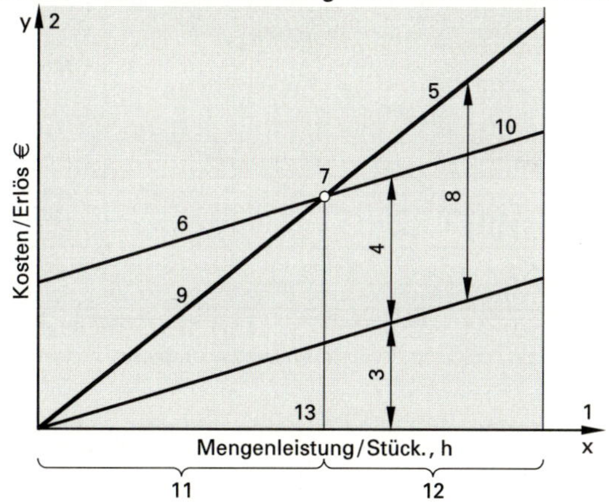

Alle Werte sind auf eine Abrechnungsperiode bezogen

1. Waagerecht (X-Achse), Mengenleistung in Stück, Stunden usw.
2. Senkrecht (Y-Achse), Kosten bzw. Erlöse in €
3. Variable Kosten als steigende Gerade
4. Fixe Kosten als paralleler Block
5. Erlöslinie
6. Gesamtkostenlinie
7. Gewinnschwelle (break-even-point)
8. Deckungsbeitrag
9. Verlust
10. Gewinn
11. Verlustzone
12. Gewinnzone
13. Gewinnschwellenwert

39.7 Ermittlung der Gewinnschwelle

Die Gewinnschwelle gibt den Punkt an, bei dem sich die Summe aller Deckungsbeiträge mit dem Fixkostenblock deckt. Bezogen auf die Mengenleistung eines Betriebes zeigt die Gewinnschwelle z.B. die Mindeststückzahl an, die erreicht werden muss um alle Kosten abzudecken. Ein Gewinn entsteht erst bei Überschreiten der Gewinnschwelle.

Weitere sehr gebräuchliche Bezeichnungen für Gewinnschwelle sind:

- Break-even-point
- Kostendeckungspunkt
- Toter Punkt
- Nutzschwelle

a) Grafische Ermittlung der Gewinnschwelle

Kostenauflösung

Kostenarten	Summe/€	fix. %	Betrag/€	var. %	Betrag/€
Gemeinkosten	150 000,00	60	90 000,00	40	60 000,00
Dir. verr. Löhne	80 000,00	60	48 000,00	40	32 000,00
Werkstoffe	130 000,00	–	–	100	130 000,00
Gesamtkosten	360 000,00		138 000,00		222 000,00

Bezugsgrundlage sind die produktiven Stunden eines Jahres; 5 700 Stunden

Betriebsleistung	408 000,00 €	Fixe Kosten	138 000,00 €
Betriebsergebnis	48 000,00 €	Variable Kosten	222 000,00 €

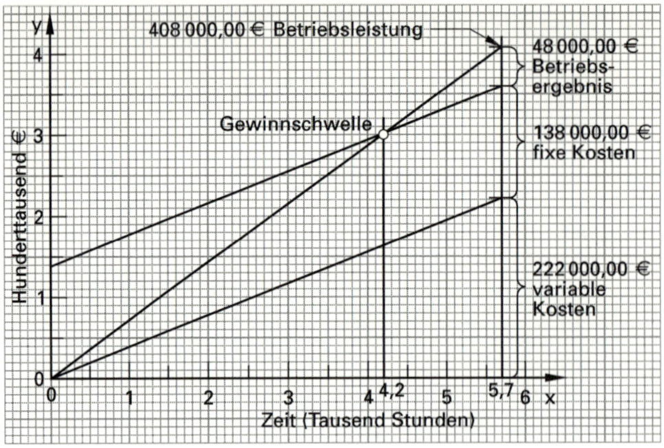

Bei ca. 4200 produktiven Stunden sind alle Fixkosten gedeckt. Jede weitere Stunde trägt dann zum Gewinn bei.

b) Rechnerische Ermittlung der Gewinnschwelle

Der Errechnung der Gewinnschwelle liegt folgende Gleichung zugrunde:

$$\frac{\text{Fixkosten}}{\text{Stunden-Gewinnschwelle}} = \frac{\overbrace{\text{Fixkosten} + \text{Betriebsergebnis}}^{\text{Deckungsbeitrag}}}{\text{prod. Stunden}}$$

Daraus ergibt sich die Formel:

$$\text{Gewinnschwelle} = \frac{\text{Fixkosten x prod. Stunden}}{\text{Fixkosten} + \text{Betriebsergebnis}}$$

$$\frac{138\,000{,}00\ € \text{ x } 5\,700 \text{ Stunden}}{138\,000{,}00\ € + 48\,000{,}00\ €} = \underline{\underline{\mathbf{4\,229\ Stunden}}}$$

40 Investitionsrechnung

40.1 Einführung

Die langfristige Erhaltung eines Unternehmens zwingt besonders in wirtschaftlich weniger guten Zeiten zu wohlüberlegten Investitionen.

Unter Investition versteht man den Einsatz finanzieller Mittel zur Anschaffung von Gebäuden, Anlagen, Maschinen usw. zur längerfristigen Nutzung.

Investitionen werden aus Eigen- oder Fremdkapital finanziert. Eine Investitionsplanung legt Reihenfolge und Umfang der zukünftigen Investitionen fest.

Man unterscheidet:

- Ersatzinvestitionen
- Instandhaltungsinvestitionen
- Erweiterungsinvestitionen
- Rationalisierungsinvestitionen

Die Investitionsrechnung überprüft die Wirtschaftlichkeit geplanter und durchgeführter Investitionen.

Dies kann geschehen durch:

- **Kostenvergleichsrechnung**
- **Amortisationsrechnung**
- **Rentabilitätsrechnung**

40.2 Kostenvergleichsrechnung

Durch die rechnerische Gegenüberstellung von zwei (oder mehr) Verfahren (Maschinen, Vorrichtungen, Arbeitsabläufe usw.) bei einer bestimmten Arbeitsmenge (m^2, lfm, Stück usw.) lassen sich die Kosten der einzelnen Verfahren miteinander vergleichen. Auf dieser Grundlage wird das wirtschaftlichere Verfahren ermittelt.

40.2.1 Ermittlung der kritischen Menge

Die Wirtschaftlichkeit zweier Verfahren kann mithilfe der sog. kritischen Menge (auch kritische Stückzahl oder Grenzstückzahl genannt) überprüft werden. Meist wird ein vorhandenes Verfahren einem neuen, leistungsfähigeren gegenübergestellt.

Unter kritischer Menge versteht man die Menge, bei der die Kosten für beide Fertigungsverfahren gleich hoch sind.

Sofern die Fertigungsmenge über der kritischen Menge liegt, ist dem Verfahren mit den höheren fixen Kosten der Vorzug zu geben (Fixkostendegression). Zur Ermittlung der kritischen Menge müssen die Gesamtkosten der Verfahren in fixe und variable Kosten zerlegt werden (Kostenauflösung siehe Kapitel 39.2). Im Maschinenbereich handelt es sich hauptsächlich um folgende Kostenarten:

Fixe Kosten

- Abschreibung
- Verzinsung
- Raumkosten

Variable Kosten

- Energiekosten
- Werkzeug- und Wartungskosten
- Bedienungskosten

Neben den fixen und variablen Kosten muss auch noch die jährliche Produktionsmenge bekannt sein.

Die Ermittlung der kritischen Menge kann sowohl rechnerisch als auch grafisch durchgeführt werden.

a) Rechnerische Ermittlung der kritischen Menge

Untersucht werden die Kosten für das Schleifen von furnierten Flächen; es soll die kritische Menge für folgende zwei Verfahren ermittelt werden:

Verfahren I – Langbandschleifmaschine, 1 Mann Bedienung (vorhanden)
Verfahren II – Breitbandschleifmaschine, 2 Mann Bedienung (geplant).

Die Fertigungsmenge beträgt 2 400 m^2 furnierte Fläche pro Jahr.

Verfahren I		**Verfahren II**	
Fixkosten/Jahr	1 627,00 €	Fixkosten/Jahr	7 210,00 €
Var. Kosten/Jahr	9 968,00 €	Var. Kosten/Jahr	3 012,00 €

Der Errechnung der kritischen Menge liegt folgende Gleichung zu Grunde:

fixe Kosten/Jahr I + (variable Kosten/Einheit I x krit. Menge) =
fixe Kosten/Jahr II + (variable Kosten/Einheit II x krit. Menge)

Daraus ergibt sich die Formel:

$$\text{krit. Menge} = \frac{\text{fixe Kosten II} - \text{fixe Kosten I}}{\text{var. Kosten I} - \text{var. Kosten II}} \quad \begin{matrix} \longleftarrow \text{pro Jahr} \\ \longleftarrow \text{pro Einheit} \end{matrix}$$

$$\frac{7\,210{,}00\ € - 1\,627{,}00\ €}{(9\,968{,}00\ € : 2\,400\ m^2) - (3\,012{,}00\ € : 2\,400\ m^2)} = \mathbf{1\,932\ m^2}$$

Die kritische Menge liegt bei 1 932 m^2; die Jahresmenge beträgt 2 400 m^2. In diesem Fall ist das Verfahren II mit den höheren fixen Kosten zu wählen.

Bei allen Investitionsentscheidungen sind nicht allein die tatsächlichen Kosten der Verfahren, sondern weitere Kriterien wie Arbeitsqualität, Facharbeitermangel, Humanisierung der Arbeit usw. zu berücksichtigen.

b) Grafische Ermittlung der kritischen Menge

Die Werte des vorangegangenen Beispiels werden auf den Koordinaten angetragen. Die x-Achse (waagerecht) enthält die Mengen, die y-Achse (senkrecht) enthält die Kosten.

Die Kurven der variablen Kosten schneiden sich im Punkt der kritischen Menge.

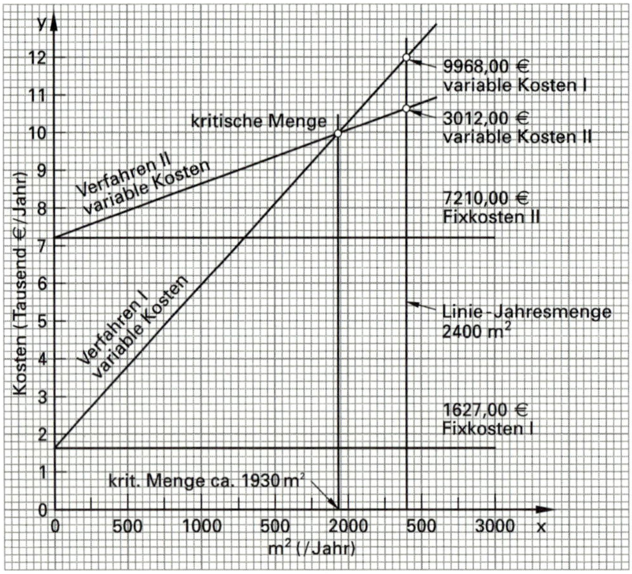

40.2.2 Stückkostenvergleich

Untersucht werden die Kosten für das Anleimen von Massivholzkanten. Es soll der lfm/Preis für die beiden folgenden Verfahren errechnet werden:

Verfahren I, Verleimständer mit hydraulischen Druckzylindern, Handbetrieb (vorhanden),
Verfahren II, Kantenpresse mit Heizschiene (geplante Investition).

Die Jahresmenge wird mit 3 200 lfm angeleimten Massivkanten festgelegt. Für beide Verfahren fallen etwa gleiche Rüstzeiten an.

In diesem Beispiel werden zunächst die Maschinenstundensätze für beide Verfahren errechnet (siehe dazu auch Kapitel 32) und danach die Kosten für einen lfm ermittelt.

Kostenvergleich: *kantenanleimen*			
Jahresmenge: *3200 lfm* Preis/m²: *2,00 €* Preis/kWh: *0,30 €*		**Verfahren I** *Verleimständer*	**Verfahren II** *Kantenpresse*
1	Anschaffungspreis	*3.500,– €*	*4.900,– €*
2	Nutzungsdauer	*15 Jahre*	*8 Jahre*
3	Kalk. Verzinsung	*10%*	*10%*
4	Raumbedarf	*9 m²*	*5 m²*
5	Energiebedarf	*–*	*4,5 kW*
6	Werkzeug- u. Unterh.-Kosten	*0,40 €/Std.*	*1,50 €/Std.*
7	Lohnkosten	*13,– €/Std.*	*13,– €/Std.*
8	Restgemeinkosten auf Lohn	*110%*	*110%*
9	Stundenleistung	*15 lfm/Std.*	*24 lfm/Std.*
10	Umrechnung – Einsatzzeit	*3200 lfm/15 lfm*	*3200 lfm/24 lfm*
11	Einsatzzeit	*213,33 Std./Jahr*	*133,33 Std./Jahr*
12	Kalk. Abschreibung	*233,33 €*	*612,50 €*
13	Kalk. Verzinsung	*175,– €*	*245,– €*
14	Raumkosten	*216,– €*	*120,– €*
15	Fixkosten/Jahr (12 – 14)	*624,33 €*	*977,50 €*
16	Fixkosten/Std.	*2,93 €*	*7,33 €*
17	Energiekosten	*–*	*1,35 €*
18	Werkzeugkosten u. Unterh.-Kosten	*0,40 €*	*1,50 €*
19	Lohnkosten	*13,– €*	*13,– €*
20	Restgemeinkosten auf Lohn	*14,30 €*	*14,30 €*
21	Stundensatz	*30,63 €*	*37,48 €*
22	Umrechnung – Preis/Einheit	*30,63 €/15 lfm*	*37,48 €/24 lfm*
23	Preis je Einheit	*2,04 €/lfm*	*1,56 €/lfm*

Der Unterschied zwischen beiden Verfahren beträgt 0,48 €/lfm, d.h. die Kantenpresse ist um 0,48 € je laufenden Meter Anleimer billiger als der Verleimständer.

40.3 Amortisationsrechnung

Ziel der Amortisationsrechnung ist die Ermittlung des Amortisationszeitraums (Wiedergewinnungszeit).

Unter Amortisationszeitraum versteht man die Zeit, in der das eingesetzte Kapital durch die Einsparungen wieder eingebracht wird.

Formel für die Errechnung des Amortisationszeitraums:

$$\frac{\textbf{Anschaffungspreis}}{\textbf{Einsparungen/Jahr}} = \textbf{Amortisationszeitraum}$$

Beispiel 1

Der Anschaffungspreis für eine leistungsfähigere Dübelmaschine beträgt 34 500,00 €. Es wird mit jährlichen Einsparungen in Höhe von 7 190,00 € gerechnet.

$$\frac{34\,500{,}00\text{ €}}{7\,190{,}00\text{ €}} = \underline{\underline{4{,}8\text{ Jahre}}}$$

Der Amortisationszeitraum beträgt 4,8 Jahre. Es kann nun überprüft werden, ob eine andere Maschine eine schnellere Wiedergewinnungszeit ermöglicht oder ob der errechnete Wert mit der betrieblichen Soll-Amortisationsdauer in Einklang steht.

Beispiel 2

Der vorangegangene Kostenvergleich für das Kantenanleimen (40.2.2) ergab folgende Werte:

Verfahren I, Verleimständer		2,04 €/lfm
Verfahren II, Kantenpresse		1,56 €/lfm
	Differenz	0,48 €/lfm

Die Kantenpresse ist 0,48 €/lfm billiger als der Verleimständer. Bei einer weiteren Auslastung von mindestens 3200 lfm/Jahr ergibt sich eine jährliche Einsparung von

$$0{,}48\text{ €} \times 3\,200\text{ lfm} = \underline{\underline{1\,536{,}00\text{ €/Jahr}}}$$

Daraus errechnet sich ein Amortisationszeitraum von

$$\frac{4\,900{,}00\text{ €}}{1\,536{,}00\text{ €}} = \underline{\underline{3{,}19\text{ Jahren}}}$$

40.4 Rentabilitätsrechnung

Unter Rentabilität versteht man die Verzinsung des für die Produktion eingesetzten Kapitals.

Die Rentabilität errechnet sich aus investiertem Kapital und erwartetem oder erwirtschaftetem Gewinn.

Formel zur Errechnung der Rentabilität:

$$\frac{\textbf{Gewinn x 100}}{\textbf{investiertes Kapital}} = \textbf{Rentabilität in \%}$$

Beispiel:

Bei einem Kapitaleinsatz von 825 000,00 € wurde ein Jahresgewinn von 115 500,00 € erwirtschaftet.

$$\frac{115\,500{,}00\ € \times 100\ \%}{825\,000{,}00\ €} = 14\ \%$$

Daraus errechnet sich eine Rentabilität von 14 %, d. h. das eingesetzte Kapital hat sich mit 14 % verzinst.

Die Verzinsung sollte mindestens so hoch sein wie der Zinsertrag für langfristig angelegtes Geld.

41 Betriebliche Kennzahlen

41.1 Bedeutung von Kennzahlen

Die zum betrieblichen Rechnungswesen zählende Betriebsstatistik befasst sich mit der Kennzahlenrechnung.

Betriebliche Kennzahlen können absolute Zahlen sein; meist sind es aber Verhältniszahlen, d.h. es werden zwei Größen zueinander in Beziehung gesetzt. Die Darstellung von Kennzahlen ist in Tabellen oder mithilfe von Diagrammen möglich (siehe nachfolgendes Kapitel).

> In der Kostenrechnung fallen sehr viele Daten und Werte an. Mithilfe von Kennzahlen werden sie auf wesentliche Aussagen reduziert.

Das ermöglicht dem Unternehmer Kostenstruktur, Kostenentwicklung und Wirtschaftlichkeit des Betriebes zu beurteilen und die notwendigen technischen oder kaufmännischen Entscheidungen zu treffen. Es können außerdem aufschlussreiche Vergleiche mit vorangegangenen Rechnungsperioden und anderen Betrieben vorgenommen werden.

41.2 Kennzahlen der Kostenrechnung

Kennzahlen können in großer Menge für alle betrieblichen Bereiche errechnet werden. Dieses Kapitel beschränkt sich auf die wichtigsten Kennzahlen innerhalb der Kostenrechnung. Dazu zählen:

- **Produktionskennzahlen**
- **Materialkennzahlen**
- **Rentabilitätskennzahlen**

41.2.1 Produktionskennzahlen

a) Betriebsleistung

Unter Betriebsleistung versteht man die Summe aller betrieblichen Leistungen in einer Rechnungsperiode. Die Bewertung gilt dabei nur der Leistungserstellung, unabhängig davon, ob Produkte abgesetzt wurden oder nicht (vgl. Umsatz, Kap. 37.11). Die Betriebsleistung wird als absolute Zahl angegeben.

b) Wertschöpfung

Als Wertschöpfung bezeichnet man den im Betrieb (über Produkte und Dienstleistungen) entstandenen Wertzuwachs innerhalb einer Rechnungsperiode.

Errechnung der jährlichen Wertschöpfung:

	Betriebsleistung/€
abzüglich	Werkstoffeinsatz/€
abzüglich	Fremdleistungen/€
	Wertschöpfung/€

c) Durchschnittliche Beschäftigtenzahl (Jahr)

$$\frac{\textbf{Gesamtarbeitszeit/Std./Jahr}}{\textbf{52 Wochen x 40 Stunden}} = \textbf{Anzahl/Beschäftigte (durchschnittlich)}$$

Der Errechnung liegt die Normalarbeitszeit von 52 Wochen zu 40 Stunden zugrunde. Der über diese Formel errechnete einheitliche Wert wird für eine Reihe von Produktionskennzahlen verwendet.

d) Betriebsleistung je Beschäftigten

$$\frac{\textbf{Betriebsleistung/€}}{\textbf{Anzahl/Beschäftigte}} = \textbf{Betriebsleistung in € je Beschäftigten}$$

Diese Kennzahl sagt aus, in welcher Höhe der einzelne Mitarbeiter zur (jährlichen) Wertschöpfung beiträgt. Die Wertschöpfung kann auch je direkt verrechenbare Stunde ermittelt werden (siehe f).

e) Wertschöpfung je Beschäftigten

$$\frac{\textbf{Wertschöpfung/€}}{\textbf{Anzahl/Beschäftigte}} = \textbf{Wertschöpfung in € je Beschäftigten}$$

Diese Kennzahl sagt aus, in welcher Höhe der einzelne Mitarbeiter zur (jährlichen) Wertschöpfung beiträgt.

f) Betriebsleistung je direkt verrechenbare Arbeitsstunde

$$\frac{\textbf{Betriebsleistung/€/Jahr}}{\textbf{dir. verr. Arbeitsstunden/Jahr}} = \textbf{€ je direkt verrechnete Stunde}$$

Diese Kennzahl sagt aus, in welcher Höhe der einzelne Mitarbeiter zur (jährlichen) Wertschöpfung beiträgt. Die Wertschöpfung kann auch, wie unter f), je direkt verrechenbare Stunde ermittelt werden.

g) Verhältnis der nicht direkt verr. Löhne zu den direkt verr. Löhnen

$$\frac{\textbf{Nicht dir. verr. Löhne/€ x 100 \%}}{\textbf{Direkt verr. Löhne/€}} = \textbf{\% nicht direkt verr. Löhne}$$

Mit dieser Kennzahl kann überprüft werden, ob sich die nicht direkt verrechenbaren Löhne (Gemeinkosten) zu Lasten der direkt verrechenbaren Löhne (Einzelkosten) verändern. Es sollte ein hoher Anteil an direkt verrechenbaren Löhnen angestrebt werden.

41.2.2 Materialkennzahlen

a) Werkstoffverbrauch

Errechnung des jährlichen Werkstoffverbrauchs:

	Anfangsbestand
zuzüglich	**Zugänge**
abzüglich	**Endbestand**
	Werkstoffverbrauch/Jahr

b) Durchschnittlicher Lagerbestand

$$\frac{\textbf{Anfangsbestand + Endbestand}}{\textbf{2}} = \textbf{durchschnittlicher Lagerbestand}$$

Da der Lagerbestand einer dauernden Veränderung unterliegt, wird in der Kostenrechnung mit dem Mittelwert, also dem durchschnittlichen Lagerbestand, gearbeitet.

c) Lagerdauer

$$\frac{\textbf{Durchschnittlicher Lagerbestand/€ x 360 Tage/Jahr}}{\textbf{Werkstoffverbrauch/€/Jahr}} = \textbf{Lagerdauer in Tagen}$$

Diese Kennzahl sagt aus, wie lange im Durchschnitt die Werkstoffe des Betriebes gelagert werden, sie stellt die Zeitspanne zwischen Einkauf und Verbrauch der Werkstoffe dar.

Der Lagerbestand sollte nicht zu hoch sein, weil dadurch unnötig Kapital- und Lagerkosten entstehen.

d) Werkstoffumschlag

$$\frac{\textbf{Werkstoffverbrauch/Jahr}}{\textbf{durchschnittlicher Lagerbestand}} = \textbf{Umschlaghäufigkeit/Jahr}$$

oder

$$\frac{\textbf{360 Tage}}{\textbf{Lagerdauer/Tage}} = \textbf{Umschlaghäufigkeit/Jahr}$$

Diese Kennzahl gibt an, wie oft der Lagerbestand innerhalb eines Jahres umgeschlagen wird.

41.2.3 Rentabilitätskennzahlen

Rentabilitätskennzahlen sagen aus, mit wie viel Prozent sich das eingesetzte Kapital verzinst.

a) Rentabilität des Eigenkapitals

$$\frac{\textbf{Unternehmensgewinn x 100 \%}}{\textbf{Eigenkapital}} = \%$$

Die Eigenkapitalrentabilität gibt die Verzinsung des im Betrieb eingesetzten Eigenkapitals an (Eigenkapitalrendite).

b) Rentabilität des Gesamtkapitals

$$\frac{\text{(Gewinn + Fremdkapitalzinsen) x 100 \%}}{\text{Gesamtkapital}} = \%$$

Im Gesamtkapital (ebenso wie im Eigenkapital) dürfen nur betriebsnotwendige Kapitalanteile enthalten sein. Die Gesamtkapitalrendite gibt die Verzinsung des betrieblichen Gesamtkapitals an.

c) Umsatzrentabilität

$$\frac{\text{Gewinn x 100 \%}}{\text{Umsatz}} = \%$$

Die Umsatzrentabilität gibt den prozentualen Anteil des Gewinns am Umsatz an (Umsatzrendite). Die Umsatzrentabilität ist eine häufig verwendete Kennzahl.

41.2.4 Sonstige Kennzahlen

a) Verhältnis der Verwaltungskosten zur Betriebsleistung

$$\frac{\text{Verwaltungskosten x 100 \%}}{\text{Betriebsleistung}} = \%$$

Aus dieser Kennzahl kann ersehen werden, ob der Aufwand für die Verwaltung in einem „gesunden“ Verhältnis zur Produktion steht.

b) Verwaltungskosten je Auftrag

$$\frac{\text{Verwaltungskosten}}{\text{Zahl der Aufträge}} = \text{€/Auftrag}$$

Diese Kennzahl sollte dazu führen, die Proportionalität der Verwaltungskosten je Auftrag zu überdenken (Kosten für kleine und große Aufträge).

c) Verhältnis der Personalkosten zur Betriebsleistung

$$\frac{\text{Personalkosten x 100 \%}}{\text{Betriebsleistung}} = \%$$

Diese Kennzahl macht bei langfristiger Beobachtung Veränderungen des „teuersten Kostenfaktors“ deutlich.

d) Fehlzeiten

$$\frac{\text{Abwesenheitstage/Jahr x 100 \%}}{\text{Max. Arbeitstage/Jahr}} = \%$$

Wenn diese Kennzahl einen hohen Wert oder steigende Tendenz aufweist, sollten die Hintergründe der Fehlzeiten untersucht werden.

42 Zeichnerische Darstellung von betrieblichen Daten

42.1 Anfertigung von Schaubildern

Kennzahlen geben in ihrer verdichteten Form bereits einen guten Überblick über das betriebliche Geschehen. Noch anschaulicher und für jedermann verständlich sind zeichnerische Darstellungen betrieblicher Daten; sie werden auch Schaubilder genannt.

Die wichtigsten Darstellungsarten sind:

- **Säulendiagramm**
- **Kreisdiagramm**
- **Kurvendiagramm**

42.2 Säulendiagramm

Auf einer Linie werden gleichbreite Säulen angeordnet. Die Längen ergeben sich aus der maßstäblichen Umrechnung der verwendeten Werte.

Beispiel 1

Darstellung des Überstundenanteils in Prozent zu den Normalstunden für die letzten Jahre.

Wertetabelle

Jahr	1996	1997	1998	1999	2000	2001
%	11	9	4	7	2	5

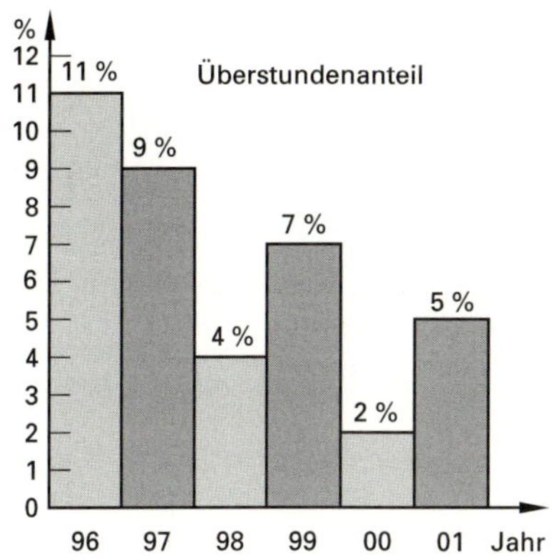

Beispiel 2

Darstellung der Personalnebenkosten in einer Säule (auch Streifen genannt); die Säule kann stehend oder liegend verwendet werden.

Je 100,00 € Direktlohn werden 74,00 € an Personalnebenkosten gezahlt. Sie setzen sich wie folgt zusammen:

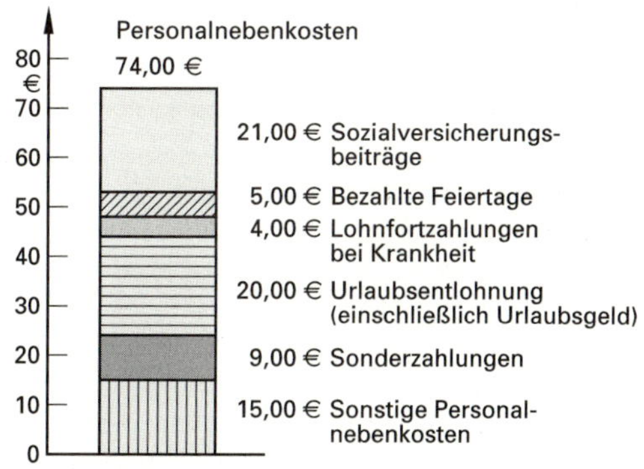

42.3 Kreisdiagramm

Ein Kreis wird in 100 Teile (%) aufgeteilt; Kreissegmente stellen die einzelnen Werte dar.

Beispiel 1

Die Zusammensetzung des Preises für eine Schrankwand soll dargestellt werden.

Wertetabelle

Kostenelemente	€	Teile bzw. %
Werkstoffe	2 450,00	20
Fertigungslöhne	2 980,00	24
Gemeinkosten	5 810,00	47
Wagnis und Gewinn	1 120,00	9
Nettopreis	12 360,00	100

Preiszusammensetzung

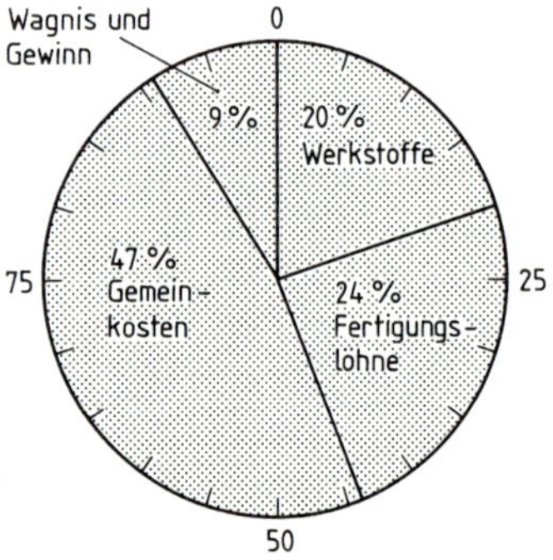

Aufteilung

100 Teile = 360°
5 Teile = 18°

Beispiel 2

Ein wichtiger Wert kann aus dem Kreisdiagramm herausgehoben werden.

Darstellung der wichtigsten Gemeinkosten; die kalkulatorischen Kosten werden besonders betont.

Wertetabelle

Kostenarten	€	Teile bzw. %
Kalkulatorische Kosten	110 000,00	36
Nicht dir. verr. Löhne u. Gehälter	62 000,00	20
Personalnebenkosten	68 000,00	22
Betr. Steuern u. Gebühren	20 000,00	6
Verschiedene Gemeinkosten	48 100,00	16
Gesamtkosten	308 100,00	100

Gemeinkosten

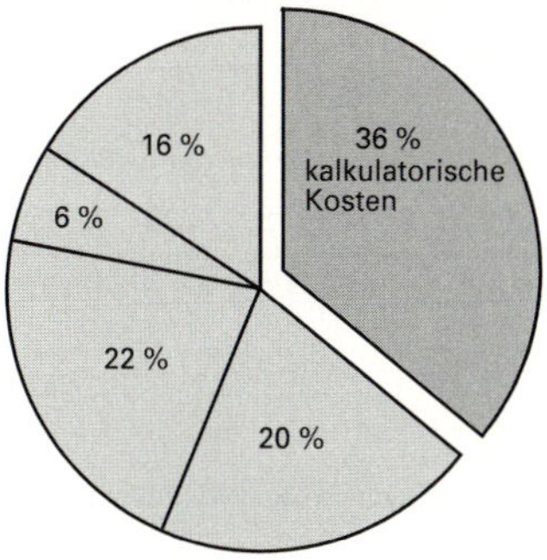

42.4 Kurvendiagramm

Kurvendiagramme liegen in einem Koordinatensystem, das aus zwei Achsen gebildet wird.

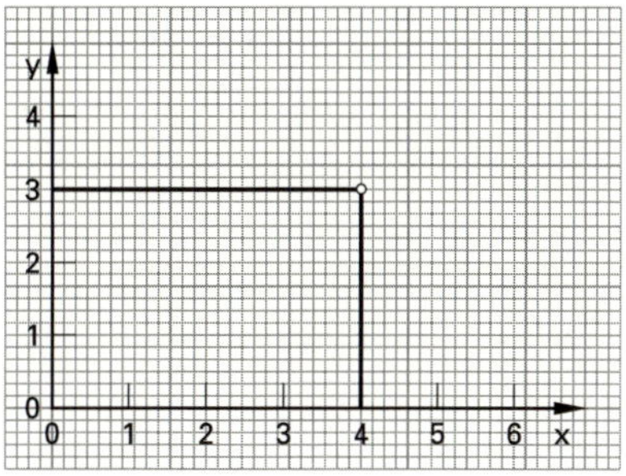

Waagerecht:

X-Achse (Abszisse)

Senkrecht:

Y-Achse (Ordinate)

Die Tabellenwerte werden im Koordinatensystem eingetragen (Beispiel: x = 4; y = 3) und zu einer Kurve verbunden.

Beispiel 1

Darstellung der Umsatzrendite der vergangenen Jahre.

Wertetabelle

x	1995	1996	1997	1998	1999	2000	2001	Jahr
y	2,0	3,5	4,0	2,5	3,5	4,0	4,5	%

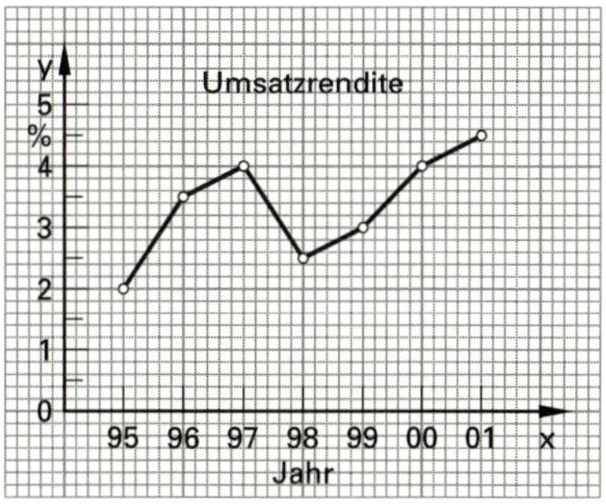

Maßvorschlag

x = 10 mm (Jahr)
y = 10 mm (1 %)

Beispiel 2

Darstellung der Maschinenkosten je Minute bei unterschiedlicher Auslastung.

Wertetabelle

x	1	2	3	4	5	6	7	8	9	10	Stunden/Woche (Laufzeit)
y	4,60	3,00	2,40	2,20	2,00	1,90	1,80	1,74	1,70	1,66	€/Minute

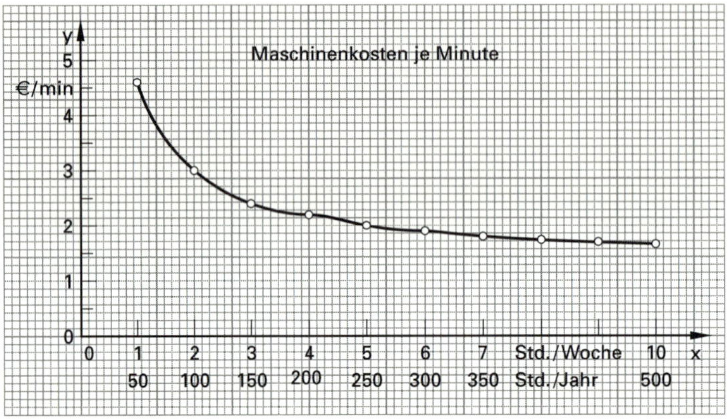

43 Leistungsbeschreibung und Angebot

43.1 Einführung

Der im Rahmen einer Vorkalkulation ermittelte Angebotspreis wird dem Kunden in Form eines schriftlichen Angebots, begleitet von einer Leistungsbeschreibung unterbreitet.

43.2 Bedeutung der Leistungsbeschreibung

Ausgangssituation:

Herr Dipl.-Ing. Bernd Kaiser wendet sich an die Schreinerei Holzmann mit der Bitte, ein Angebot für den Ausbau eines Arbeitszimmers zu erstellen.

Schreinermeister Holzmann ist an diesem Auftrag interessiert, vereinbart einen Besuchstermin im Haus von Herrn Kaiser zur ersten Maßaufnahme und um die Vorstellungen des Kunden zu erfahren.

Zusammen mit dem Angebotsschreiben schickt Schreinermeister Holzmann eine ausführliche Leistungsbeschreibung an den Kunden.

Es gibt wichtige Gründe, die Leistung im Angebot so vollständig und eindeutig wie möglich zu beschreiben:

- Der Kunde kann anhand einer ausführlichen Leistungsbeschreibung den Gegenwert für die Leistung besser erkennen.
- Missverständnisse und eventuelle spätere Auseinandersetzungen mit dem Kunden werden vermieden.
- Für eine genaue Angebotskalkulation werden neben einer Zeichnung auch detaillierte Angaben über verwendete Materialien und Art der Ausführung benötigt.

43.3 Aufbau von Leistungsbeschreibungen

Die Leistungsbeschreibung gliedert sich in:

1. den allgemeinen Vorbeschrieb (wenn das Angebot mehrere Positionen enthält)
2. die Beschreibung der einzelnen Positionen

Allgemeiner Vorbeschrieb

Hier werden Leistungen aufgeführt, die für alle nachfolgenden Positionen gleich sind, z. B.:

- Trägermaterial
- Art der Beläge innen und außen
- Kantenausführung
- Beschläge
- Halbfabrikate
- Oberflächenbehandlung
- Zerlegbarkeit
- Zusammenbau/Montage
- usw.

Hinweise zur Beschreibung

- Die Positionen sind einzeln aufzuführen, mit fortlaufenden Nummern zu versehen und raumweise zusammenzustellen.
- Die Wände eines Raumes werden im Uhrzeigersinn mit Großbuchstaben bezeichnet.
- Die Objekte werden in gleicher Reihenfolge beschrieben, z. B. von links nach rechts und von oben nach unten.
- Die Beschreibung ist klar zu gliedern (Positionsnummer, Anzahl, Beschreibung, Einzelpreis, Gesamtpreis).

43.4 Beispiel einer Leistungsbeschreibung

Am Beispiel eines Arbeitszimmers in Esche sollen Leistungsbeschreibung und Angebot erklärt werden.

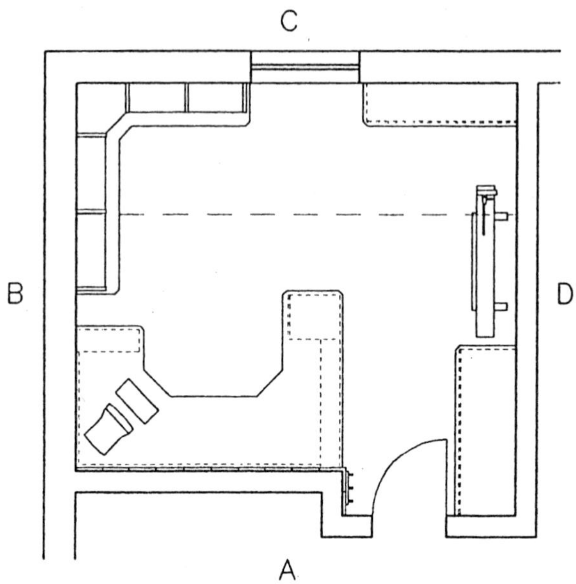

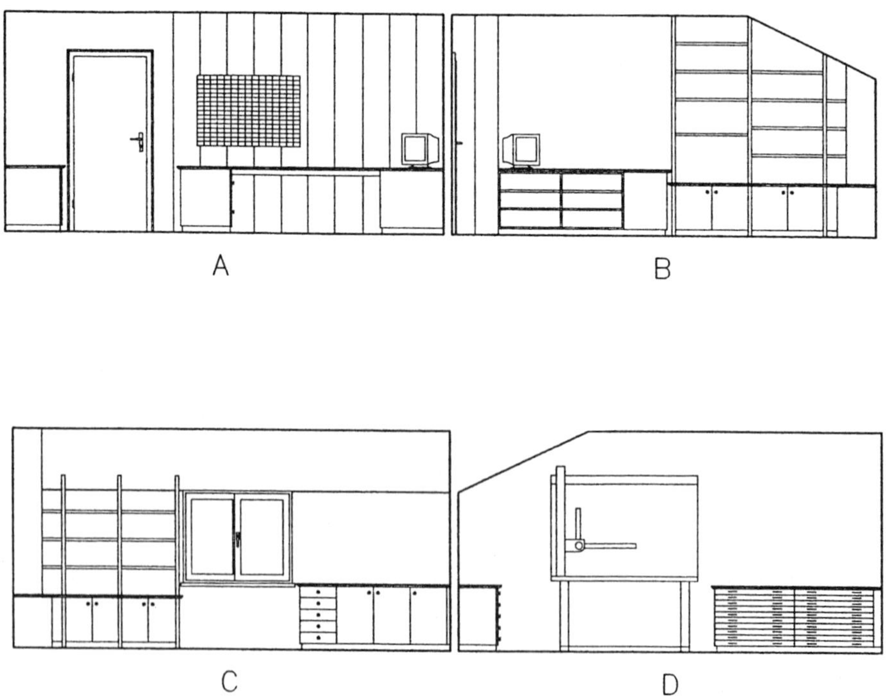

Das Arbeitszimmer wird in Einzelpositionen untergliedert.

Pos. 1 Zimmertür (Wand A)
Pos. 2 Wandvertäfelung (Wand A)
Pos. 3 PC-Arbeitsplatz (Wand B)
Pos. 4 Aktenschrank mit Regalaufsatz (Eckausbildung) (Wand B/C)
Pos. 5 Büromaterialschrank mit Schubelement (Wand C)
Pos. 6 Planschrank (Wand D)
Pos. 7 Montage (eigene Position)

Leistungsbeschreibung für ein Arbeitszimmer

Kunde: Herr Dipl.-Ing. Bernd Kaiser

(Allgemeiner Vorbeschrieb)

Das Plattenmaterial besteht aus umweltfreundlicher Spanplatte. Alle sichtbaren Flächen werden mit hochwertigem Eschefurnier belegt. Stark beanspruchte Kanten werden durch leicht gerundete, 5 mm dicke Massivanleimer geschützt.

Zur individuellen Einteilung der Fach- und Regalböden sind diese im 32 mm Raster verstellbar.

Türen und Schubkästen erhalten formschöne Edelstahlknöpfe. Die Türen werden mit verdeckten, selbstschließenden Metalltopfbändern angeschlagen. Alle Schubkästen sind auf kugelgelagerten Vollauszügen geführt, die automatisch in die Endposition einrasten.

Zum Schutz des Holzes wird für die Oberflächenbehandlung ein pflegeleichter und strapazierfähiger DD-Lack verwendet.

Alle Teile des Zimmers werden komplett geliefert und durch unser erfahrenes Montageteam passgenau eingebaut.

(Beschreibung der einzelnen Positionen)
Leistungsbeschreibung, Herr Dipl.-Ing. Bernd Kaiser

Pos.	Beschreibung		Gesamtpreis
01	**Zimmertüre,** Eigenfertigung (Wand A) 860 x 2 000 x 145 (B x H x T) Türblatt in glatter Ausführung, stabile Einbohrbänder, Drückergarnitur lt. Muster, Wandanschluss der Tür mit profilierten Passleisten Menge: 1	Einzelpreis: 1 420,00 €	1 420,00 €
02	**Wandvertäfelung** (Wand A) 3 700 x 2 500 (B x H) Paneele ca. 300 mm breit, mit Nut und Feder verbunden, sichtbare Fugen, Unterkonstruktion mit Fichtenlattung, unsichtbare Befestigung Menge: 1	Einzelpreis: 1 800,00 €	1 800,00 €
03	**PC-Arbeitsplatz** in U-Form (Wand A/B) ca. 3 100 x 2 000, Arbeitshöhe 720 mm Schreib- und Arbeitsplatte mit 3 Unterbauten für Registerauszüge, Fachböden und zur PC-Unterbringung Menge: 1	Einzelpreis: 6 500,00 €	6 500,00 €
		Übertrag	9 720,00 €

04	**Aktenschrank mit Regalaufsatz** (Eckausbildung – Wand B/C) Abdeckplatte in Winkelform, ca. 2 400/2 000 x 500, darunter 1 Aktenschrank mit 4 Türen, 1 800 x 500 x 600, 1 Aktenschrank mit 4 Türen, 1 400 x 500 x 600, insgesamt 8 Fachböden 1 Regalaufsatz (Eckausbildung), ca. 2 400/2 000 x 350, Höhe 1900, Stollen an die Dachschräge angepasst, 14 Fachböden und 3 Eckfachböden		Übertrag 9 720,00 €
	Menge: 1	Einzelpreis: 8 200,00 €	8 200,00 €
05	**Aktenschrank mit Schubelementen** (Wand C) 1800 x 500 x 750 (L x T x H), links 5 Schubkästen, rechts 3 Türen mit je einem Fach dahinter		
	Menge: 1	Einzelpreis: 4 600,00 €	4 600,00 €
06	**Planschrank** (Wand D) 1900 x 750 x 750 (L x T x H) Korpus geteilt mit je 10 Vollauszügen und einer Abschlussblende		
	Menge: 1	Einzelpreis: 7 650,00 €	7 650,00 €
07	**Montage** Lieferung und Einbau des kompletten Zimmers, umweltgerechte Entsorgung von Verpackungsmaterial, Endreinigung der Montagestelle		
	Menge: 1	Einzelpreis: 2 100,00 €	2 100,00 €
		Gesamt	32 270,00 €
		16 % Mehrwertsteuer	5 163,20 €
		Angebotspreis	**37 433,20 €**

43.5 Angebotsschreiben

Ein Angebot soll in erster Linie auf die Wünsche des Kunden eingehen, dann die Leistungsfähigkeit des Anbieters herausstellen und schließlich die juristischen Elemente eines Rechtsgeschäfts enthalten.

43.5.1 Aufbau eines Angebotsschreibens

Ein Angebotsschreiben enthält folgende Punkte:

- Absender
- Kundenanschrift
- Datum
- Angebot-Nr., Angebot für ...
- Anrede
- Angebotsvortext
- Leistung mit Preis einschl. Mehrwertsteuer, Hinweis auf beigefügte Leistungsbeschreibung
- Angebotsbindung
- Liefertermin
- Zahlungsbedingungen
- Hinweis auf die Allgemeinen Geschäftsbedingungen (AGB)
- Schlusstext
- Gruß
- Anlagen (Zeichnung, Leistungsbeschreibung, AGB, Muster)

43.5.2 Beispiel eines Angebotsschreibens

Georg Holz
Schreinerei, Innenausbau
Waldweg 14
82467 Garmisch-Partenkirchen

Herrn
Dipl.-Ing. Bernd Kaiser
Baumgartenstraße 45
8000 München

25.05.20...

Angebot 97/45, Arbeitszimmer, Holzart: Esche

Sehr geehrter Herr Kaiser,

für Ihre Anfrage vom 20.05.19.. bedanken wir uns. Gerne unterbreiten wir Ihnen ein Angebot über das von Ihnen gewünschte Arbeitszimmer.

Der Komplettpreis einschließlich fachgerechter Montage beträgt 37 433,00 € (inkl. MWSt.). Einzelheiten über die Ausführung des Arbeitszimmers finden Sie in der beiliegenden Leistungsbeschreibung.

Dieses Angebot gilt bis zum 25.06.20... Die Lieferung kann 6 Wochen nach Auftragserteilung erfolgen.

Bei Zahlung innerhalb von 10 Tagen nach Rechnungseingang gewähren wir 2 % Skonto, sonst erbitten wir Zahlung innerhalb von 30 Tagen ohne Abzug.

Beachten Sie bitte unsere Allgemeinen Geschäftsbedingungen, die diesem Angebot beigefügt sind.

Wir freuen uns, Ihren Auftrag ausführen zu dürfen. Wir sichern Ihnen schon heute gute Handwerksarbeit und termingerechte Ausführung zu.

Mit freundlichen Grüßen

Georg Holz

Anlagen: Zeichnung
Leistungsbeschreibung
Allgemeine Geschäftsbedingungen
Holzmuster

43.6 Formulierungshilfen für Leistungsbeschreibungen

Platten und Beläge

- Die strapazierfähige Dekorplatte wird auf eine hochwertige Spanplatte geleimt.
- Stäbchenplatten aus massiver Tannenmittellage werden beidseitig mit edlem Kirschbaum furniert.
- Die dekorative DKS-Platte ist unempfindlich gegen die meisten Chemikalien und erfüllt darüber hinaus die Auflagen für den Gastronomiebereich.
- Die Platte wird mit kostbarem Nussbaum-Maserfurnier belegt.
- Das schlichte (feinstrukturierte, lebhafte, ausdrucksvolle) Furnier wird auf eine schadstofffreie Spanplatte geleimt.
- Die formaldehydfreien Spanplatten werden mit Echtholz furniert.
- Wir verwenden für Front und Korpusteile gesundheitlich unbedenkliche MDF-Platten.
- Die Arbeitsplatte besteht aus besonders strapazierfähiger Buche-Mehrschichtplatte.
- Waschbeckenumbau und Ablagen werden aus dem pflegeleichten Werkstoff PLASTO fugenlos hergestellt.
- Die verwendeten Kunststoffe sind druckfest, antistatisch und schmutzabweisend.
- Als Untergrund für Ihren Fußboden verwenden wir eine pilzgeschützte, wasserfeste Verlegespanplatte.
- Die Dreischichtplatten der Korpuselemente bestehen aus heimischem Fichtenholz.

Kantenausbildung

Die Türen/Platten sind mit:

- Massivkanten aus Buche, 5 mm dick, angeleimt.
- Massiven Bucheanleimern, 6 mm dick, an den Vorderkanten angeleimt.
- Kanten aus massiver Buche allseitig umleimt.
- Alle Kanten sind durch massive Escheanleimer vor Beschädigung geschützt.
- Zum Schutz der Plattenkanten wird massive Esche von 5 mm Dicke angeleimt.
- Um stark beanspruchte Plattenkanten zu schützen, leimen wir 7 mm dicke Massivholzkanten an.
- Für den Kantenschutz verwenden wir 7 mm dicke Massivholzanleimer, die angenehm (sanft) gerundet sind.
- Sichtbare Massivanleimer werden an den Außenkanten gerundet.
- 5 mm breite Massivkanten aus Buche werden sichtbar angeleimt.
- Die Längskanten der Seitenteile sind profiliert (gerundet, gefast).
- Alle Korpuskanten werden mit hochwertigen Kunststoffanleimern geschützt.
- Die Küchenschränke erhalten strapazierfähige Kunststoffkanten im Farbton der Korpusse.
- Alle sichtbaren Kanten werden mit weißem Kunststoff umleimt.

Beschläge

- Die ergonomisch geformten Möbelgriffe sind in bequemer Höhe montiert.
- Die Türen sind mit verdecktliegenden Ganzmetalltopfbändern, 110° öffnend, angeschlagen.
- Die Türen sind mit flächenbündigen (selbstschließenden) Ganzmetalltopfbändern angeschlagen.
- Die Schiebetüren laufen auf geräuschgedämpften (dauerhaften, wartungsfreien, kugelgelagerten) Kunststoffrollen und rasten in ihren Endpositionen sanft ein.
- Das Fernsehgerät steht auf einem leichtlaufenden Spezialdrehbeschlag; damit kann der optimale Blickwinkel eingestellt werden.
- Türen und Schubkästen sind mit Edelstahl-Bügelgriffen zu öffnen.
- An Türen und Schubkästen werden Metallbügelgriffe lt. Muster angebracht.
- Türen und Schübe erhalten die von Ihnen ausgesuchten Metallgriffe.
- Die Schubkästen werden auf Vollauszügen geführt.
- Alle Schübe laufen auf kugelgelagerten Vollauszügen mit Selbsteinzug.
- Die Schubkästen sind auf kugelgelagerten Auszügen mit Selbsteinzug montiert und garantieren auch unter Belastung einen präzisen Lauf.
- Holzknöpfe, griffsicher durch Rillung.
- Runde Hartholzknöpfe mit Fingerausfräsung.
- Formschöne Holzknöpfe mit schwarzem Sockel.

Oberfläche

- Für die Oberfläche verwenden wir hochwertigen, schadstoffarmen DD-Lack; beanspruchte Flächen werden mit einer zusätzlichen Lackschicht versehen (erhalten einen zusätzlichen Lackauftrag).
- DD-Lack, strapazierfähig (lichtecht, lebensmittelecht, speichelfest).
- Wir verwenden einen hochwertigen DD-Lack, der gegen die meisten im Haushalt vorkommenden Chemikalien resistent ist.
- Alle Flächen sind mit seidenmattem Klarlack überzogen; er ist abriebfest und beständig gegen alle im Haushalt üblichen Säuren, Laugen sowie Alkohol.
- Die Oberflächen werden mit einem hochwertigen DD-Lack seidenmatt veredelt.
- Besonders beanspruchte Flächen werden mehrmals behandelt.
- Für die Oberflächenbeschichtung kommt ein DD-Lack zur Anwendung, der besonders strapazierfähig und pflegeleicht ist.
- Die Türen erhalten eine leicht anfeuernde Lackierung, die die natürliche Schönheit des Holzes besonders gut zur Geltung bringt.
- Alle Teile erhalten einen hochglänzenden, strapazierfähigen PUR-Farblack RAL 35, lt. beiliegendem Farbmuster.
- Alle Möbelteile werden mit Öl und Wachs behandelt, Materialien, die ausschließlich aus natürlichen Rohstoffen gewonnen werden.
- Alle Außenflächen werden mit lösungsmittelfreier Grundierung aus Leinöl vorbehandelt und mit Heißwachs versiegelt.
- Auf die Flächen des Schreibschranks wird nach traditioneller Art und Weise eine Schellack-Mattierung aufgebracht.
- Der von uns verwendete Lack schützt alle Möbelteile optimal und ist nach Aushärtung gesundheitlich völlig unbedenklich.

Liefern und Montieren

- Der Einbau erfolgt durch unser erfahrenes Montageteam.
- Der zerlegbare Schrank wird vor Ort zusammengebaut.
- Alle sperrigen Elemente sind zerlegbar konstruiert.
- Alle Möbelteile sind auf Transportgröße verleimt.
- Alle angebotenen Positionen werden von uns geliefert und passgenau eingebaut; auch das Anschließen von Elektrogeräten wird von unserem Mitarbeiter ausgeführt (übernimmt eine von uns beauftragte Elektrowerkstatt, auf Wunsch vermitteln wir Ihnen Fachkräfte für die Elektro- und Wasserinstallation).
- Das Zimmer wird von uns komplett geliefert und aufgestellt; Schrank, Bett und Tür werden passgenau eingebaut.
- Alle Montagearbeiten werden von Spezialfachkräften ausgeführt, die sich bemühen, den Staub- und Schmutzanfall so gering wie möglich zu halten.
- Sockel und Wandanschlussleisten werden an eventuelle Unebenheiten angepasst.
- Einbauteile werden passgenau montiert, Toleranzen werden durch Abdeckleisten (Ausgleichleisten, Blenden) ausgeglichen.
- Durch Einsatz von Kleinmaschinen mit Staubsaugung erfolgt der Einbau weitgehend staub- und schmutzfrei.
- Ihre Fußböden werden zur Schonung während der Montage von uns abgedeckt.
- Die Decke wird nach neuesten Erkenntnissen der Befestigungstechnik montiert.
- Die Haustüre wird unter Berücksichtigung wärmetechnischer und schalltechnischer Vorschriften eingebaut.
- Anfallende Verpackungsmaterialien werden von uns umweltgerecht entsorgt.
- Für den Abtransport alter Möbelteile werden ein Regiestundensatz von € ...., sowie die anfallenden Entsorgungskosten erhoben.
- Für Arbeiten, die hier nicht aufgeführt sind, wie z. B. Ausräumen von Möbeln, Abriss, Abbau usw. wird ein Regiestundensatz von € .... pro Arbeitskraft verrechnet. Regiestunden werden Ihnen vor Beginn angezeigt.
- Alle von uns gefertigten Teile werden zum vereinbarten Termin geliefert und passgenau eingebaut.
- Die Wandverkleidung ist auf der Unterkonstruktion mit Falzleisten (Bettbeschlägen) unsichtbar befestigt.
- Die Wandverkleidung ist auf einer Unterkonstruktion mit Einhängebeschlägen (mit Metallklammern) unsichtbar befestigt.
- Die Deckenkonstruktion ist fachmännisch abgehängt; die umlaufenden Wandanschlussleisten werden sauber angepasst.
- Im Angebotspreis sind Lieferung und Einbau des Zimmers enthalten.

44 Kalkulieren mit Schreinerprogrammen

44.1 Einleitung

Dieses Kapitel soll aufzeigen, auf welche Weise die EDV Kostenrechnen und Kalkulation im Schreinerhandwerk unterstützen kann.

Zum Erlernen der Kostenrechnung benötigt man keinen Computer und keine EDV-Kenntnisse. Die praktische Ausführung im Betrieb wird jedoch mittels der EDV und geeigneter Software entscheidend erleichtert.

Für das holz- und kunststoffverarbeitende Handwerk gibt es Programme, die für die speziellen Belange dieser Branche erstellt wurden. Zur Zeit kann man unter ca. 30 Schreinerprogrammen wählen.

Mit einem guten Schreinerprogramm lassen sich zeitaufwendige Tätigkeiten aus Arbeitsvorbereitung, Kalkulation und Verwaltung rationell bearbeiten.

44.2 Aufbau von Schreinerprogrammen

Schreinerprogramme sind „komplexe Gebilde"; sie bestehen aus einer Vielzahl von Programmteilen, die untereinander verbunden sind. Diese Integration ermöglicht, dass eingegebene oder erzeugte Daten allen Programmteilen jederzeit zur Verfügung stehen.

Am Modell-Schreinerprogramm – TEMPO – werden die Standard-Programmteile von Schreinerprogrammen vorgestellt.

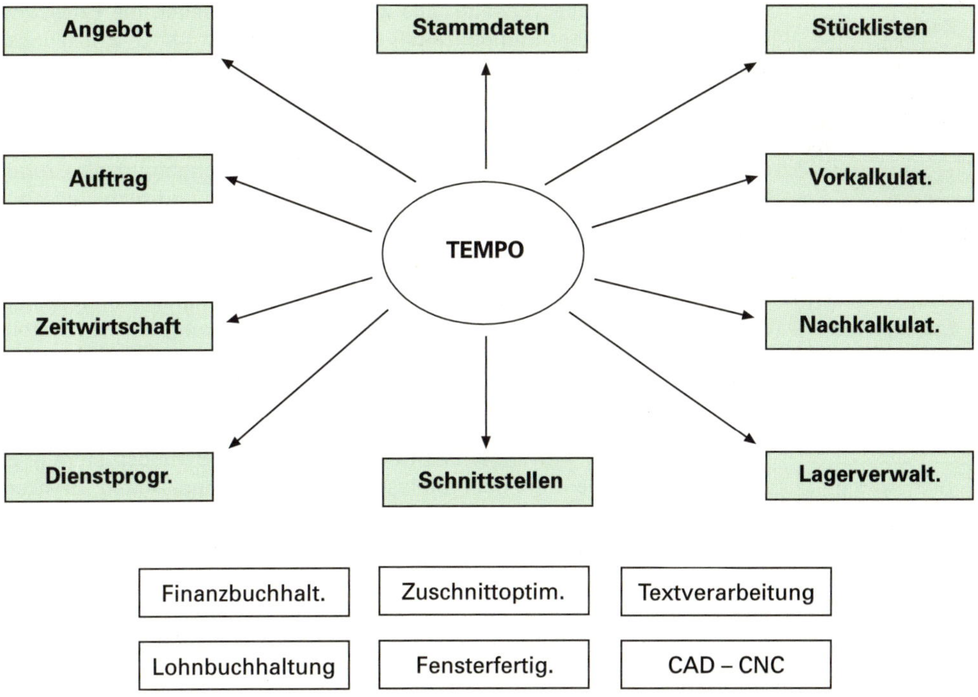

Beschreibung der Programmteile des Schreinerprogramms – TEMPO –

Stammdaten	Alle wichtigen Grunddaten, wie z. B. Materialbezeichnungen, Personalangaben, Kalkulationswerte, Kunden- und Lieferantenanschriften, sind hier hinterlegt und stehen allen Programmteilen zur Verfügung.
Angebot	Angebotspreis werden dem Programmteil **Vorkalkulation** entnommen; vorgefertigte Textbausteine beschleunigen die Angebotserstellung; Änderungen sind leicht möglich.
Vorkalkulat.	Materialkosten können überschlägig oder mit genauen Fertigungsmaßen im Programmteil **Stücklisten** errechnet werden; unterschiedliche Verfahren der Soll-Zeit-Ermittlung helfen bei der Ermittlung des Angebotspreises.
Auftrag	Nach der Auftragszusage durch den Kunden werden Angaben aus den Programmteilen **Angebot** und **Vorkalkulation** übernommen; der Auftrag wird hier für die Fertigung vorbereitet.
Stücklisten	Genaue und übersichtliche Stücklisten sind die Grundlage rationeller Fertigung; der Anwender wird in diesem Programmteil durch leistungsfähige Rechen- und Sortierungsfunktionen unterstützt.
Zeitwirtschaft	Dieser Programmteil verwaltet alle Zeiten der Mitarbeiter, die Erfassung erfolgt manuell (über Stundenzettel) oder automatisch (durch Erfassungsgeräte).
Nachkalkulat.	Nach Auftragsabschluss wird ein Soll-Ist-Vergleich durchgeführt; als Grundlage für spätere Vorkalkulationen erfolgen Auswertung und Archivierung.
Lagerverwalt.	Verwaltung des Materialbestandes, Überwachung von Mindest- und Höchstmengen sowie der Verbrauchsentwicklung, Unterstützung bei der Bestellmengenermittlung, permanente Inventur.
Dienstprogr.	Unterstützung der Anwender beim Umgang mit dem Betriebssystem (z. B. bei der Datensicherung), beim Einlesen von Lieferantendisketten, Druckeranpassungen usw.
Schnittstellen	Programmschnittstellen ermöglichen die „Anbindung“ von Fremdprogrammen für den Datenaustausch (z.B. mit CAD-Systemen und Lohnprogrammen) an ein Schreinerprogramm.

44.3 Anwendung eines Schreinerprogramms am Beispiel eines Auftrags

In den nachfolgenden Ausführungen wird der Einsatz eines Schreinerprogramms am Beispiel eines Mansardenschranks vorgestellt.

Einbauschrank für Kleider und Wäsche

Maße	2500 x 1400/2500 x 700 (H x B x T)
Ausführung	Korpus und Rückwand, kunststoffbeschichtete Spanplatte (weiß), Front, buchefurnierte Spanplatte, Massivanleimer 5 mm; 2 Fachböden im offenen Teil, 2 Fachböden im linken Schrankteil, 3 Fachböden im mittleren Schrankteil, 1 Kleiderstange im rechten Schrankteil
Beschläge	Automatik-Topfbänder 100°, Edelstahlgriffe, Kleiderstange
Oberfläche	DD-Lackierung
Kunde	Herr Gerhard Müller, Hauptstraße 11, 80011 München

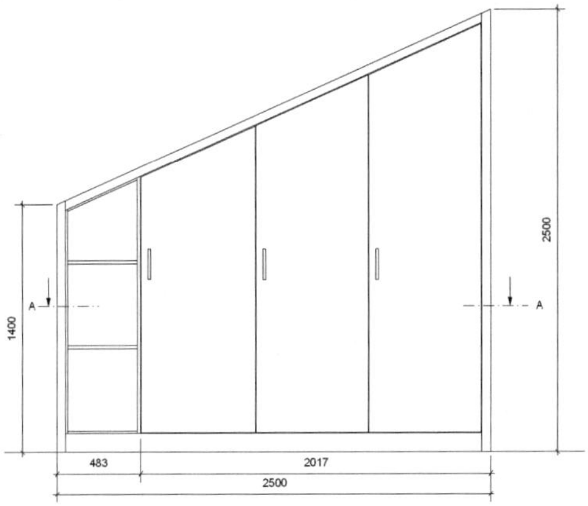

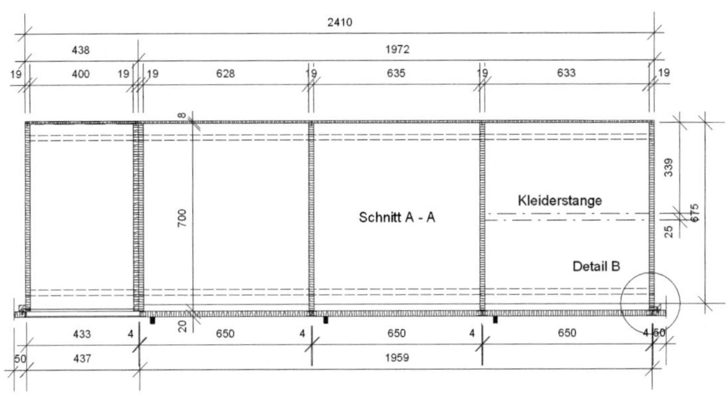

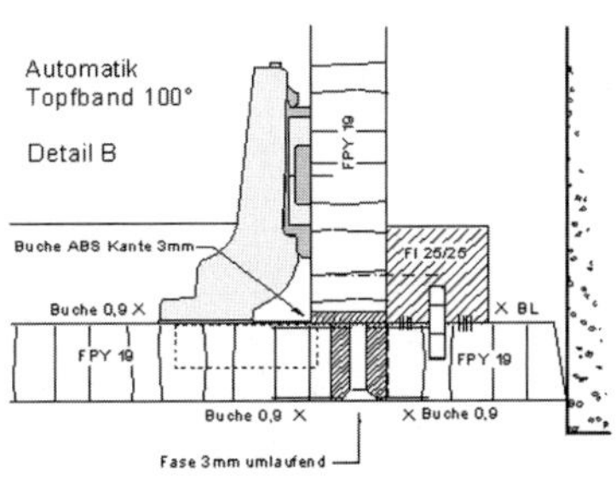

44.3.1 Neues Projekt anlegen

Kundenanfragen, Angebotskalkulation und Aufträge, hier Projekt genannt, beginnen mit einer Datenerfassung.
Das Deckblatt enthält Kundendaten, Objektangaben sowie Zahlungs- und Lieferbedingungen.

Für die Kunden stehen noch weitere Masken zur Verfügung. Hier können zusätzliche Kundendaten erfasst werden, die als Grundlage für eine gezielte Kundenpflege dienen.

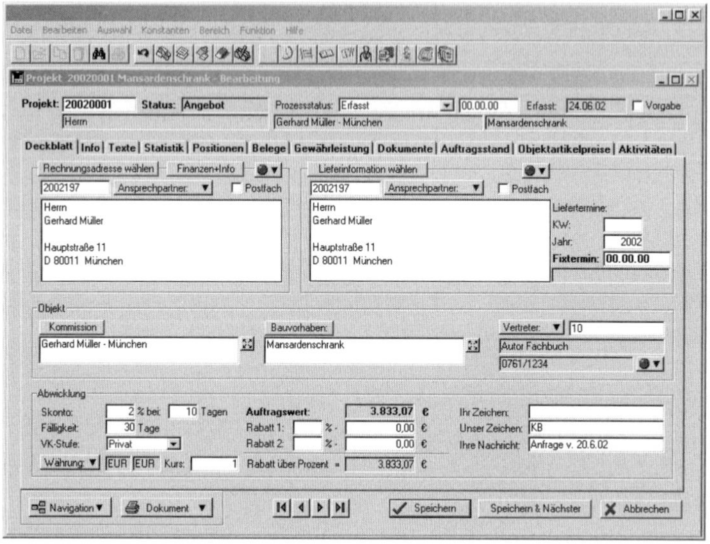

Deckblatt-Projekt

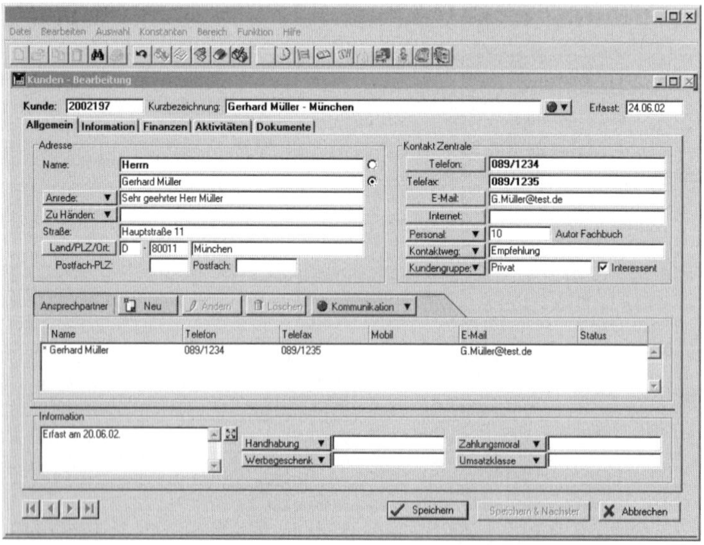

Allgemeine Kundenangaben

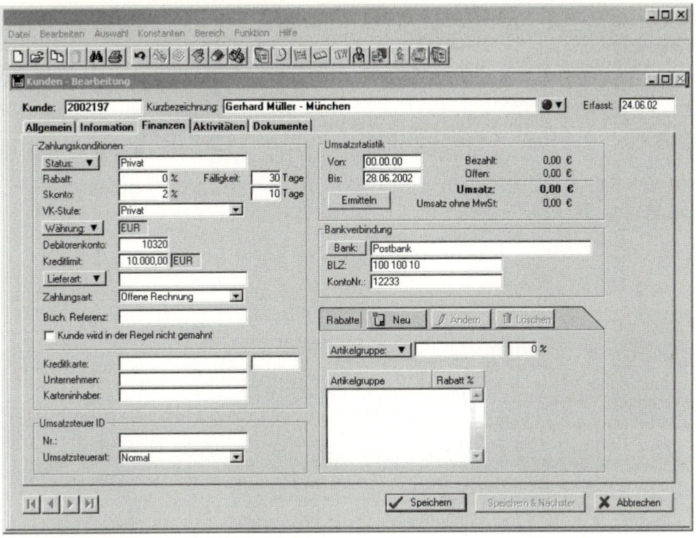

Kundenangaben zu den Finanzen

44.3.2 Beschreibung der Positionen

Die Positionsbeschreibung enthält genaue Informationen zur Ausführung wie z.B. Materialarten, Beschläge, Oberflächenbehandlung.
Dieser Text ist auch Teil des späteren Angebotsschreibens. Bei Auftragserteilung wird er dann auch für Auftragsbestätigung, Lieferschein und Rechnung verwendet.

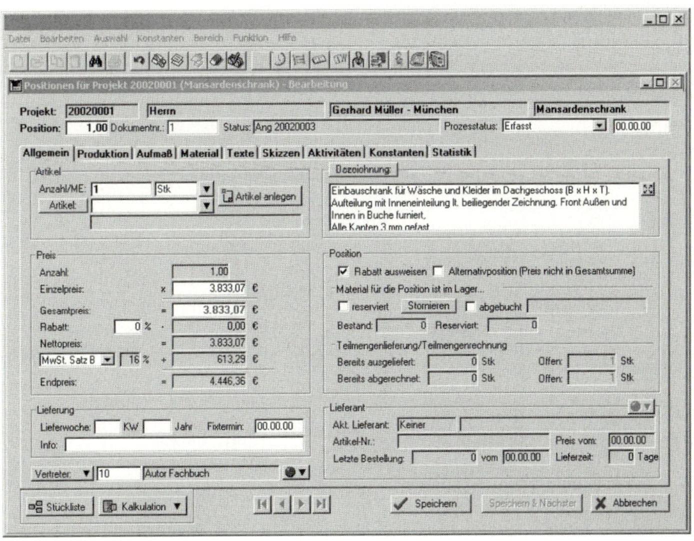

Beschreibung der Position – Mansardenschrank

44.3.3 Materialberechnung für die Vorkalkulation

Für Angebotskalkulationen kann das Material „überschlägig“ oder wenn der Auftrag „sicher“ erscheint, mit einer Stückliste berechnet werden.

Stücklisten lassen sich manuell erfassen oder aus einer CAD-Zeichnung importieren.

Die Berechnung des Materials erfolgt „automatisch“ durch Zugriff auf in der Programmdatenbank hinterlegte Werte.

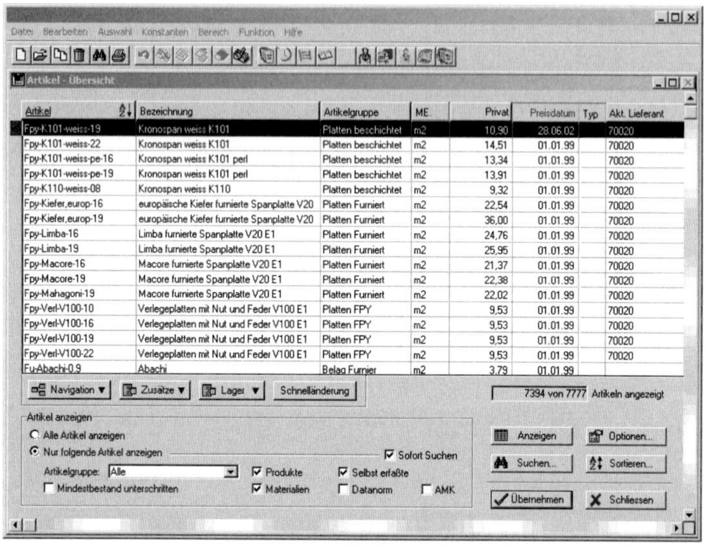

Materialerfassung mit einer Stückliste

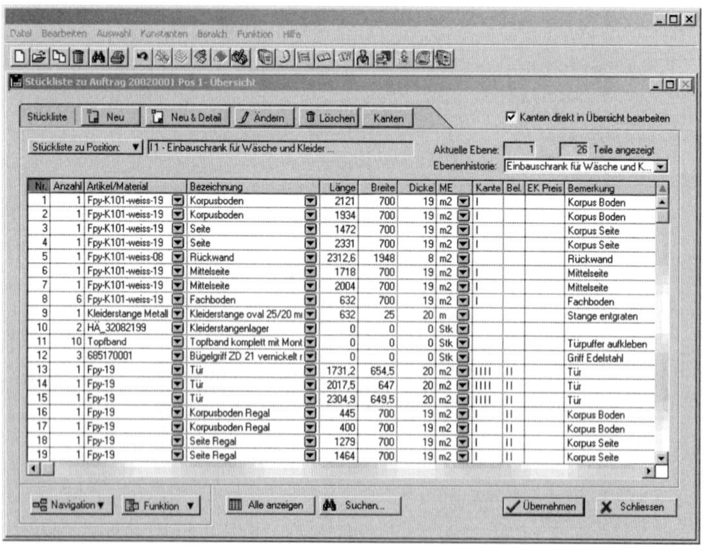

Auszug aus der Artikelübersicht – Plattenmaterial

44.3.4 Vorkalkulation

In der Vorkalkulation erscheinen bereits die Materialpreise auf der Basis der Stücklisteneingabe. Soll-Zeiten können entweder manuell erfasst oder aus dem hinterlegten Arbeitsplan eines Bauteils (Seite, Boden, Türe usw.) erstellt werden.

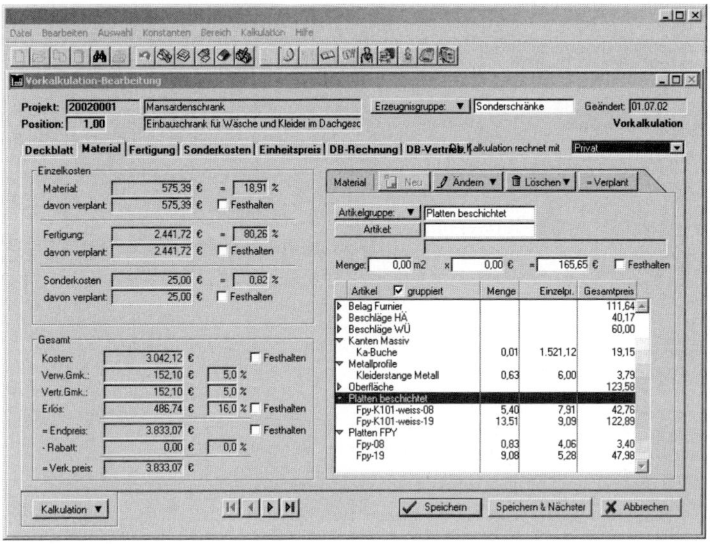

Vorkalkulation mit Materialmengen und -preisen

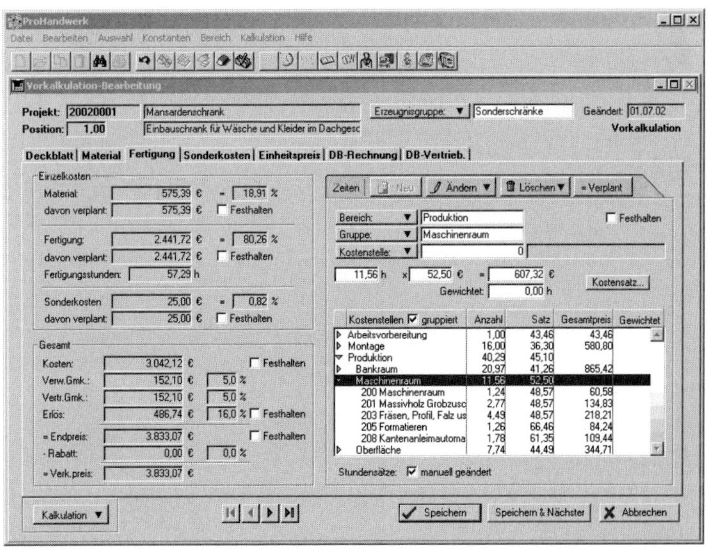

Vorkalkulation mit Soll-Zeiten

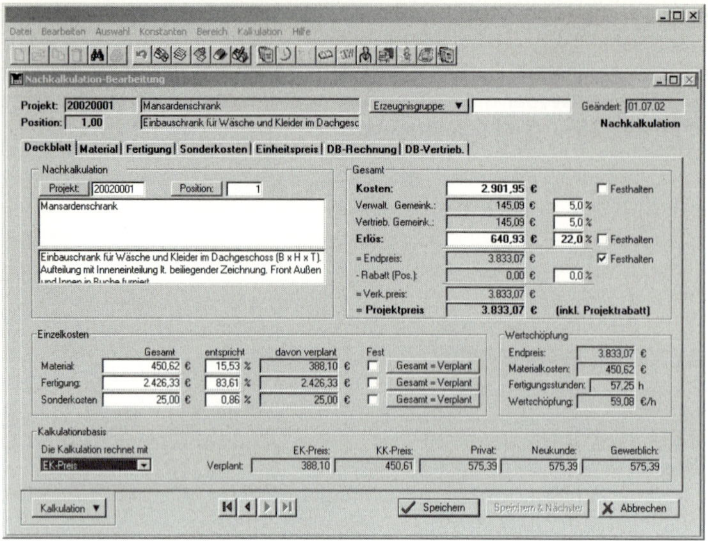

Vorkalkulation – Mansardenschrank

44.3.5 Angebot

Aus den Daten der Vorkalkulation wird „automatisch“ ein versandfertiges Angebotsschreiben erstellt, dessen Layout individuell gestaltet werden kann.

Vor- und Schlusstexte werden aus dem Textarchiv der Programmdatenbank ausgewählt.

HOLZFORM

Schreinerei / Möbel / Innenausbau

Michael Holzform
Schreinermeister
Haußerstraße 21
12589 Neuenburg
Telefon 0761 / 1234
Telefax 0761 / 1256

Bankverbindungen
Raiffeisen Bank Neuenburg
BLZ 650 913 00
Konto-Nr. 12 999 000

Steuer-Nr. 101/989956

Schreinerei HOLZFORM Hauptstraße 21 12589 Neuenburg

Herrn
Gerhard Müller
Hauptstraße 11

D 80011 München

Angebot 2002.005

01.07.2002

Sehr geehrter Herr Müller,

wir danken für Ihren Besuch in unserem Show Room und übersenden Ihnen ein Angebot mit Entwurfszeichnung für einen Einbauschrank für Wäsche und Kleider.

Position	Menge	Bezeichnung	Einzelpreis	Gesamtpreis €
1	1 Stk	Einbauschrank für Wäsche und Kleider im Dachgeschoss (B x H x T). Aufteilung mit Inneneinteilung lt. beiliegender Zeichnung. Front außen und innen in Buche furniert, alle Kanten 3 mm gefast. Regal Buche furniert. Trägermaterial Feinspanplatte E 1 massiv angeleimt. Korpus aus pflegeleichter beschichteter Feinspanplatte E 1. 9 Fachböden im 32 mm Raster verstellbar, 1 Kleiderstange, hochwertige Automatik-Topfbänder, Edelstahlgriffe, Oberfläche mit strapazierfähigem DD-Lack 2x endbehandelt.	3.833,07	3.833,07

Die Gültigkeit dieses Angebotes beträgt 4 Wochen.
Wir könnten Ihren Einbauschrank nach Auftragserteilung in 6 Wochen liefern.

Zwischensumme:	3.833,07
MwSt. 16,0 %	613,29
Summe in €	4.446,36

Bei Zahlung innerhalb 10 Tagen nach Rechnungseingang gewähren wir 2 % Skonto oder innerhalb 30 Tagen rein Netto ohne Abzug.

Grundlage dieses Angebotes sind unsere Allgemeinen Geschäftsbedingungen und unsere Pflegefibel für Möbel.

Es würde und freuen, Ihren Auftrag ausführen zu dürfen. Wir sichern Ihnen bereits heute beste handwerkliche Ausführung und termingerechte Lieferung zu.

Mit freundlichen Grüßen

Ihre Schreinerei Michael Holzform

44.3.6 Auftrag

Akzeptiert der Kunde das Angebot, kann der Auftrag vorbereitet werden.

Die Werte der Stückliste sind Grundlage für Bestellmengenermittlung und Zuschnittoptimierung.

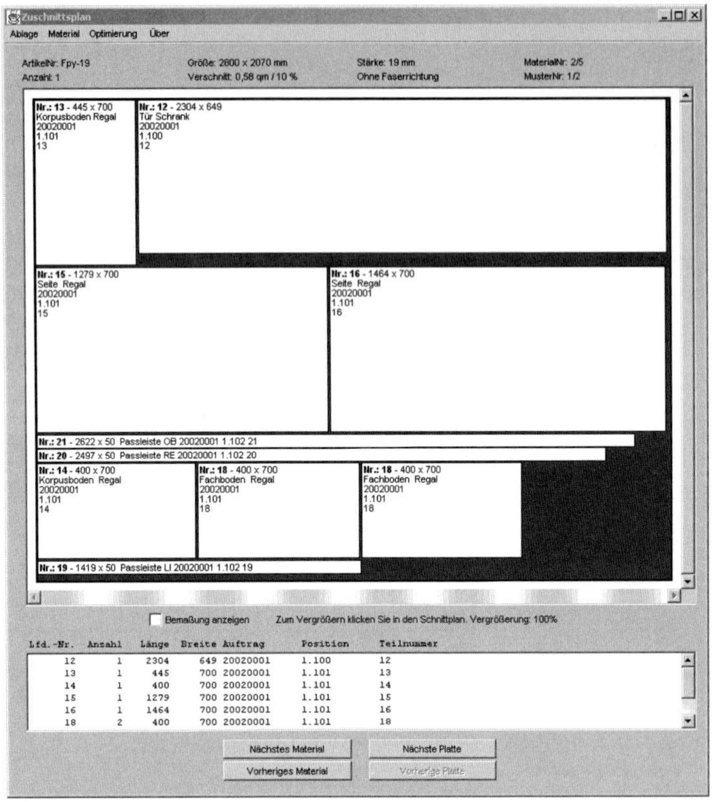

Optimierter Zuschnittplan

Holzliste, sortiert
Mansardenschrank
Oberfläche A = 2 x DD-Lackierung

Kunde
Gerhard Müller
München

Auftrag Nr. 2002001
Liefertermin: 30.07.20...
Seite 1

Plattenmaterial

Grundwerkstoffe					Fertigmaße			Rohmaße			Kanten						Beläge		O'fl		
Pos.	Nr.	Bezeichnung	Stk.	Mat.	Länge	Breite	Stä	Länge	Breite	ok	links	rechts	oben	unten	S	K	vorne	hinten	v	h	Typ
Plattenmaterial																					
1	3	Sichtseite	1	FPY 19	2495	250	19	2505	255		KBA 5						KBA	BU	A	A	
1	1	Seiten groß	6	FPY 19	2418	591	19	2428	596		KBA 5						BU	BU	A	A	
1	2	Seiten schmal	2	FPY 19	2418	381	19	2428	386		KBA 5						BU	BU	A		
1	8	Türen groß	8	FPY 19	1790	491	19	**1780**	**481**		KBA 5	KBA 5	KBA 5	KBA 5			KBA	KBA	A	A	
1	4	Böden breit	9	FPY 19	990	591	19	1000	596		KBA 5						BU	BU	A	A	
1	6	Fachböden breit	9	FPY 19	989	581	19	999	586		BU 5						BU	BU	A	A	
1	5	Böden schmal	3	FPY 19	962	381	19	972	386		KBA 5						BU	BU	A	A	
1	7	Fachböden schmal	7	FPY 19	961	371	19	971	376		BU 5						BU	BU	A	A	
1	9	Türen klein	8	FPY 19	496	491	19	**486**	**481**		KBA 5	KBA 5	KBA 5	KBA 5			KBA	KBA	A	A	
1	10	Ausgleich	10	STAE 1	1000	1000	19	**990**	**990**		KBA 5	KBA 5	KBA 5	KBA 5					A	A	

Beläge (Auszug)

Grundwerkstoffe					Fertigmaße			Rohmaße			Kanten						Beläge		O'fl		
Pos.	Nr.	Bezeichnung	Stk.	Mat.	Länge	Breite	Stä	Länge	Breite	ok	links	rechts	oben	unten	S	K	vorne	hinten	v	h	Typ
Beläge																					
1	9	für Türen klein	16	KBA	496	491		516	511												
1	8	für Türen groß	16	KBA	1790	491		1810	511												
1	7	für Fachböden schmal	14	BU	961	371		981	391												
1	6	für Fachböden breit	18	BU	989	581		1009	601												
1	5	für Böden schmal	6	BU	962	381		982	401												

Kanten, massiv (Auszug)

Grundwerkstoffe					Fertigmaße			Rohmaße			Kanten						Beläge		O'fl		
Pos.	Nr.	Bezeichnung	Stk.	Mat.	Länge	Breite	Stä	Länge	Breite	ok	links	rechts	oben	unten	S	K	vorne	hinten	v	h	Typ
Kanten massiv																					
1	6	für Fachböden breit	9	BU	989	19	5	1069	25												
1	7	für Fachböden schmal	7	BU	961	19	5	1041	25												
1	3	für Sichtseite	1	KBA	2495	19	5	2575	25												
1	1	für Seiten groß	6	KBA	2418	19	5	2498	25												
1	2	für Seiten schmal	2	KBA	2418	19	5	2498	25												

44.3.7 Zeiterfassung

Die angefallenen Arbeitszeiten werden entweder manuell, von ausgefüllten Stundenzetteln oder automatisch, mit Hilfe von Betriebsdatenerfassungsgeräten in der Zeiterfassung gesammelt.

Soll-Ist-Vergleiche für den laufenden Auftrag sind jederzeit möglich; damit können Arbeitsfortschritt kontrolliert und Einhaltung von Lieferterminen überwacht werden.

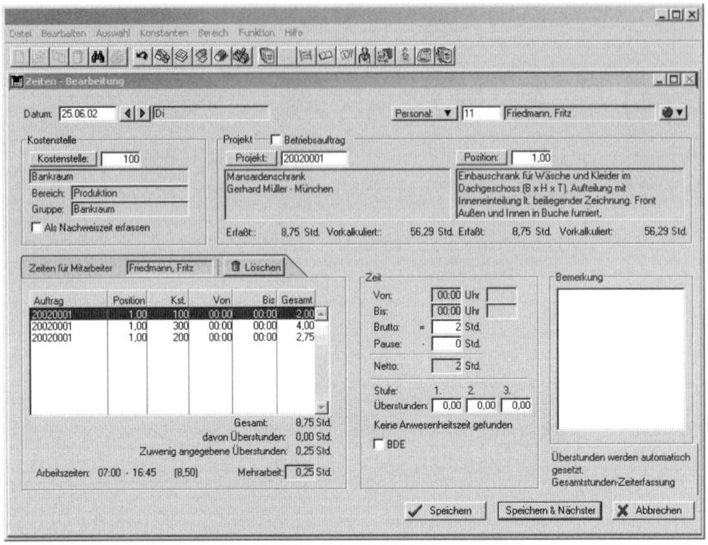

Ist-Zeit-Erfassung – Mansardenschrank

Soll-Ist Vergleich

Projekt: 20020001
Position von: bis: Bauvorhaben: Mansardenschrank Kommission: Gerhard Müller - München

Position: 1 Einbauschrank für Wäsche und Kleider im Dachgeschoss (B x H x T).
Aufteilung mit Inneneinteilung lt. beiliegender Zeichnung. Front Außen und

Anzahl Vor	Nach	Mengeneinheit	Bezeichnung		Vor	Nach	Gesamt Vor	Nach	Differenz
			Sonderkosten	Kleinmaterial	25.00	25.00	25.00	25.00	
0,83	1,60	h	100	Bankraum	60,00	62,04	41,66	79,06	-36,36
20.14	20.00	h	151	Furnieren	40.90	40.90	823.74	818.00	5.74
1.24	1.00	h	200	Maschinenraum	48.67	48.67	60.68	48.67	12.01
2.77	2.74	h	201	Massivholz Grobzuschnitt	48.67	48.67	134.83	133.58	1.26
4.49	4.50	h	203	Fräsen, Profil, Falz usw.	48.67	48.67	218.21	218.56	-0.34
1.28	1.26	h	205	Formatieren	66.40	66.40	84.24	83.07	1.16
1.78	1.50	h	208	Kantenanleimautomat	61.39	61.39	109.44	92.02	17.42
6.00	6.24	h	300	Oberfläche	44.49	44.49	266.94	278.06	-11.12
1.74	1.50	h	302	Beizen	44.49	44.49	77.77	66.73	11.04
16.00	16.00	h	400	Montage	36.30	36.30	580.80	580.80	
1.00	1.00	h	800	Arbeitsvorbereitung	43.46	28.87	43.46	28.87	14.59
Summe: 57.29	57.24	h		Fertigung			2.466.72	2.451.33	15,39

Anzahl Vor	Nach	Mengeneinheit	Bezeichnung		Vor	Nach	Gesamt Vor	Nach	Differenz
3	3	Stk	686170001	Bügelgriff ZD 21 vernickelt matt	20.00	15.00	60.00	45.00	15.00
5.216	5.216	Liter	DD 001	DD Grundierung	11.08	8.53	57.79	44.49	13.30
5.216	5.216	Liter	DD 002	DD Decklack	12.61	9.70	65.78	50.60	15.18

Schreinerei HolzForm Hauptstraße 21 12589 Neuenburg
Gedruckt von Autor Fachbuch (DW: 0761/1234, PC:SERVER)
Seite: 1
Stand: 01.07.02
Zeit: 08:54

Soll-Ist-Zeitvergleich – Mansardenschrank

44.3.8 Nachkalkulation

Unmittelbar nach Auftragsabschluss kann eine Nachkalkulation (Erfolgsrechnung) durchgeführt werden. Auch die Auswertung des Auftrags nach Kriterien der Deckungsbeitragsrechnung ist möglich.

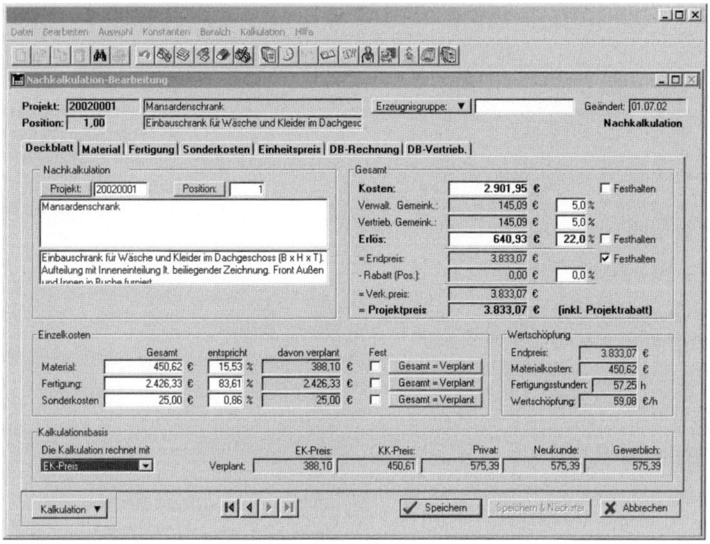

Nachkalkulation – Mansardenschrank

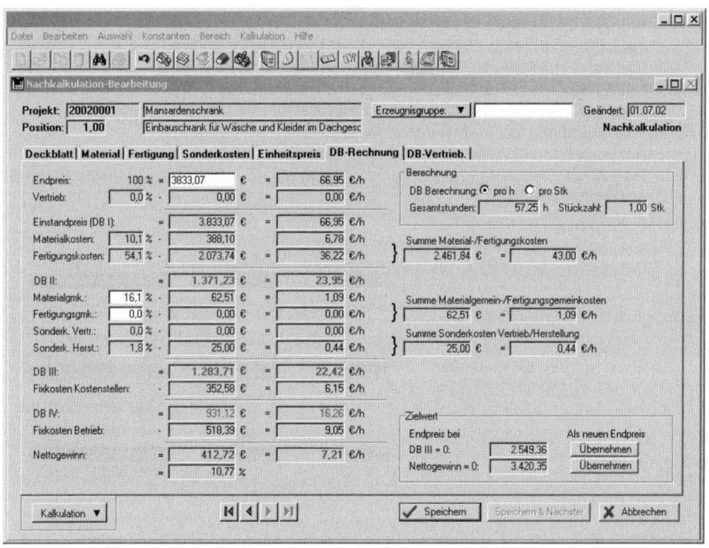

Deckungsbeitragsrechnung – Mansardenschrank

HOLZFORM

Schreinerei / Möbel / Innenausbau

Michael Holzform
Schreinermeister
Hauptstraße 21
12589 Neuenburg
Telefon 0 76 1 / 1234
Telefax 0 76 1 / 12 56

Bankverbindungen
Raiffeisen Bank Neuenburg
BLZ 650 913 00
Konto-Nr. 12 999 000

Steuer-Nr. 101/989956

Schreinerei HOLZFORM Hauptstraße 21 12589 Neuenburg

Herrn
Gerhard Müller
Hauptstraße 11

D 80011 München

Rechnung 2002.010

30.07.2002

Sehr geehrter Herr Müller,

nachfolgend gestatten wir uns, folgende für Sie erbrachte Leistung in Rechnung zu stellen:

Position	Menge	Bezeichnung	Einzelpreis	Gesamtpreis €
1	1 Stk	Einbauschrank für Wäsche und Kleider im Dachgeschoss (B x H x T). Aufteilung mit Inneneinteilung lt. beiliegender Zeichnung. Front außen und innen in Buche furniert, alle Kanten 3 mm gefast. Regal Buche furniert. Trägermaterial Feinspanplatte E 1 massiv angeleimt. Korpus aus pflegeleichter beschichteter Feinspanplatte E 1. 9 Fachböden im 32 mm Raster verstellbar, 1 Kleiderstange, hochwertige Automatik-Topfbänder, Edelstahlgriffe, Oberfläche mit strapazierfähigem DD-Lack 2x endbehandelt.	3.833,07	3.833,07
2	6 lfm	Regiearbeiten Sockelleiste Massiv Buche 80/15 mm, DD lackiert, angefertigt und montiert	5,25	31,50

Die Ware bleibt bis zur vollständigen Bezahlung unser Eigentum.

Zwischensumme:	3.864,57
MwSt. 16,0 %	618,33
Summe in €	4.482,90

Bei Zahlung innerhalb 10 Tagen gewähren wir 2 % Skonto = 89,66 EUR. Überweisen Sie bitte den Betrag von EUR 4.482,90 bis zum 29.08.2002 auf unser Konto.

Mit freundlichen Grüßen

Ihre Schreinerei Michael Holzform

45 Kalkulationsbeispiele

45.1 Einleitung

Die nachfolgenden Kalkulationsübungen sind für selbstständige Bearbeitung vorgesehen. Entnehmen Sie die Materialpreise den Listen in Kapitel 46 und die Zeitwerte der Aufstellung in Kapitel 20.4 oder verwenden Sie eigene Werte.

45.2.1 Regalwand

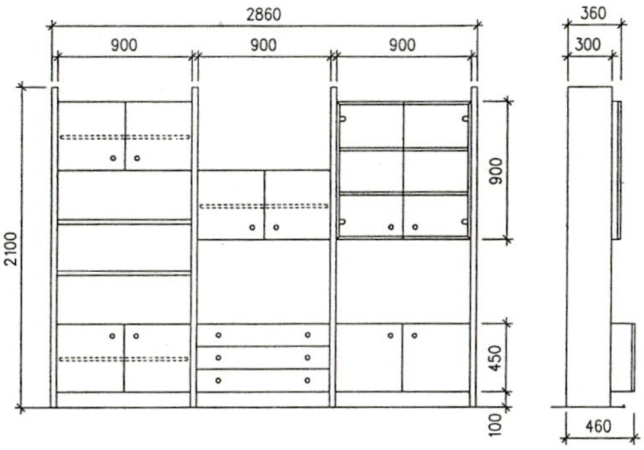

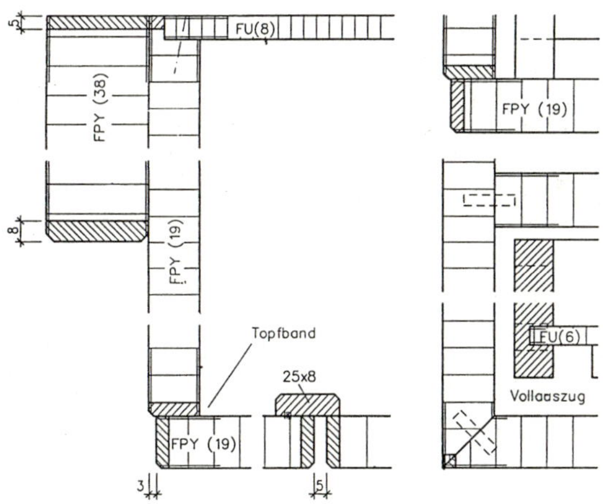

Masse 2 860 x 2 100 x 300/360/460 (B x H x T)

Holzart Birke, Blindfurnier Buche

Ausführung Stollen FPY 38, Korpusse, Türen, Sockel und Innenfächer FPY 19, Außenfächer FPY 25, Rückwände FU 8, Schubböden FU 6, Schubkästen Birke massiv, 2 Türen aus 6 mm Kristallglas

Verbindungen Alle Korpusverbindungen mit Lammellofedern, Schübe maschinengezinkt

Beschläge Ganzmetall-Topfbänder mit Schließautomatik, Glastür-Topfbänder, Edelstahlknöpfe

Oberfläche Zweimalige DD-Lackierung, seidenmatt

45.2.2 Schrankwand

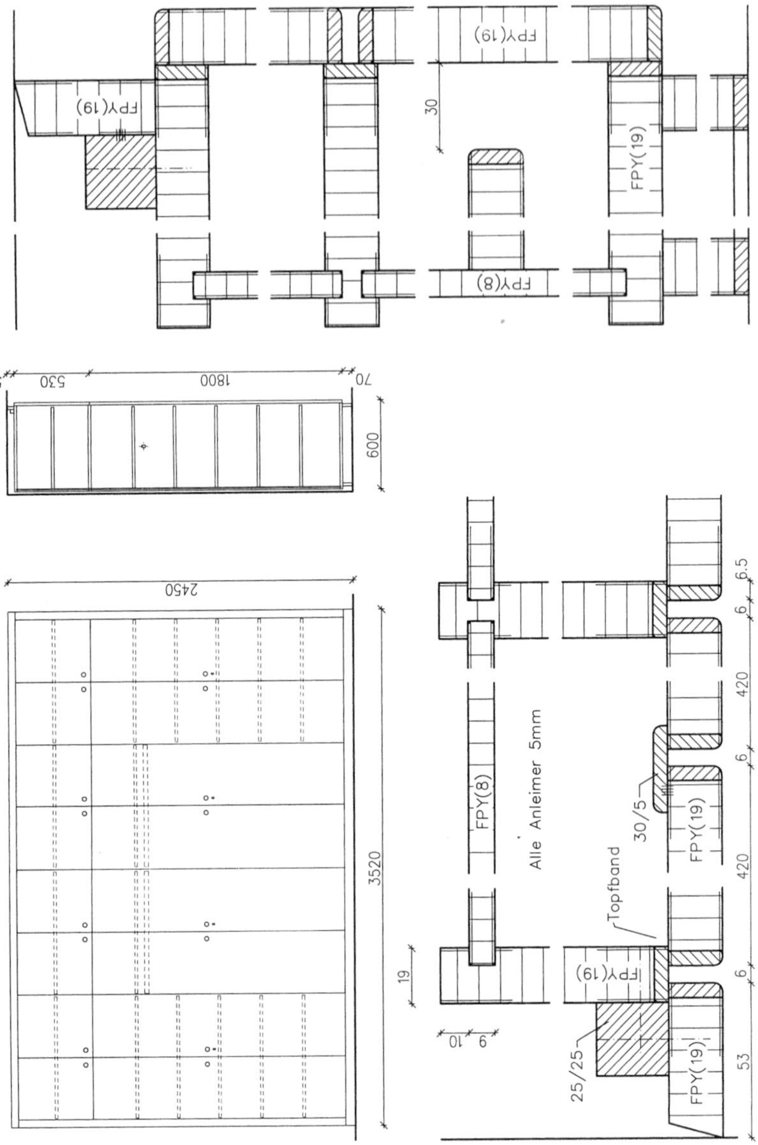

Masse 3520 x 2450 x 600 (B x H x T)

Holzart Erle außen und innen, Blindfurnier Buche

Ausführung Korpusse, Türen, Fächer und Blenden FPY 19, Rückwände FPY 8, Montageleisten Fichte

Verbindungen Alle Teile zerlegbar mit Schrankverbindern

Beschläge Ganzmetall-Topfbänder mit Schließautomatik oben, Ganzmetall-Topfbänder unten, Drehstangenschlösser, an allen Türen Holzknöpfe

Oberfläche DD-Lackierung, stumpfmatt; Türen/Front zweimalig, innen ein Lackauftrag

45.2.3 Zimmertür

Masse	1990 x 860 x 290 (H x B x T)
Holzart	Farblack weiß („Schleiflack"), Massivteile Ahorn
Ausführung	Türrohling mit Grundierfolienoberfläche, Futter und Bekleidungen MDF 25, Profilleisten Ahorn
Verbindungen	Federn
Beschläge	Drückergarnitur messing-poliert, Zimmertürschloss mit Messingstulp
Oberfläche	Farblack weiß (kompletter Oberflächenaufbau, Deckschicht transparenter DD-Lack)

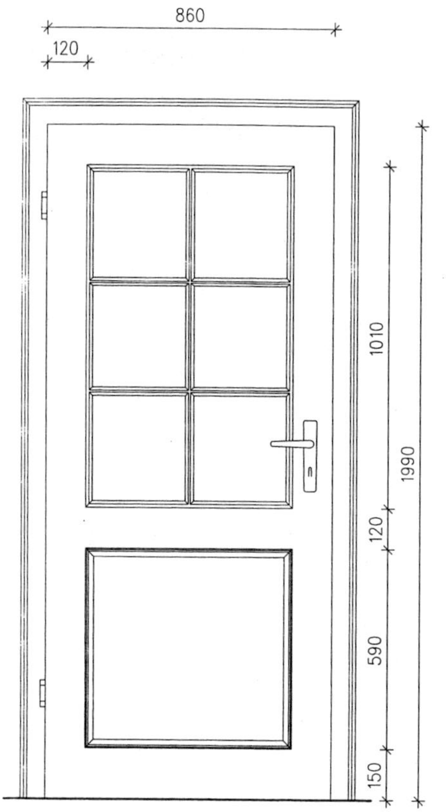

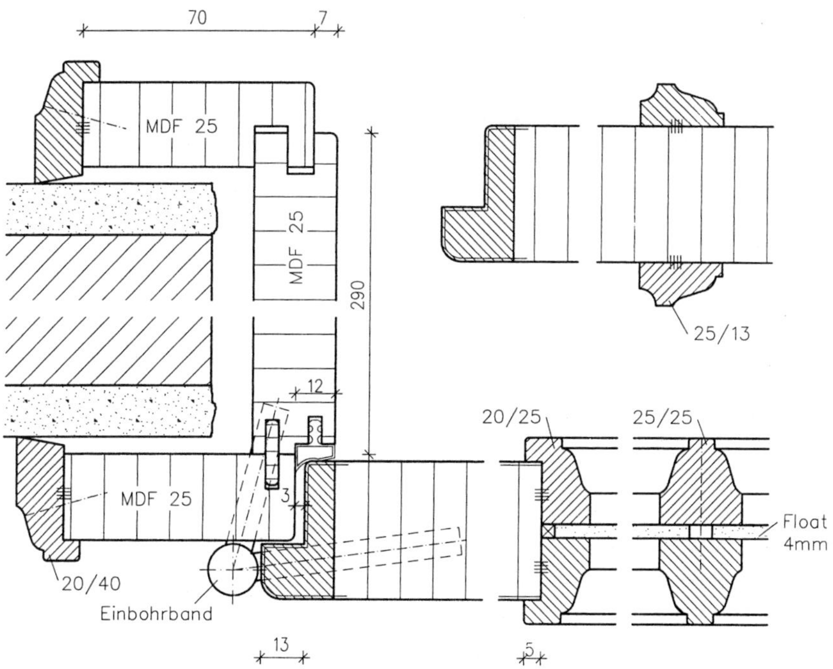

46 Tabellen, Preise, Werte

46.1 Kurzzeichen für Holzbearbeitungsmaschinen

Die nachfolgenden Kurzzeichen werden hauptsächlich in der Betriebsplanung zur Bezeichnung von Maschinen verwendet. Bei der Aufstellung von Arbeitsfolgen in der Vorkalkulation wird der Einsatz einer bestimmten Maschine (Betriebsmittel) für die jeweilige Tätigkeit auch gerne mit diesen Kurzzeichen angegeben:

Sägen – S –

SA Ablängsäge (Pendelsäge)
SK Kreissäge
SKF Formatkreissäge
SKD Doppelabkürzsäge
SB Bandsäge
SP Plattensäge
SF Furniersäge

Hobeln – H –

HA Abricht-Hobelmaschine
HD Dicken-Hobelmaschine

Fräsen – F –

F Tischfräse
FO Oberfräse
FZ Zinkenfräse
FK Kettenfräse

Verleimen – V –

V Verleimständer
VK Kantenpresse
VKA Kantenanleimautomat
VF Furnierverklebemaschine

Pressen – P –

PF Furnierpresse

Bohren – B –

BA Astbohrmaschine
BD Dübelbohrmaschine
BL Langlochbohrmaschine

Schleifen – Sch –

SchB Bandschleifmaschine
SchBB Breitbandschleifmaschine
SchK Kantenschleifmaschine
SchW Werkzeugschleifmaschine

46.2 Preise und Verbrauchswerte

Die nachfolgenden Preise, Verbrauchsmengen und Kalkulationswerte sind für Übungen im Rahmen der Kostenrechnung bestimmt; **sie müssen vor der Verwendung in der betrieblichen Kalkulation in jedem Fall auf Richtigkeit und Aktualität überprüft werden.**

46.2.1 Verschnittzuschläge

Nr.	Materialart	Z %
1	**Massivhölzer** (siehe Preisliste Massivholz)	
2	**Platten**	
3	● Sperrholz (STAE, ST, FU) Lagermaße	**20**
4	● Sperrholz (STAE, ST, FU) Fixmaße	**3**
5	● Spanplatten, MDF-Platten	**15**
6	● Beschichtete Spanplatten, Kunststoffschichtplatten	**20**
7	**Furniere**	
8	● Schlichte Edelfurniere	**40**
9	● Innen- und Blindfurniere	**25**
10	● Maserfurniere	**100**
11	**Kanten** (Rollenware)	
12	● Furnier und Kunststoff (lfm)	**10**
13	**Schienen, Rohre (lfm)**	**15**

Verschnittzuschläge für Anleimer und Leisten

Bei Breiten bis einschließlich 25 mm werden die nebenstehenden, erhöhten Verschnittzuschläge, unabhängig von der Holzart, eingesetzt. Anleimerbreiten über 25 mm erhalten den Verschnittzuschlag der jeweiligen Holzart (siehe Kapitel 46.2.2).

Breite		Z in %	Faktor
bis	5 mm	180	2,8
6	10 mm	150	2,5
11	15 mm	120	2,2
16	20 mm	90	1,9
21	25 mm	60	1,6

46.2.2 Massivholz/Furniere

HOLZARTEN	Abk. nach DIN	Massivholz m^3/Preis/€	Z in % für Massivholz	Furnier m^2/Preis/€	Furnierdicke
Afrormosia	AFR	1 125,00	30	2,50	0,6
Ahorn	AH	1 070,00	40	4,80	0,6
Anigre	ANI	1 125,00	35	2,30	0,6
Birke	BI	750,00	60	4,80	0,7
Birnbaum	BB	1 850,00	40	20,00	0,7
Buche	BU	690,00	50	3,30	0,6
Eiche	EI	1 250,00	50	6,50	0,7
	EI	–		9,00	1,5
Elsbeere	BBE	1 700,00	60	15,00	0,6
Erle	ER	690,00	40	5,50	0,7
Esche	ES	950,00	50	6,00	0,7
	ES			9,50	1,5
Fichte	FI	510,00	30	4,80	1,2
Kambala/Iroko	IRO	830,00	35	4,00	0,7
Kiefer	KI	600,00	40	4,80	1,2
Kirschbaum (europ.)	KB	1 600,00	60	18,00	0,7
	KB			24,00	1,5
Kirschbaum (cherry)	KBA	1 450,00	50	10,00	0,7
Lärche	LA	750,00	50	7,00	0,7
Limba	LMB	900,00	30	2,80	0,7
Linde	LI	580,00	35	3,00	0,7
Macore	MAC	880,00	30	3,00	0,7
Mahagoni/Sapeli	MAS	1 150,00	30	7,90	0,7
Mahagoni/Sipo	MAU	1 050,00	30	6,00	0,7
Mansonia/Bete	MAN	1 150,00	50	4,00	0,7
Meranti	MER	1 000,00	30	4,00	0,7
Nussbaum	NB	3 100,00	60	18,00	0,7
	NB			25,00	1,5
Nussbaum (amerik.)	NBA	1 850,00	40	8,00	0,7
Rüster	RU	1 500,00	50	8,00	0,7
Sen	SEN	2 450,00	40	9,00	0,6
Teak	TEK	4 200,00	40	9,50	0,7
Wenge	WEN	1 650,00	40	8,50	0,7
Zirbelkiefer	KIZ	880,00	50	7,00	1,2
Esche Maserfurniere	ES			18,00	1,0
Nussbaum Maserfurn.	NB			41,00	1,0
Blindfurnier	BLF			0,80	
Gegenzugfolie	GEF			0,70	
Gegenzugpapier	GEP			0,40	

46.2.3 Plattenmaterial

FURNIERPLATTEN €/m²							
Dicke in mm	**3**	**4**	**5**	**6**	**8**	**10**	**12**
Buche	3,60	3,90	4,40	7,20	9,80	10,00	10,30
Pappel	3,60	4,20	5,10	6,20	6,70	7,70	8,70
Multiplex BU							14,50

TISCHLERPLATTEN €/m²							
Dicke in mm	**16**	**19**	**22**	**25**	**28**	**30**	**38**
STAE	13,80	17,40	18,40	19,40	21,50		28,00
ST	12,30	13,30	14,30	16,40	17,40	18,90	24,00
Dicke in mm	**13**	**20**	**22**	**27**			
Verbundp. FI	21,00	23,50		26,00			
Möbelqualität			35,80				

SPANPLATTEN €/m²							
Dicke in mm	**6**	**8**	**10**	**13**	**16**	**19**	**22**
FPY V20 E 1	2,60	2,70	2,80	3,00	3,30	3,60	4,10
MDF	3,30	4,40	4,60		6,20	7,20	8,20
KF weiß		5,10	5,30	5,60	6,20	6,70	7,20

LEIMHOLZ €/m²							
Dicke in mm	**19**	**20**	**21**	**26**	**27**	**40**	**42**
Ahorn	69,00					151,00	
Birnbaum	148,00			200,00			
Buche	57,00			77,00			120,00
Eiche	88,00			115,00			185,00
Erle		50,00		70,00			
Esche	80,00			105,00			167,00
Fichte			21,00		25,00	37,00	
Kiefer			26,00		33,00	49,00	
Kirschbaum	103,00			138,00			

KUNSTSTOFFSCHICHTPLATTEN €/m²	
Dekorative Schichtstoffplatte 1,2 mm	13,00
Gegenzugplatte 1,2 mm	7,50

BAUBESCHLÄGE

Nr.	Beschreibung	Einh.	€
	Haustür		
1	Einbohrband	Stck	5,40
2	Lappenband, Kr. D13	Stck	23,00
3	Schloss (A)	Stck	10,00
4	Schloss (B)	Stck	17,00
5	Schließzylinder	Stck	9,00
6	Drückergarnitur (A)	Stck	28,00
7	Drückergarnitur (B)	Stck	92,00
8	Pendeltürband	Stck	33,00
9	Schiebetürbeschlag (A)	Stck	43,00
10	Schiebetürbeschlag (B)	Stck	79,00
	Zimmertür		
11	Einbohrband	Stck	2,80
12	Lappenband (A)	Stck	19,50
13	Lappenband (B)	Stck	23,50
14	Schloss (A)	Stck	7,50
15	Schloss (B)	Stck	9,00
16	Drückergarnitur (A)	Stck	13,00
17	Drückergarnitur (B)	Stck	64,00
	Sonstiges		
18	Winkelschiene 50/50	lfm	6,40
19	Kältefeind (850 mm)	Stck	31,00
20	Türdichtung	lfm	0,50
21	Stuhlwinkel 50 x 50	Stck	0,25
22	Stuhlwinkel 60 x 60	Stck	0,30
23	Stuhlwinkel 75 x 75	Stck	0,35
24	Spreizdübel, 6 mm	Stck	0,02
25	Spreizdübel, 8 mm	Stck	0,03
26	Spreizdübel, 10 mm	Stck	0,05
27	Rah.Dübel m. Schr. 6/60	Stck	0,20
28	Rah.Dübel m. Schr. 8/80	Stck	0,25
29	Rah.Dübel m. Schr. 10/100	Stck	0,75

MÖBELBESCHLÄGE

Nr.	Beschreibung	Einh.	€
	Bänder		
1	Einbohrband 9,5 mm	Stck	3,60
2	Lappenband 50 mm	Stck	5,10
3	Lappenband, Kr. D	Stck	6,40
4	Topfband, ganzmetall	Stck	2,30
5	Topfband m. Schließaut.	Stck	3,60
6	Topfband f. Glastüre	Stck	3,60
	Schlösser		
7	Drehstangenschloss	Stck	11,20
8	Drehstangenschl. m. Zyl.	Stck	23,00
9	Einsteckschloss 30 mm	Stck	4,00
10	Einsteckschl. m. Zylinder	Stck	23,00
	Rollschubführung		
11	Teilauszug, 40 kg, 60 cm	Stck	10,20
12	Vollauszug, 40 kg, 60 cm	Stck	15,30
13	Vollauszug, 60 kg, 60 cm	Stck	22,50
	Sonstiges		
14	Schrankverbinder	Stck	0,20
15	Arbeitsplattenverbinder	Stck	1,40
16	Fachträger, Alu-blank	Stck	0,15
17	Schwedenträger, 320 mm	Stck	0,80
18	Schrankstange	lfm	6,00
19	Stangenlager	Stck	2,80
	Gläser		
20	Floatglas 3 mm	m^2	19,50
21	Floatglas 4 mm	m^2	24,00
22	Floatglas 5 mm	m^2	34,00
23	Floatglas 6 mm	m^2	41,00
24	Floatglas 8 mm	m^2	53,00
25	Spiegelglas 3 mm	m^2	43,00
26	Spiegelglas 4 mm	m^2	49,00
27	Spiegelglas 5 mm	m^2	62,00
28	Spiegelglas 6 mm	m^2	69,00

46.2.5 Klebstoffe/Oberflächenmittel

BEZEICHNUNG	VERBRAUCH pro m²	PREIS kg/l	PREIS pro m²
Klebstoffe			
• Dispersionsleim (Weißleim)	200 g	2,50	0,50
• Kondensationsleim (Heißleim)	150 g	2,40	0,40
• Kontaktkleber	300 g	9,00	3,00
Beizen			
• Fertigbeize (Weichholz)	120 g	6,40	0,80
• Fertigbeize (Hartholz)	100 g	6,40	0,64
Holzschutzmittel			
• pigm. dünnfl. Außenanstrich	300 g		
• pigm. Dünnschichtbildner	80 g		
Lacke			
• NC-Lack (Gemisch)	200 g	6,00	1,20
• NC, 1 x Gr. + 1 x Deckl.			2,40
• NC, 1 x Gr. + 2 x Deckl.			3,60
• DD-Lack (Gemisch)	200 g	8,00	1,60
• DD, 1 x Gr. + 1 x Deckl.			3,20
• DD, 1 x Gr. + 2 x Deckl.			4,80
• Farb-Mattlack auf MDF (Gemisch)			9,50
Sperren, Füllern, Farblack, Überzugslack			
Schleifmittel			
• Holzschliff			0,30
• Lackschliff			0,30

46.2.6 Stundenlöhne/Zuschläge

Kostenstelle	€/Std.	Datum	€/Std.	Datum
Stundenlohn/Maschinenarbeit				
Stundenlohn/Bankarbeit				
Stundenlohn/Montagearbeit				

Kostenstelle	Zuschlag %
Maschinenarbeit	
Bankarbeit	
Montage	
Werkstoffe	
Lohngebundene Gemeinkosten	

Wagnis- und Gewinnzuschlag

Werkstoffanteil an den Selbstkosten	Zuschlag für Wagnis und Gewinn
über 50 %	10 %
über 30 %	12 %
über 10 %	16 %
unter 10 %	20 %

46.2.7 Holzdicken europäischer Hölzer

Zur Errechnung des Holzpreises werden in der Holzliste die Rohdicken von Brettern und Bohlen eingesetzt.

Nachfolgend eine Aufstellung der Rohdicken europäischer Hölzer:

	Nadelholz nach DIN 4071 in mm	**Laubholz** nach DIN 68 372 in mm
Bretter	16 18 22 24 28 38	18 20 26 30 35
Bohlen	44 48 50 63 70 75	40 45 50 55 60 65 70 75 80 90 100

46.3 Nützliche Werte

a) Jährliche Arbeitszeit pro Geselle

Jahresstunden brutto: 38,5 Std. x 52 Wochen		=	2 002 Std.
Jahresstunden netto: abzüglich	12 Feiertage 28 Urlaubstage 10 Krankheitstage 2 sonstige Fehltage		
	52 x 7,7 Std. = 400,4 Std.	= ca.	1 600 Std.
Anteil der nicht direkt verrechenbaren Stunden ca. 15 %			
Direkt verrechenbare (produktive) Stunden		= ca.	1 350 Std.

b) Personalnebenkosten

Gesamt ca. 75 % vom Arbeitslohn; lohnbezogen ca. 50 %, nicht lohnbezogen ca. 25 %.

c) Stundenverrechnungssatz

Als Faustregel kann gelten: Stundenlohn x 3 (ohne Wagnis und Gewinn).

Beispiel: Stundenlohn 13,00 €, Stundenverrechnungssatz 13,00 € x 3 = 39,00 €.

d) Maschinenstundensatz

Bei Maschinenstundensatzberechnungen werden 50 Wochen pro Jahr eingesetzt.

e) Werkstoffanteil

Der durchschnittliche Werkstoffanteil bezogen auf die Selbstkosten beträgt für:

Bauarbeiten ca. 50 %; Möbel und Innenausbau ca. 30 %.

f) Verhältnis Maschinenarbeit zu Handarbeit

In der Fertigung beträgt das Verhältnis von Maschinenarbeit zu Handarbeit etwa 1 : 2, d.h. auf eine Maschinenstunde kommen zwei Handarbeitsstunden (ohne Montagezeit).

g) Betriebsleistung je Beschäftigten

Die Betriebsleistung je Beschäftigten beträgt im Schreinerhandwerk ca. 75 000,00 bis 90 000,00 € im Jahr.

Die Betriebsleistung je direkt verrechenbare Stunde liegt bei 55,00 bis 70,00 €.

h) Wertschöpfung je Beschäftigten

Die Wertschöpfung je Beschäftigten beträgt 43 000,00 bis 50 000,00 € im Jahr.

Die Wertschöpfung je direkt verrechenbare Stunde liegt bei 33,00 bis 42,00 €.

i) Arbeitsplatzkosten

Die Kosten für einen Arbeitsplatz liegen im Schreinerhandwerk bei 70 000,00 bis 80 000,00 €.

47 Formblätter für die Kostenrechnung

47.1 Warum Formblätter?

Zweckmäßige Formblätter enthalten, geordnet und für jedermann leicht auffindbar, Informationen für und über das betriebliche Geschehen. Gerade in der Kostenrechnung spielen Formblätter eine wichtige Rolle.

Die Furcht der Handwerksmeister vor zuviel „Papier“ ist unbegründet: Ein geeignetes Formblatt wird immer wesentlich mehr einbringen als es kostet. Folgende Vorteile sprechen für die Verwendung betrieblicher Formulare:

- **Die Aufgabe wird schnell erfasst**
- **Es wird weniger vergessen**
- **Zeitraubende Rückfragen entfallen**
- **Auswerten und Auffinden von Daten werden erleichtert**
- **Jedermann hat Zugang zur Information**

Fasst man die Vorteile zusammen, so kann gesagt werden: **Es wird Zeit gespart**. Bei der Einführung neuer Organisationsformulare sind Zweckmäßigkeit und Eingliederung in das vorhandene Formularwesen kritisch zu überprüfen; es sollte ein „einheitliches System“ angestrebt werden.

Die Belegschaft ist über Sinn und Zweck neuer Formblätter ausreichend zu informieren; eine genügend lange Anlaufphase ist einzuplanen.

Organisationsformulare für das Schreinerhandwerk werden von Fachverlagen und den Fachverbänden angeboten. Bei der Entwicklung eigener Formblätter helfen Check-Listen, in denen zuvor die Anforderungen festgelegt werden. Nachfolgend werden einige Formulare für das Schreinerhandwerk vorgestellt.

47.2 Formblätter für Schreiner, Bundesverband des holz- und kunststoffverarbeitenden Handwerks, Wiesbaden

HKH

Gesprächs-/Telefonnotiz

Tag: 15.02.XX	Uhrzeit: 8.45	☒ telefonisch ☐ persönlich	
Herrn/Frau/Frl.: Rieger		aufgenommen von: H. Meyer	
Firma: Blümlein GmbH		weitergegeben an: Werkmeister	
Straße: Bergstr. 9	Tel. Nr.: 089/638421	Termin / zu erledigen bis: 22.02.XX	
Ort: 80000 München	Fax Nr.: 089/638484	dringend !!	

Betrifft: Reparatur – Neubau Fa. Blümlein

WC-Türen klemmen, Schlüssel sperren nicht

dringend Reparatur erbeten, bis spätestens 27.02.XX

da am 28.02.XX „Tag der offenen Tür"

Erledigt durch: H. Huber	☐ Anruf ☐ Telefax	Weiterleiten an: AV		
	☐ Brief ☐ Besuch	☒ zur Kenntnisnahme ☐ zur Stellungnahme	☐ zur Prüfung ☐	☒ Ablegen

Vertrieb: HKH · Service + Produkt GmbH · Abraham-Lincoln-Str. 32 · 65189 Wiesbaden · Telefon 06 11 / 9 73 42 - 0 · Telefax 06 11 / 9 73 42 23 · E-Mail: info@hkh.de · Internet: www.hkh.de

Bestell-Nr. 2
08/98

HKH

Auftragskarte	Auftraggeber: Messe AG.	Datum: 15.02.XX	Auftrags-Nr.: 647
Objekt: Aktenschrank, Eiche furniert		Liefertermin: 5.04.XX	Blatt Nr.: 1 von insg.: 6

Tel.-Nr.: 0941/362517	Fax-Nr.: 0941/362525	Masch.-Raum	Bankraum	Oberfläche	Montage	Summe
Arbeitsbeginn: 25.02.	Zeitvorgabe (lt. Vorkalkulation)	5,0 Std.	3,0 Std.	4,0 Std.	4,0 Std.	16,0 Std.
Zeichn.-Nr.: 136/6	Zeitverbrauch (lt. Zeitauswertung)	4,0 Std.	3,5 Std.	4,0 Std.	3,0 Std.	14,5 Std.
Pos.: 1a	Minder- / Mehrverbrauch	-1,0 Std.	+0,5 Std.	— Std.	-1,0 Std.	-1,5 Std.

Skizze / Stück / Maße

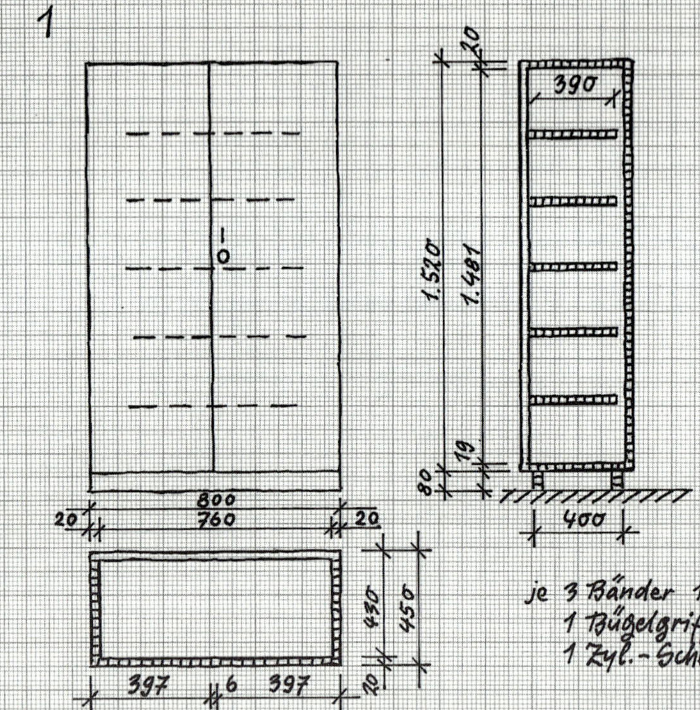

Angaben für die Fertigung (Trägermaterial, Deckmaterial, Überzug, Anschlagart, Schließart)

Korpus: 19 mm Spanpl. ; Eiche / Folie weiß ; — Fachböden
Front : 19 mm " ; Eiche / Eiche furniert
Oberfläche : Rosner Rustikalbeize 65/14

Fertigungsablauf
Zuschnitt von H. Karl; Verarb. u. Fertigstellung von H. Huber

Bemerkungen zur Montage
muß spätestens am 5.04.XX bis 17°° Uhr aufgestellt sein!

Aufgestellt: Kirschning Datum: 15.02.XX

Bundesverband des holz- u. kunststoffverarbeitenden Handwerks, Wiesbaden
Nachdruck verboten!
Produktion: Rausch Druck GmbH, Augsburg

Vertrieb: HKH-Service + Produkt GmbH
Abraham-Lincoln-Str. 32 · 65189 Wiesbaden · Telefon 06 11 / 9 73 42-0
Telefax 06 11 / 9 73 42-23 · E-Mail: info@hkh.de · Internet: www.hkh.de

Bestell-Nr. 10
08 / 98

Aufmaßliste Fenster

Auftraggeber: Franz Hobel	Aufmaßdatum: 15. 02. XX	Blatt-Nr.: 1 / von insgesamt: 5	Auftrags-Nr.: 24
	Architekt / Büro:	Besteller: Hüber	Montagetermin — Beginn: 11. KW / Ende:
Straße: Waldstr. 5	Objekt: 5 Familienhaus	Holzart: Kiefer / Kunstst.- / Aluprofil:	Altfenster Ausbau + Abfuhr: X X / Bemerkungen:
Ort: Holzhausen	Neubau / Altbau: Altbau	Profilquerschnitt: IV 68 / System:	Futter + Bekleidung:
	Straße: Bergstr. 13	Grundierung: / Farbton:	Verleistung innen / außen: X X
Telefon: 04587/1535	Ort: Holzhausen	Endbehandlung:	Versiegelung:
Telefax: " " 1515	Telefon: 04587/2343	Farbton: weiß	Verschäumung: ja

Pos.-Nr. Raum	Stück	Skizze Innenansicht	Maueranschlüsse T_D	T_A	T_A	A	Breite Ba	Bi	Ha	Höhe Hm	Hi	Fensterbank Innen	Außen	Glas	Rolladen	Bemerkungen
1	1			360	150		1530		1840		1800	1490/200	/	4-12-4	/	

HK

Materialliste Massivholz

Auftraggeber: Messe AG.		Datum: 15.02.XX		Auftrags-Nr.: 647	
Objekt:	Tel. Nr.: 0941/362517	Fax Nr.: 362525	Arbeitsbeginn: 5.10.XX	Liefertermin: 15.10.XX	
Gegenstand/Bezeichnung/Ausführung: Rahmenteile u. Türen		Pos. Nr.: 2+5	Zeichnungs-Nr.: 136/3+4	Blatt Nr.: 1	von insges.: 1

Pos. Lfd. Nr.	Bezeichnung	Holzart	Stück	Fertigmaß Länge mm	Fertigmaß Breite mm	Fertigmaß Dicke mm	Roh-Dicke mm	Zuschnittmaß Länge mm	Zuschnittmaß Breite mm	Bemerkungen erhaltene Stückzahl
1	Anleimer	Eiche	32	2000	40	20	25	2025	48	33 (1x Splint)
2	"	"	32	840	"	"	"	865	"	32
3	Rahmen	Fichte	16	2450	60	60	65	2475	70	16
4	"	"	14	1100	"	"	"	1125	"	15 (1x verzogen)
5	Stollen	Meranti	48	2470	85	40	45	2495	95	50
6	"	"	24	1260	"	"	"	1285	"	25

HK

Materialliste Platten

Auftraggeber: Fa. Messe AG		Datum: 15.02.XX		Auftrags-Nr.: 647	
Objekt: Aktenschrank	Tel. Nr.: 0941/362517	Fax Nr.: 362525	Arbeitsbeginn: 25.02.XX	Liefertermin: 4.04.XX	
Gegenstand/Bezeichnung/Ausführung: Eiche furniert		Pos. Nr.: 1a	Zeichnungs-Nr.: 136/6	Blatt Nr.: 1	von insges.: 1

Pos. Lfd. Nr.	Verwendung	Holzart Trägermaterial Flächenmaterial	Fertigmaß Stück	Fertigmaß Länge mm	Fertigmaß Breite mm	Fertigmaß Dicke mm	Zuschnittmaß Stück	Zuschnittmaß Länge mm	Zuschnittmaß Breite mm	Zuschnittmaß Dicke mm	Kante Mat. Art wo	Kante Nr.
1	Seite	Span Eiche/Folie weiß	2 je2	1520	430	20	1,31	1,10 1,50 1,15 1,10	1,44 1,96 1,51 0,36		7,50 8,– 1,20 7,50	10,90 15,68 1,81 2,60
2	Konstr.-Boden oben	Span Eiche/Folie weiß	1 je1	760	430	20	0,33	1,50 1,15	0,49 0,38		8,– 1,20	3,92 0,46
3	Konstr. Boden unten	EB 1212	1	760	430	20	0,33	1,10	0,36		10,60	3,82
4	Rückwand	"	1	1490	770	8	1,15	1,10	1,26		9,10	11,47
5	Fachboden	"	5	759	390	22	1,48	1,10	1,63		11,50	18,75
6	Tür	Span Eiche	2 je2	1520	397	20	1,21	1,10 1,50	1,33 1,81		7,50 8,–	9,98 14,48
												93,87

Materialliste Platten

Auftraggeber: Messe AG		Datum: 15.02.XX	Auftrags-Nr.: 647
Objekt: Aktenschrank	Tel. Nr.: 0941/362517 · Fax Nr.: 362525	Arbeitsbeginn: 25.02.XX	Liefertermin: 4.04.XX
Gegenstand/Bezeichnung/Ausführung: Eiche furniert	Pos. Nr.: 1a	Zeichnungs-Nr.: 136/6	Blatt Nr.: 1 · von insges.: 1

Pos.	Verwendung	Holzart	Fertigmaß				Zuschnittmaß				Kante	
Lfd. Nr.		Trägermaterial Flächenmaterial	Stück	Länge mm	Breite mm	Dicke mm	Stück	Länge mm	Breite mm	Dicke mm	Mat. Art wo	Nr.
1	Seite	Span Eiche/Folie weiß	2	1520	430	20	2 je 2	1528 1543	438 453	19	Eiche 1×L, 1×B	②
2	Konstr.-Boden oben	Span Eiche/Folie weiß	1	760	430	20	1 je 1	768 783	438 453	19	Eiche 1×L	③
3	Konstr.Boden unten	EB 1212	1	760	430	19	1	768	438	19	Eiche 1×L	②
4	Rückwand	"	1	1490	770	8	= Fertigschnitt					
5	Fachboden	"	5	759	390	22	5	767	398	22	L 517 1×L	③
6	Tür	Span Eiche	2	1520	397	20	2 je 2	1512 1535	389 412	19	Eiche, 4mm 2×L, 2×B	①

Kante: ① = Massivholzanleimer ② = Furnierholzkante ③ = Kunststoffkante ④ = Sonstige Kante

Vertrieb: HKH - Service + Produkt GmbH
Abraham-Lincoln-Str. 32 · 65189 Wiesbaden · Telefon 06 11 / 9 73 42-0
Telefax 06 11 / 9 73 42-23 · E-Mail: info@hkh.de · Internet: www.hkh.de
Bestell-Nr. 14
08/98
Bundesverband des holz- u. kunststoffverarbeitenden Handwerks, Wiesbaden
Nachdruck verboten!
Produktion: Rausch Druck GmbH, Augsburg

HKH

Materialliste Platten	Auftraggeber: Fa. Messe AG		Datum: 15.02.XX	Auftrags-Nr.: 647	
Objekt: Aktenschrank	Tel. Nr.: 0941/362517	Fax Nr.: 362525	Arbeitsbeginn: 25.02.XX	Liefertermin: 4.04.XX	
Gegenstand/Bezeichnung/Ausführung: Eiche furniert		Pos. Nr.: 1a	Zeichnungs-Nr.: 136/6	Blatt Nr.: 1	von insges.: 1

Pos.	Verwendung	Holzart	Fertigmaß				Zuschnittmaß				Kante	
Lfd. Nr.		Trägermaterial Flächenmaterial	Stück	Länge mm	Breite mm	Dicke mm	Stück	Länge mm	Breite mm	Dicke mm	Mat. Art wo	Nr.
1	Seite	Span Eiche/Folie weiß	2 je 2	1520	430	20	1,31	1,10 1,50 1,15 1,10	1,44 1,96 1,51 0,36		7,50 8,– 1,20 7,50	10,90 15,68 1,81 2,60
2	Konstr.-Boden oben	Span Eiche/Folie weiß	1 je 1	760	430	20	0,33	1,50 1,15	0,49 0,38		8,– 1,20	3,92 0,46
3	Konstr. Boden unten	EB 1212	1	760	430	20	0,33	1,10	0,36		10,60	3,82
4	Rückwand	"	1	1490	770	8	1,15	1,10	1,26		9,10	11,47
5	Fachboden	"	5	759	390	22	1,48	1,10	1,63		11,50	18,75
6	Tür	Span Eiche	2 je 2	1520	397	20	1,21	1,10 1,50	1,33 1,81		7,50 8,–	9,98 14,48
												93,87

Kante: ① = Massivholzanleimer ② = Furnierholzkante ③ = Kunststoffkante ④ = Sonstige Kante

Beschlag- u. Zubehörliste

Auftraggeber: Geiger, Hannover		Datum: 15.02.XX	Auftrags-Nr.: 664	
Objekt: Schrankwand	Tel. Nr.: 0511/243670	Fax Nr.: 243636	Arbeitsbeginn: 21.02.XX	Liefertermin: 2.04.XX
Gegenstand/Bezeichnung/Ausführung: Eiche furniert	Pos. Nr.: 15.0	Zeichnungs-Nr.: 177/1	Blatt Nr.: 1	von insges.: 1

Pos. Lfd. Nr.	Artikel/Bezeichnung/Maße/Lieferant	am Lager	bereit gestellt	bestellt	Bestell-Nr.	Menge	ME	Einzelpreis	Gesamtpreis
1	Schubkasten: B=450, T=500, H=85		X		44/9328	10	Stck		
2	" : B=450, T=500, H=120		X		44/5768	5	"		
3	Laufleisten: L=352 mm	X			64/5890	10	Pr		
4	Bügelgriffe 96 mm; Häfele			X	43236547	15	Stck		
5	Zyl.-Schloß, 20 mm Dorn; Häfele			X	80532707	15	"		
6	Schließbleche ; "			X	81016502	15	"		
7	Zyl.-Rosetten 22 mm Ø; "			X	79017636	15	"		
8	Magnet-Schäpper, 4 kg "			X	64701605	7	"		
9	Bander 180° ; Hetal	X			MB 19	45	"		
10	Möbel-Einbau-Tresor: 490/360/250			X	ME 17	3	"		

HKH

☒ **Vorkalkulation** ☐ **Nachkalkulation**

Auftraggeber / Objekt	Messe AG / Schalteranlage
Pos.-Nr.	1a, 2,5
Zeichnungs-Nr.	4711
Angebots-Nr. / Auftrags-Nr.	432
Termin	

Arbeitsgänge	Masch. Std.	Bank Std.	Oberfl. Std.	Montage Std.
Material bereitstellen				
Zuschneiden	0,75			
Besäumen / Formatsägen	1,00			
Hobeln				
Vierseiten - Hobeln - Fräsen	0,25			
Fälzen / Nuten / Profilieren	0,75			
Schlitzen / Stemmen	0,25			
Kanten anleimen	0,75			
Dübeln / Beschläge bohren	0,75			
Furnier richten	0,25	0,50		
Furnier / Folien pressen	0,25	0,50		
Verleimen		1,00		
Zusammenbau		1,50		
Verputzen / Fertigmachen		2,75		
Anschlagen		0,50		
Schubladen / Züge				
Helfer		4,25		
Schleifen	0,50			
Lackieren / Beizen			3,00	
Abladen / Vertragen am Bau				1,50
Montage				1,75
Nacharbeiten				0,50
Gesamtstunden	5,50	11,00	3,00	3,75

Material	Menge Einheit	Einzelpreis	Gesamtpreis
Holz / Platten: Span 19mm	3,13	7,50	23,48
Melamin Span 22mm	1,63	11,50	18,75
" " 19mm	0,36	10,60	3,82
" " 8mm	1,26	9,10	11,47
Massivholz Eiche	0,146	2480,–	362,08
Meranti	0,910	1.300,–	1183,–
Fichte	0,295	720,–	212,40
Furniere / sonst. Beschichtung			
Eiche-Furnier	6,07	8,–	48,56
Folie-weiß	1,89	1,20	2,27
Beschläge			
Kabelkanal	1,30	10,–	13,–
Lacke / Oberfläche	3,5 kg	8,40	29,40
Beize			8,50
Kleinmaterial			15,–
Leim			10,–
Halbfabrikate / Fremdleistungen			
V2A-Teile			83,–
Metallkleber			10,–
Materialeinzelkosten			2.034,73
10 % Materialgemeinkosten			203,47
Materialkosten		%	2.238,20

	Stunden	Grundlohn	Fertigungslohn	+ Gemeinkost. %	Verrechnungssatz	Gesamtbetrag
Arbeitsvorbereitung	2,00				72,30	144,60
Maschinen-Stunden	5,50				66,70	366,85
Bankraum-Stunden	11,00				51,80	569,80
Oberfläche-Stunden	3,00				66,70	200,10
Montage-Stunden	3,75				51,80	194,25

Fertigungskosten	1.475,60	%	1.475,60
Selbstkosten		100 %	3.713,80
Wagnis u. Gewinn	12	%	445,66
Sondereinzelkosten			
Verladen / Verpacken u. Transportkosten			184,–
Provision: 3 % aus Selbstkosten			111,–
Nettoangebotspreis			4.454,46

Bemerkungen / Ausführung / Skizze

Schalteranlage besteht aus 8 Einzelschalter

4.454,– × 8 = 35.632

Tag: 28.11.XX Zeichen: H

Mehrwertsteuer bei der Angebotsabgabe bzw. bei der Rechnungsstellung nicht vergessen!

☐ Vorkalkulation ☒ Nachkalkulation

Auftraggeber / Objekt: Messe AG/Schalteranlage	Pos.-Nr. 1a, 2,5	Angebots-Nr. 432	Auftrags-Nr. 647
	Zeichnungs-Nr. 4711	Termin	

Arbeitsgänge	Masch. Std.	Bank Std.	Oberfl. Std.	Montage Std.
Material bereitstellen				
Zuschneiden	8,5			
Besäumen / Formatsägen	11,0			
Hobeln				
Vierseiten - Hobeln - Fräsen	3,0			
Fälzen / Nuten / Profilieren	8,0			
Schlitzen / Stemmen	3,5			
Kanten anleimen	9,0			
Dübeln / Beschläge bohren	8,5			
Furnier richten	4,0	2,5		
Furnier / Folien pressen	3,0	3,0		
Verleimen		4,5		
Zusammenbau		6,5		
Verputzen / Fertigmachen		14,0		
Anschlagen		3,5		
Schubladen / Züge				
Helfer		21,0		
Schleifen	2,5			
Lackieren / Beizen			28,0	
Abladen / Vertragen am Bau				21,5
Montage				25,0
				7,0
Gesamtstunden	61,0	55,0	28,0	53,5

Material	Menge Einheit	Einzelpreis	Gesamtpreis
Holz / Platten			
Furniere / sonst. Beschichtung			
Beschläge			
Lacke / Oberfläche			
Kleinmaterial			
Halbfabrikate / Fremdleistungen			
8 × 2.238,20		=	17.905,60
Materialeinzelkosten			
% Materialgemeinkosten			
Materialkosten		%	17.905,60

keine Materialabweichung

	Stunden	Grundlohn	Fertigungslohn	+ Gemeinkost. %	Verrechnungssatz	Gesamtbetrag
Arbeitsvorbereitung	10,0	24,50	245,0	195		722,75
Maschinen-Stunden	61,0	17,53	1.069,50	280		4.064,10
Bankraum-Stunden	55,0	17,34	953,80	195		2.813,71
Oberfläche-Stunden	28,0	17,45	488,80	280		1.857,44
Montage-Stunden	53,5	17,62	942,50	195		2.780,38

Bemerkungen / Ausführung / Skizze

Auftr.Nr. 647 Schalteranlage
bestehend aus 8 Einzelschaltern

36.121,26 :8 = 4.515,16

Fertigungskosten	12.238,38	%	12.238,38
Selbstkosten		100 %	30.143,98
Wagnis u. Gewinn		12 %	3.617,28
Sondereinzelkosten			
Verladen / Verpacken u. Transportkosten			1.472,–
Provision	lt. Angebot		888,–
Nettoangebotspreis			36.121,26

Tag: 15.02.XX Zeichen: B

Mehrwertsteuer bei der Angebotsabgabe bzw. bei der Rechnungsstellung nicht vergessen!

Vertrieb: HKH - Service - Produkt GmbH
Abraham - Lincoln - Str. 32 · 65189 Wiesbaden · Telefon 06 11/97342-0
Telefax 06 11/97342-23 · E-Mail: info@hkh.de · Internet: www.hkh.de
Bestell-Nr. 5
08/98
Bundesverband des Holz- u. kunststoffverarbeitenden Handwerks, Wiesbaden
Nachdruck verboten!
Produktion: Rausch Druck GmbH, Augsburg

HKH

Auftraggeber / Rechnungsempfänger

Hans Huber
Immobilienverwalter
Dorfweg 3
80 122 Moosham

Klein-Reparatur-Auftrag Nr. 09/XX
RECHNUNG Nr. 09/XX

Objekt	Ausstelltag
Wohnanlage Dorfweg 15	15.02.XX
	Rechnungstag: 22.02.XX
Tel. Nr. 37 44 — Fax Nr.	Kostenstelle
Termin: 7. KW	Erlöskonto Nr.
Die umseitigen AGB sowie die unten aufgeführten Stundenverrechnungs- und Kilometersätze gelten als anerkannt.	Kunden-Nr.

Unterschrift des Kunden: H. Huber

Auszuführende Arbeiten

Hauseingangstüre schließt nicht mehr
Wohnungstüre 3. Stock
streift am Boden

Arbeitsbericht des ausführenden Monteurs

Profilzylinder ausgewechselt, Bänder neu befestigt. Schließblech ausgerichtet. Wohnungstür im 3. Stock gekürzt, neuen Kältefeind eingebaut

☐ Einzelabrechnung ☐ zusätzl. zu Auftrag ☐ in Auftrag erhalten
☐ Gewährleistung ☐ Wartungsvertrag

ARBEITSSTUNDEN

Datum	Name	Anzahl	Einzelpreis	Gesamtpreis
In den berechneten Arbeitsstunden ist die Materialbeschaffung enthalten.				
15.02	Werner	4	58,–	232,–

MATERIALVERBRAUCH

Anzahl	Bezeichnung	Einzelpreis	Gesamtpreis
1	Sicherheitschloß mit 3 Schlüsseln Nr. 7738 x 3		52,–
1	Kältefeind 100 cm		220,–
	Übertrag		272,–

☒ Arbeiten abgeschlossen
☐ weitere Arbeiten erforderlich

Ort, Tag: Moosham, 15.02

Betrag dankend erhalten:

Zeit und Materialverbrauch anerkannt. Reparatur richtig ausgeführt: H. Huber

Anzahl	Bezeichnung		Einzelpreis	Gesamtpreis
	Überstd.	% Zuschl.		
1	An- und Abfahrts-Stunden		51,80	51,80
	km	Fahrtkosten		
	km	Fahrtkosten		
	Maschinen-Stunden			
	Werkstatt-Stunden			

Mehrverbrauch an Material lt. beilieg. Mat.-Schein ges.	
Kleinmaterial	5,–
Übertrag	272,–
Zwischensumme	560,80
gesetzl. Mehrwertsteuer XX %	78,51
Rechnungsbetrag	639,31

Zahlbar sofort ohne Abzug. Die gelieferte Ware bleibt bis zur restlosen Bezahlung unser Eigentum. Es gelten die allgemeinen Verkaufs- und Lieferungsbedingungen.

Tages-/Wochenarbeitszettel

Der Arbeitszettel dient der Ermittlung der direkt verrechenbaren und der nicht direkt verrechenbaren Zeiten eines Auftrages. Gerade die nicht direkt verrechenbaren Zeiten müssen exakt erfasst werden, da nur ihre Kenntnis einen kostendeckenden Gemeinkostenzuschlagsatz ermöglicht.

Entscheidet sich ein Betrieb für den Wochenarbeitszettel, so ist es wichtig, dass er täglich ausgefüllt und dies auch kontrolliert wird, denn nur die tägliche Eintragung garantiert die notwendige Genauigkeit. Der Tagesarbeitszettel hingegen verlangt automatisch die tägliche Eintragung.

Beide Formulare sind so aufgebaut, dass sie sowohl handschriftliche Eintragungen aufnehmen können (Beispiel 1) als auch den Abdruck einer Stempeluhr. Je nach Art der verwendeten Stempeluhr können nicht nur Datum und Uhrzeit (Beispiel 2), sondern auch eine dreistellige Auftragsnummer sowie eine zweistellige Kostenstellennummer erfasst werden (Beispiel 3). Damit erübrigt sich die Handeintragung und die exakte Zuordnung der Kosten ist erleichtert. Auch die Summierung der Kosten pro Auftrag ist dadurch einfacher möglich.

Die Formulare sind auf linksstempelnde Uhren eingerichtet.

Im unteren Teil können eventuelle Bar-Auslagen des Arbeitnehmers gegen Beleg erfasst werden: z.B. Auslagen für Kleinmaterial sowie die Fahrten im eigenen Kraftfahrzeug und soweit vereinbart eine eventuelle Auslösung.

Der untere perforierte Streifen dient nach dem Eintragen von Gesamtbeträgen und Gesamtstunden dem Arbeitnehmer als Kontrollbeleg. Er kann ihn zu seinen Unterlagen nehmen.

HKH

Tagesarbeitszettel Tag 15.02.XX Woche Nr. 12 Name Hüber

	Auftraggeber Auftrags-Nr.	Bezeichnung der Arbeit	Kostenstellen Masch.-raum Std.	Bankraum Std.	Oberfl. Std.	Montage Std.	nicht dir. verrechenb. Std.	Kz.	Tages-Stunden Insgesamt
Messe AG	647	Bänder montiert		2,0					
Schmidt	098	Bänder montiert		1,0					
KWU	112	Zuschnitt für Einbauschrank	2,0						
Hertens	127	Türschloß erneuert Rahmen justiert				2,0			
Schneider	123	Schüle gangbar gemacht					1,0	91	
		Gesamt-Stunden	2,0	3,0		2,0	1,0		8,0

Hiermit versichere ich die Richtigkeit der Angaben.

Unterschrift: Huber

Auslagen lt. beigefügten Belegen	Betrag	überprüft
mit eigenem Kfz 10 km à 0,42 Kom. 127, 123	4,20	übertragen Li
Auslösung		

Name Hüber | Datum 15.02.XX | Betrag 4,20 | Stunden insgesamt 8,0

Vertrieb: HKH - Service + Produkt GmbH · Abraham-Lincoln-Str. 32 · 65189 Wiesbaden · Telefon 06 11 / 9 73 42 - 0 · Telefax 06 11 / 9 73 42 23 · E-Mail: info@hkh.de · Internet: www.hkh.de

Bundesverband des holz- u. kunststoffverarbeitenden Handwerks, Wiesbaden
Nachdruck verboten! – Produktion: Rausch Druck GmbH, Augsburg

Bestell-Nr. 6 08/98

HKH

Tagesarbeitszettel

Tag	Woche	Nr.	Name
15.02.XX		12	Huber

	Auftraggeber Auftrags-Nr.	Bezeichnung der Arbeit	Kostenstellen: Masch.-raum Std.	Bank-raum Std.	Oberfl. Std.	Montage Std.	nicht dir. verrechenb.: Std.	Kz.	Tages-Stunden insgesamt
2VII 15 95	125	Rückwände zugeschnitten	1,5						
2VII 15 50									
2VII 15 50									
2VII 13 00	125	Bänder gebohrt und montiert		2,5					
2VII 12 00									
2VII 11 20	125	Bänder angeschlagen		0,75					
2VII 11 20									
2VII 8 50	122	Türen gespritzt			2,75				
2VII 8 50	122	Fachböden zugeschnitten	1,5						
2VII 7 00									
		Gesamt-Stunden	3,0	3,25	2,75				9,0

Hiermit versichere ich die Richtigkeit der Angaben.

Unterschrift: Huber

Auslagen lt. beigefügten Belegen	Betrag	überprüft: du
mit eigenem Kfz km à		übertragen: Li
Auslösung		

Name	Datum	Betrag	Stunden insgesamt
Huber	15.02.XX		9,0

Vertrieb: HKH - Service + Produkt GmbH · Abraham-Lincoln-Str. 32 · 65189 Wiesbaden · Telefon 06 11 / 9 73 42-0 · Telefax 06 11 / 9 73 42 23 · E-Mail: info@hkh.de · Internet: www.hkh.de

Bundesverband des holz- u. kunststoffverarbeitenden Handwerks, Wiesbaden Nachdruck verboten! – Produktion: Rausch Druck GmbH, Augsburg

Bestell-Nr. 6 08/98

HKH

Tagesarbeitszettel

Tag	Woche	Nr.	Name
15.02.XX		12	Huber

	Auftraggeber Auftrags-Nr.	Bezeichnung der Arbeit	Kostenstellen: Masch.-raum Std.	Bank-raum Std.	Oberfl. Std.	Montage Std.	nicht dir. verrechenb.: Std.	Kz.	Tages-Stunden insgesamt
2VII 15 95	1 2 6 0 1								
2VII 15 50	1 2 6 0 1		1,5						
2VII 15 50	1 2 5 3 0								
2VII 13 00	1 2 5 3 0			2,5					
2VII 12 00	1 2 5 3 0			0,75					
2VII 11 20	1 2 5 3 0								
2VII 11 20	1 2 2 4 0								
2VII 8 50	1 2 2 4 0				2,75				
2VII 8 50	1 2 2 3 0								
2VII 7 00	1 2 2 3 0		1,5						
		Gesamt-Stunden	1,5	4,75	2,75				9,0

Hiermit versichere ich die Richtigkeit der Angaben.

Unterschrift: Huber

Auslagen lt. beigefügten Belegen	Betrag	überprüft: Li
mit eigenem Kfz km à		übertragen: Li
Auslösung		

Name	Datum	Betrag	Stunden insgesamt
Huber	15.02.XX		9,0

Vertrieb: HKH - Service + Produkt GmbH · Abraham-Lincoln-Str. 32 · 65189 Wiesbaden · Telefon 06 11 / 9 73 42-0 · Telefax 06 11 / 9 73 42 23 · E-Mail: info@hkh.de · Internet: www.hkh.de

Bundesverband des holz- u. kunststoffverarbeitenden Handwerks, Wiesbaden Nachdruck verboten! – Produktion: Rausch Druck GmbH, Augsburg

Bestell-Nr. 6 08/98

HKH

Wochenarbeitszettel Lohnwoche vom 15.02.XX bis 19.02.XX | Nr. 12 | Name Huber

Tag/Uhrzeit	Auftraggeber Auftrags-Nr.		Bezeichnung der Arbeit	Kostenstellen Masch.-raum Std.	Bank-raum Std.	Oberfl. Std.	Montage Std.	nicht dir. verrechenb. Std.	Kz.	Tages-Stunden insgesamt
15.02.										
	647		Bänder angeschlagen		4,0					
	647		Bänder gebohrt		4,0					
										8,0
16.02.	647		Bänder montiert		3,0					
	647		Sockel montiert				5,0			
										8,0
17.02.	647		Furniere gepreßt	5,0						
	647		Kanten aufgefahren	3,0						8,0
18.02.	647		Schränke montiert				8,0			
										8,0
19.02.	112		Schrankelemente gebeizt			3,0				
	112		Lackiert			5,0				8,0
20.02.	647		Abschlußleisten montiert				4,0			4,0
Hiermit versichere ich die Richtigkeit der Angaben. Unterschrift: H. Huber			Gesamt-Stunden							

Auslagen lt. beigefügten Belegen	Betrag	Überprüft
		cb
mit eigenem Kfz 15 km à 0,42 Kom. 124	6,30	übertragen lui
Auslösung		

Name Huber | Lohnwoche vom 15.02. bis 19.02. | Betrag 6,30 | Stunden insgesamt 44,0

Vertrieb: HKH - Service + Produkt GmbH · Abraham-Lincoln-Str. 32 · 65189 Wiesbaden Tel. 0611/97342-0 · Fax 0611/97342-23 · E-Mail: info@hkh.de · Internet: www.hkh.de Bestell-Nr. 7 08/98 Bundesverband des holz- u. kunststoffverarbeitenden Handwerks, Wiesbaden Nachdruck verboten! – Produktion: Rausch Druck GmbH, Augsburg

Bundesverband des holz- u. kunststoffverarbeitenden Handwerks, Wiesbaden
Nachdruck verboten!
Produktion: Rausch Druck GmbH, Augsburg

Vertrieb: HKH-Service + Produkt GmbH
Abraham-Lincoln-Str. 32 · 65189 Wiesbaden · Telefon 0611/97342-0
Telefax 0611/97342-23 · E-Mail: info@hkh.de · Internet: www.hkh.de

Bestell-Nr. 8
08/98

Zeit-Erfassungsbogen

Arbeitnehmer/Name: Hüber | Nr. 12 | Zeitraum vom 1.11.XX bis 30.11.XX | Blatt Nr. 1

1 Tag/Woche	2 Maschinen-Std.	3 Bank-Std.	4 Oberfl.-Std.	5 Montage Std.	6 Sonst. n. d. v. Std.	7 Urlaub Std. / Tag	8 Tarif. fr. bez. Arbzt.	9 Feiertag Std.	10 krank Std.	11 Unfall Std.	12 Gesamt-stunden	13 Normal Std.	14 Zuschlag 10 % Std.	15 Zuschlag 25 % Std.	16 Zuschlag % Std.	17 Std.	18 Std.	19 Std.
1.								77			77	77						
2.	20	30		20	10						80	80						
3.	30	325	275								90	80		10				
4.	15	475	275								90	65		25				
7.		80									80	80						
8.		30		50							80	80						
9.	80										80	80						
10.	80										80	80						
11.			80								80	65		15				
12.(Sa)				40							40			40				
14.						77					77	77						
15.						77					77	77						
16.								77			77	77						
17.									77		77	77						
18.	20		10	35							65	65						
21.		40	20		10		10				80	80						
22.			40		40						80	80						
23.		80									80	80						
24.	20	60									80	80						
25.		55			10						65	65						
28.	30	40	10								80	80						
29.				80							80		80					
30.		60					20				80	80						
Summe Stunden	295.	555	215	225	70	154	30	154	77		1775	1605	80	90	—			
Stunden Vormonat	2105	4005	1665	5795	125	2156	280	616	693	20	17460	16260	600	205	395			
Stunden Übertrag	2400	4560	1880	6020	195	2310	310	770	770	20	19235	17865	680	295	395			

Statistik BAB – Betriebsvergleich ← → Lohnabrechnung

HKH

Bundesverband des holz- u. kunststoffverarbeitenden Handwerks, Wiesbaden
Nachdruck verboten!
Produktion: Rausch Druck GmbH, Augsburg

Vertrieb: HKH-Service+Produkt GmbH
Abraham-Lincoln-Str. 32 · 65189 Wiesbaden · Telefon 0611/97342-0
Telefax 0611/97342-23 · E-Mail: info@hkh.de · internet: www.hkh.de

Bestell-Nr. 9
08/98

Auftragsstunden-Erfassung

Objekt/Auftraggeber: Messe AG, Schalteranlage | Auftrags-Nr. 647 | Pos.-Nr. 1a, 2,5 | Blatt Nr. 2

	Name Huber, Lohn /Std.: 17,–, Personal-Nr.: 12				Name Span, Lohn /Std.: 18,–, Personal-Nr.: 8				Name Schaffert, Lohn /Std.: 18,–, Personal-Nr.: 4				Name Stern, Lohn /Std.: 17,20, Personal-Nr.: 9				Vorkalkul. Std. 190
	Kostenst. Masch.-Std.	Kostenst. Bank-Std.	Kostenst. Oberfl.-Std.	Kostenst. Montage-Std.	Kostenst. Masch.-Std.	Kostenst. Bank-Std.	Kostenst. Oberfl.-Std.	Kostenst. Montage-Std.	Kostenst. Masch.-Std.	Kostenst. Bank-Std.	Kostenst. Oberfl.-Std.	Kostenst. Montage-Std.	Kostenst. Masch.-Std.	Kostenst. Bank-Std.	Kostenst. Oberfl.-Std.	Kostenst. Montage-Std.	Rest.-Std.
Übertrag Tag / Monat	205	200	120		205				100								107,0
2.11.		20								80							97,0
3.11.									20	60							89,0
4.11.											80						81,0
7.11.		80															73,0
8.11.		30		50													65,0
9.11.	80																57,0
10.11.				80													49,0
11.11.															40		45,0
12.11				40													41,0
14.11.						20											39,0
15.11.							20										37,0
17.11.						20	20							40			29,0
18.11.				35				65				65					12,5
22.11.								80				80					–3,5
24.11.												40					–7,5
Summe Stunden	285	330	120	205	205	40	40	145	120	140	80	185		40	40		–7,5
Kostenst. Masch.	48450				369–				216–								1069,50
Kostenst. Bank		561–				72–				252–				6880			953,80
Kostenst. Oberfl.			204–				72–				144–				6880		488,80
Kostenst. Montage				34850				261–				333–					942,50

HKH

Übersichtsblatt der Auftragseingänge

für Monat *März* | Woche

Arbeitstage / Monat	=	21
x 4 Mitarbeiter	=	84
./. Urlaubstage	=	8
./. voraussichtl. Fehltage	=	2

74 x 7,7 Arbeitsstunden / Tag = 570 Sollstunden

Auslastung %	70	80	90	100
Auslastungs-Einheiten			513 Std.	

Bemerkung | korrigierte Kapazität

10% der Kapazität für Reparaturen u. Kleinaufträge i.M. | 513

Datum	Kunde / Auftrag Name	Nr.	voraussichtl. Liefertermin	Stunden Zugang	Stunden Abgang	freie Kapazität
25.01.	Müller/5 Schrankwände	165	13.03.		275	238
15.02.	Fischer/8 Zimmertüren	166	20.03.	65		303
17.02.	" /40 m² Paneele Decke	167	28.03.	60		363
24.02.	Kaiser/1 Haustür Eiche	168	31.03.		40	323
13.03.	Huber/W-Küche einbauen	169	28.03.		18	305
14.03.	Meier/Wohnz.-miet u. einb.	170	28.03.		10	295
14.03.	Kolbeck/Wandverkl. 15 m²	171	31.03.		60	235
17.03.	Fischer/Trennwand 6 m	172	10.04		103	132

Auftrag Nr. 166 + 167 wurde Liefertermin verschoben
deshalb Stundenzugang und freie Kapazität
Auftrag Nr. 172 wird deshalb vorgezogen!

Bundesverband des holz- u. kunststoffverarbeitenden Handwerks, Wiesbaden
Nachdruck verboten!
Produktion: Rausch Druck GmbH, Augsburg
Bestell-Nr. 12
08/98
Vertrieb: HKH-Service + Produkt GmbH
Abraham-Lincoln-Str. 32 · 65189 Wiesbaden · Telefon 06 11/9 73 42-0
Telefax 06 11/9 73 42-23 · E-Mail info@hkh.de · Internet: www.hkh.de

Anhang I

Kontenrahmen für das holz- und kunststoffverarbeitende Handwerk

Einführung zum Kontenrahmen des holz- und kunststoffverarbeitenden Handwerks

BESTAND	**ERFOLG**
0 Anlage- und Kapitalkonten	4 Konten der Kostenarten
1 Finanzkonten	8 Leistungs-, Lieferungs- u. Erlöskonten
3 Konten der Bestände	9 Abgrenzungs- und Abschlusskonten

Der vorliegende Kontenrahmen für das holz- und kunststoffverarbeitende Handwerk soll der einheitlichen Ausrichtung der Buchführung dienen. Durch die Anwendung des Kontenrahmens werden dem Unternehmer wertvolle Erkenntnisse für die Durchleuchtung seines Betriebes vermittelt; aber auch Auswertungsergebnisse für die Durchführung von Betriebsvergleichen ermöglicht.

Wie die meisten Kontenrahmen ist auch der des holz- und kunststoffverarbeitenden Handwerks nach dem dekadischen Zahlensystem aufgebaut und so gestaltet, dass er sich für unterschiedliche Betriebsgrößen und die verschiedenartigen betrieblichen und strukturellen Voraussetzungen eignet, wobei er dem einzelnen Betrieb in seiner Anwendung genügend Spielraum lässt.

Die einstelligen Nummern der Kontenklassen stellen lediglich ein Inhaltsverzeichnis der darin jeweils zusammengefassten Konten dar, sind selbst also noch keine buchungsfähigen Konten.

Die zweistelligen Kontengruppen können insbesondere in kleinen Betrieben bereits als buchungsfähige Konten benutzt werden, wobei selbstverständlich nur die Kontengruppen in den betrieblichen Kontenplan aufgenommen werden, für die voraussichtlich tatsächlich Buchungsstoff anfallen wird. Spätere Ergänzungen und Erweiterungen sind jederzeit möglich.

In dreistellige Untergruppen wird dann eine Kontengruppe unterteilt, wenn die Notwendigkeit oder der Wunsch nach einer tieferen Unterteilung des Buchungsstoffes besteht. Wird eine Kontengruppe in dreistellige Untergruppen aufgeteilt, stellt natürlich die zweistellige Zahl kein buchungsfähiges Konto mehr dar.

Vierstellige Kontennummern ergeben sich, wenn Unterkonten noch einmal aufgeteilt werden, wie es sicherlich bei manchen Kontengruppen in mittleren oder größeren Betrieben zur besseren Durchleuchtung des Zahlenmaterials notwendig und zweckmäßig ist.

Der einzelne Betrieb kann sich bei der Aufstellung seines Kontenplanes für eine dieser drei Variationen entscheiden oder eine dem vorgezeigten Wege entsprechende Zwischenform wählen.

Es wird auffallen, dass der Kontenrahmen in seinen sechs Kontenklassen nicht fortlaufend nummeriert ist, es fehlen die Nummern 5 bis 7. Er wurde damit dem vom Deutschen Handwerksinstitut erarbeiteten Einheitskontenrahmen des Handwerks angeglichen.

Erreicht wurde durch diesen Tatbestand eine straffe Zusammenfassung **der Klassen 0, 1 und 3, die als Bestandskonten in die Bilanz (Vermögensrechnung) Eingang finden und der Klassen 4, 8 und 9, die als Aufwands- bzw. Ertragskonten in die Gewinn- und Verlustrechnung (Erfolgsrechnung) übernommen werden.**

Voraussetzung für die Anwendung des Kontenrahmens ist die **doppelte Buchführung,** der sowohl betriebswirtschaftlich als auch hinsichtlich der steuerlichen Beweiskraft gegenüber veralteten einfachen Buchführung der Vorzug zu geben ist. Das gilt auch in den Fällen, in denen eine gesetzliche Verpflichtung zur doppelten Buchführung nicht besteht. Gegenüber dem amerikanischen Journal sollte man die **Durchschreibebuchführung** vorziehen, die heute auch dem Kleinbetrieb in sehr zweckmäßigen und preiswerten Ausführungen zugänglich ist. Während das amerikanische Journal in seiner beschränkten Spaltenzahl der Anwendung des Kostenrahmens enge Grenzen setzt, lässt die Durchschreibebuchführung in ihren losen Kontenblättern eine praktisch unbegrenzte elastische Anwendung zu.

Die Kontennummerierung ist so ausgebildet, dass sie auch den Anforderungen der **elektronischen Datenverarbeitung – EDV –** gerecht wird. Damit können auch Betriebe, die sich dieser modernen Buchführungsform bedienen wollen, den gleichen Kontenrahmen anwenden wie bei der konventionellen Buchführung.

Um auch bei Übernahme auf die EDV eine einheitliche Bezeichnung der Kosten sicherzustellen, wird zu jedem Konto eine passende EDV-Kurzbezeichnung (mit maximal 20 Stellen) mit angedruckt.

	I	II	III		EDV-BEZEICHNUNG
	0	0	0	Anlage- und Kapitalkonten	
	001			Grund und Boden der bebauten und unbebauten Grundstücke des Betriebsvermögens	GRUND UND BODEN
	01			*Gebäude des Betriebsvermögens*	GEBAEUDE D. BETR.-VER
		011		Werkstatt-, Lager- und Geschäftsgebäude	WERKSTATTGEBAEUDE
		012		Wohngebäude des Betriebsvermögens	WOHNGEBAEUDE
		013		Straßen- und Hofbefestigung	HOFBEFESTIGUNG
		019		Sonstige Gebäude des Betriebsvermögens	SONSTIGE GEBAEUDE
	02			*Maschinen, maschinelle Anlagen, Geräte, Vorrichtungen, Modelle, Formen, Werkzeuge*	MASCHINEN
		021		Antriebsmaschinen	ANTRIEBSMASCHINEN
		022		Bearbeitungs- und Kleinmaschinen	BEARB.- U. KLEINMASCH
			0221	Bearbeitungsmaschinen	BEARBEITUNGSMASCH.
			0222	Kleinmaschinen	KLEINMASCHINEN
		023		Vorrichtungen, Modelle, Formen	VORRICHTUNGEN
		024		Werkzeuge	WERKZEUGE
		029		Sonstige Maschinen, maschinelle Anlagen, Geräte usw.	SONSTIGE MASCHINEN
	03			*Fahrzeuge*	FAHRZEUGE
		031		Lieferkraftwagen	LIEFERWAGEN
		032		Kombifahrzeuge	KOMBIFAHRZEUGE
		033		Personenkraftwagen	PERSONENWAGEN
		034		Krafträder	KRAFTRAEDER
		039		Sonstige Fahrzeuge	SONSTIGE FAHRZEUGE
	04			*Betriebsausstattung*	BETRIEBSAUSSTATTUNG
		041		Werkstatt- u. Lagerausstattung der Werkstatt	WERKSTATTAUSSTATTUNG
			0411	Werkstattausstattung	AUSST. WERKSTATT
			0412	Lagerausstattung der Werkstatt	AUSST. WERKSTATTLAGER
		042		Büroausstattung	BUEROAUSSTATTUNG
		043		Laden- und Lagerausstattung des Ladens	LADENAUSSTATTUNG
			0431	Ladenausstattung	AUSSTATT. LADEN
			0432	Lagerausstattung des Ladens	AUSSTATT. LADENLAGER
		049		Sonstige Betriebsausstattung	SONST. BETRIEBSAUSST.
	05			*Patente, Lizenzen, Warenzeichen, Firmenwert u. ähnl. Rechte, soweit sie aktiviert werden*	PATENTE / FIRMENWERT
		051		Patente, Lizenzen	PATENTE, LIZENZEN
		052		Warenzeichen, Firmenwert u. ähnl. Rechte	FIRMENWERT, WARENZEI.
	06			*Langfristige Forderungen* (auch Beteiligung.)	LANGFR. FORDERUNGEN
		061		Gegebene Hypotheken	GEGEBENE HYPOTHEKEN
		062		Darlehensforderungen	DARLEHENSFORDERUNGEN
		063		Beteiligungen, Genossenschaftsanteile	BETEILIGUNGEN
		064		Anlagewertpapiere des Betriebsvermögens	WERTPAPIERE
		069		Sonstige langfristige Forderungen	SONST. LANGFR. FORDRG.
	07			*Langfrist. Verbindlichkeiten* (auch Beteilig.)	LANGFR. VERBINDLICHK.
		071		Erhaltene Hypotheken	HYPOTHEKEN

1

I	II	III		EDV-BEZEICHNUNG
	072		Darlehensschulden	DARLEHEN
	073		Stille Beteiligungen Dritter	BETEILIGUNGEN
	079		Sonstige langfristige Verbindlichkeiten	SONST. LANGFR. VERBLK.
08			*Eigenkapital*	EIGENKAPITAL
	081		Eigenkapital Teilhaber I	EIGENKAP. TEILH. 1
	082		Eigenkapital Teilhaber II	EIGENKAP. TEILH. 2
	088		Rücklagen (nur bei Kapitalgesellschaften)	RUECKLAGEN
09			*Wertberichtigungen, Rückstellungen, Abgrenzungsposten der Jahresrechnung*	WERTBER / ABGRENZUNGEN
	091		Wertberichtigungen	WERTBERICHTIGUNGEN
		0911	Wertberichtigungen zu Posten des Anlagevermögens	WERTBER. ANLAGEVERM.
		0912	Wertberichtigungen zu Posten des Umlaufvermögens	WERTBER. UMLAUFVERM.
	092		Rückstellungen	RUECKSTELLUNGEN
	093		Aktive Abgrenzung der Jahresrechnung	AKTIVE ABGRENZUNG
	094		Passive Abgrenzung der Jahresrechnung	PASSIVE ABGRENZUNG
1	1	1	Finanzkonten	
10			*Kasse*	KASSE
	101		Hauptkasse	HAUPTKASSE
	102		Ladenkasse	LADENKASSE
	103		Portokasse	PORTOKASSE
	104		Kasse des Lohnbüros	LOHNBUEROKASSE
	105		Verfügungskasse des Werkstattbetriebes	WERKSTATTKASSE
11			*Postscheck- und Bankkonten* (nur Sammelkonto zur evtl. Zusammenfassung in der Bilanz, laufende Buchungen auf Einzelkonten)	POSTSCH. U. BANKKONTEN
	111		Postscheckkonto	POSTSCHECKKONTO
	112		Bank I	BANK 1
	113		Bank II	BANK 2
	114		Bank III	BANK 3
12			*Besitzwechsel, -schecks, Umlaufwertpapiere des Betriebsvermögens*	WECHSEL UND SCHECKS
	121		Besitzwechsel	BESITZWECHSEL
	122		Besitzschecks (soweit sie nicht sofort zur Bank gegeben)	BESITZSCHECKS
	123		Umlaufwertpapiere des Betriebsvermögens	UMLAUFWERTPAPIERE
13			*Durchlaufende Posten*	DURCHLAUFENDE POSTEN
	131		Lohn- und Gehaltsvorschüsse	VORSCHUESSE
14			*Kurzfristige Forderungen*	KURZFR. FORDERUNGEN
	141		Forderungen an Kunden	KUNDENFORDERUNGEN
		1411	Forderungen an Kunden ohne Sicherheitsbeträge	KUNDENFORD. O. SICHERH

2

	I	II	III		EDV-BEZEICHNUNG
			1412	Sicherheitsbeträge (Garantie-Rückbehaltungen) aus Forderungen an Kunden	SICHERHEITSBETRAEGE
		142		Zweifelhafte Forderungen	ZWEIFELHAFTE FORD.
		148		Vorsteuer	VORSTEUER
			1481	Vorsteuer auf Waren und Kosten	VORSTEUER WAREN
			1482	Vorsteuer auf Investitionen	VORSTEUER INVESTITIO
		149		Sonstige kurzfristige Forderungen	SONST. KURZFR. FORD.
	15			*Vorauszahlungen und sonstige Guthaben bei Lieferanten* (nur zum Bilanzstichtag, laufende Buchungen unter 16)	GUTHABEN B. LIEFERANT
	16			*Kurzfristige Verbindlichkeiten* (nur zur evtl. Zusammenfassung in der Bilanz, laufende Buchungen auf Einzelkonten)	KURZFR. VERBINDLICHK.
		161		Verbindlichkeiten an Lieferanten	LIEFERANTENVERBDLK.
		162		Treuhandkonto Lohn- und Kirchensteuer	TRHD. LOHN / KIRCHENST.
			1621	Treuhandkonto Lohnsteuer	TRHD. LOHNSTEUER
			1622	Treuhandkonto Kirchensteuer	TRHD. KIRCHENSTEUER
		163		Treuhandkonto Sozialversicherung Arbeitgeber- und Arbeitnehmeranteil	TRHD. SOZIALVERSICH.
		164		Lohnverrechnungskonto	LOHNVERRECHNUNGSKTO.
		165		Verbindlichkeiten an das Finanzamt (außer 162 und 168)	VERBINDLK. FINANZAMT
		168		Umsatzsteuer – Mehrwertsteuer	UST / MWST
			1681	Umsatzsteuer – Mehrwertsteuer	UST / MWST
			1682	Selbstverbrauchersteuer	SELBSTVERBRAUCHERST.
			1689	Umsatzsteuer-Verrechnungskonto	UST-VERRECHNGS-KTO.
		169		Sonstige kurzfristige Verbindlichkeiten	SONST. KURZFR. VERBDLK
	17			*Vorauszahlungen und sonstige Guthaben von Kunden* (nur zum Bilanzstichtag, laufende Buchungen unter Gruppe 14)	VORAUSZ. VON KUNDEN
	18			*Schuldwechsel*	SCHULDWECHSEL
	19			*Privatkonto*	PRIVATKONTEN
		191		Privatsammelkonto	PRIVATSAMMELKONTO
			1911	Privatentnahmen und -einlagen	PRIVATENTN. / -EINL.
			1912	Private Steuern	PRIVATSTEUERN
			1913	Abzugsfähige Sonderausgaben (hier auch bezahlte Kirchen- und private Vermögenssteuer)	SONDERAUSGABEN
			1914	Haus- und Grundstücksaufwendungen aus Privatvermögen	HAUSAUFWENDUNGEN
			1915	Haus- und Grundstückserträge aus Privatvermögen	HAUSERTRÄGE
		192		Privatsammelkonto Teilhaber I	PRIVATSAMMELKONTO T 1
			1921	Privatentnahmen und -einlagen Teilhaber I	PRIVATENT. / -EINL. T 1
			1922	Private Steuern Teilhaber I	PRIVATSTEUERN T 1
			1923	Abzugsfähige Sonderausgaben Teilhaber I	SONDERAUSGABEN T 1
			1924	Haus- und Grundstücksaufwendungen aus Privatvermögen Teilhaber I	HAUSAUFWENDUNGEN T 1

I	II	III		EDV-BEZEICHNUNG
		1925	Haus- und Grundstückserträge aus Privatvermögen Teilhaber I	HAUSERTRAEGE T 1
	193		Privatsammelkonto Teilhaber II	PRIVATSAMMELKONTO T 2
		1931	Privatentnahmen und -einlagen Teilhaber II	PRIVATENT. / -EINL. T 2
		1932.	Private Steuern Teilhaber II	PRIVATSTEUERN T 2
		1933	Abzugsfähige Sonderausgaben Teilhaber II	SONDERAUSGABEN T 2
		1934	Haus- und Grundstücksaufwendungen aus Privatvermögen Teilhaber II	HAUSAUFWENDUNGEN T 2
		1935	Haus- und Grundstückserträge aus Privatvermögen Teilhaber II	HAUSERTRAEGE T2
		1980	Umlauf-Verrechnungskonto	UMLAUF-VERRECHNUNGSK
		1999	Bilanz-Eröffnungskonto	BILANZ-EROEFFNUNGSK.
3	3	3	Konten der Bestände an Werkstoffen, Waren und Erzeugnissen	
30			*Hauptwerkstoffe*	HAUPTWERKSTOFFE
	301		Rundholz	RUNDHOLZ
	302		Schnittholz	SCHNITTHOLZ
	303		Sperrholz-, Faser-, Span-, Kunststoff- und sonstige Platten, Furniere	PLATTEN U. FURNIERE
		3031	Sperrholz	SPERRHOLZ
		3032	Faser-, Span-, Kunststoff- u. sonstige Platten	PLATTEN
		3033	Furniere	FURNIERE
	309		Sonstige Hauptwerkstoffe	SONST. HAUPTWERKSTOFF
31			*Hilfswerkstoffe*	HILFSWERKSTOFFE
	311		Leim, Oberflächenmaterial (Beizen, Polituren, Lacke und Ähnliches)	LEIM / OBERFLAECHENMAT
		3111	Leim	LEIM
		3112	Oberflächenmaterial	OBERFLAECHENMATERIAL
	312		Schleifmittel	SCHLEIFMITTEL
	313		Beschläge, Nägel, Schrauben, Holzdübel	BESCHLAEGE USW.
		3131	Beschläge	BESCHLAEGE
		3132	Nägel, Schrauben	NAEGEL, SCHRAUBEN
		3133	Holzdübel	HOLZDUEBEL
	319		Sonstige Hilfswerkstoffe	SONST. HILFSWERKSTOFF
32			*Betriebsstoffe*	BETRIEBSSTOFFE
	321		Schmierstoffe, Öle, Fette, Treibstoff (nicht solche für Kraftfahrzeuge)	SCHMIER- U. TREIBSTOFF
	322		Reinigungsmittel	REINIGUNGSMITTEL
	329		Sonstige Betriebsstoffe	SONST. BETRIEBSSTOFFE
33			*Bezogene Fertigteile, Halbfertigteile und Fremdleistungen*	FERTIGTEILE U. FREMDL
	331		Bezogene unbearbeitete Möbel, Möbelteile, Särge, Sargteile	UNBEARB. MOEBEL USW.
		3311	Bezogene unbearbeitete Möbel	UNBEARB. MOEBEL
		3312	Bezogene unbearbeitete Möbelteile	UNBEARB. MOEBELTEILE
		3313	Bezogene unbearbeitete Särge	UNBEARB. SAERGE
		3314	Bezogene unbearbeitete Sargteile	UNBEARB. SARGTEILE

4

	I	II	III		EDV-BEZEICHNUNG
		332		Bezogene Parkettteile	PARKETTTEILE
		333		Bezogene Fremdleistungen	FREMDLEISTUNGEN
		339		Bezogene sonstige Fertigteile und Halbfertigteile	SONST. FERTIGTEILE
	34			*Bezogene Handelswaren*	HANDELSWAREN
		341		Bezogene Möbel	MOEBEL
			3411	Bezogene komplette Zimmereinrichtungen	ZIMMEREINRICHTUNGEN
			3412	Bezogene komplette Küchen	KUECHEN
			3413	Bezogene Einzelmöbel	EINZELMOEBEL
		342		Bezogene Bestattungsartikel	BESTATTUNGSARTIKEL
			3421	Bezogene Särge, Sargeinsätze, Urnen	SAERGE USW.
			3422	Bezogene Sargwäsche und -bekleidung	SARGWAESCHE
			3423	Bezogene Blumen	BLUMEN
			3429	Bezogene sonstige Bestattungsartikel	SONST. BESTATTUNGSART
		349		Bezogene sonstige Handelswaren	SONST. HANDELSWAREN
	35			*Bezugs- und Nebenkosten des Wareneingangs* (soweit für die einzelnen Stoffkonten nicht unmittelbar erfassbar – z. B. Fracht, Verpackung, Transportschadenversicherung)	BEZUGSKOSTEN
	36			*Halbfertige Arbeiten*	HALBFERTIGE ARBEITEN
	37			*Fertige Eigenerzeugnisse und fertiggestellte, unbearbeitet bezogene Erzeugnisse*	FERTIGE ERZEUGNISSE
		371		Fertige Eigenerzeugnisse	FERT. EIGENERZEUGNISS
		372		Fertiggestellte, unbearbeitet bezogene Erzeugnisse	FERT. FREMDERZEUGNISS
	38			*Fertige noch in Rechnung zu stellende Lieferungen und Leistungen*	ZU BERECHND. LEISTUNG
	39			*Selbsthergestellte Anlagen für den eigenen Betrieb, eigene aktivierungspflichtige Großreparaturen*	SELBSTHERGEST. ANLAGE
	4	4	4	Konten der Kostenarten	
	40			*Werkstoffverbrauch*	WERKSTOFFVERBRAUCH
		401		Verbrauch an Hauptwerkstoffen	VERBR. HAUPTWERKSTOFF
		402		Verbrauch an Hilfswerkstoffen	VERBR. HILFSWERKSTOFF
	41			*Sammelkonto Löhne, Gehälter und Ausbildungsvergütungen*	LOEHNE U. GEHAELTER
		411		Sammelkonto Löhne	LOEHNE
			4111	Direkt verrechenbare Löhne	LOEHNE D. V.
			4115	Nicht direkt verrechenbare Löhne	LOEHNE N. D. V.
			4116	Feiertagsentlohnung	FEIERTAGSENTLOHNUNG
			4117	Urlaubsentlohnung	URLAUBSENTLOHNUNG

5

	I	II	III		EDV-BEZEICHNUNG
			4118	Lohnfortzahlung im Krankheitsfall	LOHNFORTZ. B. KRANKHT.
			4119	Tariflich bezahlte freie Arbeitszeit	BEZ. FREIE ARBEITSZT.
		412		Sammelkonto Gehälter	GEHAELTER
			4121	Direkt verrechenbare Gehälter	GEHAELTER D. V.
			4125	Nicht direkt verrechenbare Gehälter	GEHAELTER N. D. V.
		413		Ausbildungsvergütungen	AUSBILDUNGSVERGUET.
	42			*Sammelkonto Personalnebenkosten*	PERSONALNEBENKOSTEN
		421		Sammelkonto lohnbezogene Personalnebenkosten	LOHNABH. P.-NEBENK.
			4211	Arbeitgeberanteil zur Sozialversicherung	SOZIALVERSICHERUNG
			4212	Berufsgenossenschaftsbeiträge	BERUFSGENOSSENSCHAFT
			4213	Ausgleichskasse Lohnfortzahlung	AUSGLEICHSK. LOHNFZ.
			4214	Lohnsummensteuer	LOHNSUMMENSTEUER
			4219	Sonstige lohnbezogene Personalnebenkosten (z. B. Auslösungen, soweit Bemessung prozentual zum Lohn und soweit nicht Sondereinzelkosten)	SONST. LOHNABH. NEBENK
		422		Sammelkonto nicht lohnbezogene Personalnebenkosten	LOHNUNABH. P.-NEBENK.
			4221	Urlaubsgeld, soweit nicht lohnbezogen	URLAUBSGELD
			4222	Schwerbeschädigtenablösung	SCHWERBESCH.-ABLOES
			4223	Freiwillige Sozialaufwendungen	FREIW. SOZIALAUFWAND
			4229	Sonstige nicht lohnbezogene Personalnebenkosten (Auslösungen – soweit nicht lohnbezogen – Fahrgelder usw., falls nicht Sondereinzelkosten, sonst Gruppe 49)	SONST. LOHNUNABH. NEB.
	43			*Kosten für eigene Kraftfahrzeuge*	KFZ-KOSTEN
		431		Kosten für Fahrzeug I insgesamt	KFZ-KOSTEN F 1
			4311	Treibstoff und Ölverbrauch Fahrzeug I	TREIBSTOFF, OEL F 1
			4312	Steuern Fahrzeug I	STEUERN F 1
			4313	Versicherungen Fahrzeug I	VERSICHERUNGEN F 1
			4314	Reparaturen u. Reifenverbrauch Fahrzeug I	REPARATUREN F 1
			4315	Garage Fahrzeug I	GARAGE F 1
		432		Kosten für das Fahrzeug II insgesamt	KFZ-KOSTEN F 2
		433		Kosten für das Fahrzeug III insgesamt	KFZ-KOSTEN F 3
		439		Sonstige Kosten für Fahrzeuge	SONST. FAHRZEUGKOSTEN
	44			*Betriebliche Steuern (Gewerbesteuern), Gebühren, Abgaben, Beiträge, Versicherungen*	STEUER / BEITRAG / VERS.
		441		Betriebliche Steuern (Gewerbesteuern), Kfz-Steuern siehe 43	GEWERBESTEUERN
		442		Gebühren, Abgaben	GEBUEHREN, ABGABEN
		443		Beiträge	BEITRAEGE
		444		Versicherungen (auf Wunsch Unterteilung in einzelne Versicherungsarten, Kfz.-Versicherung siehe 43)	VERSICHERUNGEN
	45			*Verschiedene Gemeinkosten*	VERSCH. GEMEINKOSTEN
		451		Raumkosten	RAUMKOSTEN
			4511	Miete, Pacht	MIETE, PACHT
			4512	Heizung	HEIZUNG

6

	I	II	III		EDV-BEZEICHNUNG
			4513	Beleuchtung (soweit nicht unter Konto 456 – Strom-, Gas- und Wasserverbrauch – erfasst)	BELEUCHTUNG
			4514	Reinigung	REINIGUNG
			4515	Instandhaltung an Gebäuden	INSTANDHALTUNG
		452		Bürokosten	BUEROKOSTEN
			4521	Porto-, Fernsprech- u. Telegrammgebühren	PORTO, TELEFON
			4522	Büro- und Zeichenmaterial	BUERO- U. ZEICHENMAT.
			4523	Fachzeitschriften, Fachbücher, betriebsnotwendige Zeitungen	BUECHER, ZEITSCHRIFT.
		453		Werbe- und Repräsentationskosten	WERBEKOSTEN
		454		Reisekosten	REISEKOSTEN
			4541	Reisekosten des Inhabers	REISEKOSTEN INHABER
			4542	Reisekosten der Angestellten	REISEKOSTEN ANGEST.
			4549	Sonstige Reisekosten	SONST. REISEKOSTEN
		455		Buchhaltungs-, Steuer- u. Rechtsberatung	BUCHH. U. BERATUNGSK.
		456		Strom-, Gas- und Wasserverbrauch	STROM, GAS, WASSER
		457		Reparaturen und Instandhaltung (Maschinen pp.)	REP. U. INSTANDHALTUNG
			4571	Raparaturen an Maschinen, Werkzeugen, Betriebs- und Geschäftsausstattung (ohne Kfz-Reparaturen und Instandhaltung an Gebäuden)	REP. MASCHINEN
			4572	Instandhaltung der Maschinen u. Werkzeuge (insbesondere Werkzeugschärfdienst)	INSTANDH. MASCHINEN
			4573	Ersatzteile und Kleinwerkzeuge	ERSATZT. / KLEINWERKZ.
		458		Betriebsstoffverbrauch	BETRIEBSSTOFFVERBR.
		459		Sonstige Gemeinkosten	SONST. GEMEINKOSTEN
	46			*Kosten u. Auslagen für Bestattungsinstitut*	KOSTEN F. BESTATTUNG
	47			*Handelswareneinsatz*	HANDELSWARENEINSATZ
		471		Handelswareneinsatz an Möbeln	HANDELSW. MOEBEL
		472		Handelswareneinsatz an Bestattungsartikeln	HANDELSW. BESTATTUNG
		479		Sonstiger Handelswareneinsatz	SONST. HANDELSWAREN
	48			*Kalkulatorische Kosten*	KALK. KOSTEN
		481		Kalkulatorische Abschreibungen	KALK. ABSCHREIBUNGEN
		482		Kalkulatorische Zinsen auf das betriebsnotwendige Eigenkapital	KALK. ZINSEN AUF EK
		483		Kalkulatorisches Unternehmerentgelt für produktive Tätigkeit	KALK. D. V. LOHN UNTERN
		484		Kalkulatorisches Unternehmerentgelt für überwachende und leitende Tätigkeit	KALK. UNTERNEHMERENTG
		485		Sonstige kalkulatorische Kosten (insbesondere kalk. Miete)	SONST. KALK. KOSTEN
	49			*Fertigungs-, Vertriebs- und Verwaltungs-Sondereinzelkosten*	SONDEREINZELKOSTEN
		491		Fertigungs-Sondereinzelkosten	SONDEREINZELK. FERTG.
			4911	Nachunternehmerleistungen und Arbeitsgemeinschaften	NACHUNTERNEHMERLSTG.
			4912	Auslösungen und Fahrgelder (soweit nicht unter 42 bzw. 421/422)	AUSLOESUNGEN, FAHRG.

	I	II	III		EDV-BEZEICHNUNG
			4513	Beleuchtung (soweit nicht unter Konto 456 – Strom-, Gas- und Wasserverbrauch – erfasst)	BELEUCHTUNG
			4514	Reinigung	REINIGUNG
			4515	Instandhaltung an Gebäuden	INSTANDHALTUNG
		452		Bürokosten	BUEROKOSTEN
			4521	Porto-, Fernsprech- u. Telegrammgebühren	PORTO, TELEFON
			4522	Büro- und Zeichenmaterial	BUERO- U. ZEICHENMAT.
			4523	Fachzeitschriften, Fachbücher, betriebsnotwendige Zeitungen	BUECHER, ZEITSCHRIFT.
		453		Werbe- und Repräsentationskosten	WERBEKOSTEN
		454		Reisekosten	REISEKOSTEN
			4541	Reisekosten des Inhabers	REISEKOSTEN INHABER
			4542	Reisekosten der Angestellten	REISEKOSTEN ANGEST.
			4549	Sonstige Reisekosten	SONST. REISEKOSTEN
		455		Buchhaltungs-, Steuer- u. Rechtsberatung	BUCHH. U. BERATUNGSK.
		456		Strom-, Gas- und Wasserverbrauch	STROM, GAS, WASSER
		457		Reparaturen und Instandhaltung (Maschinen pp.)	REP. U. INSTANDHALTUNG
			4571	Raparaturen an Maschinen, Werkzeugen, Betriebs- und Geschäftsausstattung (ohne Kfz-Reparaturen und Instandhaltung an Gebäuden)	REP. MASCHINEN
			4572	Instandhaltung der Maschinen u. Werkzeuge (insbesondere Werkzeugschärfdienst)	INSTANDH. MASCHINEN
			4573	Ersatzteile und Kleinwerkzeuge	ERSATZT. / KLEINWERKZ.
		458		Betriebsstoffverbrauch	BETRIEBSSTOFFVERBR.
		459		Sonstige Gemeinkosten	SONST. GEMEINKOSTEN
	46			*Kosten u. Auslagen für Bestattungsinstitut*	KOSTEN F. BESTATTUNG
	47			*Handelswareneinsatz*	HANDELSWARENEINSATZ
		471		Handelswareneinsatz an Möbeln	HANDELSW. MOEBEL
		472		Handelswareneinsatz an Bestattungsartikeln	HANDELSW. BESTATTUNG
		479		Sonstiger Handelswareneinsatz	SONST. HANDELSWAREN
	48			*Kalkulatorische Kosten*	KALK. KOSTEN
		481		Kalkulatorische Abschreibungen	KALK. ABSCHREIBUNGEN
		482		Kalkulatorische Zinsen auf das betriebsnotwendige Eigenkapital	KALK. ZINSEN AUF EK
		483		Kalkulatorisches Unternehmerentgelt für produktive Tätigkeit	KALK. D. V. LOHN UNTERN
		484		Kalkulatorisches Unternehmerentgelt für überwachende und leitende Tätigkeit	KALK. UNTERNEHMERENTG
		485		Sonstige kalkulatorische Kosten (insbesondere kalk. Miete)	SONST. KALK. KOSTEN
	49			*Fertigungs-, Vertriebs- und Verwaltungs-Sondereinzelkosten*	SONDEREINZELKOSTEN
		491		Fertigungs-Sondereinzelkosten	SONDEREINZELK. FERTG.
			4911	Nachunternehmerleistungen und Arbeitsgemeinschaften	NACHUNTERNEHMERLSTG.
			4912	Auslösungen und Fahrgelder (soweit nicht unter 42 bzw. 421/422)	AUSLOESUNGEN, FAHRG.

7

	I	II	III		EDV-BEZEICHNUNG
			4919	Sonstige Fertigungs-Sondereinzelkosten	SONST. FERT. S. EINZELK
		492		Vertriebs- und Verwaltungs-Sondereinzelkosten	SONDEREINZELK. VERTR.
			4921	Verpackungs- und Versandkosten	VERP- U. VERSANDKOSTEN
			4922	Provisionsverpflichtungen	PROVISIONSVERPFLICHT
			4923	Umsatzsteuer (soweit nicht Mehrwertsteuer)	UST
			4929	Sonstige Vertriebs- und Verwaltungs-Sondereinzelkosten	SONST. VERT. S. EINZELK
	8	8	8	Leistungs-, Lieferungs- und Erlöskonten	
	80			*Handwerksleistungen* (im Kleinbetrieb können hier auch die Konten 81 und 82 erfasst werden)	HANDWERKSLEISTUNGEN
		801		Leistungen aus Eigenerzeugnissen oder fertiggestellten unbearbeitet bezogenen Erzeugnissen	EIGENLEISTUNGEN
			8011	Leistungen aus Bautischlerei	E. LSTG. BAUTISCHLEREI
			8012	Leistungen aus Innenausbauarbeiten	E. LSTG. INNENAUSBAU
			8013	Leistung aus selbsthergestellten Möbeln	E. LSTG. MOEBEL
			8014	Leistungen aus Parkettarbeiten	E. LSTG. PARKETT
			8019	Sonstige Handwerksleistungen	SONST. HANDWERKSLSTG.
	81			*Leistungen aus Lohn- u. Reparaturaufträgen*	LOHN- U. REP-ARBEITEN
	82			*Lieferung von Fremdleistungen*	LIEFG. V. FREMDLEISTG.
	83			*Lieferungen und Leistungen aus Bestattungsunternehmen*	LIEFG. A. BESTATTG. UNT
	84			*Handelswarenlieferungen*	HANDELSWARENLIEFERG.
		841		Lieferung von Möbeln	LIEFG. V. MOEBELN USW.
			8411	Lieferung kompletter Zimmereinrichtungen	LIEFG. V. ZIMMEREINRTG.
			8412	Lieferung kompletter Küchen	LIEFG. V. KUECHEN
			8413	Lieferung von Einzelmöbeln	LIEFG. V. EINZELMOEBEL
		849		Lieferung sonstiger Handelswaren	LIEFG. SONST. HANDELSW
	85			Frei	
	86			*Erlösschmälerungen* (Skonti, Nachlässe und Rabatte an Kunden)	ERLOESSCHMAELERUNGEN
	87			*Bestandsveränderungen*	BESTANDSVERÄNDERUNG
	88			Frei	
	89			*Sonstige Lieferungen, Leistungen und Erlöse* (z. B. Provisionsansprüche)	SONST. ERLOESE

8

	I	II	III		EDV-BEZEICHNUNG
	9	9	9	Abgrenzungs- und Abschlusskonten	
	90			*Außerordentliche und betriebsfremde Aufwendungen*	AO AUFWENDUNGEN
	91			*Außerordentliche u. betriebsfremde Erträge*	AO ERTRAEGE
	92			*Aufwendungen und Erträge aus Haus- und Grundbesitz des Betriebsvermögens*	AUFW. U. ERTR. HAUSBES.
		921		Haus- und Grundstücksaufwendungen	AUFW. HAUS. U. GRUNDST.
		922		Haus- und Grundstückserträge auf Wunsch auch Unterteilung nach Einzelobjekten)	ERTR. HAUS. U. GRUNDST.
	93			*Zins- und Diskontaufwendungen*	ZINS- U. DISKONTAUFW.
		931		Zins- und Diskontaufwendungen	ZINS- U. DISKONTAUFW.
		932		Zinsähnliche Aufwendungen	ZINSAEHNL. AUFWAND
	94			*Zins-, Diskont- und Skontierträge*	ZINS- U. DISKONTERTRAG
		941		Zins- und Diskonterträge	ZINS- U. DISKONTERTRAG
		942		Skontierträge (Lieferantenskonti)	SKONTO-ERTRAEGE
	95			*Steuerliche Abschreibungen und geringwertige Wirtschaftsgüter* (nur Sammelbegriff, Buchungen auf Einzelkonten)	ABSCHREIBUNGEN
		951		Steuerliche Abschreibungen	ABSCHREIBUNGEN
			9511	Steuerliche Abschreibungen auf Anlagevermögen	ABSCHR. ANLAGEVERMOEG.
			9512	Steuerliche Abschreibungen auf Umlaufvermögen	ABSCHR. UMLAUFVERMOEG.
		952		Geringwertige Wirtschaftsgüter	GERINGW. WIRTSCH. GUET
	96			Frei für Gegenkonto kalkulatorische Kosten	GEGENKTO. KALK. KOSTEN
	97			*Kurzfristige Erfolgsrechnung und zeitliche Abgrenzung*	KURZFRIST. ERFOLGSRG.
	98			*Jahresgewinn- und -verlustkonto*	G+V-KONTO
	99			*Jahresbilanzkonto*	JAHRESBILANZKONTO

9

Anhang II
Kostenrechnen von A – Z

A

Abgrenzung
→ Kostenabgrenzung

Abrechnungsperiode
→ Rechnungsperiode

Abschreibung
1. Allgemeine Bezeichnung für die Verteilung der Anschaffungskosten eines Anlagegutes (Maschine, Gebäude usw.) auf die Jahre seiner Nutzung.

2. **Finanzbuchhaltung:** Im Gegensatz zur → Absetzung für Abnutzung (AfA) wird bei der Abschreibung vom noch vorhandenen Anschaffungswert sofort auf den Teilwert (z.B. Schrottwert einer zerstörten Maschine) oder buchungstechnischen Restwert von 1,00 DM abgeschrieben.

3. **Kostenrechnung:** Die sog. kalkulatorische Abschreibung richtet sich in ihrer Höhe nach wirtschaftlichen Gesichtspunkten (tatsächlicher Wertminderung, technischer Fortschritt usw.); sie wird vom Unternehmer festgelegt.

4. **Steuerliche Abschreibung:** Entspricht der Absetzung für Abnutzung (AfA) in der Finanzbuchhaltung und wird von finanzrechtlichen Gesichtspunkten bestimmt; Grundlage sind die AfA-Tabellen des Finanzamts.

Absetzung für Abnutzung (AfA)
→ Abschreibung

Äquivalenzziffer
Begriff aus der → Divisionskalkulation; bezeichnet das zwischen einzelnen Typen eines Produktes bestehende Kostenverhältnis (z. B. Produkt A = 1,0, Produkt B = 1,4, Produkt C = 0,9).

Akkordlohn
→ Leistungslohn, Entlohnung proportional zur Leistung.

Amortisationsdauer
1. **Allgemein:** Zeitraum, in dem die Anschaffungskosten für Anlagegüter (z. B. Maschinen) über die → Erlöse wieder eingebracht werden.

2. **Investitionsrechnung:** Zeitraum, in dem das eingesetzte Kapital durch die Einsparungen wieder eingebracht wird (Kostenvergleich).

Amortisationsrechnung
Verfahren zur Ermittlung der Amortisationsdauer beim Vergleich von zwei oder mehr Verfahren; Formel:

$$\frac{\text{Anschaffungskosten (DM)}}{\text{Einsparungen (DM/Jahr)}} = \text{Amortisationsdauer}$$

Angebotskalkulation
→ Vorkalkulation

Anlagevermögen
Wirtschaftsgüter, die dem Betrieb längerfristig dienen (z. B. Grundstücke, Gebäude, Maschinen usw.).

Aufwand
Jeder Verbrauch von Gütern und Dienstleistungen in einer Rechnungsperiode (Finanzbuchhaltung); vergl. → Kosten.

Arbeitsablauf
Zusammenstellung von → Arbeitsfolgen zur Ermittlung von Soll-Zeiten in der Vorkalkulation.

Arbeitsabhängige Kosten
→ variable Kosten

Arbeitsfolge
Bei Schreinerarbeiten einzelne Tätigkeit wie z. B. Holz auswählen, Zuschneiden, Dübeln, Lackieren usw.

Arbeitslohn
Er setzt sich aus → Fertigungslohn und → Hilfslohn zusammen (Lohn für geleistete Arbeit); vergl. → Soziallohn.

Arbeitsvorbereitung
Setzt sich zusammen aus Planung, Steuerung und Kontrolle; kann eigene Kostenstelle sein.

Arbeitswert
Ermittelte Zeiten für Einzeltätigkeiten (Sägen, Hobeln, Schleifen usw.) bezogen auf eine Einheit (m^2, lfm, Stück usw.); Verwendung für Vorkalkulationen. Beispiel: Arbeitswert für Plattenzuschnitt – 4 min/m^2.

Ausführungszeit

Die Ausführungszeit t_a setzt sich aus → Arbeitswert und Arbeitsmenge zusammen; das ist die Zeit, in der am Werkstück gearbeitet wird.

Auslösung (Auslöse)

Abgeltung von Mehraufwendungen für die Beschäftigten bei Montage- und Reparaturarbeiten außerhalb des Betriebes. In bestimmten Fällen steuerfrei (Entfernung vom Betrieb, Dauer der Tätigkeit).

B

BAB

→ Betriebsabrechnungsbogen

Bankgemeinkosten

→ Handarbeitsgemeinkosten

Banklöhne

→ Handarbeitslöhne

Baupreisverordnung

Verordnung des Bundesministers für Wirtschaft für die Preisgestaltung bei Bauarbeiten, die mit öffentlichen Mitteln finanziert werden.

Beschäftigungsgrad

Verhältnis von vorhandener Kapazität und effektiver Ausnutzung.

Formel:

$$\text{Beschäftigungsgrad in \%} = \frac{\text{effektive Ausnutzung} \times 100\,\%}{\text{vorhandene Gesamtkapazität}}$$

Bewegliche Kosten

→ variable Kosten

Betriebliches Rechnungswesen

Hat die Aufgabe, alle Vorgänge des Betriebes mengen- und wertmäßig zu erfassen und zu kontrollieren; gliedert sich in Finanzbuchhaltung, Kostenrechnung und Betriebsstatistik.

Betriebsabrechnung

Durchführung von Kostenarten- und Kostenstellenrechnung.

Betriebsabrechnungsbogen (BAB)

Organisatorisches Hilfsmittel zur Verrechnung der Kostenarten auf die Kostenstellen und zur Errechnung von Gemeinkostenzuschlägen.

Betriebsbuchhaltung

→ Kostenrechnung

Betriebsergebnis

Kalkulatorischer → Gewinn

Betriebsgewinn

→ Betriebsergebnis

Betriebsleistung

Geldwert der produzierten Leistungen; meist auf eine Rechnungsperiode bezogen; vergl. → Umsatz.

Betriebsmittel

Die für die Produktion benötigte technische Ausstattung des Betriebes, wie Maschinen, Anlagen und Werkzeuge. Im weiteren Sinn gehören auch Grundstücke, Gebäude und alle übrigen Einrichtungen dazu.

Betriebsnotwendiges Kapital

Für die betriebliche Leistungserstellung eingesetztes Kapital; vergl. → Eigenkapital; → Fremdkapital.

Betriebsstatistik

Teilbereich des betrieblichen Rechnungswesens; liefert Zahlen für Kontrolle, Vergleich und Planung.

Bilanz

Gegenüberstellung von Vermögen und Kapital eines Unternehmens als Zeitpunktrechnung.

Break-even-Point

→ Gewinnschwelle

Bruttolohn

Lohn ohne Abzüge; Kostenrechnung verwendet immer Bruttolöhne.

Bruttopreis

Verkaufspreis einschließlich Mehrwertsteuer.

D

Deckungsbeitrag (DB)

Erlös abzüglich variabler Kosten ergibt den Deckungsbeitrag; Anteil der fixen Kosten und des Gewinns (soweit vorhanden) an einem Auftrag.

Deckungsbeitragsrechnung (DBR)

Kostenrechnungsverfahren, das eine Aufteilung in fixe und variable Kosten vornimmt (→ Teilkostenrechnung). Die DBR ermittelt, wie viel ein Erzeugnis durch seinen Erlös zur Deckung der fixen Kosten beiträgt.

Degressive Abschreibung

Abschreibungsmethode, bei der ein gleichbleibender Prozentsatz vom jeweiligen Restbuchwert in Abzug gebracht wird; → Abschreibung.

Degressive Kosten

Auch unterproportionale Kosten genannt, steigen langsamer als die betriebliche Leistung bzw. der → Beschäftigungsgrad (z. B. Überwachungskosten). Zählen zu den → variablen Kosten.

Differenzierte Zuschlagskalkulation

→ Zuschlagskalkulation

Direkt verrechenbare Kosten

→ Einzelkosten

Direkt verrechenbare Löhne

Auch produktive Löhne oder Fertigungslöhne genannt; können einem Auftrag direkt zugerechnet werden und sind somit → Einzelkosten.

Divisionskalkulation

Kalkulationsverfahren der Kostenteilung; Formel:

$$\text{Kosten/Einheit} = \frac{\text{Gesamtkosten/Jahr}}{\text{Einheiten/Jahr}}$$

Sehr einfaches Kalkulationsverfahren; kann durch Rechnung mit → Äquivalenzziffern verfeinert werden.

E

Ecklohn

Tariflohn (100 %) für einen Facharbeiter ab einer bestimmten Gesellenzeit; Ausgangspunkt zur Errechnung der übrigen Löhne.

Effektive Arbeitszeit

Tatsächlich im Betrieb geleistete Arbeitszeit; Gesamtarbeitszeit abzügl. Nichtanwesenheitszeit ergibt effektive Arbeitszeit (Nichtanwesenheitszeit = Feiertage, Urlaub, Krankheit usw.).

Effektivlohn

Tatsächlich ausbezahlter Lohn (z. B. übertarifliche Bezahlung oder Zulagen), im Gegensatz zum Tariflohn.

Eigenkapital

Kapitalanteil des Unternehmers am Betrieb; Differenz zwischen Vermögenswerten und Schulden; vergl. → Fremdkapital.

Eigenkapitalrendite

Verzinsung des im Betrieb eingesetzten Eigenkapitals; Gewinn als Prozentsatz vom Eigenkapital.

Formel:

$$\text{Eigenkapitalrendite in \%} = \frac{\text{Unternehmensgewinn x 100 \%}}{\text{Eigenkapital}}$$

Einzelkosten

Kosten, die einem Auftrag direkt zugerechnet werden können, z. B. Werkstoffe, Fertigungslöhne, Fracht usw.; vergl. → Gemeinkosten.

Erlös

Verkaufspreis, der auf dem Markt zu erlösen ist.

Ersatzinvestition

Ersatz von verbrauchten Anlagegütern; meist aus Mitteln der kalkulatorischen → Abschreibung; siehe auch → Investition.

Ertrag

In Geld bewerteter Wertzugang innerhalb einer Rechnungsperiode; vergl. → Leistung.

Erweiterungsinvestition

Anschaffung von zusätzlichen Anlagegütern zur Erweiterung des Betriebes und zur Schaffung neuer Arbeitsplätze.

F

Fachkontenrahmen

Auf die Belange des jeweiligen Handwerkzweiges abgestimmter → Kontenrahmen; für Schreiner: Kontenrahmen für das holz- und kunststoffverarbeitende Handwerk.

Fertigmenge

Holzmenge des fertigen Werkstückes laut Zeichnung oder Holzliste; auch Nettomenge genannt.

Fertigungskosten

Fertigungslöhne und Fertigungsgemeinkosten ergeben die Fertigungskosten; auch Arbeitskosten genannt.

Fertigungslöhne

→ direkt verrechenbare Löhne

Feste Kosten

→ fixe Kosten

Festpreis

Verbindlicher Angebotspreis

Finanzbuchhaltung

Auch Geschäftsbuchhaltung genannt; erfasst wirtschaftliche Vorgänge des Betriebes mit der Außenwelt (Kunden, Lieferanten, Banken usw.); vergl. → Betriebsbuchhaltung.

Fixe Kosten

Kosten, die bei wechselndem → Beschäftigungsgrad unverändert bleiben (Miete, Zinsen, Abschreibungen usw.). Weitere Bezeichnungen: feste, konstante, zeitabhängige Kosten; vergl. → variable Kosten.

Fixkostenblock

Summe der fixen Kosten einer Rechnungsperiode.

Fixkostendegression

Verminderung der fixen Kosten je Einheit (z. B. Stück) bei steigender Anzahl der produzierten Einheiten.

Fixmaß

Sondermaß für Werkstoffteile (z. B. Spanplatten); auf Wunsch ab einer bestimmten Menge gegen Aufpreis erhältlich.

Fremdkapital

Das von dritter Seite dem Betrieb zur Verfügung gestellte Kapital (Darlehen, Schuldwechsel, Lieferantenverbindlichkeiten usw.).
Fremdkapital = Betriebsvermögen – Eigenkapital.

Fremdleistungen

Leistungen von betriebsfremden Arbeitskräften zur Ausführung von Aufträgen (Drechsler-, Schnitzer-, Maler-, Elektrikerarbeiten usw.).

G

Gemeinkosten

Sie können einem Auftrag nicht direkt, sondern nur über den Umweg eines → Gemeinkostenzuschlages auf die → Einzelkosten zugerechnet werden; Beisp.: Verwaltungskosten, Werbungskosten, Soziallöhne usw. Sie werden auch Geschäftskosten genannt.

Gemeinkostendeckung

Rückfluss der Gemeinkosten in voller Höhe über die Erlöse innerhalb einer Rechnungsperiode.

Bei Gemeinkostenunterdeckung werden die Gemeinkosten nicht in voller Höhe wieder eingebracht (Gewinnminderung oder Verlust).

Bei Gemeinkostenüberdeckung wird die angestrebte Gemeinkostensumme überschritten (Gewinnerhöhung).

Gemeinkostenlöhne

→ nicht direkt verrechenbare Arbeitslöhne, sog. → Hilfslöhne (z. B. für Maschinenwartung, Aufräumarbeiten, Arbeiten im Holzlager usw.) und → Soziallöhne (für Feiertage, Urlaub, Krankheit usw.) bilden die Gemeinkostenlöhne.

Gemeinkostenzuschlag

1. Durch die Betriebsabrechnung ermittelter Prozentsatz, der den Einzelkosten, zur Verrechnung der Gemeinkosten auf die Erzeugnisse zugeschlagen wird.

2. Summarischer Gemeinkostenzuschlag: Gemeinkostenzuschlag, der alleine den → Fertigungslöhnen zugeschlagen wird (im Schreinerhandwerk).

3. Differenzierte Gemeinkostenzuschläge: Unterschiedliche Gemeinkostenzuschläge für verschiedene Kostenstellen (z. B. Maschinenarbeit, Handarbeit, Verwaltung usw.).

Geschäftsbuchhaltung

→ Finanzbuchhaltung

Gewinn

1. Finanzbuchhaltung: Differenz zwischen Aufwendungen und Erträgen: wird als steuerlicher Gewinn, Unternehmensgewinn oder Unternehmensergebnis bezeichnet.

2. Kostenrechnung: Differenz zwischen Kosten und Leistungen; wird als kalkulatorischer Gewinn, Betriebsgewinn oder Betriebsergebnis bezeichnet.

Gewinn- und Verlustrechnung

Gegenüberstellung der Aufwendungen und Erträge einer Rechnungsperiode zur Gewinn- oder Verlustermittlung (periodenbezogen); vergl. → Bilanz.

Gewinnschwelle

Begriff aus der → Deckungsbeitragsrechnung. Bezeichnet den Punkt des betrieblichen Kostenverlaufs, der die Mindestmenge (in Stück, m^2, Stunden usw.) angibt, bei der die Summe der → Deckungsbeiträge dem jährlichen → Fixkostenblock entspricht. Weitere Bezeichnungen: Nutzschwelle, Kostendeckungspunkt, break-even-point.

Gewinnzuschlag

→ Wagnis- und Gewinnzuschlag

Grenzstückzahl

→ kritische Menge

Grundkosten

→ Zweckaufwand

Grundlohn

Lohn ohne Zuschläge

H

Halbfabrikate

Zählen zum Bereich der Werkstoffe; Beispiele: Spiegel, Gläser, Textilien, Leder, Profilleisten, Schichtstoffplatten usw.

Handarbeitsgemeinkosten

Durch die Handarbeit verursachte Gemeinkosten (z. B. Raumkosten, Sozialbeiträge, Kosten für Leitung und Überwachung usw.); auch Bankgemeinkosten genannt. Aus Handarbeitsgemeinkosten und direkt verrechenbaren Handarbeitslöhnen einer Rechnungsperiode errechnet sich der → Gemeinkostenzuschlag auf Handarbeit.

Hauptkostenstelle

→ Kostenstellen, für die ein Gemeinkostenzuschlag errechnet wird (z. B. Maschinenarbeit, Handarbeit, Montage usw.); vergl. → Hilfskostenstellen.

Hauptwerkstoffe

Hauptwerkstoffe des Schreiners sind Massivhölzer, Furniere und alle Arten von Platten aus Holzwerkstoffen.

Herstellkosten

Setzen sich zusammen aus Werkstoffkosten, Fertigungskosten und Sondereinzelkosten der Fertigung. Herstellkosten können Bezugsgrundlage der Gemeinkostenzuschläge sein (z. B. Zuschlag für Verwaltung, Vertrieb, Entwicklung, Arbeitsvorbereitung usw.).

Hilfskostenstelle

Kosten von Hilfskostenstellen (z. B. Grundstücke und Gebäude, technische Betriebsleitung, Fuhrpark usw.) werden nach dem Verhältnis ihrer Verursachung auf die Hauptkostenstellen umgelegt; es erfolgt in der Regel keine Errechnung eigener Gemeinkostenzuschläge.

Hilfslohn

Nicht direkt verrechenbarer Arbeitslohn, z. B. für Werkstatt aufräumen, Maschinenwartung usw.; zählt zum → Gemeinkostenlohn.

Hilfswerkstoffe

Die Hilfswerkstoffe des Schreiners gliedern sich in Verbindungsstoffe (Leim, Schrauben, Dübel usw.), Oberflächenpräparate (Beizen, Lacke usw.) und Beschläge (Schlösser, Bänder, Griffe usw.).

Holzliste

Organisationsmittel (Formblatt) zur genauen Erfassung von Holzteilen; für Zuschnitt, Preisberechnung und zur Ermittlung von Verschnittzuschlägen (Fertigmenge).

I

Innerbetrieblicher Transport

Zeitaufwand für das Fördern von Werkstoffen und Werkstücken innerhalb des Betriebes.

Investition

Einsatz finanzieller Mittel zur Anschaffung von Gebäuden, Maschinen, Werkzeugen usw. Die Beschaffung der benötigten Finanzmittel erfolgt durch Eigenkapital, Fremdkapital, Abschreibungserlöse und Gewinn.

Investitionsberechnung

Überprüfung der Wirtschaftlichkeit geplanter oder durchgeführter Investitionen. Verfahren: → Kostenvergleichsrechnung, → Amortisationsrechnung, → Rentabilitätsrechnung.

Ist-Werte

Vergangenheitsorientierte Werte, die für Nachkalkulationen verwendet werden (z. B. Ist-Zeiten, Ist-Kosten); vergl. → Soll-Werte.

K

Kalkulation

Kostenträgerrechnung oder Preisberechnung genannt; Teilbereich der → Kostenrechnung. Definition: Zurechnung der Kosten auf die Erzeugnisse.

Kalkulatorische Kosten

Stellen entweder keinen Aufwand im Sinne der Finanzbuchhaltung dar (z. B. kalkulatorisches Unternehmerentgelt) oder sind nicht in voller Höhe Aufwand (z. B. kalkulatorische Abschreibung); sie bilden einen hohen Anteil der Kosten in der Kostenrechnung. Kalkulatorische Kosten werden auch Zusatzkosten genannt. Vergl. → Abschreibung, → Miete, → Unternehmerentgelt, → Zinsen.

Kartellverbot

Gesetz aus dem Preisrecht; soll verhindern, dass Unternehmen durch Preisabsprachen den Wettbewerb untereinander zum Nachteil des Verbrauchers ausschließen.

Kennzahlen

Betriebliche Daten werden mittels Kennzahlen in kurzer, aussagekräftiger Form dargestellt (z. B. Umsatzrentabilität 3,5 %); die Kennzahlenrechnung dient der Betriebskontrolle und bildet die Grundlage für betriebliche Planungen (z. B. Rentabilitätskennzahlen, Produktionskennzahlen usw.).

Kleinmaterial

Dazu zählen Schrauben, Nägel, Dübel usw. in kleinen Mengen sowie Leim und Lack für Kanten, Kitt u. Ä. Kleinmaterial wird geschätzt und direkt verrechnet (Einzelkosten).

Konstante Kosten

→ fixe Kosten

Kontenrahmen

Ordnungs- und Gliederungsplan für das betriebliche Rechnungswesen; gliedert sich in Kontenklassen, Kontengruppen und Kontenarten. Vergl. → Fachkontenrahmen.

Konventionalstrafe

Auch Vertragsstrafe genannt; kann vereinbart werden, wenn einem Auftraggeber bei Überschreitung der Ausführungsfrist finanzieller Schaden entsteht (z. B. Laden- und Gaststättenbau).

Kosten

Definition im Sinne der Kostenrechnung: In Geld bewerteter Verbrauch von Gütern und Dienstleistungen zur Erstellung betrieblicher Leistungen innerhalb einer Rechnungsperiode.

Kostenabgrenzung

Auch Kostenbereinigung genannt; Zuordnen der Kosten auf eine Rechnungsperiode (z. B. Voraus- oder Nachzahlungen).

Kostenarten

Die betrieblichen Gesamtkosten setzen sich aus vielen Kostenarten zusammen (z. B. Werkstoffkosten, Löhne, Gehälter, Steuern, Raumkosten usw.).

Kostenartenrechnung

Teilbereich der → Kostenrechnung. Erfassung der betrieblichen Kostenarten einer Rechnungsperiode.

Kostenauflösung

Zerlegen der Kosten in ihre fixen und variablen Kostenbestandteile (z. B. für → Deckungsbeitragsrechnung).

Kostenaufspaltung

→ Kostenauflösung

Kostenbereinigung

→ Kostenabgrenzung

Kostendeckungspunkt

→ Gewinnschwelle

Kostenplanung

1. Schätzung der zu erwartenden Kosten während der neuen Rechnungsperiode zur Anpassung der Gemeinkostenzuschläge.

2. Vorgabe von Kostennormen, die der betrieblichen Kostenkontrolle unterliegen.

Kostenrechnung

Teil des betrieblichen Rechnungswesens, auch Betriebsbuchhaltung genannt. Aufgabe ist die innerbetriebliche Kosten- und Leistungsverrechnung. Die Kostenrechnung gliedert sich in → Kostenartenrechnung, → Kostenstellenrechnung und → Kostenträgerrechnung (Kalkulation).

Kostenstellen

Betriebsbereiche der Kostenentstehung; das können Verantwortungsbereiche, Werkstätten, Abteilungen oder Maschinen sein. Kostenstellen in der Schreinerei: Maschinenarbeit, Handarbeit, Montage usw.

Kostenstellenplan

Enthält alle betrieblichen → Kostenstellen.

Kostenstellenrechnung

Teilbereich der Kostenrechnung; Verteilung der Kostenarten auf die Kostenstellen mithilfe des → Betriebsabrechnungsbogens.

Kostenträger

Erzeugnis oder Dienstleistung

Kostenträgerrechnung

→ Kalkulation

Kostenvergleichsrechnung

Rechnerische Gegenüberstellung der Kosten verschiedener Verfahren für Investitionsentscheidungen.

Kritische Menge

Produktionsmenge, bei der die Kosten für zwei verschiedene Arbeitsverfahren gleich hoch sind; auch kritische Stückzahl oder Grenzstückzahl genannt.

L

Lagermaß

Handelsübliches Standardmaß für Plattenwerkstoffe und Innenausbauelemente; vergl. → Fixmaß.

Lehrlingslohn (kalkulatorischer)

Verrechnung produktiver Lehrlingsarbeit in der Kalkulation. Etwa halber Facharbeiterlohn oder betrieblicher Mittellohn und größere Zeitvorgabe.

Leistungen

Definition im Sinne der Kostenrechnung: In Geld bewertete Güter und Dienstleistungen, die innerhalb einer Rechnungsperiode im Betrieb erzeugt wurden.

Leistungslohn

Entlohnung der erbrachten Leistung. Mindestlohn ist in der Regel gesichert. Zum Leistungslohn zählen → Akkordlohn und → Prämienlohn.

Lineare Abschreibung

Abschreibungsmethode, bei der in gleichbleibenden (linearen) Beträgen vom Anschaffungspreis abgeschrieben wird.

Lohngruppe

Im → Manteltarifvertrag festgelegte Staffelung der Entlohnung nach Qualifikation und Erfahrung (z. B. Lohngruppe Facharbeiter, angelernte Arbeiter, Hilfsarbeiter usw.).

Lohntarifvertrag

Enthält die zwischen Arbeitgeber und Arbeitnehmer ausgehandelten Lohnbedingungen.

M

Manteltarifvertrag

Zwischen Arbeitgeber und Arbeitnehmer ausgehandelter Vertrag, der die arbeitsrechtlichen Bedingungen regelt (z. B. Einstellung, Entlassung, Urlaub usw.).

Marktpreis

Preis für vergleichbare Erzeugnisse, der sich aus Angebot und Nachfrage auf dem Markt bildet.

Maschinengemeinkosten

Durch die Maschinenarbeit verursachte Gemeinkosten (z. B. Abschreibungen, Raumkosten, Verzinsung usw.). Aus Maschinengemeinkosten und direkt verrechenbaren Maschinenlöhnen einer Rechnungsperiode errechnet sich der → Gemeinkostenzuschlag auf Maschinenarbeit.

Maschinenstundensatz

Kosten je Betriebsstunde meist einzelner Maschinen; gegenüber einem pauschalen Maschinengemeinkostenzuschlag genauer.

Mehrwertsteuer

Verbrauchersteuer, die in der Kostenrechnung keinen Kostenfaktor darstellt. In die Kostenrechnung werden Nettopreise (ohne Mehrwertsteuer) eingesetzt; die Zurechnung der Mehrwertsteuer erfolgt am Schluss auf den kalkulierten Nettopreis.

Mengenabhängige Kosten

→ variable Kosten

Messzahl

Quotient aus Nettopreis und Werkstoffeinzelkosten (Nachkalkulation); wird zur schnellen, ungefähren Errechnung von Angebotspreisen verwendet.

Miete (kalkulatorische)

Einsetzen einer ortsüblichen Miete bei Nutzung eigener Betriebsräume.

Mischkalkulation

Errechnung eines Durchschnittspreises für Waren meist gleicher Art, die zu unterschiedlichen Kosten und Mengen eingekauft oder gefertigt wurden.

Mischkosten

Enthalten sowohl fixe als auch variable Kostenanteile; die → Kostenauflösung erfolgt häufig durch Schätzung (z. B. Instandhaltungskosten).

Mittellohn

Aus den Stundenlöhnen aller in der Fertigung Beschäftigten gebildeter Durchschnittslohn; dient zur Vereinfachung der Kalkulation.

N

Nachkalkulation

Ist-Kosten-Rechnung; wird nach der Fertigung durchgeführt. Dient der Kontrolle der → Vorkalkulation, der Erfolgsrechnung und liefert Werte für zukünftige → Angebotskalkulationen.

Nebenkostenstellen

→ Hilfskostenstellen

Nettolohn

Lohn nach Abzug von Sozialabgaben, Lohn- und Kirchensteuer; vergl. → Bruttolohn.

Nettopreis

Verkaufspreis ohne Mehrwertsteuer; vergl.→ Bruttopreis.

Neutraler Aufwand

Aufwand, der mit der betrieblichen Leistungserstellung nicht in Zusammenhang steht und deshalb nicht zu den Kosten zählt (z. B. Kauf von Wertpapieren für den Betrieb); vergl. → Zweckaufwand.

Nicht direkt verrechenbare Kosten

→ Gemeinkosten.

Nicht direkt verrechenbare Löhne

Auch unproduktive Löhne genannt; können einem Auftrag nicht direkt zugerechnet werden und sind somit → Gemeinkosten. Beispiele:

1. Löhne für Maschinenwartung, Aufräumen usw. → Hilfslöhne

2. Löhne für Urlaub, Feiertage usw. → Soziallöhne.

Null-Wert

Der Null-Wert ist erreicht, wenn die Anschaffungskosten eines Anlagegutes im festgelegten Abschreibungszeitraum ganz abgeschrieben wurden. Durch Verlängerung des Abschreibungszeitraumes kann über Null abgeschrieben werden, d. h. die Abschreibungserlöse übersteigen den Anschaffungspreis; dieses Verfahren kann nur in der kalkulatorischen Abschreibung angewendet werden (siehe auch → Wiederbeschaffungswert).

P

Personalnebenkosten

Leistungen des Betriebes an die Beschäftigten zusätzlich zum → Arbeitslohn (gesetzlich, tariflich und freiwillig). Wegen ihrer Höhe (70 % – 80 % des Arbeitslohns) auch als Zweitlohn oder unsichtbarer Lohn bezeichnet.

1. Lohnbezogene Personalnebenkosten: Stehen mit dem gezahlten Lohn direkt in Verbindung (z. B. Arbeitgeberanteil zur Sozialversicherung, Berufsgenossenschaftsbeiträge usw.).

2. Nicht lohnbezogene Personalnebenkosten: Sind unabhängig vom gezahlten Lohn (z. B. Fahrtkostenerstattung, Leistungen zur Vermögensbildung usw.).

Prämienlohn

Bezahlung von Prämien zu einem garantierten Grundlohn für verschiedene Leistungsbereiche wie Materialausnutzung, Mengenleistung, Qualität der Arbeit usw. Prämienentlohnung erfolgt meist nicht proportional zur Leistung (wie beim → Akkordlohn), sondern wird vom Prämienziel bestimmt.

Preisuntergrenze

Langfristig bilden die Selbstkosten die Preisuntergrenze, kurzfristig kann auf die Berücksichtigung der fixen Kosten teilweise oder ganz (absolute Untergrenze) verzichtet werden. Ermittlung der Preisuntergrenze über die → Deckungsbeitragsrechnung.

Produktive Löhne

→ direkt verrechenbare Löhne

Produktivität

Leistungsfähigkeit eines Unternehmens. Wird bestimmt aus dem mengenmäßigen Einsatz von Arbeitsstunden, Maschinen und Werkstoffen und dem daraus resultierenden mengenmäßigen Ertrag wie Stück, m^2, Anzahl der Aufträge usw.

Progressive Kosten

Auch überproportionale Kosten genannt; steigen schneller als die betriebliche Leistung bzw. der → Beschäftigungsgrad (z. B. Zuschläge für Nachtarbeit). Zählen zu den → variablen Kosten.

Proportionale Kosten

Kosten, die sich im gleichen Verhältnis (proportional) zum → Beschäftigungsgrad verhalten (z. B. Werkstoffkosten, Energiekosten usw.). Zählen zu den variablen Kosten.

R

Rationalisierung

Maßnahmen zur Steigerung der → Produktivität eines Unternehmens bei geringstmöglichem Einsatz. Rationell bedeutet vernünftig, zweckmäßig (lat. ratio = Vernunft, Überlegung).

Rationalisierungsinvestition

Ergreifung von Maßnahmen zur Steigerung der → Produktivität (z. B. Anschaffung von Maschinen zur Einsparung von Arbeitskräften).

Rechnungsperiode

Auch Abrechnungsperiode genannt; meist Zeitraum eines Jahres (Geschäftsjahr). In der Kosten- und Leistungsrechnung werden alle Vorgänge einer Rechnungsperiode zugeordnet.

Rechnungswesen

→ betriebliches Rechnungswesen

Refa

Verband für Arbeitsstudien und Betriebsorganisation e. V. (ehemals **Re**ichsausschuss **f**ür **A**rbeitsstudien). Refa befasst sich mit der Untersuchung und Gestaltung von Arbeitssystemen mit dem Ziel, die Wirtschaftlichkeit der Betriebe zu verbessern und die Humanisierung des Arbeitslebens zu sichern.

Rentabilität

Verzinsung des im Betrieb eingesetzten Kapitals; z. B. Errechnung der Eigenkapitalrentabilität:

$$\frac{\text{Unternehmensgewinn x 100 \%}}{\text{Eigenkapital}} \text{ (in \%)}$$

Rentabilitätsrechnung

Errechnung der → Rentabilität aus investiertem Kapital und erwartetem oder erwirtschaftetem Gewinn.

Restgemeinkosten

Verbleibende Gemeinkosten, denen bei der Errechnung des → Maschinenstundensatzes die verursachungsgemäße Beziehung fehlt. Restgemeinkosten werden als Zuschlag auf die Fertigungslöhne verrechnet (z. B. Verwaltungskosten, Sozialabgaben, Kosten der Überwachung und Leitung usw.).

Restverkaufserlös

Erlös für den Verkauf eines ausgedienten Anlagegutes (Maschine). Restverkaufserlös und Abschreibungserlöse dienen der Wiederbeschaffung eines Anlagegutes; siehe auch → Wiederbeschaffungspreis.

Risiko und Gewinn

→ Wagnis und Gewinn

Rohmenge

Auch Bruttomenge genannt; Holzmenge der zu verarbeitenden Bretter, Bohlen und Platten; vergl. → Fertigmenge.

Rückkalkulation

Kalkulationsverfahren, das von einem gegebenen → Festpreis ausgehend untersucht, ob die Annahme des Auftrages zu diesem Preis vertretbar ist.

Rücklagen

Werden durch Zurückbehalten von Gewinn gebildet; dienen dem Ausgleich späterer Verluste oder der Finanzierung zusätzlicher → Investitionen (Erweiterungsinvestitionen).

Rüstzeit

Zeitaufwand für das Vorbereiten, Umstellen und Zurückversetzen in den alten Zustand von Maschine, Arbeitsplatz oder Werkzeug. Kommt je Arbeitsfolge nur einmal vor. Nach → Refa mit t_r bezeichnet.

S

Schlüsselgemeinkosten

Begriff aus der → Kostenstellenrechnung; Gemeinkosten, die den Kostenstellen mithilfe von → Verteilerschlüsseln zugerechnet werden (indirekte Zurechnung).

Schnittverlust

→ Verschnitt

Selbstkosten

Setzen sich zusammen aus Werkstoffkosten, Fertigungskosten, Sondereinzelkosten der Fertigung und Verwaltungs- und Vertriebsgemeinkosten.

Selbstkostenpreis

Preis für ein Erzeugnis oder eine Dienstleistung ohne → Wagnis und Gewinn.

Serienkalkulation

Kalkulation gleicher Erzeugnisse in größerer Stückzahl. Verbilligungseffekt entsteht hauptsächlich durch Verminderung von → Rüstzeiten und → innerbetrieblichem Transport je Stück sowie günstigen Materialeinkauf (Mengenrabatt) und Einsatz billiger Arbeitskräfte (Angelernte und Hilfsarbeiter).

Soll-Werte

Zukunftsorientierte Werte für Vorkalkulation und Planung (z. B. Soll-Zeiten, Soll-Kosten); vergl. → Ist-Werte.

Sondereinzelkosten der Fertigung

Zuschläge für Montage-, Feiertags-, Nacht- und Überstunden; werden in der Regel nur mit den lohnbezogenen Gemeinkosten (→ Personalnebenkosten) belastet. Außerdem Kosten für Spezialwerkzeuge und Vorrichtungen sowie für Anmietung von Gerüsten, Leitern usw. Werden direkt verrechnet (Einzelkosten).

Sondereinzelkosten des Vertriebs

Kosten für Auslieferung, Verpackung, Transportversicherung, Vertreterprovisionen usw. sowie Montage-Auslösungen, Architektenhonorare, Lizenzgebühren usw. Werden direkt verrechnet (Einzelkosten).

Soziale Marktwirtschaft

Aus sozialen und politischen Gründen in Teilbereichen eingeschränkte freie Marktwirtschaft. Merkmale: z. B. Subvention von Wohnungsmieten oder lebensnotwendigen Nahrungsmitteln, Kartellverbot, Preiskontrolle, Mieterschutz usw.

Soziallohn

Mit keiner Arbeitsleistung verbundener Anspruch der Beschäftigten auf Lohnfortzahlung bei Krankheit, während der gesetzlichen Feiertage, im Urlaub usw.; zählt zum → Gemeinkostenlohn.

Stellengemeinkosten

Begriff aus der → Kostenstellenrechnung; Gemeinkosten, die den Kostenstellen ohne → Verteilerschlüssel zugerechnet werden können (direkte Zurechnung).

Stücklohn

→ Akkordlohn

Stundenverrechnungssatz

Auch Betriebsstundensatz genannt; Kosten je Arbeitsstunde zusammengesetzt aus Stundenlohn, Gemeinkostenzuschlag (Selbstkosten) und Zuschlag für Wagnis und Gewinn.

Stundenzettel

Wichtiges Organisationsmittel für Lohnabrechnung und Kostenrechnung. Für die in der Fertigung Beschäftigten besteht Pflicht zur korrekten Führung eines Zeitnachweises.

1. Tagesstundenzettel: Enthält die Arbeitszeiten eines Tages, wird täglich abgegeben.

2. Wochenstundenzettel: Enthält die Arbeitszeiten einer (Lohn-)Woche, wird wöchentlich abgegeben.

3. Personenbezogener Stundenzettel: Ausstellung auf einen Beschäftigten; enthält alle Tätigkeitszeiten dieses Mitarbeiters.

4. Auftragsbezogener Stundenzettel: Ausstellung auf einen Auftrag; enthält alle produktiven Zeiten dieses Auftrags. Zusätzlicher Zeitnachweis für unproduktive Zeiten, Anwesenheitskontrolle und Lohnabrechnung erforderlich.

Summarischer Gemeinkostenzuschlag

→ Gemeinkostenzuschlag

T

Tariflohn

Von den → Tarifvertragsparteien ausgehandelter Mindestlohn.

Tarifvertrag

→ Lohntarifvertrag, → Manteltarifvertrag

Tarifvertragsparteien

Im Schreinerhandwerk:

Arbeitgeber: Innungen, Innungsverbände bzw. Fachverbände des holz- und kunststoffverarbeitenden Handwerks.

Arbeitnehmer: Gewerkschaft Holz + Kunststoff.

Teilkostenrechnung

Kalkulationsverfahren (→ Deckungsbeitragsrechnung), bei dem eine Teilung nach fixen und variablen Kosten vorgenommen wird. Mithilfe der Teilkostenrechnung kann der Anteil der fixen Kosten (→ Deckungsbeitrag) am Erlös eines Produktes ermittelt werden.

U

Überproportionale Kosten

→ progressive Kosten

Überschlagsverfahren

In der Kalkulation Bezeichnung für schnelle Werkstoffberechnung über m^2 oder lfm zur Erstellung von Angebotskalkulationen.

Umlage

Vorgang des Verteilens der Kostenarten auf die Kostenstellen bzw. der Hilfskostenstellen auf die Hauptkostenstellen; erfolgt nach Umlage- oder → Verteilerschlüsseln.

Umlaufvermögen

Vermögenswerte des Betriebes, die ständig einer mengenmäßigen Veränderung unterliegen (z. B. Werkstoffbestand, Forderungen, Bankguthaben usw.); vergl. → Anlagevermögen.

Umsatz

Geldwert der abgesetzten Leistungen, meist auf eine Rechnungsperiode bezogen; vergl. → Betriebsleistung.

Umsatzrendite

Betriebliche → Kennzahl; errechnet sich aus Gewinn und Umsatz;

Formel:

$$\frac{\text{Gewinn} \times 100\,\%}{\text{Umsatz}} = \text{Umsatzrendite in } \%$$

Unproduktive Löhne

→ nicht direkt verrechenbare Löhne

Unsichtbarer Lohn

→ Personalnebenkosten

Unternehmensgewinn

→ Gewinn

Unternehmerentgelt (kalkulatorisches)

Vom Betriebsinhaber festgesetztes Entgelt für seine Tätigkeiten im Betrieb. Es orientiert sich in seiner Höhe an einem vergleichbaren Angestelltengehalt.

1. Kalkulatorisches Unternehmerentgelt für leitende, überwachende und verwaltende Tätigkeit; zählt zu den → Gemeinkosten.

2. Kalkulatorisches Unternehmerentgelt für produktive Mitarbeit des Betriebsinhabers; zählt zu den → Einzelkosten.

Unternehmerlohn

→ Unternehmerentgelt

Unterproportionale Kosten

→ degressive Kosten

V

Variable Kosten

Kosten, die sich mit dem → Beschäftigungsgrad ändern (z. B. Werkstoffkosten, Fertigungslöhne, Energiekosten usw.). Weitere Bezeichnungen: Veränderliche, bewegliche, arbeitsabhängige Kosten. Variable Kosten können unterschiedliche Kostenverläufe haben (z. B. → proportional, → degressiv, → progressiv); vergl. → fixe Kosten.

Veränderliche Kosten

→ variable Kosten

Verbindungsstoffe

Untergruppe der → Hilfswerkstoffe; dazu zählen Leim, Kleber, Nägel, Schrauben, Dübel usw.

Verschnitt

Mengendifferenz zwischen → Rohmenge und → Fertigmenge. Bezeichnung aller Werkstoffverluste während der Verarbeitung von Massivholz, Platten, Furnieren usw. Auch Schnittverlust genannt.

Verschnittabschlag

Schnittverlust (Verschnitt) in Prozent bezogen auf die → Rohmenge.

Verschnittfaktor

Verschnittzuschlag in Prozent als Faktor (für Multiplikation) dargestellt; Beispiel: → Verschnittzuschlag = 40 %, Verschnittfaktor = 1,4.

Verschnittzuschlag

Schnittverlust (Verschnitt) in Prozent bezogen auf die Fertigmenge. Prozentuale Zurechnung des Verschnitts auf die Fertigmenge zur Ermittlung der Rohmenge.

Verteilerschlüssel

Errechnete Verhältniswerte zur verursachungsgerechten Verteilung der Kostenarten auf die Kostenstellen (z. B. 20 % Kostenstelle A, 30 % Kostenstelle B, 50 % Kostenstelle C); indirekte Zurechnung.

Verteilzeit

Zeitelement der Arbeitszeit; enthält Zeiten, die sachlich und persönlich bedingt sind und außerplanmäßig auftreten (z. B. Aufräumen, Störungen, Händewaschen usw.).

Verursachungsprinzip

Grundüberlegung bei der Verteilung von Kostenarten auf Kostenstellen und bei der Zurechnung von Kosten auf die Erzeugnisse.

Verwaltungsgemeinkosten

Alle durch die Verwaltung verursachten nicht direkt verrechenbaren Kosten. Aus Verwaltungsgemeinkosten und → Herstellkosten errechnet sich der Verwaltungsgemeinkostenzuschlag.

Vollkostenrechnung

Kalkulationsverfahren (Zuschlagskalkulation), bei dem alle angefallenen Kosten auf die Erzeugnisse verrechnet werden (Vollkostenpreis); vergl. → Teilkostenrechnung

Vorkalkulation

Soll-Kosten-Rechnung; wird vor der Fertigung durchgeführt. Dient der Ermittlung des Angebotspreises (Angebotskalkulation). Grundlage für zuverlässige Vorkalkulationen sind Nachkalkulationswerte früherer Aufträge; vergl. → Nachkalkulation.

W

Wagnis- und Gewinnzuschlag

Auch Risiko und Gewinn genannt. Zuschlag auf die Selbstkosten zur Abdeckung betrieblicher Risiken (z. B. Fehlkalkulationen) und zur Finanzierung von Investitionen, Bildung von Rücklagen und als Unternehmeranreiz. Höhe wird vom Unternehmer bestimmt.

Werkstoffeinzelkosten

Kosten für Werkstoffe, die den Aufträgen direkt zugerechnet werden können.

Werkstoffgemeinkosten

Durch die Werkstoffe verursachte Gemeinkosten (z. B. Bestellung, Lagerung, Verwaltung). Aus Werkstoffgemeinkosten und Werkstoffeinsatz (Werkstoffverbrauch) errechnet sich der Werkstoffgemeinkostenzuschlag.

Werkstoffkosten

Setzen sich zusammen aus → Werkstoffeinzelkosten und → Werkstoffgemeinkosten.

Werkstoffverluste

Minderung der Werkstoffe (überwiegend Massivholz) durch Lagerschäden, Verluste durch Schädlinge, Wuchsfehler usw. Allgemein unter dem Begriff → Verschnitt (Schnittverlust) zusammengefasst. Im Schreinerhandwerk meist durch einen → Verschnittzuschlag auf die → Fertigmenge verrechnet.

Wertschöpfung

Im Betrieb geschaffener Wertzuwachs, meist auf eine Rechnungsperiode bezogen. Errechnung: Betriebsleistung abzüglich Werkstoffeinsatz und Fremdleistungen.

Wiederbeschaffungswert

Der Wiederbeschaffungswert für ein Anlagegut (z. B. Maschine) liegt in den meisten Fällen höher als der Anschaffungswert. Zur Erhaltung der Betriebssubstanz sollte die → kalkulatorische Abschreibung vom Wiederbeschaffungswert ausgehen; siehe auch → Null-Wert, → Restverkaufserlös.

Wiedergewinnungszeit

→ Amortisationsdauer

Wirtschaftlichkeit

Verhältnis zwischen günstigstem und tatsächlich erreichtem Kosteneinsatz;

$$\text{Wirtschaftlichkeit} = \frac{\text{Ist-Kosten}}{\text{Soll-Kosten}}$$

Die Kostenrechnung kontrolliert durch den Vergleich von Kosten und Leistungen die Wirtschaftlichkeit des Unternehmens.

Wirtschaftlichkeitsprinzip

Darunter versteht man, eine bestimmte Leistung mit möglichst geringen Mitteln (Minimalprinzip) zu erzielen oder mit vorhandenen Mitteln eine möglichst große Leistung zu erreichen (Maximalprinzip).

Z

Zeitabhängige Kosten

→ fixe Kosten

Zeitaufnahme

Beobachten und Messen von Tätigkeitsabschnitten zur Ermittlung von → Arbeitswerten.

Zeitblock

Zusammenfassung mehrerer → Arbeitswerte; dient der Beschleunigung der Soll-Zeitenerfassung (Vorkalkulation).

Zeitlohn

Entlohnung der Arbeitzeit. Sehr einfache Anwendung; kein Leistungsanreiz. Der Zeitlohn überwiegt im Schreinerhandwerk. Vergl. → Leistungslohn.

Zeitnachweis

→ Stundenzettel

Zinsen (kalkulatorische)

Das im Betrieb eingesetzte Eigenkapital würde als Bankguthaben Zinsen erbringen. Dieser Zinsverlust wird als Kosten in die Kostenrechnung eingesetzt.

Zusatzkosten

→ kalkulatorische Kosten

Zuschläge

Zusätzlich, meist für Erschwernisse ausgezahlte Vergütung zum Grundlohn (z. B. Überstunden-, Bau-, Feiertagszuschlag).

Zuschlagskalkulation

Kalkulationsverfahren, das zwischen → Einzelkosten und → Gemeinkosten unterscheidet. Die Zurechnung der Gemeinkosten auf die Einzelkosten erfolgt über einen → Gemeinkostenzuschlag. Die Zuschlagskalkulation ist eine → Vollkostenrechnung.

1. Summarische oder einfache Zuschlagskalkulation: Enthält einen pauschalen Gemeinkostenzuschlag (im Schreinerhandwerk auf die Fertigungslöhne bezogen).

2. Differenzierte oder erweiterte Zuschlagskalkulation: Enthält für jede → Kostenstelle einen Gemeinkostenzuschlag.

Zuschnittmenge

→ Fertigmenge mit Bearbeitungszugaben.

Zweckaufwand

Aufwand, der zugleich auch Kosten darstellt (z. B. Werkstoffkosten, Lohnkosten usw.). Vergl. → neutraler Aufwand.

Zwischenkalkulation

Ist-Kosten-Rechnung; wird während der Fertigung zur Kontrolle der vorkalkulierten Werte durchgeführt. Hat besondere Bedeutung bei der Überwachung von Ausführungsfristen; siehe → Konventionalstrafe.

Hinweis auf die verwendeten Unterlagen

Dank gilt den folgenden Stellen, die freundlicherweise Unterlagen für dieses Buch zur Verfügung gestellt haben:

1. **Fachverband Holz und Kunststoff Bayern**

   Abgedruckt wurden der Lohntarifvertrag 2002 für das Bayerische Schreinerhandwerk sowie Auszüge aus dem Manteltarifvertrag 1999–2002.

2. **Bundesverband des holz- und kunststoffverarbeitenden Handwerks**

   Einige Kapitel dieses Buches orientieren sich am „Grundlagenwerk des Tischlerhandwerks", herausgegeben vom ehemaligen Verband des Deutschen Tischlerhandwerks (VDT). Abgedruckt wurden der HKH-Fachkontenrahmen, Erläuterungen zur Anwendung des Gemeinkostenbogens und des BAB und Formulare aus dem HKH-Formularsortiment.

   Der Bundesverband des holz- und kunststoffverarbeitenden Handwerks legt Wert auf folgende Feststellung:

   „Das vorliegende Werk ist keine Veröffentlichung des Bundesverbandes des holz- und kunststoffverarbeitenden Handwerks – Bundesinnungsverband für das Tischlerhandwerk – Die Verantwortung für den Inhalt des Werkes trägt ausschließlich der Verfasser. Soweit Unterlagen des Bundesverbandes oder seines Vorgängers, des Verbandes des Deutschen Tischlerhandwerks, verwendet werden, hat der Verfasser eigenverantwortlich überprüft, ob diese Unterlagen infolge der zeitlichen Weiterentwicklung inhaltlich noch nicht überholt sind".

3. **theta-group, Gesellschaft für EDV-Systeme, 76133 Karlsruhe**

   Für Kapitel 44 – Kalkulieren mit Schreinerprogrammen – wurden Bildschirmmasken aus dem Schreinerprogramm **pro**handwerk zur Verfügung gestellt.

Sachwortverzeichnis

H

I

K

L

V

W

Z